동아시아의 역사 I
(자연환경-국제관계)

동아시아의 역사 I

자연환경 – 국제관계

동북아역사재단 엮음

동북아역사재단
NORTHEAST ASIAN HISTORY FOUNDATION

발간사

1990년대 후반부터 일본에서 이른바 '역사수정주의'가 전면에 등장하면서 역사인식을 둘러싼 갈등이 커졌습니다. 그리고 2000년대 초부터 일본 우익계열이 편찬한 역사교과서가 이러한 갈등을 부추기기도 했습니다. 설상가상으로 비슷한 시기에 중국의 '동북공정'이 문제로 대두하자, 한·중·일의 역사갈등은 국민적·국가적 차원의 문제로 비화했습니다.

동북아역사재단은 이러한 상황을 배경으로 2006년 9월에 출범하였습니다. 그리고 한·중·일 역사가와 역사교육자들은 역사 갈등을 평화롭게 극복하기 위해 『미래를 여는 역사』『마주보는 한일사』『한일 교류의 역사』 등 여러 종류의 공동 역사부교재를 출간하였습니다.

이러한 성과에 힘입어 교육과학기술부는 한국사와 이웃나라의 역사를 좀 더 깊게 공부하도록 2007년 개정 교육과정에서 고등학교 역사과 선택과목으로 '동아시아사'를 신설하였습니다.

'동아시아사'는 인간이 동아시아 지역에서 전개한 활동과 그것이 남긴 문화유산을 역사적으로 파악하여 이 지역에 대한 이해를 증진하여 지역의 공동발전과 평화를 추구하는 안목과 자세를 기르도록 하기 위해 개설한 것입니다.

동아시아사 과목을 매개로, 학생들은 한국사와 세계사를 따로 따로 이해하는 인식을 극복하고, 통합적 역사에 접근할 수 있을 것입니다.

뿐만 아니라 동아시아의 과거와 현재를 객관적으로 이해하여, 최근 동아시아 국가들 사이에 조성되고 있는 역사 갈등을 미래지향적으로 극복하여 동아시아에서 평화와 번영을 이루는 기반을 마련하는 데도 기여할 수 있을 것입니다.

동북아역사재단은 '동아시아사' 교과목 개설이 필요하다는 점에 공감하여 '동아시아사' 교육과정 관련 작업에 직·간접적으로 참여하였던 연구자들이 2010년부터 동아시아사 교육과정의 26개 내용 요소별로 역사 교사를 위한 수업 참고자료인 『동아시아의 역사』를 개발하고, 2011년도에 교육과학기술부 지원을 받아 전국의 고등학교에 배포하게 되었습니다.

이 책은 고등학교 교육현장에서 '동아시아사' 교과목을 어떻게 적용하고 가르칠 것인지에 대해 유익한 참고자료 역할을 할 수 있을 것으로 기대합니다.

끝으로 『동아시아의 역사』 집필자 여러분과 출간을 위해 애쓰신 분들께 감사의 말씀을 드립니다.

2011년 11월

동북아역사재단이사장 정재정

Contents

Contents

제1장

동아시아 역사의 시작

– 선사시대부터 기원 전후까지

동아시아의 자연환경

김정배 | 충북대학교

I. 머리말

45억 년이라는 긴 시간을 가진 지구의 역사에 인류가 등장하기 시작 한 것은 아주 최근이다. 인간이라는 표현의 기원에 해당하는 연대는 지금으로부터 약 500만 년쯤 전에 아프리카를 기원으로 시작된다. 많은 고고학입문서나 인류학 입문서에 나와있는 지구의 역사를 달력으로 표현한 표에 의하면 일년 365일 중에서 12월 하고도 마지막 반나절을 남긴 상태가 되야 인류는 등장하기 시작 한다. 그리고 365일째 되는 날의 마지막 수분을 남겨놓고 문자가 발명되어 인류가 자신의 역사를 글로 남기기 시작하게 되는데 지금으로부터 약 5000년쯤 전이다. 즉 우리가 문자에 남겨진 문명은 선사시대의 긴 여정을 겪고 난 이후이며 첫인류의 등장이후 그것도 한참 후가 되서이다.

긴 지구의 역사에서 늦게 나타난 인류의 삶은 도전의 연속이었다. 반복되는 빙하기의 추위와 따뜻했던 간빙기와 같은 극심한 기후의 반복적인 도래라던가, 또는 주변의 포식자들과의 경쟁속에서 인류의 삶은 급격 하진 않지만 서서히 수 백 만년이라고 하는 긴 시간을 거쳐 오늘날의 우리에게로 연결 된다. 과거의 인류가 어떻게 지금의 우리와 어떻게 연결 되는지를 살피기 위해선 그 변화의 과정을 살펴볼 필요가 있는데 문자에 의한 기록이 남아있기 훨씬 이전부터 시작된 인류의 대부분의 역사를 알아가기 위해선 선사고고학적인 방법과 인류학적인 방법 등이 필요하다.

고고학은 물질을 통해 과거에 존재했던 옛 인류의 역사를 유물과 유구라고 하는 유형의 증거를 통해 복원하는 학문이다. 작은 돌로 만들어진 석기 한점에서 인류의 생활을 읽어 내고 작은 구덩이 하나에서 생활의 일면을 읽어낸다. 또한 인류학은 인류 존재의 직접적 증거인 뼈를 통해 그 모습을 알 수 있는데 산화 되지 않고 남아있는 뼈의 일부분을 통해 그들이 생존 했던 당시의 모습과 생활을 복원해 본다.

이러한 두 학문 이외도 물리학이나 화학, 지질학, 4기학 등의 도움을 필요로 하는 고고학을 구사한 본 구석기 편에서는, 먼저 인류의 변화에 가장 큰 영향을 끼친 기후를 살펴본다. 과거로부터 기후가 얼마나 변하였으며, 또한 어떻게 인류의 삶에 영향을 끼쳤는지를 살필 수 있는 과거로부터의 지구의 모습을 제4기학과의 관련 속에서 찾아본다.

인류는 삶을 영위하기 위해 사냥과 채집으로 생명을 이어왔는데, 이러한 모습은 반드시 만물의 영장으로 말해지는 영웅적인 인간의 모습과는 거리가 먼 아주 약한 기회주의적인 생존전략에 의해 이루어졌다. 반면 이러한 전략을 통해 지구상의 많은 생명체 중에서 가장 변화에 적응을 잘하는 생명체로 인정을 받게 되며 다음세대로 개량 된 우성인자를 남기게 된다.

거듭되는 개량 속에서 우리는 진화라고 하는 변화의 모습을 좇아 갈 수 있게 되는데, 그 증거가 세계 곳곳에서 조금씩 발견 되고 있다. 특히 우리가 살고 있는 아시아는 인류의 기원과의 관련에서 자료가 적었지만 그 존재를 확인 할 수 있는 인류의 화석이 시간을 달리하며 중국, 인도네시아, 러시아, 일본, 그리고 한국 등에서 발견 되었다.

인류의 화석을 통해 과거에 이 지역에서 실존하였던 인류의 증거를 확인할 수 있으며 나아가 오늘날을 살고 있는 우리의 정체성도 살펴 볼 수 있겠다. 한반도를 포함한 아시아의 구석기시대는 지금으로부터 약 14000년 전에 끝이 나게 된다. 신석기시대와 구석기시대의 경계를 토기의 출현을 가지고 구분을 짓는 경우에 해당 되는 말이지만 이러한 연대는 지구의 기후 변화와도 그리고 인류의 진화사적인 얘기하고도 맞물려 그 흐름을 풀어 갈 수 있다.

아시아에 있어서 구석기시대의 끝은 알고 있는데 그렇다면 시작은 언제쯤인가? 이쪽으로 얘기를 돌리면 내용이 복잡해진다. 특히 한반도의 경우는 고인류의 화석 자료가 거의 없기에 인류의 모습, 즉 출현을 가지고 논하기가 쉽지 않다. 이웃한 중국인 경우에는 150만 년쯤 전에 나타나기 시작하는 원인(原人)으로 불리우는 homo erectus의 화석이 나름대로 풍부하게 출토 되고 있기에 그에 상응 하는 연대를 산출 할 수 있지만 한반도인 경우에는 사정이 달라진다. 일본의 경우도 남쪽의 섬들을 제외하고는 역시 마찬 가지인데 연대가 올라가는, 즉 중기구석기시대로 불리우는 40000년 이전의 역사가 확인 되지 않은 상황에서 인류의 연대를 독자적으로 올리는 것은 어려움이 따른다.

석기인 경우에는 더 복잡한 과정이 기다리고 있다. 석기를 연구하는데는 형식학적인 분석을 기본으로 한 기술적 접근을 시도하게 되는데 이 또한 그리 쉽지는 않다. 하나의 유물이 석기이든 토기이든 일정한 형태를 유지 하게 되는 데는 일정한 시간과 공간적 제약이 동반된다. 즉 지역과 시간에 의해 형태가 유지 되며 구별 되는 것을 얘기 할 수 있다. 특히 시간대가 긴, 즉 변화가 심하지 않은 석기인 경우 긴 시간동안 형태를 바꾸지 않고 넓은 지역에 걸쳐 제작되고 사용되는 경우가 많다. 예를 들어 아슐리안(Acheulian)형 주먹도끼(hand-axe)라고 불리우는 것인데 이러한 종류는 신대륙 이외의 거의 모든 지역에서 넓은 시간대에 걸쳐 발견되고 있다.

이럴 경우 지역성과 시간대를 석기의 형태만 가지고 파악하는 것은 어려워진다. 따라서 인류의 화석자료나 지질학적 증거와 같은 제반 자료를 함께 분석하여 내용을 파악하지 않으면 안된다. 이와 같은 시도를 통해서 먼 과거 인류의 역사를 복원 할 수 있게 된다. 따라서 이 글에서는 이와 같은 연구를 통해 얻어진 최근의 연구성과를 반영하여 아시아의 구석기시대를 논하려 한다.

II. 구석기시대의 자연환경

1. 구석기시대 아시아의 자연환경

인류의 도전은 침팬지와 같은 영장류의 모습에서 500만 년 전쯤 분기하여 긴 인간화의 길을 걸어 오늘날의 모습을 지니기 까지 끊임없이 지속 되었으며 지금도 계속 되고 있다. 인류는 때로는 추위와 싸우며 때로는 자연계의 포식자와 싸우며 생존을 위해 부단한 노력을 해왔다.

우리가 살고 있는 지구에는 과거 수 십 만년에 걸쳐 범 지구적인 기후변화가 이루어졌다. 하지만 어떻게 하면 먼 과거에 일어났던 기후변화를 알 수 있을까? 이러한 걱정을 덜어 준 것은 문명의 발달과 함께 나날이 발전하는 과학의 발달이다. 과학은 육지와 바닷속, 대기 중과 얼음 속 그리고 우주에 남겨진 과거의 흔적을 살펴 볼 수 있는 놀라운 장비와 방법을 개발하였는데 이러한 과학의 이기는 뛰어난 능력을 발휘하여 현재를 사는 우리가 먼 과거로의 여행을 할 수 있게 해주었다.

육지는 빅뱅에서 탄생한 지구의 흔적을 고스란히 간직하고 있는 공간이다. 시간의 흐름에 따른 세월의 흔적으로서의 땅 쌓임 과정을 살펴봄으로써 그 안에 남겨진 과거의 사건 들을 조사 할 수 있다. 또한 지질학적인 오늘의 현실에서 과거를 알 수 있는 '제일설의 법칙'을 적용한 미래로의 예측도 가능하게 해준다. 땅 쌓임은 오래 된 순서부터 가장 깊은 아래에 남겨지게 되어 최근의 흙이 가장 위에 쌓여있다는 '지층누중의 법칙'에 의해 설명 할 수 있는데 이는 인류의 화석이나 석기의 시간적 전후 관계를 알 수 있는 기준으로 이용 되기도 한다. 이러한 증거들은 시간을 증명하는데 있어 위 두

가지 이외에도 우연한 경우에 화석으로 남겨지게 된 유기물이나 식물의 작은 꽃가루를 통해 과거의 자연상태를 남기고 있는 경우도 있다.

자연환경은 자연뿐만 아니라 오늘날의 지역적 구분 또는 인종적 구분과도 깊은 관련을 지니고 있기에, 그 정보의 가치는 고고학 또는 인류학적 증거와 마찬 가지로 주의 깊게 살펴 보아야 한다.

인류가 45억년의 지구의 역사속에서 석기를 만들기 시작한 시점은 250 만년쯤부터 인데 이시기는 제4기에 속하는 시기로 이때부터 인류의 기후변화에 의한 변동주기가 18번 정도가 있었다. 다시 말하면 18번의 빙하기와 간빙기가 있었다. 한번의 빙하기는 대략 10만년을 주기로 사이클을 유지하고 있으며 간빙기는 1.8만년에서 2.8만년 사이의 사이클을 유지하고 있었다.

인류가 경험했을 추위는 지금으로부터 약 2만년 전쯤에는 지구상에서 가장 추위가 맹위를 떨치던 시기가 도래 한다. 이시기에 엠파이어스테이트 빌딩만 한 빙하가 뉴욕까지 밀고와 인류의 삶은 빙하를 피해 적도부근으로 내려 가기도 하게 되는데 이시기를 '최종빙기극성기(Last Glacial Maximum)'라고 하게 되며 얼음으로 수백미터 두께의 다리를 만든 베링해를 건너 신대륙으로 인류가 이주하게 되는 계기를 제공하게 된다.

이시기의 지구는 현재의 기온을 0으로 했을 때 약 8.5도 정도의 평균기온의 하강을 확인 할 수 있는데 지역인 극지방에 가까울수록 기온의 변화는 더욱 심하여 생물의 생존에 많은 어려움을 주었다. 한반도인 경우에는 빙하가 밀고 왔던 흔적이 없기에 그러한 경우는 찾아 볼 수가 없으나 주빙하(周氷河)기후라고 하는 기후가 전개 되었다.

주빙하(periglacial) 기후는 폴랜드의 지질학자 윌리 폰 보젠스키에 의해 카르파치아 산지에서의 암층의 생성에 관련한 동결풍화(동결파쇄작용)를 기술하기 위해 처음 사용하기 시작했다. 한반도는 빙하시대에도 빙하의 흐름이 도달하지 못한 지역으로 바로 주빙하(periglacial) 지역에 해당된다. 갱신세의 빙상과 빙하의 주변지역에 있어서 기후나 지형적 조건을 기술하기 위해 '주빙하대'라는 개념이다. 1910년 스톡홀름에서 열린 제 11회 만국지질학회에서 워진스키가 주장한 내용은, 주빙하대는 남쪽을 향해 삼림 한계까지 넓혀지고 있는 툰드라지역을 얘기하는 것이었다.

그러나 이러한 정의는 그렇게 고집 할 만한 정의는 아니다. 왜냐하면 동결작용 현상은 주빙하 주변부에서 멀리 떨어진 장소에서도 생기고 있기때문이다. 예를 들면 시베리아 동부지역 일부나 알라스카의 내륙부는 '주빙하'라고 볼 수 있는 성질을 일반적으로 볼 수 있지만, 그 주빙하적인 성질은 이러한 지역이 빙상의 근처에 있기 때문이 아니라, 오히려 영구동토나 낮은 연평균기온이라고 하는 요소에 의해 생기기 때문이다. 또한 워진스키가 이 용어를 이용한 것은 지역에 대한 이해를 위해서이지 프로세스와의 복합적인 관련에서 이해하지 않았으며 이 용어는 차츰 몇개인가의 지형적인 프로세스와의 이해 관계에서 이해되기 시작했다. 여기서 얘기하는 프로세스는 단순하게 비교적 독특한 동결작용의 프로세스를 포함 할 뿐만 아니라, 빙하 주변부나 한랭 기후가 아니라도 생기는 하천의 프로세스나 바람의 작용과 같은 더 넓은 범위의 프로세스도 포함하고 있다.

이러한 주빙하 라고 하는 용어는 오늘날 사용하는 쪽에서 시간적으로도 공간적으로도 빙하의 주변이라고 하는 것과는 관계없이 넓은 범위의 한랭한 기후조건에 대하여 이용되고 있다. 이러한 내용은 다시 말해 주빙하환경이라는 것은 동결작용이 탁월한 환경이라고 간단히 정의내리고 이와 같은 환경이 펼쳐있는 곳을 주빙하 지역이라 부르고 있다고 할 수 있다.

모든 주빙하환경에는 공통적으로 하나 또는 두 가지의 특징적인 기준이 있다. 하나는 때때로 물과 관련된 대지의 동결과 융해이다. 트리카르에 의하면 주빙하적인 지형 형성 환경이란 동결과 융해의 반복적인 영향이 탁월한 환경이라 정의내리고 있다(Tricart 1968). 또 하나는 주빙하를 일반적으로 가리키는 영구적으로 동결한 대지 즉, 영구동토(permafrost)의 존재이다. 그러나 강력한 동결작용에 의해 생겨난 지역과 영구동토가 존재하는 지역은 꽤 일치하기는 하지만 양자의 사이는 완전한 공간적 상관 관계가 있는 것은 아니다.

아북극지역이나 행양성지역 고산지역 등에는 빈번한 동결과 융해의 반복이 이루어지면서도 영구동토가 없는 지역이 존재한다. 또한 시베리아나 북아메리카의 한대림 속에서 광대한 지역에 걸쳐 존재하고 있는 영구동토가 현재의 기후조건과는 관계없다는 사실은 주빙하 환경의 한계를 간단하게 선을 그을 수 없다는 것을 나타내고 있다.

이렇게 하여 오늘날의 주빙하 환경은 다음과 같은 2개의 주요한 식생의 타입에 걸쳐 펼쳐지고 있다. 첫째는 아북극적 또는 북방적인 삼림. 두번째는 극지 툰드라 및 얼음에서 해방된 극지사막, 여기에 세계의 대산맥의 대부분에서 보이는 고도가 높은 지역이나 고산지대를 포함하고 있다. 따라서 우리들은 일반적인 의미에서 말하면 주빙하환경을 고위도지역과 고산지역의 삼림이 있는 지역이거나 삼림을 갖지 않는 각각의 지역으로 나누는 게 가능할 것이다.

주빙하지역은 한반도를 포함한 아시아의 많은 지역에서 볼수 있는데 트롤(Troll)은 이러한 지역에서 볼 수 있는 기후를 주빙하 기후라 하여 동결작용의 조사에 의한 정의를 내렸다(Troll 1944). 이 개념은 페르티에 의해서 주빙하기후는 연 평균기온이 −15℃~−1℃, 연 강수량이 120㎜~14㎜, 강력한 동결작용, 심한 메스 무부멘트(mass-movement), 약한 유수(流水)의 영력에 의해서 특징 지을 수 있다. 그러나 현재는 이러한 정의보다는 다양한 기후에 의해 자연현상의 변화가 심하게 나타날 수 있기 때문이다.

1970년대가 되면서 3개의 주빙하 환경을 구별하게 되었는데, 제1형은 혹심한 겨울을 동반 하지 않는 건조 기후가 계절적인 깊은 동결을 만들며, 제

2형은 혹심한 겨울을 동반 하지 않는 습윤 기후로 1형과 3형의 중간 형태이고, 제3형은 연교차가 적은 기후로 주로 하루 하루 발생하는 낮은 동결을 만든다. 참고로, 제1형은 영구동토를 갖지 않으며, 제2형은 그 출현이나 분포가 불규칙적이고, 제3형은 결여되어 있다.

이러한 사항들은 일사량이나 기온 등을 참고로 한 기후 환경을 생각하는데 몇가지 문제점은 있지만 아시아의 과거, 특히 구석기시대의 환경을 생각하는데 많은 도움을 주게 된다.

한반도의 구석기시대 유적을 생각하는데 있어 몇가지 특이한 사항이 있는데 그 중에 '사면 퇴적'과 '토양쐐기(soil wedge)', 꽃가루 등은 당시의 환경을 생각하는데 중요한 증거들이다. 그 중에서 토양쐐기는 동결작용과 관련이 깊다.

동결작용(frost action)은 주로 동결과 융해에 의해 생기는 많은 독특한 프로세스를 가진 집합적인 용어이다. 동결작용의 프로세스는 현재 실제로 주빙하적인 기후조건 아래에 놓여있는 지역이 가장 강하며, 또한 상대적으로 가장 중요성을 가지고 작용하고 있다 할 수 있다. 지표면의 계절적인 동결과 융해는 당시의 기후를 나타내며 각각의 온도조건에 관련한 여러 종류의 동결작용을 지중에 남기게 되는데 구석기유적의 발굴현장에서는 여러가지 형태로 확인된다.

주빙하환경은 연간을 통해 무언가의 형태로 계절적인 변화를 경험하게 된다. 흡사 나무의 나이테와 같이 무언가의 형태로 계절적인 변화를 기록으로 남긴다. 토양쐐기가 한 예인데 주로 계절적 동토층에 발달하는 동결갈라짐에 관해 Dylik(1996), Pissart(1968; 1970) 등의 러시아 연구자에 의한 연구가 있다. 무기질의 토양에 의해 메워진 갈라진 틈은 'soil wedge' 'ground vein' 또는 'seasonal frost crack'이라고 불리우고 있으며 'ice wedge'나 'sand wedge'와는 크게 다르다.

토양쐐기는 한국에서는 어느 정도 의미를 두고 구석기시대 연구자들이 인식을 하지만 주변국들에게는 그다지 주목을 끌지 못했다. 그도 그럴 것이 한반도 남부를 제외하고는 아시아의 다른 지역에서는 그 존재 조차를 확인 하기가 힘들다. 아시아에서 그 존재가 확인되는 지역은 계절적 동토가 발달한 러시아의 야크츠크 지방 중부에서 잘 발달하고 있으며, 연해주나 만주쪽에도 확인되어지나 그 밖의 지역에서의 양상은 아직 확인되지 않고 있다.

분포는 그렇게 확인되지만 한반도에서 보이는 가늘고 폭이 좁은 그리고 수차례 반복적으로 형성되는 토양쐐기는 각 지방에서 형태나 분포에 심한 차이를 보인다. 시베리아에서 보이는 형태와 아이슬랜드에서 보이는 형태인가 하는 부분은 확인이 어려운 형편이다. 시베리아의 ground vein의 대부분은 계절적인 융해층에 한정적으로 보이고 있으며 깊이 1.5m를 넘는 경우는 드물다. 일반적으로 모래와 자갈로 이루어진 층에서 보이는데 가는 줄기맥 모양의 구조에서부터 열린 삼각형을 한 모양까지 여러 종류의 형태를 가지고 있다.

토양쐐기의 안을 채우고 있는 물질은 어느 정도 도태를 나타내고 있으며 지표에 가까운 곳일수록 거친 입자가 남아있다. 주위의 퇴적물은 명료한 변형을 나타내는 것이 많다. 어떤 곳에서는 주위를 감싸는 물질의 휘어져 들어가는 모습이 보이며 다른 장소에서는 불꽃 모양의 구조나 그 밖의 변형이 보인다.

이와 같은 토양쐐기는 여러가지 문제를 제기하고 있다. 먼저, 그러한 현상이 보이기 위해서는 필요한 동결작용이 관련된 환경이 어떤 타입인가를 알아야 하는데 아직 잘 알려져 있지 않으며 또한 일부 형태에 관해서는 영구동토가 필요한지 어떤지도 알지 못하고 있다. 계절적인 동결 갈라짐의 형성례는 중위도 지역에서 이미 보고된바 있다. 두번째로는 Dylik가 강조한 것처럼 토양쐐기에 인접한 퇴적물은 밑에 쪽에 휘어져 들어감이 보이는 경우가 있는데, 그 성인이 잘 알지 못하고 있는 점이다. 세번째로는 한쪽 끝에 삼각형의 쐐기모양 구조가 보이며 다른 한편에는 갈라진 줄기[脈] 모양의 구조가 보이는 것처럼 형태상의 차이가 크기 때문에 그러한 것들의 메카니즘이 단순하게 하나 뿐이 아니게 보인다는 점이다. 갈라진 눈의 간격이 다양하게 다른 것도 설명하기 곤란한 점이다.

이러한 땅의 갈라짐 현상은 범지구적인 규모에서 빙하의 확산과 축소 그리고 지역적 대기의 흐름 등에 영향을 받았으며 구석기시대의 인류의 삶에 적지 않은 영향을 끼쳤다. 이와 같은 사실은 약 30만 년쯤 전서부터의 아시아의 기후 변화를 읽을 수 있게 하는 하나의 자료로 이용되고 있다. 과거의 온도를 포함한 기후를 아는 데는 산소동위체법에 의해 얻어진 해수의 표면 수온을 통해 알 수 있는데 오늘날의 기후를 예측하는데 해수면의 온도의 변화, 즉 엘리뇨나 라니뇨와 같은 현상이 깊은 관계가 있다는 사실과 같은 맥락에서 얻어지는 데이터이다.

주빙하기후의 변화는 온도 변화곡선에 의해 빙상의 전진이나 후퇴와 시기적으로 거의 일치한다. 예를 들어 잉글랜드 남부와 동부에 있어서의 웻지 카스트(wedge cast)나 임볼루션(imvolution), 그밖의 다양한 솔리플랙션(solifluction) 등이 있다. 퇴적물의 층위학적 위치는 동결작용이나 영구동토의 어느 한 쪽, 또는 그 둘 다가 있었던 것 같은 시기가 몇 차례나 있었던 것을 나타내고 있는 것이다.

이러한 사항 들을 과거의 기후를 생각하는데 응용을 하면 우리와 관련 깊은 최후의 두개의 빙기와 관련된 한랭한 환경을 생각하면 된다. 왜냐하면 더 오래전의 한랭기에 생긴 주빙하 현상이 그 후의 한랭기나 따뜻했던 간빙기에도 변형을 받는 것 없이 그대로의 형태로 현재까지 남아 있는 것은 있을 수 없기 때문이다.

유럽에서도, 그리고 북아메리카에서도 최한랭기는 100000 B.P. 이전의 어느 시기에 생겼으며, 최종 간빙기는 일반적으로 60000~70000 B.P. 까지 계속되었다. 그 이후에는 기후가 다시 한랭화하였는데 최후의 한랭기는 거의 10000 B.P. 까지 계속되었다.

최종빙기를 통해서 기후의 한랭화나 빙상의 확대, 전진, 후퇴에 맞춰 환경조건은 시간적으로도 공간적으로도 심하게 변하였다. 여러 다양한 소규모의 기후변화는 비교적 온난한 시기, 바꿔 말하면 아간빙기의 환경을 가져왔다. 이러한 변화는 주빙하 환경의 매서움이 최종빙기 전체를 통해 결코 한 가지가 아니며, 또한 결코 연속적이지도 않았다는 것을 의미한다. 예를 들면 이와 관련된 연구가 가장 잘 이뤄지고 있는 유럽 서북부에서는 바이크셀(Weichsel)빙기 중에 여러 다양한 기후 변화에 의해 극지적 또는 아극지적인 기후조건이 60000~70000년 간 동안에 겨우 25000~30000년 정도 밖에 없었다는 것이 알려져있다. 적어도 두번 빙기의 전진이 있었으며 한번은 바이크셀빙기의 초기에, 또 한번은 중기에 발생하였으며, 양자는 하나의 뚜렷한 비교적 온난한 시기에 의해 나눠지고 있다는 것을 알고 있다.

위와 같은 변화가 북아메리카에서도 발생했다고 믿을 수 있는 증거가 있다. 북극권 서부에서는 위스콘신(Wisconsin) 초기와 후기에 두 개의 빙하 전진이 확인된다. 위스콘신 후기는 약 25000~16000년 B.P. 에 최대 확대기에 달하는데 이것은 바이크셀 빙기의 두 번째 한랭기에 대응 된다. 혹심한 주빙하 환경은 이러한 한랭기의 피크에만 발달하였다고 할 수 있다. 그리고, 아간빙기에는 주빙하 환경과 비주빙하 환경이 반복적으로 계속되며 생겼던 것이다.

이러한 기후의 변화는 인류의 생활에도 많은 영향을 끼쳤는데 그중에서도 약 20000 B.P. 를 전후로 해서 인류에게는 가장 추운 시기가 도래하게 된다. 그 시기를 '최종빙기 극성기(Last Glacial Maximum)'라 하는데 인류는 추위 속에서 새로운 생존전략을 강구하며 이동과 석기제작 기술개발을 하며 혹심한 추위를 이겨가고 있었다.

이시기의 아시아는 지금의 아시아와는 다른 해안선을 가지고 있었다. 지금의 해수면 고도를 0m로 하였을 때 바닷물은 최대 약 130m정도 하강하게 된다. 서해의 수심이 깊은 지역은 골짜기를 따라 형성된 일부분의 120m까지 내려가는 부분이 있지만 평균수심이 대략 60m 정도라고 볼 수 있다. 바닷물이 130m 하강하게 되면, 한반도를 둘러싼 아시아의 지도는 크게 바뀌게 되는데 우리가 서해라고 부르는 바다(황해)는 바다가 아닌 낮은 구릉지로 형성된 장강과 같은 구하천이 계곡을 따라 흐르는 아시아대륙의 동남쪽 평야가 된다. 즉 한반도는 반도가 아니라 대륙의 동남쪽 끝자락이 되는 것이다.

가장 추웠던 LGM기의 기온은 얼마나 되었을까? 고기후와 관련된 자료에 의하면 마지막 빙기인 뷔름 빙기에는 현재의 여름 평균기온보다 약 8~9℃ 낮았다고 해석하고 있다. 일본 후지산의 현재의 설선고도와 뷔름 빙기의 설선의 고도차가 현재보다 1,000~1,300m 낮았다는 것을 기초로 하여 마지막 빙하기의 평균기온이 지금보다 5℃정도 낮았다는 것을 알 수 있다(김연옥 2001). 이러한 이유에서 백두산 일대의 빙하기 연평균 기온은 −12℃ 보다 더 낮은 기온이었을 것이다. 전체적인 기온의 저하에 의해 추위가 답습하여 두꺼운 얼음이 얼게 되는데 그로 인해 일본의 큐슈[九州]가 거의 육지로 연결되는 상황을 만들며 동물이 이동할 수 있는 기회가 된다. 또한, 베링해협은 수백미터 두께의 얼음다리가 형성되어 아시아 대륙과 북미가 연결되어 메머드와 같은 중대형 동물이 미대륙으로 이동을 할 수 있게 된다. 물론 사람도 동물을 쫓아 그 뒤를 따른 것은 두말할 나위도 없는데 이는 당시의 생활을 이해하는데 중용한 자료이기도 하다.

고산지역이 만년설로 덮여 있어 산악빙하가 발달했을 70000 B.P. 에 시작되어 약 20000 B.P. 에 최대로 확장된 마지막 빙하기인 뷔름빙기의 식생을 보면 주변지역은 고산 툰드라지대가 펼쳐졌으며 키가 작은 관목류와 초본식물들이 분포하고 있었다. 그 하부에는 아한대림인 침엽수림대가 분포한다. 만빙기에 해당하는 17000 B.P.의 영랑호 주변의 화분분석에 의하면 가문비나무속, 전나무속, 소나무속, 낙엽송 등의 아한대림이 분포하였다. 야스다가 작성한 분포도도 아한대림은 북부산지에서 태백산맥을 따라 남부까지 분포하다. 북서사면에서 서해안에는 넓은 초원과 뢰스가 분포하고 남부지방은 혼교림 지대라고 하였다(安田 1995). 이러한 점들은 산악부는 주빙하기후였으며 남부지방은 계절적으로 강하게 주빙하작용을 받는 대륙성의 북부온대기후였을 것이라는 보고를 하고 있다. 현재의 기후대가 위도적으로 남쪽으로 이동했고 현재와 같은 남부해안의 난대(暖帶)는 없었다고 한다.

이러한 점들은 한반도를 포함한 아시아의 구석기시대의 기후 중에 많은 부분을 차지했던 빙하기의 기후가 춥고 건조한 기후라고 할 수 있을 것이다.

2. 구석기시대의 동물

동아시아의 구석기시대에 전개되었던 자연환경 속에서 인류와 깊은 관계를 지니고 존재했던 동물은 오늘날 우리가 육류를 섭식할 수 있는 근거이다. 안정적이지 않으며 대량으로 공급이 안되던 시기이기에 먹거리가 부족한 상태에서 채집 이외의 방법으로 생존을 보장했던 방법으로는 사냥을 들 수 있다. 사냥은 생존을 위한 필요불가결의 행위였으며 그 대상인 동물의 존재는 오늘날 우리들이 먹거리로 삼고 있는 육류로 절멸 되거나 그럴 위기에 처한 동물을 제외하면 거의 일치한다.

중대형의 동물을 사냥하는 경우와 소형동물을 사냥하는 경우의 삶의 행태는 차이를 지니고 있으며 동물의 다양한 존재만으로도 그 당시의 기후를 짐작할 수 있게 한다. 예를 들어 물소의 존재는 따뜻했던 기후를 알 수 있으며 매머드의 존재는 추운 기후를 알 수 있다.

따라서, 이전에 살았었던 동물상을 살펴보며 당시의 인류와의 상관관계를 살펴보는 것은 단순히 동물 화석을 살펴보는 것 이상으로 과거의 인류의 삶에 관련된 직접적인 정보를 확인하는 중요한 연구 테마라고 볼 수 있다.

인류가 석기를 만들기 시작한 시점을 기준으로 하면 구석기시대는 약 200만 년 전쯤에 등장하기 시작한 Homo habilis의 원시적인 석기에서부터 시작하게 되는데, 오늘날까지 소위 말하는 제4기(Quaternary)에서 완신세(Holocene) 사이에 적어도 17차례의 빙하기가 확인되었다. 한번의 빙하기는 약 10만년 정도의 주기를 가지고 이어졌으며 그사이에는 1.2만~2.8년 정도의 주기를 가지고 간빙기가 반복적으로 갱신세(Pleistocene) 동안 이어져 왔다. 이러한 점들은 시기적으로 추위가 물러간 시점의 식생이 바뀌었다는 것을 알 수 있으며 또한 동물상도 따라서 달랐을 것임을 알 수 있다.

과거 30만 년 이후의 기후 변동 곡선을 살펴보기로 하자. 기후를 잘 알 수 있는 방법 중에 표면 해수온에 의한 기후의 복원을 살펴 볼 수 있다. 해수의 표면 온도(정확히는 수면 아래 1m 부근의 온도)의 변화가 빙기와 연동(連動)하여서 변하고 있는 것을 알 수 있는데 다음의 시기인 300000~260000 B.P.(귄츠), 200000~170000 B.P.(민델), 150000 B.P.(민델-리스), 130000~100000 B.P.(리스), 70000~40000 B.P.(뷔름), 40000~10000 B.P.(뷔름), 이러한 시기에 해수의 온도가 25℃ 보다 낮게 내려가는 현상을 살펴 볼 수 있다. 해수의 기온이 2℃ 이상 내려가게 되어 빙하기의 도래를 초래한 것을 볼 수 있다. 이는 이러한 시기의 동식물상이 빙하기에 맞춘 분포상을 보였을 것이라는 것을 알게 한다.

위와 같은 시기에 존재했었던 동물 뼈는 사실 고고학적 유적에서 발견되는 사례가 많지 않다. 이유인 즉슨 산성 토양에서 유기물이 보존되기 어렵다는 사실 때문이다. 그러나 알카리성 토양인 석회암 동굴이나 바위그늘과 같은 곳에서는 유기물이 화석화를 이루게 되며 뼈도 화석이 되어 남겨지게 된다. 우리나라에서 또는 아시아의 여러 지역에서 발견되는 화석이 거의 대부분 동굴에서 발견되는 것을 보면 그러한 사실을 알 수 있다.

한국에서의 동물화석에 대한 연구는 일제강점기에 이루어진 함경북도 온성군 동관진유적의 발굴이다. 1933년 일제의 만주철도 부설에 따른 공사에서 동물의 화석과 석기가 발견되어 발굴 조사가 실시되었다. 출토된 동물의 뼈는 당시의 동물상을 살피는데 유용했으며 밝혀진 동물상은 기후를 포함한 당시의 자연환경을 살피는데 유용한 자료이다. 구석기시대 유적의 발굴에서 출토되는 동물의 뼈는 크기가 수십 ㎝ 이상인 온전한 부분으로 이뤄진 경우도 있으며 수 ㎜도 안되는 조각 또는 작은 동물의 뼈까지 다양하다. 이들은 일반적으로 토끼를 기준으로 큰 짐승과 작은 짐승으로 구분되어 진다(조태섭 2005).

이렇게 발견된 동물 뼈들은 당시의 삶을 이해하는데 많은 자료로써의 가치가 있는데 이는 단순한 자연환경을 넘어서 인류의 행위를 이해하며 나아가 경제행위까지도 복원할 수 있게 한다. 동물의 뼈들은 때로는 긴 시간 동안 인류의 생활을 떠나지 않고 곁에서 우리의 삶을 충족시켜주기도 한다. 한 예로 동부 프랑스의 바위그늘 유적인 르 록 솔루트레(Le Roc solutrè) 유적에서는 바위그늘 바깥 쪽에 10만 마리가 넘는 말 유존체를 확인시켜주는 뼈가 출토된 바 있다. 잘쯔지터-레벤슈테트(Salzgitter-Lebenstedt)유적의 순록, 리피체니-이즈보르(Ripiceni-Izvor)유적의 메머드가 유명한데 이러한 유적에서 가장 많이 잡았던 종목을 중심으로 다른 동물들도 함께 포획했던 그들의 생활을 알아 볼 수 있다. 기본적으로 사냥을 하는 들소, 사슴, 동굴곰과 같은 동물 유존체가 있으며 추가로 특화된 다량의 동물 유존체가 있는 것이다. 이러한 것은 특별한 동물을 자신들의 삶에 관련지어 사냥을 하며 긴 시간 동안 관계를 가져왔던 것을 얘기한다.

동물뼈는 자연으로부터의 식량획득이 수렵채집양식의 핵심을 이룬다. 이러한 원인으로는 구석기시대인들의 빼어난 자연적응 능력을 살펴 볼 수 있다. 뼈의 연구를 통해 구석기시대의 생활을 일부분 복원할 수 있는데, 당연한 말이지만 뼈의 연구는 수렵대상을 알 수 있게 한다. 몇 년생을 수렵 했는가? 어느 계절에 사냥을 했는가? 또한 포획한 동물의 수를 계산할 수 있게 한다. 이러한 내용들을 통해서 당시의 한 끼 식사에 어느 정도의 분량이 필요하며 가족 또는 집단의 구성원이 어떻게 되는가? 그리고 사냥할 때의 특수한 습관, 예를 들면 암컷은 사냥을 함에 있어 신중을 기했고 어린 새끼를 배고 있는 경우에는 사냥을 안하며 너무 어린 동물도 사냥 대상에서 제외시키는 등의 자연과 더불어 살아가는 그들의 삶을 엿볼 수 있다.

동물의 뼈는 때로는 먼 과거의 인류의 행위를 기록한 증거로써의 역할을 하기도 한다. 2010년 8월 10일 자 Nature에 에티오피아(Ethiopia)의 아와시(Awathi)강 가에서 발견된 두 개의 약 10㎝ 정도 되는 유제류(ungulate)의 뼈는 인류의 도구의 역사를 약 80만 년 정도 올리는 역할을 했다. 기존의 도구는 260만 년 전에 만들어진 거칠고 조잡한 오스트랄로피테쿠스의 석기였으나, 이 두 점의 뼈에 난 상처를 통해 인류의 도구의 역사가 340만 년 전으로 올라가게 되었다. 뼈에 난 상처는 단순한 상처가 아니라 인류가 획득한 동물의 해체를 위해 석기를 사용할 때 생겨난 자른 흔적(cut mark)인 것이었다.

한국의 구석기시대 동물상을 살펴보면 동관진 출토 동물뼈를 참고로 하면 하이에나, 말사슴, 털코뿔이, 털코끼리 등의 추운 기후에 적응한 동물들과, 상원 검은모루 동굴 유적에서 출토된 29종의 동물을 살펴 볼 수 있다. 큰쌍코뿔이, 물소, 원숭이와 같은 동물들인데 이들은 아열대 혹은 열대에 속한 기후에 나타나는 동물들이다.

이러한 동물 화석 들은 산성토양을 피해 석회암지대에서 볼 수 있다. 플라이스토세 중기 의 동물을 보면, 큰곰, 동굴곰, 동굴하이에나 호랑이, 사자, 표범, 삵, 너구리, 이리, 범, 말사슴, 큰꽃사슴, 넓적큰뿔사슴, 노루, 사향노루, 첫소, 들소, 물소, 산양, 멧돼지, 큰쌍코뿔이, 털코뿔이 마, 코끼리, 원숭이, 멧토기, 뒤지, 두더지 고슴도치, 갈밭쥐, 집쥐, 등줄쥐, 해리, 관박쥐 등이 있다. 후기갱신세에는 큰곰, 동굴곰, 동굴하이에나 호랑이, 사자, 표범, 삵, 스라소니, 동굴사자, 너구리, 이리, 범, 사슴, 영양, 들염소, 말사슴, 큰꽃사슴, 넓적큰뿔사슴, 노루, 사향노루, 첫소, 들소, 물소, 산양, 멧돼지, 큰쌍코뿔이, 털코뿔이 마, 코끼리, 털코끼리, 원숭이, 멧토기, 뒤지, 두더지 고슴도치, 갈밭쥐, 집쥐, 등줄쥐, 옛비단털쥐, 땅쥐, 뛰는쥐, 산림쥐, 해리, 관박쥐, 은털박쥐, 토끼털큰관코박쥐 등이다. 이중에서 설치목(쥐)들은 기후 변화에 민감하여 시기 구분에 잘 쓰인다.

플라이스토세 중기의 동물 중에 이른 시기에만 등장하는 짐승들로는 넓적큰뿔사슴, 상원큰뿔사슴, 물소, 짧은턱하이에나, 상원말, 대현말, 동굴사자, 사자, 그리고 원숭이 등 사멸종들이 많다. 이들 중에는 따뜻한 기후에 맞는 짐승들이 많은 것은 중기갱신세의 이른 시기는 비교적 따뜻하고 온화한 기후임을 말하고 있다. 늦은 시기가 되면 새롭게 등장하는 짐승들이 보이기 시작 하는데 사향노루, 말, 곰, 표범, 삵, 늑대, 원숭이 등이다. 이들의 구성을 보면 식육류라는 것이 특징으로 우제류와 기제류와 같은 초식동물이 넓게 분포하고 있다.

플라이스토세 후기가 되면 플라이스토세 중기 유적에서 볼 수 있는 동물보다 더욱 종류가 다양해진다. 특히 식육류의 경우에 더욱 눈에 띄는데, 종수로 보면 14종에서 19종으로 늘어났다. 그중에서 가장 많이 찾아지는 것은 사슴과 짐등인데 이들의 종수는 식육류에 비해 적은 편이다. 이러한 것에 관하여 이시기에는 동굴유적에서 사냥하고 도살하는 사람 활동의 주된 동물이 사슴과 동물임을 말한다고 할 수 있다. 이밖에 시기적인 제한을 지닌 채 등장하는 동물이 있다. 큰꽃사슴, 큰뿔사슴, 덕천말, 동굴사자, 범 그리고 코끼리 등이 후기 갱신세의 이른 시기로 구분되는 유적에서만 보이는 동물들이다.

늦은 시기로 가면서 점차 사라지는 이들은 일반으로 따뜻한 시기를 보여주는 동물들이다. 이러한 점에서 플라이스토세 후기의 이른 시기로 알려진 유적들은 마지막 간빙기에 해당되는 리스/뷔름빙기로 따뜻했던 시기와 관련이 깊다고 할 수 있겠다. 또한 플라이스토세 후기의 늦은 시기에만 볼 수 있는 털코끼리, 우수리사슴, 들염소, 북쪽오소리와 개 등이 보이는데, 이들은 좀 더 서늘하고 추운 기후에도 적응하였던 동물로 구성된다. 이러한 점들은 플라이스토세 후기의 기후환경 변화를 바로 나타내는 증거들로 기후가 시기에 따라 변하였다는 것을 알려준다.

한반도의 구석기시대의 동물을 통해서 본 자연환경은 종의 구성이 다양하다는 점을 들 수 있다. 이는 이시기의 동물상에 아주 심한 종의 진화라든가 새로운 종의 출현과 같은 급격한 변화가 없었음을 말해준다. 한반도의 플라이스토세 시기의 동물들의 구성은 지금은 없는 사멸종이 많이 보이고 있다. 오래된 유적일 수록 사멸종의 비율이 높아진다. 이러한 점은 일선에서의 연구에 있어 동물화석이 출토되는 유적간의 비교를 통해 유적의 오래되고 그렇지 않음을 가늠할 수 있다. 온난한 기후에서 보이는 사슴, 소, 멧돼지, 쥐와 같은 동물들과, 더운 열대성 기후에서 보이는 물소, 넓적큰뿔사슴, 큰쌍코뿔이, 코끼리, 원숭이의 존재는 중기 갱신세에는 지금보다 더 따뜻한 시기가 있었음을 보여준다. 반면 플라이스토세 후기로 가면서 기후가 급변하여 동굴곰, 동굴하이에나, 털코끼리, 털코뿔이 등이 보이는 것은 추운 기후가 전개되었다는 것을 말한다. 물론 이러한 동물들은 현세에서는 이 지역에서 볼 수 없는 사멸종이라는 것은 두말할 나위도 없겠다.

이러한 동물들의 존재를 당시의 자연환경을 복원하는데도 이용할 수 있다. 말, 들소, 코뿔이와 같이 평야와 같은 비교적 넓은 공간이 필요한 동물이 일부 존재하지만 대부분의 동물이 나무가 많은 삼림성 기후환경에서 서식했던 또는 혼합형 동물로 이루어진 점은 한반도와 같은 산과 언덕이 많은 지형과 깊은 관련이 있다 하겠다.

출토된 동물 들의 종적 구성을 보면 플라이스토세 중기에는 홀굽동물(말, 코뿔이), 짝굽동물(소, 사슴) 등의 초식 동물이 우세하다. 이러한 양상은 플라이스토세 후기로 가면서 좀 더 다양한 종적 구성의 식육류들이 나타나게 되지만 출토된 동물 화석의 뼈대 수나 최소 마릿수를 계산해 보면 가장 많이 출토되는 짐승은 다르다는 것을 보여준다.

플라이스토세 중기에 가장 많이 눈에 띠는 동물은 초기에는 말과 쌍코뿔이들이며 이후 늦은 시기로 가면서 큰꽃사슴 등의 비율이 늘어나고 있다. 반면 플라이스토세 후기에는 사슴과가 단연 많이 나타난다. 이렇게 한 두가지 종의 동물이 집중적으로 보이는 것은 당시의 생활에 전략적인 사냥 대상의 선택이 긴 시간 동안 의식적으로 이루어져 왔던 것을 나타낸다. 참고로 사슴과의 출토비율은 전체 동물 화석수의 평균 70% 이상, 최소 마릿수의 60% 이상으로 구성되어 있다.

III. 동아시아에서 인류의 출현

한반도에 거주하고 있는 우리는 몽골로이드(mongoloid)로써 세계사적인 관점에서 이야기하면 유럽의 코카소이드(Caucasian)와 비견되는 큰 흐름을 이루고 있다. 인류가 하나의 공통루트에 뿌리를 두고 아프리카에서 기원하여 그 후에 여러 갈래로 가지를 치며 여러 지역에 옮겨 살기 시작하여 서로 다른 자연환경에서 살아가는 과정에서 차별화된 인간이 지역적 환경에 맞춰 진화를 계속하게 되었다. 왜 인간이 계속해서 가지치기를 하여 갈라져 나왔는가? 왜! 새로운 신천지로 이주하였는가? 그리고 새로운 땅에서 어떤 전략을 가지고 삶에 임하였는가?

인류는 어디에서 탄생하였는가? 이 수수께끼를 풀기 위해선 인류와 인류와의 관계 중에서도 오랑우탄에 대표되는 아시아와 침팬지에 대표되는 아프리카를 우선 생각하게 된다. 최근의 유전학적 연구결과에 의하면 지역적 카테고리에 관계없이 인류는 아프리카에 서식하고 있는 침팬지와 유전적 거리가 더 가깝다. 참고로 인류는 침팬지와는 1.2%, 고릴라와는 2.4%, 그리고 오랑우탄하고도 2.4% 밖에 거리가 떨어지지 않은 유전적 근접치를 보이고 있다. 참고로 침팬지와 고릴라의 유전적 차이는 1.2%이다.

인류가 영장목에 속하는 포유류 속에서 가장 성공한 생명체이나 그 시작은 여느 원숭이들과 다름이 없는 수상(樹上) 생활을 하며 제3기 선신세(鮮新世)까지 거슬러 올라 갈 수가 있다. 현재 인류가 같은 영장목의 침팬지나 고릴라와 분기하기 시작하여 인간으로 변화하기 시작한 연대는 약 500만 년 전으로 알려져 있다. 오스트랄로피테쿠스 아프리카누스(Australopithecus africanus)가 그인데 인간의 관점을 어디에 두는가에 대한 기본적 토의의 기준을 이루는 형질인류학적 특징과 유전공학적 특징을 통해 얻어진 연대이다. 이 시점의 인류는 착실하게 인간화(Hominization)를 이어왔는데 가장 대표적인 특징으로 말할 수 있는 '직립 2족 보행(erect bipedalism)'을 정립하여 부분적으로 어설픈 기우뚱거리는 그러나 완벽한 직립보행을 하고 있었다.

인류학에서 가장 첨예하게 대립하고 있는 화제는 신인의 탄생을 설명하는 두 개의 가설적 모델 논이다. 하나는 아프리카 기원론으로 불리는 '단일기원론'으로 아프리카에서 탄생한 신인의 조상이 약 20만 년 전 이후에 다시 유라시아 대륙 각지로 옮겨 살게 되어 이미 각지에 살고 있던 원인(Homo erectus)의 자손과 교체되어 나타나 오늘날 우리들 현대인의 조상이 되었다는 모델이며, 또 하나는 지금으로부터 약 160만년 이후에 아프리카로부터 유라시아대륙 각지에 옮겨 살게 된 원인이 각각의 지역에서 계속해서 진화를 한 결과 오늘날 우리가 세계 각지에서 볼 수 있는 인류집단을 만들었다는 '다지역 기원론'이다.

인류에 관한 또 하나의 수수께끼인 신인(Homo sapiens)의 진화에 관련된 것으로 바꿔 말하면 우리들 현대인을 구성하는 여러 인종이나 민족의 성립과정이 아직 거의 풀리지 않은 상태이다. 인류는 탄생 이후 이주와 확산을 반복하여 지구의 구석구석에서 살기 시작하여 다양한 문화를 키워왔던 까닭이지만 그중에서도 장대한 스케일로 이해할 수 있는 최후의 빙하시대에 거슬러 올라가면 몽골로이드의 이주와 확산이라는 드라마가 있다. 몽골로이드는 원래의 고향인 아시아를 기점으로 몇 개인가의 집단으로 분기하여 인류사상 처음으로 시베리아로 진출하였으며 더욱이 그곳에서 다시 아메리카대륙으로 여행을 하였다. 그러한 여행자 중에는 섬들을 타고 태평양을 향해 나아가는 집단도 나왔다.

몽골로이드는 이전에 지구의 3분에 2에 해당하는 광대한 지역을 차지하였다. 그런데, 이 장대한 지역으로의 이주 드라마는 거의 모든 부분이 아직

안개 속에 있으며, 몇 차례인가의 시도에 의해 일부만이 알려진 상태이다. 이러한 점이 인류에 남겨진 최대의 미스터리에 해당된다. 몽골로이드는 어디에서 태어났는가? 그 후 그들은 어떻게 하여 세상으로 퍼지게 되었는가?

몽골로이드는 지구의 역사상 가장 특징적인 두 가지 모험을 이루었다. 하나는 추위에의 적응이고 또 하나는 바다로의 진출이다. 이 두 가지는 마지막까지 인류의 진출을 거부했던 자연이었는데 성공한 보수로서 인류는 신천지로의 이주를 맛볼 수 있었다. 인간은 일정한 에너지를 필요로 하는데 에너지를 공급하는 측인 자연은 지역에 따라 일정치 않은 에너지를 공급하게 된다. 특히 고위도에서는 계절적으로 공급량이 크게 변동한다. 따라서 여러 지역에 진출하여 자연에 적응하기 위해선 다양한 적응전략을 준비하지 않으면 안 된다.

적응 확산이라는 측면에서 본 몽골로이드는 계속해서 새로운 적응전략을 짜내어 여러 다양한 자연으로 진출하였다. 그리고 그 행동 속에서 무엇보다도 흥미깊은 현상은 그들의 이주 확산의 빠른 속도였다. 그들은 한 무리가 북상하여 시베리아에 본격적으로 진출하여 정착하고 그중에 아메리카 대륙으로 진출한 무리도 나타났다. 남미의 남단 훼고섬에 옮겨 살게 되는 것은 과거 10000 B.P. 부터 약 25000 B.P. 사이이다. 또한 별개의 집단이 남하하여 태평양의 섬들로 본격적으로 나가기 시작하여 정착한 것은 과거 1000 B.P. 에서 5000 B.P. 사이이다. 인류의 출현을 약 500만 년 전으로 한다면 아주 최근 그것도 한순간에 이루어진 이주이다.

이러한 몽골로이드의 확산운동은 진화생물학의 세계에서 새로운 생물종이 급속히 증가하는 현상의 설명에 등장하는 적응 확산을 방불케 하는 부분이 있다. 최후의 빙하기 이후에 일어난 몽골로이드의 각지로의 이주, 확산은 배경에 집단의 분열이라는 현상이 함께 했던 것은 두말할 나위도 없는 사실이다. 집단의 분열의 원인이 가끔 논하여지는 인구증가라고 하는 배경만으로 설명 가능한가 하면 의문이지만 분열한 집단이 계속해서 확산 집단이 되었다. 계속적인 분열과 이주, 확산이 결과로써 장대한 몽골로이드의 이주, 확산이 된 것이다.

이러한 현상은 모두 인류집단이 일으킨 것이지만 몽골로이드에 있어서는 다른 인종에 비교해 한층 빠른 속도로 그것도 다른 인종에 비교에 훨씬 넓은 범위를 무대로 하여 이루어졌다. 그 결과로는 몽골로이드는 표현형(형태, 구조, 생활, 행동), 물질문화 등에 있어서 다른 인종에 비교해 훨씬 다양하게 전개되게 되었다. 또한 그러한 점이 신인의 진화, 다시 말하면 인종, 민족의 성립을 조사하는 소재로써 몽골로이드가 뛰어난 흥미진진한 연구가 기대되는 이유이기도 하다.

1. 중국의 고인류

오늘날 중국은 경제 개발의 힘을 빌려 폭발적으로 고고학적 발굴 건수가 늘고 있는데 그 여파로 인한 방대한 양의 고고학적 자료가 매일매일 발견 되고 있다. 알고 있듯이 중국은 여러 소수민족을 껴안고 이루어진 나라이기에 아시아에서 많은 지리적 공간이 중국에 해당된다. 아프리카를 수 백만 년 전에 떠난 인류가 도착한 그 끝 부분에 해당되는 아시아는 중국과 인도네시아 등을 통해 이동하여 한반도의 한국과 일본에 도달하게 된다. 기존의 발표된 자료에 의하면 중국에는 광대한 지역에서 일찍부터 연구자들의 시선을 끌었던 많은 화석인류의 증거를 살펴볼 수 있다.

중경 무산, 운남원 등의 시기가 이른 플라이스토세 초기 또는 더 이른 시기에 속한 고인류의 화석이 발견되었다. 아쉽게도 유물이 풍부하지 못하여 여러가지 의심을 받고는 있지만 초기에는 오스트랄로피테쿠스(Australopithecus)로써 인식하였다. 오늘날엔 그러한 자료들은 호모 에렉투스에 속한다고 정정이 되었지만 한반도에서 아직 출토되지 않은 고인류의 자료가 이전부터 발견되었던 점들은 충분히 중요한 사실들이다. 결론적으로 얘기하면 중국에서 '남쪽의 민원숭이(Australopithecus)'는 아직 발견 되지 않고 있다. 다만 서남 지역에 마이오세(Miocene) 말기에서 플라이오세(Pliocene)에 이르는 층위 내에서 풍부한 고원(古猿) 화석이 발견된 점은 중요하다 할 수 있다.

초기 인류의 기원지에 관련된 최근의 연구 흐름은 아프리카 기원론에 비중을 두고 있지만 가능성을 가지고 있는 다지역기원론을 주장하는 일부 학자들도 뿌리깊게 학계를 이끌고 있는 그룹 속에 포함되어 있다. 초기의 인류가 약 600만 년에 가까운 시점에 원숭이들과 분리하여 최초의 사람속(Hominidae)의 그룹이 아프리카 동쪽에서 남부의 넓은 지역 사이에서 생활하였다. 그 이후 아프리카 동부에 대략 180만 년 전, 또는 더 이른 시기에 아프리카를 벗어나 유라시아 대륙으로 건너갔다고 생각하는 흐름과는 다르게 중국 내에서 원숭이로부터 인류진화의 완전한 계통이 존재한다고 보고 있는 그룹이 있다.

중국 내에서는 지질 제3기 마이오세 말부터 제4기 플라이스토세 초기까지의 옛원숭이(古猿)와 초기인류의 화석이 발견되어 초기인류의 기원을 연구하는 중요지역이 되고 있다. 초기인류의 기원과 관련된 시기, 지점 및 환경, 배경 등 문제는 더 많은 지질학적 배경과 인류학적 자료의 증거를 가지고 신중하게 접근하지 않으면 인류의 기원과 관련된 과거의 사실들이 더 복잡하고 어려운 상황을 맞이하게 된다. 중국 내에서 플라이스토세 초기(780000~1800000 B.P.)의 인류화석이 강남(江南)에서도 일부 발견됐지만 확실한 증거는 장강(長江) 이북지역이다.

중국의 북부지역에서는 비교적 온전한 모습의 초기단계 호모 에렉투스의 체질적 특징을 지닌 공왕령인(公王嶺人)의 표본 외에, 근년에는 니하만(尼河灣) 분지에서 다양한 문화를 엿볼 수 있는 유물들이 발견되었다. 이러한 발견은 중국 최초의 인류의 형질인류학적인 특징을 나타내고 있다. 진가와(陳家窩)와 공왕령인을 합쳐 남전인(Homo erectus lantienensis)이라고 부르는데 진가와의 아래턱의 시기는 70~60만 년 전이고, 공왕령의 두개골 연대는 110만 년 정도로 플라이스토세 초기의 후반부에 등장하는 인류로 얘기되고 있다.

아프리카나 유럽 및 서아시아의 플라이스토세 중기(128000~780000 B.P.) 고인류의 상황을 살펴보면 에렉투스의 분포된 시기와 공간은 일정한 제한을 가지고 있다 할 수 있다. 유럽에서는 전형적인 에렉투스의 화석 표본은 없지만 동아시아와 동남아시아 지역에는 에렉투스의 분포가 더욱 보편적으로 플라이스토세 중기 기간 전기간에 걸쳐 발전된 것을 확인할 수 있다.

또 하나의 특징은 동쪽과 서쪽 사이에 플라이스토세 중기의 형질 인류학적 특징은 현저한 차이가 있다. 고인류학자들이 플라이스토세 중기 구대륙 각지에서 발견된 고인류화석의 분류에 다양한 의견이 있지만, 동아시아와 구대륙 서쪽 양지역의 고인류의 형질에 있어 뚜렷한 특징이 있다. 플라이스토세 중기의 아프리카와 유럽에 있었던 고인류 집단은 밀접한 혈연적인 관계에 있다. 두개골에서 보이는 특징을 보면 모두 상대적으로 돌출된 뇌정골과 뇌의 용량이 보편적으로 크다. 눈 위의 눈썹 밑에 있는 눈두덩뼈도 여전히 거칠고 역팔자형이다. 앞이마는 넓어지고 얼굴 면적은 커지며 뒷머리는 원형으로 변하였다.

동아시아와 동남아시아 지역에서 볼 수 있는 같은 시기의 인류는 거칠고 큰 일자형 눈두덩뼈를 가지고 있다. 눈두덩뼈에서부터 뒷머리 뼈와 시상척 등이 구성된 머리 부위는 증가된 결구를 가지고 있다. 앞이마는 낮고, 비교적 넓은 뇌정골 바닥 및 비교적 두터운 뇌정골 뼈의 특징을 가지고 있다. 이러한 특징에 대한 많은 인류학자들이 다른 종으로 분류하고 있다. 동아시아 및 동남아시아 지역의 플라이스토세 중기 인류는 아직까지 지속적으로 에렉투스로 분류하고 있지만 구대륙 서쪽의 사람들은 더욱 복잡하게 다양한 형태로 변화를 하게 됐는데 근래에 그들을 하이델베르그(Heidelberg) 인으로 분류하고 있다.

일부 학자들은 중국의 북쪽에서 발견된 대려인과 금우산인(金牛山人)도 같은 범주에 들어가야 한다는 것을 부인할 필요는 없지만 분류 특징이 명확한 탕산(湯山)인의 두개골 표본에서 코뼈가 높이 솟아있고, 위턱 뼈가 공처럼 돌출된 것은 유럽의 집단과 형질인류학적 특징에서 관계가 있다. 이러한 모습에 대해 북경대학의 王幼平은 동양과 서양의 인류집단이 모종의 교류에 의한 결과로 보아야 한다 하였다(王幼平 2008).

중국의 유적 중에서 가장 유명한 유적으로는 북경원인(Homo erectus pekinensis)을 배출한 주구점(周口店) 유적을 들 수 있다. 북경에서 남서방향으로 48㎞ 정도 떨어진 곳에 있는 유적으로 주구점 용골산에 위치해 있는 유적이다. 유적은 1921년 스웨덴의 지질학자 안데르손과 그랜저가 주구점에서 화석을 발견하였는데 이가 유명한 북경원인이다. 1927년부터 발굴을 시작하여 10년간 발굴이 진행되었는데 1929년 배문중(裴文中)에 의해 조사가 진행되어 그해 북경원인의 제1두개골을 발견하여 세계를 놀라게 하였다.

그 후 수년 동안 지속된 발굴에서 손가락뼈와 같은 다량의 화석과 석기가 출토되었다. 그러나 북경원인은 중일전쟁 중에 분실되었으나 다행히도 분실 이전의 상세한 기록이 남아 있으며 1949년 이후에 다시 주구점유적은 여러차례의 발굴을 실시하여 새로운 에렉투스의 화석이 발견되었다. 이렇게 이어진 많은 추가발견이 있었기에 오늘날에도 북경원인과 관련된 연구가 계속 될 수 있는데 수십년의 발굴을 통해 주구점 제1지점에서는 모두 40개체의 원인 화석이 확인되었다.

플라이스토세 중기세에 해당하는 시기에 존재했었던 북경원인은 에렉투스가 등장한 이후 수십만 년 또는 250만 년전 부터 시작된다는 중국의 플라이스토세의 단위를 인용한다면 수백만 년이 지난 이후의 에렉투스이지만 두개골은 많은 원시적인 성격을 지니고 있다. 북경원인을 얘기하는데 있어 남전인(藍田人)은 빠지지 않고 등장하는 고인류의 화석인데 북경인의 1075 cc에 달하는 뇌 용량은 남전인 보다는 많지만 현생인류에 비교한다면 아직도 작은 상태에 불과했다. 또한 두개골의 높이는 남전인 보다는 높지만 현생인류에 비해 상당히 낮다. 앞이마도 비교적 낮고 두개골 상부는 좁으며 그 아래는 넓다. 하지골은 현대인의 형태를 갖고 있으며, 직립보행의 흔적을 살필 수 있는 넓적다리능선을 지니고 있다.

주구점 제1지점의 퇴적은 상부와 하부가 많은 차이를 보인다. 따라서 상부층의 화석은 하부층 출토 원인에 비교해 뇌 용량도 1140 cc이며 두개골 벽도 얇고 이마뼈도 거칠지 않으며 뒷머리 둥근 부위도 수축되어있다. 이러한 모습은 시대에 따른 진화의 형태를 나타낸다 할 수 있겠다. 북경원인의 복원된 모습에서 여러가지 정보를 얻을 수 있었는데 그들은 신장이 156~157㎝이며 22개체 중에 14세 이하에 죽은 개체가 15, 15~35세와 40~45세가 각 3개체, 50~60세가 1개체로 나왔다. 이러한 사실은 당시의 수명이 길지 않았으며 생활이 그리 편안하지는 않았다는 것을 나타내고 있다.

북경원인의 존재는 한반도에 원인(原人)이 존재했을 가능성을 살펴보는데 중요한 시점을 던진다고 볼 수 있다. 북경원인은 불을 사용하였으며 육류를 먹었고 동굴을 주거지로 한 집단 생활을 한 것으로 알려지며 오늘날 현존하는 우리의 직계조상은 아니지만 아프리카로부터의 긴 여정을 밝히는 하나의 지표가 되었다.

중국의 플라이스토세 후기(10000~120000 B.P.)의 초기 또는 약간 늦은 시기에 속하는 인류로는 정촌인(丁村人), 허가요인, 마파인, 장양인, 협수인(浹水人)과 유장인 등이다. 전통적인 인식에 의하면 이들은 초기 네안데르탈인(Homo sapiens neanderthalensis)으로 일괄하여 분류되고 있으며 과도기에 등장했던 인류로 분류를 하고 있다. 근래의 고고학 자료와 연대학 연구의 진전에 따라 나타난 바에 의하며 초기 네안데르탈인의 체질 특징은 일반적으로 에렉투스와 사피엔스 사이의 중개자이다.

중국의 초기 네안데르탈인의 자료는 형질 인류학적 특징에 의하면 초기와 후기의 두 유형으로 분류가 가능하다. 초기에는 소현인(巢懸人), 금우산인, 대려인 등이 포함되는데 그시기는 플라이스토세 중기의 후기에서 플라이스토세 후기의 초반까지다. 후기의 대표적인 인류로서는 마파인, 정촌인, 허가요인 등으로 그 시기는 플라이스토세 후기의 초반이다. 플라이스토세 후기의 중반에 이르러서 유강인(柳江人) 등 비교적 이른 시기의 사피엔스가 출현하기 시작한다(王幼平 2008).

중국의 초기 네안데르탈인과 구대륙의 기타 지역에서 볼 수 있는 같은 단계의 고인류는 동일한 특징을 가졌다. 뇌용량의 증대, 뇌정골의 높이 증가, 이마뼈가 일자형에서 팔자형으로 변하며 귀밑 뼈도 높아지고, 아래턱 관절도 넓고 얇게 되며 뒷머리 뼈부위와 소뇌도 작아진다. 또한 얼굴뼈도 약하게 되며 턱의 돌출도 약해졌다. 이러한 변화는 초기 네안데르탈인에 비하여 앞니와 얼굴 부위가 감소, 이마뼈의 감소, 뇌정골도 높고 크게 되었다. 뇌의 용량과 신장은 이미 당시 인류의 변형 범위내에서 증가되었다.

시기가 더욱 늦은 인류와 비교하면 이시기의 비교적 이른 사피엔스에게는 아직도 원시적인 특징이 비교적 많이 남아 있는데, 두개골이 거칠고 뼈들은 비교적 발달되었으며 이마뼈와 눈두덩뼈는 비교적 현저해졌다. 두개골, 다리뼈가 두터워지고 다리뼈의 골수 구멍은 비교적 가늘어졌다.

중국내에서 발견되는 초기 네안데르탈인과 사피엔스는 진화가 이루어지는 도중에도 외부와의 약간의 제한적인 교류가 있었다고는 하나 중국내의 고인류에서 이어지는 계보를 따르는 진화가 이루어졌다고 판단하고 있다. 이시기는 자연환경이 시기별로 지역별로 차이를 보이는 시기로 세계적인 규모로 지역차를 보이는 시기이다. 삽모양의 앞니 등이 중국에서 발견된 초기 네안데르탈인의 앞니와 동일한 특징을 갖추고 있다. 얼굴부위의 특징은 코뼈가 심하게 유기되지 않았으며 높은 관자놀이 뼈와 비교적 넓은 얼굴 모양을 지니고 있다. 이러한 점들은 몽골로이드의 특징으로도 이해할 수 있다.

유장인은 동아시아에서 발견된 최초의 사피엔스 사피엔스(新人)로 출현시기는 50000 B.P.로 보고 있다. 이러한 연대는 아직 검증이 필요한 상황이지만 보고자의 견해를 존중한다면 동아시아에서 발견된 최초의 신인이라 하겠다. 이시기에는 지역적으로 특징을 달리하는 인류의 화석이 출토되고 있는데 초기 네안데르탈인 또는 에렉투스로 분류되는 특징을 갖고 있는 인도네시아 자바의 앙동인(昂棟人)과 하북 협수인이다.

플라이스토세 후기가 되면 후기 네안데르탈인으로 분류되는 인류가 빠른 속도로 확산이 된다. 이 단계는 40000~30000 B.P. 무렵으로 인류의 진화에 있어서 가장 최근의 단계로 오늘날의 우리들을 포함하는 단계이다. 중국내에서 발견된 이 시기의 유적의 수를 살펴 보면 대략 40군데 정도이다.

인류의 진화에 있어서 호모 사피엔스 사피엔스(Homo Sapiens Sapiens)로 불리는 현생인류가 등장 하는 단계에 연결되는 인류로 1856년 8월 독일의 Neander 계곡에서 채석중이었던 인부에 의해 Feldhofer Grotto 동굴에서 사람으로 보이는 뼈가 발견되었다. 특이한 형질에서 오는 독특함이 한동안 진위여부를 불러올 정도였으나 이들이 중요한 진화의 한 단계를 차지하고 있다는 사실을 부정하는 학자는 없어진 지 오래다. 이들은 초기에는 플라이스토세 후기의 호모 사피엔스를 일컫는 일반적 개념으로 사용되었으나 지금은 유럽과 서아시아에서만 발견되는 제한된 지역성을 가지고 있는 쪽으로 개념 정리가 되어있는 형편이다.

현생인류인 호모 사피엔스 사피엔스가 등장하기 이전의 호모 사피엔스라는 명칭을 사용함에 있어 '옛 사피엔스(archaic Homo sapiens)'라는 명칭을 사용하기도 하는데, 이시기의 인류의 자료는 세계곳곳에서 많은 형태의 자료가 축적되고 있다. 다양한 형태의 자료들은 비교적 좁은 시간폭 안에서 여러 종류가 발견되었기에 연구를 진행하는데 있어 시기의 결정에 섬세한 주의를 해야 할 필요가 있다. 이시기의 고인류 화석들은 발견된 지역을 중심으로 분류를 하여 아시아대륙, 사하라사막 이남의 아프리카, 북아프리카, 중근동 및 유럽의 5개 지역군으로 나눌 수 있다(이선복 1988).

이 옛사피엔스에 관련된 자료는 주로 유럽에 집중돼 있으며 그들은 플라이스토세 중기의 호모 사피엔스 집단에서 볼 수 있는 진화의 패턴을 보여주고 있다. 150000~30000 B.P. 에 걸쳐 존재했던 네안데르탈인의 발달된 뇌 용량의 증가는 1,000~1,600cc(평균 1,450cc)에 달했으며, 체중은 남자가 63.5kg, 여자가 45.4kg, 신장은 남자가 168cm, 여자가 160cm로 아주 건장한 근육질의 특징을 보여준다.

네안데르탈인은 르발로와 기술(Levallois technique)라고 불리우는 석기 제작기술을 지녔으며 수렵채집 활동을 하며 살았었다. 그들은 1997년에 실시된 미토콘드리아 DNA의 유출에 의한 연구에서 현대인의 각종 집단에서 보이는 nucleotide의 차이가 8개 부위에 불가한 것과 비교하여 네안데르탈과 현대인 사이에서는 28개 부위에 차이가 보였다. 이것은 양자가 유전적으로 떨어져 있다는 것을 말하는 것으로 그들이 현대인의 조상이 아니라는 것이다.

네안데르탈인의 현대인의 직접적인 조상이 아니라 하더라도 그들은 현대인과 함께 공존했었던 시간 폭을 지니고 있다. 지역에 따라서는 한지역에 이웃으로 존재하기도 하였으며 때로는 싸움의 대상이 되기도한 증거를 유적에 남기기도 하였다. 중동의 한 유적에서는 현생인류인 호모 사피엔스 사피엔스의 석기가 네안데르탈인의 뼈에 박힌 채 출토되는 사례를 볼 수 있는데 이러한 이유로 그들의 절멸의 원인이 현대인의 등장에 의한 절멸이라는 논쟁도 현재 진행 중이다.

물론 이러한 이유만이 전부는 아니다. 최종빙기의 추위에 적응하지 못하고 절멸을 했을 수도 있으며 알지 못하는 바이러스에 면역체계가 다른 네안데르탈이 먼저 절멸을 했을 수도 있다. 네안데르탈은 인류역사에서 가장 가까운 현생인류의 조상이며 과거를 알 수 있는 실마리이지만 지금 현재로서는 많은 미스테리를 인류학사에 남기고 또다른 호모 사피엔스의 등장을 기다리고 있다.

2. 일본의 고인류

지금으로부터 40000 B.P. 이후의 한 시점이 되면 일본열도에는 남쪽과 북쪽의 루트를 따라 인류가 이주해 오기 시작한다. 플라이스토세에 있어서의 고인류의 존재는 2000년 이전과 이후로 나눌 수 있다. 2000년 이전에 600000 B.P. 의 연대를 가진 가미타카모리[上高森]유적이 유명하였으나, 2000년 연말에 밝혀진 한 아마추어 고고학자의 잘못된 역사관에 의한 날조극에 일본학계는 20여 년 간 방조에 가까운 묵인을 해오던 호모 에렉투스의 존재를 묻어야만 했다. 당시 일본은 많은 시간과 정성을 들여 일본열도의 역사를 올리는데 급급했었는데 일본 최고라는 타이틀의 신문기사가 심심치 않게 지면을 장식하곤 했었다.

일본은 현재 공전의 고고학 붐을 형성하고 있다. 국민들은 전후 단괴의 세대가 현역을 은퇴하여 제2의 인생을 즐기는 일명 '실버세대'라는 말로 대변 되는 새로운 새대들이 막대한 재력과 시간을 투자하여 여가 시간을 역사공부에 할애하는 일종의 실버 특수가 한창이다. 물론 2000년의 구석기 날조사건은 큰 실망을 안겨주었지만 일본이라고 하는 특수한 지정학적 공간성은 곧 그러한 사실을 잊고 다른 부분으로 계속해서 역사를 만들어가야만 했었다.

현재 일본열도에서 약 35000 B.P. 이후에 전개되는 후기 구석기를 거슬러 올라가는 유적은 한 군데도 없다. 물론 가능성 있는 유적으로 2~3군데의 새로운 유적을 발굴하였으나 일본 국내의 고고학자 들에게도 반신반의인 상태이다. 그도 그럴 것이 플라이스토세를 경험 할 수 있는 구석기유적이 단 한군데도 없었던 상황에서 갑작스럽게 그러한 유적이 나타난다 하여도 학문적인 방법론과 정당성을 부여하는데 시간이 걸리기 때문이다. 그러나 한반도에 후기 구석기시대보다 오래된 인류의 흔적이 남겨져 있다는 것은 가까운 일본에도 그럴 가능성이 있다는 의미에선 가능성을 버릴 필요는 없겠다.

후기구석기시대 후반이 되면 인류의 활발한 활동을 살펴 볼 수 있는 화석인류의 존재를 살펴 볼 수 있다. 화석인류의 존재를 살펴 볼 수 있으려면 유기물이 남기 쉬운 토양 환경을 지녀야 하는데 불행히도 대부분의 지역이 산성 토양을 띠고 있기에 석회암지대와 같은 알카리성 토양이 있는 아주 제한적인 출토지역을 살펴보아야 한다. 그러한 경우를 충족하는 장소로는 동굴이 가장 적당한데 대부분의 고인류의 화석이 출토되는 지역이 동굴과 깊은 연관이 있는 것은 그런 연유에서이다.

일본의 구석기시대의 유적은 10,000 군데가 넘는 유적이 확인되었는데, 그중에 인류 화석은 대개의 경우 후기구석기의 늦은 단계에 해당된다. 먼저, 14000B.P. 로 알려진 오이타현[大分縣] 히지리다케인[聖岳人]의 경우 흑요석제 좀돌날 몸돌이 두개골 윗부분의 조각과 함께 출토되었다. 유적은 빛이 없는 동굴 안 깊숙한 곳에서 발견된 점으로 미뤄 매장을 한 인골이다. 오키나와현[沖繩縣]에서 발견된 미나토가와[港川人]인은 18000 B.P. 의 인류로 4구의 인골이 발견되었다. 그러나 인골과 함께 석기는 출토되지 않고 있는데 이러한 사실은 오키나와현에서 구석기시대의 석기가 아직 발견되지 않은 점과 연결시켜 좀더 자료의 경과를 지켜볼 필요가 있다. 시즈오카현[靜岡縣]의 밋카비토인[三ヶ日人]인 경우는 골반뼈와 대퇴골 그리고 두개골의 일부가 발견되었다. 시즈오카현의 하마키타인은 두개골과 골반뼈 상완골이 발견되었다. 이와 같은 사항을 들어 일본의 플라이스토세 인류의 특징은 아직은 후기구석기시대의 후반기에 가야만 나타나는 사실임을 알 수 있겠다. 이러한 사실은 일본열도의 구석기시대의 기원을 아는데 좋은 자료이며 주변한 한반도의 상황을 살펴보는데 유용하다. 이러한 자료가 있으며 해외조사에서 많은 경험을 얻은 연구자가 많은 일본측의 연구상황은 한국의 고인류 연구에 대한 많은 시사점을 던지고 있다.

3. 한국의 고인류

한국의 구석기시대인류는 두루봉 흥수아이가 유일하다. 하지만 이는 아주 이례적인 예로써 그 정보량은 절대적으로 부족하다. 두루봉 흥수아이는 후기구석기시대에 가까운 시점의 아이로 여겨지며 오늘날 한반도에 거주하는 우리의 직계조상일 가능성이 있다.

흥수아이는 체질인류학의 연구방법으로 분석한 결과 키는 110~120㎝ 머리크기는 1,260~1,300cc이며 아직 유치가 빠지지 않은 5살 정도의 호모 사피엔스 사피엔스의 사람 뼈다. 윗머리 뼈의 굽은 길이는 력포 대현동 사람보다 훨씬 큰데, 만달동굴의 성인 뼈 정도이다. 또한 잘 발달된 턱꼭지(condyle)와 강건한 아래턱의 특징은 주구점에서 나온 에렉투스의 어린이 아래턱과 비슷하다. 네안데르탈 사람에서 주로 많이 나타나는 뒷머리 뼈의 혹(bunning), 두툼한 눈두덩, 낮은 머리뼈의 특징은 찾아지지 않는다(박선주 1991). 그러한 연유에서 한반도의 구석기시대 인류의 모습을 살펴 보려면 북한의 자료를 살펴 보아야 한다.

북한에서는 1970년대 초반까지만 해도 북부지방에서는 고인류의 화석이 발견되지 않았으나, 승리산유적에서 출토된 사람의 아래턱을 승리산인이라 부르며, 아래층에서 출토된 두개의 어금니는 덕천인으로 부른다. 또한 력포유적에서 출토된 7~8세 정도의 어린아이뼈는 동물상의 여러 특징과 함께 이 두 인류는 초기의 호모 사피엔스로 그 시기를 보고 있다.

만달사람은 20~30세 정도의 남자 성인의 뼈로 플라이스토세 후기의 늦은 시기에 해당된다고 하였으나 그 이후의 연구에 의해 홀로세에 가까운 시기 즉 신석기시대에 가가운 모습을 띠고 있으며 좀돌날몸돌(micro core)과 함께 발굴되었다. 이러한 고인류의 화석으로 북한학계에서는 덕천사람에서 출발된 인류가 력포인과 승리산인이 되며 만달인으로 발전하였다고 하는 본토기원설을 얘기하는 증거로 하고 있다.

IV. 동아시아 구석기시대의 생활과 교류

1. 구석기시대의 삶

구석기시대의 생활이 어떻게 이루어 졌는가에 관한 실체는 아직 대부분이 알려져 있지 않다. 그도 그럴 것이 너무나도 긴 시간 동안 이어져 온 역사를 단시간에 전부 파악하기에는 오늘날의 우리가 겪은 경험은 일천하기 때문이다. 또한 시간적으로 멀리 떨어진 과거의 삶은 복원하기에 시간적 거리가 너무 멀기 때문이기도 하다. 그러나 최근에는 과학이 발달하며 여러 측정 방법이나 연구 방법이 함께 개발되어 이전과는 비교가 될 수 없는 새로운 사실들을 과학적 자료와 함께 검증에 이용할 수 있게 되었다.

인류가 겪은 경험의 99%가 구석기시대인데 그 이후 아주 적은 시간 동안 우리의 삶은 우주로의 확장을 계획하고 일부 실천하고 있는 정도가 되었다. 그러나 우리의 삶의 근본은 처음과 같이 먹고, 마시고, 자며, 여가와 일을 적당히 섞어 행하고 있다.

구석기시대의 삶은 기본적으론 오늘날의 삶과 동일하다. 말을 바꿔 얘기하면 경제적인 부분에 있어 공통적 요소를 지니고 있다. 실질적인 예를 들면, 후기 구석기시대의 석기를 만드는 돌감 중에 흑요석을 즐겨 이용하고 있다. 하지만 흑요석은 화산이 폭발한 화구 주변으로 산지가 제한되어 있기에 아무 곳에서나 쉽게 구할 수 있는 간단한 돌감이 아닌데, 이 돌감을 얻기 위해 1,000㎞가 넘는 거리를 생활반경으로 하는 삶을 유지하기도 하였다.

물론, 직접 가지러 가기도 하지만, 중간에서 물물교환 등의 방법을 통해서도 얻을 수 있다. 또한 동물의 뼈를 통해서도 경제행위를 알 수 있는데, 지역적으로 한정적인 동물의 서식지역을 살펴보아 그 범위가 서식범위를 벗어난 경우를 통해서도 인류가 관련된 사실을 알 수 있다. 이렇듯 여러 자료를 이용하여 최신 고고학적 발굴사례를 통해 실생활을 복원해 본다.

전라남도 장흥군 신북유적에서 출토된 유물 흑요석은 구석기시대의 인류의 이동에 관련된 소중한 정보를 제공하고 있다. 유적에서 출토된 흑요석이 가깝게는 백두산에서 멀게는 일본의 홋카이도[北海道]에서 가져온 것이라는 분석결과가 나왔다. 이는 가깝게는 900㎞, 멀게는 2,000㎞ 떨어진 곳에서 일부러 석기를 만드는 소재를 가져왔다는 것이다. 이는 물론 먼거리를 직접 갈 수도 있겠지만 아마도 도중에서 물물교환과 같은 방식을 통해 교환이나 증여와 같은 방식을 통한 유물의 이동이 있었다는 증거가 될 수 있다. 이러한 예는 신북 뿐만이 아니라 구석기시대 후기에는 홋카이도산의 흑요이 시베리아 내륙 1,000㎞정도 떨어진 유적에서 발견되는 사례가 있는 걸로 보아 그리 특수한 경우는 아닐 것이다.

이러한 현상은 어떻게 해서 일어나는 것일까? 외국의 연구사례를 살펴보면 당시의 물물이동은 통상 150㎞정도의 범위 안에서 석재를 공급받거나 직접 채취하기 위해 이동생활을 하였다. 이동생활을 기본으로 하는 수렵채집 경제 사회에서는 적어도 한장소에서 모든 행위의 시작과 끝을 찾을 수 있는 경우는 드물다. 이러한 예에서 시작과 끝이 다른 삶의 모습을 그릴 수 있게 된다. 일본의 구석기시대 연구에서는 후기구석기시대의 사람의 이동을 석재와 같은 장소를 알고 있는 유물과 연계시켜 사람의 이동을 복원하였다. 그 결과 구석기시대의 인류는 한 지역 또는 비슷한 범위의 장소를 반복해서 이용하는 일종의 회귀형 생존 전략을 보여주고 있는 것을 알게 되었다.

구석기시대의 인류는 되풀이 되는 생활 패턴을 지니고 있었다. 생활의 영역을 넓혀가며 필요에 따라 진로의 연장 선상에서 석재를 획득하는 과정을 넣은 방식을 이용하였다. 이러한 방식의 생활이 운영되었던 시기는 신북유적의 방사성탄소를 이용한 연대측정에 의하면 25500~18500 B.P. 사이에 이뤄진 것을 알 수 있는데, 이시기는 빙하기 안에서도 아주 추웠던 시기에 해당된다. 일본 칸토[關東]지방의 경우도 25000~16000 B.P.의 시기에 도쿄[東京] 부근의 유적들이 약 100~200㎞ 떨어진 신슈[信州] 지방을 중점지역으로 하여 석재의 공급과 소비를 하였던 것을 알 수 있다.

그러한 연구에 의하면 석재 원산지와 소비지를 연결하는 광역 경제망이 형성되어 일상의 생활속에 원격지를 권역에 넣은 경제활동을 엿볼 수 있다. 일상생활이 이뤄지는 베이스캠프지인 평야지대에선 수렵과 채집에 관련된 생활을 하면서 소비적인 생활을 하게 된다. 그 과정에서 소모되는 도구의 재생산 등을 포함한 멘테넌스를 하는 도구의 소비가 일어나게 되고, 재생산을 위한 계획속에 석재 산지(産地)를 포함한 산지(山地)로의 이동이 있게 된다.

산지는 평지와는 다른 동물상과 식물상이 있는 지역으로 현존하는 수렵채집민의 생활 속에서도 특별한 계획에 의한 계절적 또는 특수목적을 위한 공간에 해당된다. 이러한 양상은 현생 수렵채집민의 성스러운 장소라는 인식을 통해서 신성시되고 보호되는 행위를 볼 수 있다. 산에서의 생활은 임시적이며 계절적이기 때문에 단조로운 제한된 흔적이 남기 마련이다. 오늘날 산지에서 볼 수 있는 많은 구석기시대의 유적에서 볼 수 있는 단조로운 모습이 평지의 대규모 유적과 차이를 보이는 점도 역시 그러한 연유에서이다.

구석기시대에 살던 인류가 즐겨 찾던 장소로는 물가를 들 수 있다. 물 없인 살 수 없기에 상시 물의 보급을 염두에 둔 생활거점의 설정이 필수이다. 이러한 상황은 오늘날 발견되는 대부분의 유적이 강이나 냇가와 같이 물을 끼고 있다는 점을 통해서도 알 수 있는데 굳이 얘기 하자면 친수생활이라

할 수 있겠다. 물가 생활은 내수면과 해수면으로 권역을 나눌 수 있으며 생활내용 또한 수렵과 어로로 나눠진다.

어로는 인류가 할 수 있는 최상의 경제행위 중에 하나이다. 가장 일찍 완성된 어로의 형태는 최근의 발달된 어로기술에도 기본적 도구는 같다. 낚시에 사용되는 바늘은 이전에는 동물의 뼈나 조개 등을 이용해 만들었으며 기본적 구조와 원리가 동일하다. 기술적인 면에서는 낚시군의 실력만을 가지고 논한다면 과거의 인류가 더 뛰어났을 것이다.

인류는 'Out of Africa'를 실천하는 순간부터 바다를 염두에 둔 생활을 계획하기 시작했다. 동쪽으로 동쪽으로 이어지는 발걸음은 계속되었다. 초기 인류는 이동을 위한 '1번 국도'로 동쪽으로 뻐어난 길을 선택 할 수 밖에 없었다. 이미 서쪽으로의 길은 아프리카대륙을 남북으로 가른 대지구대에 의해 장벽이 솟아있었으며 서쪽은 아직도 포식자들의 세상이며 어두운 정글이 전개되었던 거친 세계였다. 즉 초기인류의 먼 친척인 침팬지를 포함한 영장류의 세상이었다. 또한 운 좋게 이동을 감행한다 하더라도 대서양이 기다리는 막힌 지역이었던 것이다.

반면에 동쪽은 이어진 대륙으로의 길이 해안선을 이용하면 끝없이 동쪽으로 뻗어 갈 수 있었다. 해안선은 산을 넘어야 하는 내륙 코스보다 훨씬 편하게 이동을 할 수 있는 동선을 그을 수 있었다. 특히 이동하면서도 목적지에 대한 시야가 확보되며 먹거리를 비교적 손쉽게 해안가에서 획득할 수가 있었다. 조개 채취나 물고기 또는 해초류를 큰 힘을 들이지 않고 얻을 수 있었던 점은 유단조직(band)으로 정의되는 집단을 약속의 땅으로 이끌었던 것이다. 이와 함께 해안선을 이동 루트로 이용하는 데는 또 하나의 장점이 있었는데 살아 가는데 필요한 염분의 획득을 쉽게 할 수 있었다는 잇점이 있었다. 자연계의 모든 생물들은 거의 예외 없이 염분을 흡수하려 노력 한다. 일부러 먼 곳의 염분을 찾아 길을 떠나기도 하고 부족한 상태가 되지 않도록 염분 확보를 염두에 둔 이동 생활을 주기적으로 행하기도 한다.

이렇듯 인류는 산에서의 생활과 바닷가에서의 생활 그리고 강가에서의 생활 등으로 각각의 지역에 맞는 생활을 전략적으로 선택해 삶을 유지해 왔다. 구석기시대의 인류는 지역적인 상황에 맞춘 맞춤형 생활양식이 이뤄졌으며 이로 인해 인류는 점차 지역성을 지니게 된다. 지역성은 고고학적인 자료로는 후기구석기시대인 3만 년 정도에 이르러 극단적으로 나타나기 시작한다. 사는 장소에서 가장 필요한 도구를 가까운 거리에 사는 또 다른 집단을 포함하여 효율적인 도구 조합을 만들게 된다. 이러한 도구 조합은 형식학적인 면에서 뚜렷해지는데 광역적인 요소와 국지적인 요소로 크게 나눌 수 있게 된다.

광역적인 요소로는 슴베찌르개, 아라야형새기개, 좀돌날몸돌을 들 수 있다. 그 중에 후기구석기시대의 전형적인 수렵구라 할 수 있는 슴베찌르개를 살펴보기로 하자. 물론 학자 들 중에는 수렵구가 아닌 가공구로서 만능도구로써 인식하는 경우도 있지만 끝이 뾰족한 그 모습은 관통을 염두에 둔 도구라는 생각을 먼저 가지게 한다. 슴베찌르개는 한반도 남부를 기점으로 남쪽으로는 일본의 남쪽에 있는 큐슈도[九州島]와 북쪽으로는 러시아의 우스티노프카(Ustinofuka)에 한점 정도 존재하는데 현재까지의 출토 상황을 살펴보면 그 중심은 한반도 남부에 있음이 유력하다.

기술적인 면을 살펴보면 긴방향떼기라는 방식으로 너비에 비해 길이가 긴 격지 또는 돌날을 이용한다는 소재 이용에 있어서 규약이 있다. 이러한 기술적 제약은 지역적 범주 안에서 강하게 작용하게 되는데 오늘날의 공업규격과도 같은 의미를 지니게 되며 기술력의 상징으로 이해할 수 있다. 이렇게 준비된 소재를 이용하여 모양을 다듬어 가는 2차 가공을 실시하게 되는데 여기서 중요한 요소가 나타나게 된다. 날을 다듬고 모양을 만드는데 필요한 타격을 배면에서 등면 방향으로 한쪽 방향으로만 실시하게 된다. 수 많은 슴베찌르개가 있지만 이특징을 벗어난 슴베찌르개는 단 한점도 없다. 아니 이렇게 만들지 않으면 슴베찌르개가 아니라고 분류를 하게 된다. 이밖에도 또다른 특징들이 있으나 세세한 것은 생략하나 이렇게 만들어진 슴베찌르개는 소중하게 여겨지며 그 관리에 세심한 주의를 들이게 된다.

구석기시대의 사람들에게 석기는 생계를 이어주는 소중한 도구였다. 따라서 직간접의 경험을 통해 얻어진 기술로 신경을 써 제작을 하였고 상태를 유지하기 위해 노력을 하였다. 중요한 석기로 여겨질 경우는 오랜 시간 동안 지니고 다니며 손에 익숙해 지도록 사용하였다. 중요하지 않은 석기일 경우에는 석재의 선택과 가공에 있어 정성을 기울이지 않는 일종의 일회성 사용과 제작을 하였다. 이러한 의미에서 전자를 '관리적석기(curated tool)'라 하였으며 후자를 '편의적석기(expediant tool)'라고 분류할 수 있다.

2. 구석기시대의 경제

구석기시대의 경제는 기본적으로는 먹고살기 위한 행위라고 정의 지을 수 있다. 오늘날의 경제 행위도 궁극적인 목적은 먹고살기 위한 행위라 규정 지을 수 있다. 단지 구석기시대와 오늘날의 경제 행위를 구분하는 큰 요소는 시간의 차이에서 오는 환경의 차이라고 말 할 수 있다. 먹고살기 위해 하는 행위이나 행위자체는 남지 않고 결과만이 유물이 되어 남게 된다. 현존하는 최고의 석기는 아프리카에서 발견되는 약 260만 년 전에 만들어졌다고 하는 거칠고 조잡한 긁개 또는 찍개라고 표현되는 유물들이다. 단순한 조합을 유지하며 만들고 사용했었던 석기 들은 후기구석기시대로 가까워 가면 갈수록 좀더 복잡해지며 단계도 늘어나게 되었다. 단순한 제작과 소비라는 구조에서 물물교환이나 증여 등을 통해 이루어진 교류의 증가가 눈에 띠게 늘어나게 된다.

앞에서도 잠시 언급했지만 석기를 제작하기 위한 돌감의 획득과 증여 그리고 교환을 통해 궁극적으로는 교역이 이루어졌던 구석기시대의 삶은 그 다음 단계인 신석기시대에도 기본적인 삶의 형태를 유지하게 된다.

물건의 이동과 함께 기술의 이동을 살펴 볼 수 있는데 시간의 흐름에 따라 기술의 발전이 이뤄지게 되며 결국에 먼 장소로 물건과 기술이 퍼지게 된다. 쉬운 예로 후기구석기시대에 보편적으로 볼 수 있는 석기제작 기법으로 돌날기법이 있다. 아시아에서 이 기술은 후기구석기시대에 들어 나타나게 되지만 그 기술적 기원은 아시아가 아닌 동시다발적 또는 아프리카에 가까운 곳으로 알려져 있다. 출현시기만 보더라도 후기구석기시대에 들어서 등장하게 되는 한국의 돌날기법은 아시아의 다른 지역에 이미 존재 했던 기술이 한국에 유입 된 것으로 보이는데 시간적이 흐름에 차이가 있다. 놀라운 사실은 후기구석기시대가 되어야 나타나는 돌날기법이 아프리카에서는 25만 년 전에 이미 등장하고 있다는 사실이다.

구석기인의 경제는 조직적인 방향으로 점차 개선을 해 나간 결과 미래의 사회를 향해 좀더 세분화 되면 복잡한 구조를 띠어간다. 예나 지금이나 인류는 물이 없으면 살 수가 없다. 따라서 하루에 한번 이상 물과 관련된 장소를 찾는 생활을 계획하게 된다. 이러한 원리를 이용한 연구가 구석기시대의 연구에 응용되고 있는데 '집수역(集水域) 분석(site catchment analysis)' 이다. 현재의 과학으로 미세적이며 국지적인 기후 복원이 완벽하지 못한 관계로 기후는 응용이 어려우나 현존하는 지형의 분석을 통해 지형 이용과 그와 관련 된 사냥 전략을 엿볼 수 있다. 동물의 뼈를 분석하여 알 수 있는 계절성과 사람의 이동과의 관계를 살펴 볼 수 있다. 이러한 연구에 의하면 계절적 캠프의 위치를 연구할 수도 있으며 하나의 주거지 또는 캠프에서 어느 정도의 범위를 이동생활의 반경으로 삼고 있는지를 추정하게 해준다.

집수역 연구의 기초는 후대의 수렵채집민의 분석을 통해 비슷한 유형을 상정할 수 있다. 본거지와 수렵지의 거리관계를 살펴보면 야영지로부터 10km 내의 거리라면 5km 반경의 원을 그려 그 범위를 규정할 수 있다. 야영지로부터 수렵지가 왕복 두 시간 거리인 경우 초기의 주거유형을 이해하는데 많은 도움이 된다. 고대의 생활방식을 복원할 수 있지만, 이용 유역의 공용화라던가 일정한 범위 이용이라는 개념의 한계성은 동일 유적의 공통 이용을 이해하는데 난제를 던져 준다.

구석기시대의 사람의 이동은 어떻게 이뤄진 것인가? 이러한 물음의 정확한 해답은 없으나 쉬운 예로 신대륙으로의 인류의 이동을 통해 해법의 일부를 찾아볼 수 있다.

인류가 직면했던 많은 기후 변화 중에 가장 추웠던 2만년 전후의 한시기(LGM : 최종빙기 극성기)에 베링해협이 얼음으로 다리가 되어 중대형 동물이 이동을 시작하게 된다. 초식동물들의 이동은 육식류를 필요로 했던 인류에게 있어 생존과 관련된 치명적인 위기로 인식되게 되며 위기관리시스템의 작동을 강요하게 된다. 그 결과 동물을 찾아 같은 길을 조금 늦게 따르게 되고 결국에 신천지로의 이동을 실시하게 된다.

인류가 먹거리인 동물을 쫓아 이동을 개시하게 되는 원인은 신대륙으로 메머드나 중대형 초식동물인 들소들과 같은 수렵대상이 500m 정도의 두께로 얼어붙은 베링해협 위에 놓여진 얼음다리를 건너 신대륙으로 이동을 하였기 때문이다. 이러한 이동은 하나의 예에 불과하며 인류는 수없이 반복되었던 이동중의 하나인 이시기의 이동 외에도 신천지를 찾아 이동을 하게 되는 새로운 이주를 계속해서 기획하게 된다. 이러한 삶의 모습은 구석기시대의 삶을 이해하는데 많은 실마리를 제공한다.

V. 구석기시대의 도구

1. 석기의 종류와 용도

오늘날 현대인들은 상황에 따른 알맞은 도구를 선택하여 일의 효율성을 높이는데 과거의 인류 또한 도구를 선별하여 이용하였다. 사냥을 위한 찌르개나 나이프, 포획한 동물을 해체하고 가공하기 위한 긁개나 밀개와 같은 도구, 또는 뚜르개와 같은 가죽이나 나무에 구멍을 내는 도구 등이다.

이러한 도구의 다양화는 시대가 새로워질수록 전문화되며 소형화의 길을 걷게 된다. 흡사 오늘날 최신형의 전자제품이 소형화 경량화의 길을 걷는 것처럼. 시간이 흐름에 따라 일의 효율성이 높아지게 된다. 그러한 예를 석기를 만드는 행위의 단위가 되는 일정량의 석재를 가공하여 목적으로 하는 도구로 만들었을 때 그 유효한 효율성은 상당한 차이가 보인다. 시대별로 석기를 어느 정도 효율성을 가지고 만들었는가를 살펴보면 그 놀라운 발전양상이 보인다.

먼저 구석기시대에 세계적으로 가장 많이 쓰인 석재로 부싯돌(flint)이 있다. 부싯돌은 단단하며 경도가 높아 흡사 유리와 같이 날카로운 날을 만드는데 좋은 석재이다. 이 부싯돌 454g(1파운드)을 이용해 유효한 날부분을 만들 경우 약 200만 년 전부터 160만 년 전의 시기에 해당하는 올드완(Oldowan)시대 즉 전기구석기시대에는 5㎝의 날을 만들 수 있었다. 그 다음 단계인 160만년~40만 년에 해당되는 아슐리안 문화기에는 20㎝, 그다음 단계인 40만년~4만년(아시아에서는 12만년~4만년) 중기구석기 시대의 무스테리안(nousterian) 문화기에는 100㎝의 날을 만들 수 있었다. 실로 20배 이상의 효율성의 발전을 볼 수가 있다. 그러나 그 다음 단계인 후기 구석기시대인 27000 B.P. 인 그라베티앙(Gravettian)문화기가 되면 한꺼번에 극단적인 변화를 볼 수 있다. 날부분이 300~1,200㎝를 얻을 수 있었는데 이는 올드완에 비교하면 240배의 효율성 증대로 연결되어진다.

숫적으로만 보면 표면상의 양적 증가에 불과하지만 석기를 만드는 내용을 살펴보면 구조적으로 준비된 돌감을 이용하기 위한 철저한 계획과 그에 맞는 기술의 개량 또는 발전을 살펴 볼 수 있다. 이러한 기술적 발달은 무스테리안이라고 불리는 중기구석기시대를 중심으로 아프리카, 서아시아, 유럽 등에서 이용했었던 격지를 떼어내는 박리기술의 하나인 르발로와 기법(Levallois technique)에 그 유래를 찾을 수 있다. 이전과는 전혀 차원이 다른 격지 석기를 만들기 위해 복잡한 석기제작방법을 고안했던 인류는 네안데르탈인이었다. 이렇듯 인류는 시간의 흐름과 함께 뇌용량의 증가를 더불어 발전시켜왔다. 초기 올드완석기군을 만든 인류의 뇌용량이 650~800cc였으며, 후기구석기시대의 그라베티앙에서는 약 15,000cc 정도가 된다. 이렇듯 뇌의 발전 또한 2배에 달한 점이 석기제작기술과 깊은 관련이 있음을 시사한다.

구석기시대의 석기는 크게 2가지의 모드로 구분을 지을 수 있다. 'Mode Ⅰ'으로는 석핵석기(core tool)를 들 수 있으며, 'Mode Ⅱ'로는 격지석기(flake tool)를 들수 있다. 먼저 모드Ⅰ을 살펴보면 주먹도끼로 구분되는 석기군이 포함된다. 주먹도끼(hand axe)는 끝이 약간 원형을 이루고 있으며 동물을 사냥하거나 포획한 동물을 해체하는 용도로 사용되는 석기다. 쪼우개(pick)는 끝이 뾰족한 석기로 뼈에 구멍을 내거나 가죽을 뚫는데 사용하는 석기이지만 경우에 따라서는 사냥을 위한 도구로도 쓰인다. 째개(cleaver)는 가죽을 자르거나 나무를 자르는데 사용되는 석기로 날이 석기축에 직각이 되게 설치되어 있다. 매우 애매한 표현이지만 일반적으로 세가지 기종 모두를 주먹도끼라고 포함시키는 경우도 있다. 위와 같은 주먹도끼류는 어른 주먹만한 크기이거나 그보다 크며, 무게는 500g 에서 1,000g이 넘는 경우도 있다.

주먹도끼와는 다르지만 기술적인 요소는 비슷한 점을 가지고 있는 찍개(chopper-chopping tool)가 있다. 모양을 형성하는데 더 거친 형태이며 단순한 모습을 가졌는데 이는 인류 초기의 석기군속에서도 찾아지는 모습으로 시대가 지나면서 좀더 정형성을 띠게 된다. 외형상의 모습에서는 가공의 정도와 크기에 차이를 두지 않는다면 후기구석기시대를 대변하는 긁개와 유사한 모습을 발견할 수도 있는 석기이다.

이와 같은 석기들 외로 다면체구(poly headron)라고 하는 정체를 잘 구분짓기 어려운 구형 또는 방형을 한 석기가 있다. 다면체구는 그 모습이 소프트볼과 비슷한데 크기는 야구공보다 좀 작은 크기에서 소프트볼 만한 크기까지 다양하다. 또한 주사위와같이 각진 모습에서 완전한 구체를 이루는 것까지 다양한 외형을 지니고 있기에 기능 또한 망치 볼라스톤(bola stone), 미사일스톤(missile stone), 또는 몸돌로 불리우기도 한다. 이런 종류의 석기들을 석핵석기(core tool)로 부른다.

모드Ⅱ의 석기는 격지석기(flake tool)를 말하는데 몸돌에서 격지를 떼어내 새롭게 석기로 가공을 하는 석기이다. 이런 종류의 석기들은 후기구석기시대로 갈수록 크기가 작아지고 정교해진다.

2. 석기의 돌감

석기에 사용된 돌감으로는 한국에선 석영암으로 대표되는 석영계와 흑요암이나 응회암 등으로 대표되는 비석영계로 나눠진다.

석영암은 이른 시기부터 늦은 시기까지 골고루 이용된 반면에 비석영계인 응회암이나 안산암 등은 후기구석기에 가까워지면서 이용되기 시작한다. 이렇듯 돌감이용에 시간적 차이가 보이게 되는 것은 어째서 일까?

한국의 구석기시대에 보이는 돌감을 통해 인류의 지적 발전과 확산의 한 측면을 살펴볼 수 있겠다. 돌은 우리 곁에서 흔히 볼 수 있는 물질로 과거의 인류에게도 역시 같았었는데 도구를 만드는 소재로 이용하는 데는 인류의 발달과 깊은 관련을 가지고 있다. 인류의 문명은 시간이 지남에 따라 주변 환경을 더 잘 이해하고 이용해온 역사가 있다. 구석기시대의 인류도 주어진 환경아래 시간을 두고 하나씩 하나씩 개발을 해온 진화론적 단계를 보여준다.

한반도에 있었던 인류는 우리 주변에서 흔히 볼 수 있는 돌감인 석영암계를 일반적으로 이용하였다. 정확히 얘기하면 석영맥암이나 규암으로 거의 모든 구석기시대의 유적은 이런 돌감이 90%를 차지한다. 그러나 시간의 흐름에 맞춰 좀더 상세하게 그 사용내역을 구분하면 석영암계에서 화성암계인 유문암, 응회암, 혈암(shale), 그리고 흑요석 등으로 변화하는 것을 볼 수 있다. 이러한 것은 인류가 살아가면서 의식적인 선택과 활용을 하였었다는 것을 얘기하는 것으로 진화론적인 단계를 밟아간다 할 수 있다.

돌감에 대한 재미있는 사례를 하나 들어보면 구석기시대의 전기에는 위에서 말한 석영암계의 돌감을 이용하였으나 후기로 가면 흑요석과 같은 특별한 지역에만 존재하는 돌감을 개발하게 된다. 흑요석은 화산이 분화할 때 생성되는 검은색의 천연유리라고 이해되는데 돌을 깼을 때 그 변이 날카롭게 생성되는 특성으로 구석기시대의 마지막 단계에 가서야 이용되게 된다.

백두산은 한반도에서는 유일한 흑요석 산지로 지금까지 알려져 왔다. 따라서 한반도에서 흑요석이 출토되는 유적이 있다면 기본적으로 백두산에서 가져온 것으로 이해할 수 있는데 한국의 전라남도 지역의 장흥신북에서 출토된 흑요석이 백두산에서 가져온 것으로 산지동정을 한 결과는 상당히 흥미로운 사실을 우리에게 알려준다. 이사실은 약 1,000㎞ 정도의 거리를 이동권으로 한 구석기시대의 삶의 공간적 지역성을 증명하고 있다.

이러한 점과 함께 구석기시대의 인류가 의도적으로 돌감을 선택해서 이용했다는 증거로는 유적 주변에 산재한 석영암의 이용과 화성암의 이용에 있어 중요도에 차별을 두고 적용했다는 것이다. 이는 석기중에 중요하며 휴대에 적합한 도구를 만드는데 있어 화성암계의 돌감을 선택적으로 사용했던 점을 들어 알 수 있다. 한 사례로 전라남도 월평이나 경기도 호평동과 같은 후기구석기시대의 유적에서는 주변에서 쉽게 얻을 수 있는 석영암을 석기전체의 비율에서는 90%정도의 비중으로 이용을 하지만 정작 중요한 석기를 제작하는데는 화성암계의 돌감이 90%이상의 비율로 그 역할이 바뀌게 된다. 이러한 점은 선택적 활용이라는 점에서 구석기시대의 인류의 지적 발달조차도 엿볼 수 있게 해준다.

VI. 맺음말

인류의 99%에 해당되는 긴 시간을 보낸 구석기시대에 관한 관심은 우리의 정체성을 살펴보는 원초적 지적 호기심이라 볼 수 있다. 약 500만 년 전에 시작된 인류의 여행은 오늘날에도 계속되고 있다. 우리는 아시아라고 하는 지역에 살고 있으며 이러한 여정에 동참하고 있는데 이 긴 여정의 끝은 아무도 알 수 없다. 단지 과거로부터의 경험에 의한 몇 개인가의 끝을 본 경험에 의하면 영원한 것은 없는 것 같다. 지구 역사상에 먹이사슬의 정점에 놓였었던 강력했던 공룡과 같은 많은 동식물들이 있었으나 그들의 권세는 영원하지 못했다. 그와 마찬가지로 로마제국이나 진나라와 같은 거대 정치집단도 자신들의 유한함을 알지 못했다 인류의 위치도 영원한 것이라 할 수 없을 것이다. 유한한 생명을 지닌 우주 속에서 인류가 갖는 의미는 무엇인가? 그 의미를 구석기시대에서부터 찾기 시작해야 할 것이다.

구석기시대의 시작은 아프리카로부터 되었지만 우리와 직접적인 관계가 있는 조상은 아시아에 그 뿌리를 두고 있다. 오늘날의 인류학에서 얘기하는 아시아인의 뿌리는 30만년 이후 세계 곳곳에서 새롭게 뿌리를 내리기 시작한 호모사피엔스에서부터 찾을 수 있다. 인류는 지금과 같은 여러 인종으로 분리되기 시작한 시점에 여러 지역에서 각각의 자연환경에 적응하며 살기 시작한 이후, 오늘날 우리가 볼 수 있는 체질인류학적인 특징에 의해 구별되는 특징을 갖추기 시작했다. 이러한 배경에는 호모에렉투스 단계에 이미 아시아에 진출해 있었던 선주민들이 있었기에 가능했다는 전제가있다.

호모에렉투스의 뒤를 잇는 호모사피엔스는 더욱더 활발하게 자신들의 역사를 만들어 갔다. 더이상 아시아는 그들을 가둬두기에는 좁았던 것이다. 그러나 그들에 대한 확실한 증거는 현재로선 분명하지 않다. 인류의 역사로써 분명해지기 시작하는 단계는 그 다음 단계인 호모 사피엔스사피엔스의 단계가 되어서야 모든 것이 확실하게 드러나기 시작한다. 이 단계가 되어야 한반도에도 겨우 인류의 증거를 화석으로 만나 볼 수 있게 된다. 두루봉 흥수굴에서 만날 수 있게 된 후기구석기시대 인류의 화석은 아직 유치가 빠지기 전 단계인 어린아이의 모습으로 긴 시간의 다리를 건너 우리에게 자신들의 얘기를 전해온다. 자신이 현재 우리가 살고 있는 아시아의 한 곳에 긴 시간의 다리를 두고 만날 수 있는 직접적인 조상이라고.

참고문헌

김연옥(2001),『한국의 제4기환경』.

김정배(2005),『한국의 구석기문화』, 육일서방.

박선주(1991),『우리겨레의 뿌리에 관한 고인류학적 연구-청원 두루봉「흥수아이」와 선사 인류화석을 중심으로』『선사문화』1, 충북대학교선사문화연구소.

이선복(1988),『고고학개론』『이론과 실천』.

조태섭(2005),『화석환경학과 한국 구석기시대의 동물화』.

王幼平(2008),『중국 고인류문화의 원류』, 백산출판.

安田喜憲-梅原猛(1995),『농경과문명』, 朝倉서점.

선사문화
– 신석기시대의 동아시아

임상택 | 부산대학교

I. 고전적 신석기시대 개념과 동아시아 신석기 시대

신석기시대라는 개념은 덴마크학자 톰센(Thomsen)이 유물을 그 재질에 따라 나누고 시대구분한 삼시대법(三時代法 : 石-銅-鐵)에서 출발한 것이다. 삼시대법은 고고학적 유물을 기반으로 선사시대를 나눈 최초의 예이다. 삼시대법은 톰센의 제자인 워세(Worsaae)에 의해 고고학적으로 입증되었고, 1860년대에 유럽에 널리 받아들여지게 된다. 1920년대까지는 아프리카와 구대륙에서도 수용되었다. 그러나 신대륙에서는 사용된 적이 없다. 석-동-철기 시대는 가장 광의의 기술적 단계 구분이라 할 수 있는데(기술사적 구분), 이것은 사회진화의 수준과는 별개의 개념이다. 석기시대는 영국의 러복(Lubbock)에 의해 구석기와 신석기시대로 세분되었다.

유럽에서는 고고학의 발전에 따라 신석기시대 개념을 단순히 기술사적인 측면에 국한하지 않고 토기 및 간석기의 등장, 농경(목축), 정착생활이라는 복합적 문화요소를 갖춘 시대로 이해하였으며 이러한 고전적 정의에 따르면 위의 신석기적 요소들은 세트로 함께 등장하는 것이다. 특히 농경과 정착생활의 등장은 이전 시대와 신석기시대를 완전히 구분하는 결정적인 요소가 된다. 이와 함께 후빙기 이후 해수면의 안정화에 따라 해양자원에 대한 적극적 이용 역시 구석기시대와는 차이를 보이는 점이라 할 수 있다.

중국 역시 신석기시대의 개념은 유럽적 개념과 크게 다르지 않게 사용하고 있다. 이는 아마도 중국에서는 후빙기 이른 단계부터 농경과 정착생활이 등장하기 때문일 것이다. 남북한의 학자들도 일반적으로 신석기시대를 정의할 때 이러한 개념규정을 그대로 수용하는 경향이 보인다.

그러나 아래의 정의를 보면 약간의 변화가 있음을 알 수 있다.

> "일반적으로 신석기시대라고 하면 후빙기 이후 새로이 습득한 식량공급 수단, 즉 주로 원시농경(또는 목축)에 의한 식량생산경제를 배경으로 전개된 문화를 가리킨다. 그러나 후빙기 이후 지역에 따라서는 농경이 실시되지는 않았으나 토기의 제작이나 마제석기와 같은 신석기문화의 특성을 갖춘 문화가 번성한 지역도 있다. (중략) 즉 한국의 신석기시대는 홍적세 이후 最古의 토기군 출현부터 금속기의 사용 이전까지 주로 어로와 수렵, 채집에 의한 식량공급을 배경으로 전개된 토기문화를 포괄하는 개념으로 쓰이는 것이다."(임효재(1997), 『한국사』 2)

이 정의는 농경이 없는 신석기시대, 그 중에서도 토기의 등장을 중시하는 동북아시아적인 신석기시대의 개념이 되는 것이다. 이러한 양상은 중국의 동북지역이나 일본열도의 경우도 마찬가지이다.

이와는 달리 근동지역, 중국의 화남이나 황하 중류 일부 등에서는 토기가 없지만 농경이 시작되거나 간석기가 등장하는 등 신석기적 요소가 강한 지역도 있다. 이러한 지역은 소위 무토기(無土器) 신석기시대(또는 Pre Pottery Neolithic)를 설정하기도 한다. 이처럼 초기에 설정했던 신석기시대에 대한 고전적 정의, 즉 토기, 간석기, 농경(목축), 정착생활의 세트가 존재할 때 신석기시대로 부를 수 있다는 정의에 잘 부합하는 지역은 오히려 적게 된다는 문제가 발생한다. 최근에는 위의 요소가 세트로 한꺼번에 등장하지 않는다는 것이 확실해졌고 신석기시대의 시작은 지역에 따라 다양한 형태를 띠고 있었을 것이라는 것이 일반적 인식이다.

본 글에서는 이러한 인식에 기반하여 일체로서의 문화요소가 완비된 것만을 신석기시대로 한정하기보다는 각 요소들 중 해당 지역에 한 두 요소만이라도 나타나는 것을 신석기시대로 규정하는 동아시아의 일반적 상황을 수용하는 것이 좋다고 생각한다. 예를 들면 중국 황하유역이나 화남지역은 무토기신석기시대를 거쳐 토기가 등장하는 신석기시대로 이행하는 것으로 보기도 하고, 한반도와 일본열도, 연해주 등을 포함한 동북아시아에서는 편의적이긴 하지만 토기의 등장을 신석기시대 개시의 가장 주요한 요소로 보는 경향이 강하므로 이에 따르고자 하는 것이다. 그렇지만 동아시아에 통용될 수 있는 신석기시대에 대한 개념정의는 앞으로도 필요할 것이다.

II. 동아시아 신석기시대의 지역과 시기구분

1. 시기구분 : 초기-전기-중기-후기

광활한 동아시아 지역을 동일한 시간틀로 설명하는 것은 어렵다. 그러나 문화의 변화과정을 크게 네 단계(초기-전기-중기-후기)로 나누어 설명하는 것이 신석기문화의 등장과 발전, 쇠퇴를 설명하는 가장 현실적인 방안이 될 것이다. 초(창)기는 토기의 등장을 기점으로 동아시아에 신석기시대라는 새로운 시대가 열리는 시기, 전기는 동아시아 각지에 등장한 신석기문화가 지역에 정착하여 각지 나름의 신석기문화를 발전시키는 시기(예 : 자산-배리강문화, 노관대문화, 흥륭와, 신락문화, 신개류문화, 루드나야문화, 보이스만문화, 한반도의 조,전기 신석기, 일본의 죠몽 조, 전기 등)로 설정할 수 있다. 중기는 신석기문화가 안정적인 전성기를 구가하는 시기(예 : 앙소문화, 홍산문화, 소주산 중층문화군, 자이사노프카문화 전반, 한반도의 빗살무늬토기, 죠몽 중기 등), 후기는 각지에서 신석기문화가 변화를 일으키며 새로운 시기로 이행하는 시기(중국의 용산문화 단계, 한반도의 후만기, 죠몽 후만기 등)로 이해할 수 있을 것이다. 아래에서는 이러한 기본틀에서 동아시아의 신석기문화 전개과정을 설명하고자 한다.

2. 지역구분 : 황하유역, 양자강유역, 중국동북지역, 화남지역, 한반도, 일본열도

지역구분은 중국, 한반도, 일본에서 각각 사용되는 다양한 구분안이 있다. 그러나 이를 모두 포괄하는 것은 현실적으로 어려우므로 동아시아 전체를 크게 지리적 조건을 중심으로 몇 개의 권역으로 묶어 설명하고자 한다. 중국은 자체 내에서 여러 지구로 나누어 설명하는 것이 일반적인 방식이다. 일단 이를 참고하여 크게 황하 유역, 양자강 유역, 동북지역 및 화남지역을 중심으로 서술하고 그 내부에서 내용적으로 세분(황하 상류, 중류, 하류 등)하는 방식으로 서술하고자 한다. 한반도의 동북과 서북지역은 중국 동북지역과 같은 지역권 내에서 다루고, 나머지 지역은 하나로 묶되 내용적으로 소지역 차이를 설명하는 방식(동남해안권, 중서부권, 남부내륙권 등)을 취하고자 한다. 일본열도는 크게 서일본과 동일본으로 나누어 설명하고자 한다. 동일본과 서일본은 시종일관 문화적으로 구분되는 양상을 보이기 때문이다.

III. 토기의 등장과 신석기시대의 개시

1. 동아시아 신석기시대 개시의 여러 양상

앞에서 언급한 바와 같이 동아시아의 신석기시대는 지역에 따라 다양한 형태로 시작된다. 먼저 중국의 황하유역에서는 섬서성의 사원유적(沙苑遺蹟)이나 산서성의 아모구(鵝毛口) 석기제조장 유적과 같이 무토기신석기시대로 설정된 단계가 존재한다. 사원유적의 석기는 세석기와 박편 위주로, 마연된 것은 매우 적다. 긁개, 첨상기(尖狀器), 화살촉, 세석인, 석핵(石核) 등이 존재하는데 잔석기 위주의 구성이지만 석촉 등 구석기시대를 벗어난 석기가 등장하는 것이다. 아모구 유적은 이와 대조적으로 대형 타제석기 위주이며 비교적 거칠게 제작되었다. 구석기시대적 특징을 보이고 있지만 삽모양의 굴지구나 일부 마제석기 등에서 신석기시대적 특징을 나타내고 있다. 중국 화북지역은 후기구석기시대 이래 대형석기 전통과 소형석기 전통의 두 가지 계통이 존속하고 있던 것으로 알려져 있는데, 이러한 후기구석기적 전통 아래 새로운 기종의 석기(석촉, 굴지구 등)가 등장하고 있는 것이다. 이러한 유적들은 일종의 과도기적 성격을 가진 것으로 중국에서는 무토기신석기시대[前陶新石器時代]로 부르고 있다. 연대는 대략 12000년~10000년 전에 해당한다.

중국에서는 토기가 등장하는 이른 단계의 신석기 유적도 알려져 있다. 하북성 남장두(南庄头) 유적에서는 승문(繩文) 등을 시문한 여러 점의 토기편이 발견되었으며 이와 함께 갈판, 갈돌과 추, 골각기, 찌르개, 화살촉 등의 도구가 확인되었다. B.P. 9875±160년, B.P. 9690±95년의 측정치를 가지고 있다. 호남성 옥섬암(玉蟾岩) 유적에서는 소량의 토기와 함께 비교적 원시적 방법으로 제작된 타제의 긁개, 뚜르개, 삽모양 굴지구 등이 확인되었다. 토기는 첨저에 승문을 시문한 원시적 토기이다. 14810±230, 12320±120 BP의 연대를 가지고 있다. 화남지역의 가장 이른 신석기시대 유적 중 하나이다. 강서성 선인동(仙人洞) 동굴유적에서는 많은 토기편과 함께 찍개, 긁개 등의 타제석기가 출토되었다. 토기편은 승문이 주로 시문되어 있다. 시기는 대략 12000~9000년 전이다. 광서성 증피암(甑皮岩) 동굴유적에서는 타제석기가 비교적 많고 제작방법도 간단하며 마제석기 유형은 비교적 적다. 토기는 사질의 승문시문 토기 위주이고 항아리종류가 많은데, 굽는 온도가 낮고 재질이 거친 원시적 특징을 가지고 있다. 10370±870 BP의 연대를 가지고 있다.

이상에서 보듯이 중국대륙에서는 황하유역과 장강유역, 화남지역 등지에서 무토기신석기유적 및 초창기의 토기가 등장하는 여러 유적들이 알려져 있다. 토기들은 대체로 소성온도가 낮아 무르고, 승문이 시문된 것이 많다. 대부분 파편으로 출토되어 형태를 알 수 있는 것이 적지만 기형은 분화되지 않고 대체로 단순한 편이다. 석기들은 대부분 타제 위주이며 찍개나 긁개류 등 구석기적 전통을 가진 것도 존재하지만 화살촉이나 석산(石鏟), 갈돌, 갈판 등 신석기적 요소를 갖춘 것들도 함께 확인되어 과도적 성격을 보이는 것이 특징이다.

중국 북부의 현 아무르강 유역에서도 초창기의 토기문화가 알려져 있다. 아무르강 중류에서는 노보페트로프카문화로 불리는 융기문토기문화가 존재한다. 이 문화의 토기는 점토띠를 기면에 붙여 다양한 문양을 시문한 융기선문토기로 대표되며 석기는 각종의 타제석기와 함께 세석인을 이용하여 만든 석인촉이 다량 출토된다. 아무르 하류에서는 오시포프카 문화로 불리는 초창기의 신석기문화가 존재하는데, 토기는 기면을 긁어서 정면한 평저의 조흔문토기(가샤유적)가 알려져 있다. 역시 소성상태가 불량한 편이다. 석기는 세석핵(쐐기형, 원추형), 양면가공첨두기, 스크레이퍼상 석기, 밀개, 긁개,

나이프 등의 조성을 보인다. 가샤유적은 12960±120과 10875±90 BP의 연대를 보이며, 훔미는 13260±100과 10345±110 BP의 연대를 가지고 있다. 토기를 제외한다면 후기구석기적인 석기가 많은 것이 특징이다.

한반도에서는 현재 제주도의 고산리식 토기가 초창기를 대표한다. 고산리식토기는 평저에 무문양이 기본이며 점열 기하학문도 소량 존재한다. 고산리식 토기의 가장 큰 특징 중 하나는 태토에 식물질(초본류)을 섞어 구워 식물질이 타고 남은 흔적이 어지럽게 남은 식물섬유질 태토의 존재인데, 이러한 특징은 시베리아나 일본 등 주변지역 초창기 토기에서도 보이는 현상이다. 고산리 단계의 유적들은 현재 제주도에서만 확인되는데 석기상에서는 세석인, 각종 타제석촉, 양면가공 첨두기, 갈돌, 갈판 등 과도적 성격을 보이는 것이 존재한다. 연대는 대략 10000년 전이다.

일본열도에서는 대체로 13000BP에 토기가 출현한다. 이때부터 대략 10000년 전까지를 초창기라 한다. 초창기의 토기는 무문양 토기-융선문토기-조형문·승문토기 순으로 대표된다. 무문양토기는 그 양이 미미하나 융선문토기단계가 되면 토기의 양이나 분포범위가 전국적으로 확대된다. 융선문토기의 문양형태는 횡선문, 격자문, 두립문 등 지역에 따라 다양하며 기형은 주로 환저이다. 융선문토기 이후에는 각지에서 조형문(손톱무늬) 토기가 유행한다. 조형문토기는 융선문토기의 전통하에서 발전한 것으로 본다. 역시 거의 일본전역에서 확인된다. 조형문토기와 함께 원공문 등도 나타나며 초창기 말에 승문이 본격적으로 등장한다. 초기의 승문은 노끈을 기면에 눌러 시문하는 형태(壓押승문)가 일반적이나 회전승문도 초창기말에 등장하여 이후 대세를 이룬다. 이와 관련하여 미꼬시바, 쵸자구보문화[神子柴, 長者久保 文化, 혹은 석기군]가 알려져있다. 이 석기군은 대형의 창끝형 첨두기와 인기(刃器) 등 후기구석기적 전통의 석기와 함께 대형의 둔중한 타제 혹은 국부마제의 양인석부 및 단인석부(丸鑿, 平鑿形)를 특징으로 하는 것으로 일본의 후기구석기 전통과는 차이를 보이는 석기군이다. 발견 초기에 이 석기군은 시베리아지역과의 관련성이 제기되었고 후기구석기와 죠몽시대 중 어디에 속하는지 논란이 있었다. 그러나 그 후 이 석기군에 토기가 공반되는 것이 알려지면서 죠몽 초창기에 속하는 석기군으로 인정되었다. 주로 혼슈 중앙부에서 동북, 북해도에 분포하나 최근에는 서일본에서도 확인되고 있다.

2. 동아시아 신석기시대 개시의 공통점과 의미

이상에서 살펴본 바와 같이 동아시아에서는 매우 이른 시기에 토기가 출현하고 있다. 대략 13000~10000 BP 사이에 토기가 출현하고 있는데, 이는 전세계적으로도 가장 이른 것이다. 동아시아의 넓은 지역에서 출토되는 출현기의 토기들은 지역에 따라 다양한 양상으로 나타난다. 아무르 중류의 융기선문토기, 하류의 조흔문토기, 화북이나 화남의 승문계 토기, 한반도의 섬유질태토 토기, 일본열도의 무문, 융선문, 조형문 토기 등이 그것이다. 이 토기들은 기형에서도 원저와 첨저, 평저 등 다양하다. 그러나 기본적으로 공통점도 가지고 있다. 기종이 세분되지 않고 단순하며 토기의 소성온도도 낮아 매우 무른 편이다. 토기에 초본류, 동물털 등의 비짐을 첨가하는 것도 이 단계의 특징 중 하나이다. 출토되는 토기의 양도 많지 않은 편이다. 이러한 현상은 아직 토기제작기술이 발전되지 않은 출현기의 양상을 잘 보여주는 것이다. 또한 각지에서 공통점과 함께 다양성이 나타나는 것은 동아시아의 토기 출현이 특정 지역에서 발명되어 각지도 확산되었다기보다는 복수의 지역에서 발명되었을 가능성이 높음을 시사한다. 토기의 발명 과정은 아직 명확하지 않으나 동아시아에서의 출현기 토기들이 주로 음식의 조리와 관련되는 용도를 가지고 있다는 점(저장용이 아님)을 고려한다면 각지의 식생활과 관련하여 불을 이용한 조리의 필요성이 증대되는 가운데 등장하였을 가능성이 높다.

토기 출현기의 여러 유적들에서 보이는 공통점 중 또 다른 하나는 석기에 있다. 각 유적의 석기들은 역시 지역에 따라 다양한 편차를 보이기는 하지만 기본적으로 타제기법이 압도적으로 우세한 특징을 보인다. 구체적 석기기종도 찍개, 긁개, 밀개, 찌르개, 세석핵 등으로 대부분 각 지역의 후기구석기 전통을 유지하고 있으면서 양면가공 첨두기, 양면가공의 화살촉, 세석인촉, 굴지구, 갈돌, 갈판 등과 같이 구석기시대에는 존재하지 않았던 새로운 기종이 등장하는가 하면 마제석기도 소량이나마 나타나게 된다. 이러한 점은 동아시아 토기출현기, 즉 동아시아 신석기시대의 개시에는 서로 공통하는 특징이 있음을 보여주는 것이다. 후기구석기시대의 전통을 유지하는 가운데, 새로운 도구인 토기가 추가되고 있는 것이다. 이와 함께 석기상에서도 새로운 기종이 나타나고 있다. 이는 I장에서 언급한 바와 같이 신석기시대와 관련된 새로운 요소가 한꺼번에 등장하는 것이 아니라 각 요소별로 시차를 두면서 나타난다는 점을 잘 보여주는 것이다. 동아시아의 새로운 시대, 즉 신석기시대의 개시는 토기를 필두로 하여 새로운 타제석기, 마제석기등이 중심적 역할을 한 것이며 농경과 정착생활은 이보다 후행하여 나타난다고 볼 수 있다. 이것이 동아시아 신석기시대 개시의 특수성이라 할 것이다.

IV. 동아시아 신석기 문화의 전개과정

1. 생업활동

1) 수렵·채집·어로

(1) 중국 황하유역

중국 황하유역은 일찍부터 농경이 발달하여 농경사회가 형성되지만 수렵, 채집, 어로 등도 꾸준히 보조식량의 조달원으로서 이루어졌다. 특히 이른 시기일수록 오히려 농경보다 이러한 활동들이 더 중요한 식료조달원이었다. 황하유역에서 확인되는 채집대상물은 낙엽수림의 견과류가 많은데 상수리나무나 떡갈나무 등의 도토리류가 많고 개암, 밤, 호두 등도 확인된다. 과실류로는 복숭아, 대추 등이 확인된다. 이외 들깨나 콩류도 확인된다.

수렵대상물은 사슴과 멧돼지가 많으며 그 중에서도 사슴이 주류를 이룬다. 사슴은 삼림성 동물로 농경의 확대에 따른 삼림의 제거가 사슴사냥에 불리하게 작용할 수도 있지만 오히려 인위적인 삼림제거는 곧 참나무류 등의 이차림(二次林) 형성을 가져오고 이 이차림이 사슴과 동물들을 불러모으는 효과를 가져와 사슴사냥에 도움이 된다는 것이 일반적인 설명이다. 아메리카 인디언이나 유럽의 중석기시대인들 경우에도 이와 같이 사슴사냥을 위해 의도적으로 삼림을 불태워 이차림을 조성하려는 시도를 하였던 것으로 알려져 있다. 그러나 앙소문화 등 황하유역에서는 돼지를 중심으로 가축사육이 성행하여 상대적으로 양자강 유역에 비하면 단백질원으로서 가축의 비중이 많은 편이다.

황하유역에서는 일부시기와 지역을 제외하면 상대적으로 어로활동은 활발하지 않은 편이다. 이는 당시 유적 주변으로 풍부한 어족자원이 분포하지 않았고, 사냥이나 가축사육을 통해 단백질원을 보충할 수 있었기 때문으로 생각되고 있다. 그러나 황하 하류와 발해만 지역은 중국내에서도 어로문화가 가장 발달한 지역으로 그물, 낚시, 작살 등에 의한 어로가 발달하고 산동반도나 요동반도에는 패총도 많이 분포하고 있다. 연안에 서식하는 어류뿐 아니라 회유하는 삼치 등의 어류도 역T자형 낚시바늘의 연승어법 등을 이용하여 적극적으로 포획하였다. 황하 하류에서는 대문구문화에서 용산문화단계까지 악어류도 적극적으로 포획한 증거가 확인된다.

(2) 중국 양자강유역

양자강하류역에서 특히 많이 채집된 것은 마름, 연, 율무 등이다. 이들은 쌀을 보충하는 역할을 하였을 것이며 신석기시대 이른 시기부터 꾸준히 이용되었다. 이러한 야생식물들은 대부분 수생성으로 호수와 늪지 등이 많은 양자강 하류의 환경에 적응한 식물들이다. 당시인들이 주변에 풍부한 이러한 식물자원들을 적극적으로 이용한 사실을 잘 알 수 있다. 과실류로는 복숭아, 대추, 매실, 감 등이 확인된다. 완두콩, 박 등도 확인된다.

양자강유역의 사냥대상물은 사슴류가 가장 많다. 양자강유역은 매우 풍부한 자연환경을 가지고 있기 때문에 가축사육이 이루어지기는 하였지만 황하유역에 비하면 사슴류의 사냥을 통한 단백질원 획득의 비중이 높은 편이다. 사실 가축사육은 겨울철 사료의 확보라는 측면에서 비효율적인 측면이 많으므로 자연환경이 풍부한 지역에서는 그렇게 선호되지 않는 생계활동이라 할 수 있는 것이다.

장강하류유역은 황하유역에 비해 수변지구가 풍부하여 그물어로 등의 어로활동이 활발히 전개되었다. 특히 수도작과 관련하여 수로 등에 서식하는 메기나 잉어과 담수어의 포획이 활발하였다. 이외에 장강유역에 서식하는 악어도 포획대상이 되었다. 장강유역은 수도작과 담수어로, 수변식물의 이용과 사냥이라는 다양한 대상을 이용하는 유기적인 생업시스템이 잘 갖추어져 풍요로운 생활을 영위할 수 있었다.

(3) 한반도 지역

한반도의 신석기시대는 기본적으로 수렵채집사회이다. 각 지역별로 양상의 차이는 있지만 농경사회와는 뚜렷하게 구분되는 수렵채집사회의 특징을 잘 보여준다. 한반도는 삼면이 바다로 둘러싸여 있는 만큼 바닷가를 중심으로 어로문화가 잘 발달되었다. 어로문화의 중심지역은 크게 서해안, 남해안 및 강원 영동, 동북해안지역으로 나눌 수 있다.

서해안은 조수간만의 차가 크고 갯벌이 발달한 특징으로 인해 신석기 전기간을 통하여 주로 그물을 이용한 어로가 발달하였다. 그물추는 최대 1kg이 넘는 대형 그물추들이 많은 편인데 이는 파도가 거친 바다라는 특성에 적응한 결과일 것이다. 그 크기로 보아 그물은 아마도 밀물과 썰물의 반복을 이용하여 갯벌에 고정식으로 설치하였을 것으로 추정된다. 이외에 서해안지역에서는 해안과 도서지역에 수많은 패총이 형성되어 있는데, 대부분 굴이 중심을 이룬다. 조개류는 선사인에게 단백질을 보충해 줄 수 있는 유용한 식량자원으로 역시 신석기 전기간을 통해 이용되었으며 주로 겨울을 중심으로 조개 채취가 이루어졌다.

남해안지역은 한류와 난류가 교차하는 지점으로 해양자원이 풍부하기로 유명한 곳이다. 북부큐슈와의 사이에 대한해협이라는 공통의 어장을 소유한 남해안 신석기인들은 다양한 어로문화를 발달시켰는데, 낚시어법, 그물어법, 작살어법 등이 대표적이다. 낚시는 남해안과 강원 영동지역에서는 결합식 낚시바늘이라는 독특한 도구가 사용되었다. 이 낚시바늘은 돌로 만든 축부와 뼈로 만든 바늘을 끈으로 묶어 사용하는 것으로 환태평양지역에서 광범위하게 사용된 낚시도구이다. 작살은 돌과 뼈로 만들어졌는데, 자루에 고정시켜 사용한 것과 대상물이 박히면 촉부분과 끈으로 연결된 자루가 분리되는 분리식작살이 있다. 작살은 상어나 바다 포유류 등 가죽이 두꺼운 대상물을 포획하는데 사용된 것으로 추정된다. 남해안에서 잡힌 대상어종은 매우 다양하지만 주로 돔류, 대구, 농어, 복어, 다랑어 등이 많다. 동해안의 경우 실물이 확인되지는 않지만 회유하는 연어를 일시에 다량 포획했을 가능성이 높은 것으로 생각되고 있다. 바다포유류로는 바다사자, 강치, 돌고래, 고래 등이 확인된다. 동북해안 역시 어로문화가 발달한 지역으로 서포항유적에서는 이음낚시와 외낚시, 각종 작살 등이 다량으로 출토되었다. 두만강하구를 중심으로 한 이 지역은 러시아의 보이스만문화와 자이싸노프카문화 단계에 역시 패총이 매우 발달하였다.

사냥은 단백질을 제공하는 주요한 수단으로 한반도에서는 주로 해안가 패총에서 출토된 동물뼈를 통해 당시 사냥대상을 짐작할 수 있다. 가장 많이 포획된 대상은 사슴으로 부산 동삼동 패총에서는 천여점이 넘는 사슴뼈가 확인되기도 하였다. 사슴 다음으로 많은 것은 멧돼지이다. 이 둘을 제외하면 너구리, 곰, 호랑이, 개 등 다양한 동물들이 확인되지만 그 양은 미미한 수준이다. 즉 사슴과 멧돼지가 주요한 식료자원이었던 것이다. 사냥은 고기를 제공하는 것 이외에 가죽이나 털, 뼈 등 다양한 자원을 제공해주는 중요한 생업행위이다. 특히 사슴이나 멧돼지의 뼈는 낚시바늘이나 작살, 화살촉 등 각종 골각기를 만드는 재료로 사용되었다. 사냥은 연중 행해지지만 여타 생업활동이 어려운 겨울철에 특히 많이 행해졌다. 사냥도구는 주로 활과 화살이었으며 일부 창이 확인된다.

신석기시대 채집활동의 증거는 도구를 통해서는 확인하기 어렵다. 채집활동은 특별한 도구 없이 충분히 가능하기 때문이다. 그러나 유적에 남겨진 식물유체를 통해 그 양상을 파악할 수 있는데, 한반도에서 가장 흔하게 보이는 것은 도토리류이다. 한반도는 참나무류가 식생에서 차지하는 비중이 높은 지역으로 여타 동아시아와 마찬가지로 도토리류가 가장 많이 이용되었던 것이다. 남해안지역에서는 창녕 비봉리나 울산 세죽 유적 등에서 도토리 저장구덩이가 많이 발견되어 도토리가 집중적으로 이용되었던 양상을 잘 보여준다. 이외에는 호두나 밤 등의 견과류가 보인다. 견과류는 보존이 용이해 유적에서 많이 남겨졌지만 남아 있지 않은 그 이외의 다양한 구근류나 열매류 등도 채집대상이 되었을 것이다. 한반도의 신석기인들은 이와 같이 도토리를 중심으로 한 채집활동을 통해 탄수화물을 섭취하고, 사냥과 어로를 통해 단백질과 지방을 섭취하면서 생활할 수 있었다. 이들은 신석기 이른 단계를 제외하면 정착생활을 하였던 것으로 생각되는데, 그 기반이 될 수 있었던 것은 이러한 자원의 다량 획득과 저장기술이 발달하였기 때문이다. 저장은 선사인들이 집단을 성공적으로 유지하고 정착할 수 있게 해주는 매우 중요한 기술이자 전략이었다.

(4) 일본열도지역

일본열도는 약 1만년 전 대마난류가 동해로 유입되면서 오늘날과 같은 모습을 갖추게 되었다. 환경적으로도 온난화의 과정 속에서 새로이 형성된 삼림(낙엽활엽수림)에 적응한 동식물상에 대응해 인간집단들은 새로운 방식의 삶을 영위하게 된다. 일본열도에 처음 토기가 등장하고 새로운 석창과 석부가 등장하는 죠몽 초창기 단계(미꼬시바 문화 단계)는 바로 이런 시기의 양상을 잘 보여주고 있다. 그 이후 죠몽인들은 점차 본격적인 정착수렵채집민으로서의 모습을 갖추게 되는데, 이 과정에서 중요한 식량자원이 된 것은 물론 식물성 식량으로서의 도토리를 중심으로 한 견과류, 동물성 식량 중에서는 특정 시즌에 대량으로 회귀하는 연어를 중심으로 한 어류가 중요한 역할을 하게 된다.

죠몽시대에 식량으로 이용된 견과류는 도토리류, 밤, 호두 등 다양한데, 도토리류는 일반적으로 탄닌성분을 제거하지 않으면 식용하기 어려우므로 탄닌제거기술이 필요하다. 이러한 기술이 확보되는 것은 죠몽 중기 이후이다. 그러나 그런 과정이 필요없는 밤, 호두, 개암 등은 죠몽 초창기부터 일찍이 적극적으로 채집되었다. 채집활동은 사냥에 비해 포획의 안정성이 압도적으로 높고 탄수화물을 제공해줄 수 있는 중요한 활동이므로 선사인들에게 기본적인 활동 중 하나이다. 특히 견과류 등과 같이 가을의 짧은 시기동안 수확해야 하는 경우는 집단의 일부만이 아니라 전체가 집중적으로 채집활동에 나섰을 것이다. 실제 죠몽 초창기의 유적에서는 이러한 견과류를 대량으로 저장하였음을 보여주는 저장시설이 발견되고 있다. 견과류는 곡류에 비해서 더 높은 칼로리를 가지고 있어 영양학적으로도 매우 좋은 식량자원이며 또한 저장성이 높아 대량 채집 후 년간이용이 가능하다는 점에서 특히 유용하다. 견과류의 대량채집과 높은 저장성 및 칼로리는 죠몽인들이 정착을 할 수 있게 해준 중요한 요소이다. 죠몽 중기 이후 유적에서 대규모의 도토리류 처리시설(수장시설)이 나타나는 것은 견과류가 당시인들에게 적극적으로 이용되었음을 보여주는 좋은 예이다. 이와 같은 새로운 자원의 대량획득, 저장에 필요한 시설의 축조는 필연적으로 인간이 한 지점에 장기적으로 살게하는, 즉 정착하게 하는 기본적인 요인이 되었던 것이다. 구석기시대와는 전혀 다른 새로운 삶의 방식이 확립된 것이다.

사냥은 다른 동아시아 지역과 마찬가지로 주로 사슴과 멧돼지를 중심으로 이루어졌으며 활과 화살 이외에 함정을 이용한 사냥방법도 사용되었다. 함정사냥은 함정의 설치를 위한 초기노동력 투여가 높은 단점이 있지만 한번 설치하면 계속 사용할 수 있고, 함정사냥이 진행되는 동안 다른 활동을 할 수 있어 시간적으로도 유용한 장점이 있다. 연어류는 대량으로 회귀하면서도 포획이 용이하고 처리를 통해 보존이 용이한 장점이 있어 초기 죠몽인들에게는 대단히 중요한 자원이었다. 따라서 연어를 대상으로 한 하천어로는 죠몽문화 성립에 중요한 경제적 기반이 되었다. 견과류와 어류 양자의 조합을 통해 죠몽인들은 우리가 생각하는 것 이상으로 안정적이고 풍요로운 삶을 영위할 수 있었을 것이다.

2) 농경과 목축

농경과 목축은 고전적 정의에서 신석기시대를 규정하는 가장 중요한 요소 중 하나이다. 실제 유럽에서는 농경 시작 이후를 신석기시대로 설정하고 있다. 동아시아에서는 지역에 따라 농경의 개시연대는 많은 차이가 있지만 위도가 높은 일부지역을 제외하면 신석기시대의 어느 때쯤부터 대부분 지역에서 다양한 방식의 농경이 시작된다. 동아시아 농경과 목축의 전개과정을 논하기에 앞서 먼저 관련된 주요개념들에 대해 정의해두도록 하자.

농경(목축포함)과 관련된 주요 개념으로는 경작 또는 재배(cultivation), 馴化(domestication), 농경(agriculture)이 있고 이들은 서로간에 구별되는 개념으로 이해할 필요가 있다. 경작이란 인간의 행위적 측면을 강조한 개념으로 식료자원이 될 수 있는 대상물에 대해 어떠한 관리적 행위를 한다는 것을 의미한다. 예를 들면 벼를 경작한다는 것은 논을 만들고 씨를 뿌리고 잡초를 제거하며, 동물로부터 보호하는 행위들을 모두 포함하는 것이다. 그러나 경작은 재배종에만 한정되지 않는다. 예를 들어 밤을 더 많이 얻기 위해 자연적 숲에서 밤나무 이외의 경쟁종들을 베어내는 행위는 결과적으로 밤나무의 번성을 가져와 밤의 수확을 높일 수 있다. 이러한 관리행위 역시 경작이라는 개념에 포함된다. 즉 경작은 대상물이 재배종인가 여부에 관련 없이 잘 자랄 수 있도록 여건을 조성해주는 행위를 말하는 것이다. 순화 또는 재배종화는 이와는 달리 동식물 자체의 외형적, 유전자적 변화를 의미하는 것이다. 야생종은 야생상태에서 살아가도록 적응되어 있다. 그러나 인간이 야생종의 생활주기에 개입함으로서 결과적으로는 야생종의 형질이 변화되어 야생상태와는 전혀 다른 성질을 가진 종으로 변화하는 과정을 순화라 한다. 예를 들어 야생의 벼나 보리 등은 알곡(씨앗)이 익는 기간이 길고 위쪽부터 순차적으로 익어가며 익으면 줄기에서 잘 분리되는 성질을 가지고 있다. 이는 야생상태에서 자손을 번식시키기 용이하도록 적응한 결과이다. 그러나 재배종의 벼나 보리는 익는 기간이 짧고, 익어도 잘 떨어지지 않는 성질을 가지고 있다. 이것은 야생에서는 좋지 않은 형질(즉 도태될 가능성이 높은 형질)이지만, 수확이라는 면을 생각할 때 이용을 하는 인간에게는 유리한 형질이다(익자마자 잘 떨어져버리면 수확하기 어려움). 재배종의 경우 자손의 번식을 인간이 담당해주므로 이러한 점은 염려할 필요가 없다. 즉 인간에게 유리한 형질로 변화된 재배종은 더 이상 자연상태가 아닌 인간의 개입에 의해 유전자를 다음 세대로 전하게 되는 형질변화를 일으키게 되는 것이다. 이와 같이 야생종의 생활주기에 인간이 개입하여 인간에 유리한 방향으로 형질변화가 이루어지는 과정 자체를 순화라 한다. 농경은 재배종을 이용해 경작을 하는 것을 가리킨다.

(1) 황하 및 중국 동북과 양자강유역의 농경 및 가축사육 개시와 발전

중국의 화북지구에서는 아직 초기단계의 농경기원과 관련된 유적이 알려져 있지 않다. 초기에 해당하는 하북성 남장두, 북경 동호림(東胡林) 유적 등에서는 다량의 타제석기와 갈돌, 갈판, 토기 등이 확인되었지만 농경관련 식물유존체는 확인되지 않았고 대부분 야생의 동식물들이 확인되어 수렵채집 위주의 생업을 영위했던 것으로 보인다.

중국의 남부지구에서는 구석기에서 신석기시대로 이행하는 과정이 층위적으로 알려진 유적들이 몇몇 알려져 있다. 이 중 초기의 농경 출현과정과 관련하여 주목되는 유적은 강서성 만년(萬年) 선인동(仙人洞)과 적통배(吊桶环) 유적이 있다. 이 유적들에서는 하층에서는 구석기시대 최말기의 타제석기와 야생벼가 확인되었고, 상층에서는 재배벼로 생각되는 식물규산체가 확인되고 토기가 등장하고 있다. 식물규산체에 의한 재배벼 동정에 문제가 없는 것은 아니지만 중국 남부에서 처음으로 도작농경이 등장하는 과정을 보여주는 유적으로 평가되고 있다. 호남성의 옥섬암(玉蟾岩)유적에서는 자포니카와 인디카의 특징을 모두 가지고 있는 원시고재배도(原始古栽培稻)와 함께 농경구로 볼 수 있는 괭이형 석기, 토기가 함께 출토되었다. 유적에서는 다양한 야생 동식물 유체가 확인되어 도작농경은 생업의 보조적 수단으로 활용되었을 것으로 생각된다. 야생벼가 출토된 하층은 기원전 8000년 이상으로 추정되고 고재배벼가 출토된 상층은 기원전 6000년(미교정) 무렵으로 측정되었다. 중국 남부지구에서는 이와 같이 아주 이른 단계에 야생벼를 이용하던 단계에서 재배벼로 이행하는 과정이 점차 알려지고 있다.

기원전 7500~5000년 무렵에 해당하는 신석기시대 전기가 되면 이전과 상황이 매우 달라져 중국 각지에서 본격적인 대규모 취락유적들이 발견되며 이와 함께 전형적인 농경문화가 확인된다. 유적은 초기의 유적들과 달리 주요 하천의 충적대지상으로 확대된다. 중국 요서지구의 흥륭와문화, 하북 남부 중심의 자산문화, 하남성 중심의 배리강문화, 산동성 북부의 후이문화, 관중지구 및 섬서 남부의 노관대문화 등 황하유역과 중국 동북지구에서 많은 농경문화가 등장한다. 양자강유역에서도 동정호 지구의 팽두산문화, 항주만 남부의 과호교(跨湖橋)문화 등 여러 문화가 등장한다. 이제 황하와 양자강을 중심으로 조(粟) 중심의 전작문화와 수도작문화가 등장하는 것이다. 황하 중하류의 자산(磁山)유적에서는 조를 저장한 80여기 이상의 저장시설이 확인되기도 하였고, 양자강 중류의 팽두산문화 유적인 팔십당(八十塘)유적에서는 1만 점이 넘는 완전한 벼껍질과 알곡이 확인되기도 하였다. 농경도구로는 각종의 삽과 괭이 형태의 굴지구(掘地具)들이 다량 확인된다. 가축도 활발하게 길러져 이때가 되면 주로 돼지와 개, 소, 닭을 중심으로 한 가축사육이 이루어지게 된다.

신석기시대 중기에 해당되는 기원전 5000~2600년 무렵이 되면 농경문화는 더욱 성숙하게 되는데, 황하중류의 앙소문화, 하류의 북신, 대문구문화, 동북지구의 신락, 조보구, 홍산문화, 양자강 중류의 대계문화, 굴가령문화, 하류의 마가빈문화, 송택문화, 양저문화 조기 등이 대표적이다. 황하유역에서는 농경취락유적들의 분포밀도가 증대되고 규모도 확대된다. 앙소문화 강채유적은 이러한 취락유적의 대표격이다. 중앙광장을 중심으로 120여기의 집자리, 가축우리, 환호, 무덤이 정연하게 배치된 강채유적의 예는 성숙한 농경취락의 예를 잘 보여준다. 이제 각지에서 조와 기장을 중심으로 한 농경의 흔적들이 발견되고 배추 등 채소류의 재배 증거들도 확인된다. 양자강 하류의 마가빈 문화에 해당하는 초혜산(草鞋山) 유적에서는 기원전 4000년을 넘는 논 유적이 발견되어 가장 이른 단계의 경작유구로 알려져 있다. 논 유적은 관련된 수로 등 관개시설도 확인되어 발달된 수도작농경의 양상을 잘 보여주고 있다. 기원전 4000년 이후가 되면 수도작농경이 산동 등 황하유역까지 확대되고 가축사육도 더욱 진전되어 돼지는 이제 부의 상징으로서 무덤에 하악골이나 머리가 부장되는 사례가 증가한다.

신석기시대 후기는 용산문화로 대표되며 대략 기원전 2600~2000년 사이에 해당된다. 이 시기에는 하남용산문화인 왕만3기, 후강2기, 산서남부의 도사문화, 섬서 중심의 객성장문화, 장강유역의 석가하문화, 양저문화 등이 대표적이다. 농업생산력은 더욱 증대되어 쟁기가 활발히 사용되고 석산이나 석도, 석겸은 더욱 정교하게 만들어진다. 양저문화에서는 삼각형의 쟁기

날이 보편적으로 확인된다. 인골과 돼지뼈에 대한 자연과학적 분석에 의하면 이 시기 조를 중심으로 한 소위 C4 식물의 섭취량은 이전보다 훨씬 증가된 것으로 나타나 발달된 농경사회의 양상을 알게 한다. 특히 돼지도 조 등의 곡물을 사료로 섭취하였다는 것은 농업생산력의 증대 없이는 기대하기 어려운 것이다. 이외에 주목할 것은 이 시기에 새로운 작물인 보리가 재배되기 시작하였다는 것이다. 이와 같이 신석기시대 초기에 수렵채집민의 보조수단으로 등장하기 시작하였던 초기농경은 전기~후기에 이르는 오랜 기간을 거치면서 화북의 조 중심 전작문화, 양자강유역의 벼 중심 수도작 문화라는 양대축을 형성하며 농경사회로 이행하였고, 벼농사의 확대, 가축사육의 증대, 도구개량에 의한 생산력의 증가, 보리라는 새로운 작물의 재배 등 성숙된 농경사회로 발전하면서 중국 신석기문화의 개화에 경제적 토대를 제공하였고 이어지는 초기문명의 등장에도 밑거름이 되었다.

(2) 농경의 동아시아 확산

중국 대륙 내에서 황하유역과 양자강유역, 화남지구, 동북지역 등 주요한 농경의 발생지 및 중심지들에서 신석기시대 전기부터 본격적인 농경문화가 형성되어 온 것은 위에서 본 바와 같다. 중국 내에서도 양자강 유역을 중심으로 시작되었던 수도작 농경은 서서히 북상하여 산동까지도 확대되는 양상을 보인다. 이러한 신석기시대 농경문화는 중국의 요동, 길림, 흑룡강, 러시아의 연해주, 한반도, 일본열도로 시차를 두고 확산되는 양상을 보인다.

중국 동북지역을 먼저 살펴보면 요하를 중심으로 요서지역에서는 전기의 흥륭와문화단계부터 이미 농경이 시작되지만 요동지역의 경우는 이보다는 한단계 늦게 조나 기장 중심의 화북농경이 시작된다. 심양의 신락유적에서 기장이 출토된 바 있다. 그러나 요동반도나 길림, 흑룡강성 남부 등 요서의 동쪽에 있는 지역들에 본격적으로 농경이 확산되는 것은 이보다도 더 늦은 신석기 중기 단계가 되어서이다. 요동반도나 요중지역의 소주산 중층 문화군에서는 농경관련 석기와 함께 돼지뼈도 다량 출토되어 농경과 가축 사육이 중기 단계에 본격화하는 양상을 보인다. 한반도에서는 기원전 4000년기 전반에 중서부지역으로 초기농경이 수용된다. 황해도의 봉산 지탑리 유적이나 마산리 유적에서 처음으로 따비형 석기와 같은 농경도구와 함께 곡물로서 조가 확인된다. 현재로는 한반도에서 확인되는 가장 이른 단계의 농경 증거이다. 한반도에서는 이후 기원전 4000년기 후반이 되면 최남단의 부산 동삼동에 이르기까지 조와 기장이 확인되고 농경도구도 함께 출토되어 전국적으로 초기농경이 확산됨을 알 수 있다. 한반도의 신석기시대 초기 농경은 화북지역의 특징적인 형태인 따비형석기와 조 및 기장을 세트로 하여 수용되는 양상을 보이는 것이다.

길림성 동부, 흑룡강성 남부, 러시아 연해주 등 요서지역에서 가장 멀리 떨어진 극동지역에서도 기원전 4000년기 후반이 되면 조와 기장을 중심으로 한 초기농경이 수용되는 양상이 보인다. 화룡 흥성, 금곡, 북한의 서포항 3, 4기, 러시아 연해주의 자이싸노프카문화 단계의 크로우노프카 I 유적 등에서는 기장 등 곡물이나 따비형석기 또는 곰배괭이와 같은 농경관련 석기가 출토되고 있어 초기농경의 존재를 말해주고 있다. 이 지역의 초기농경 역시 요서지역과 관련이 깊다. 조 중심의 화북형 농경은 한반도나 중국 동북, 러시아 연해주 남단과 같이 기존에 수렵채집어로를 중심으로 한 생업을 영위하던 집단들이 커다란 생업상의 변화나 도구상의 개혁, 경작지 조성의 어려움 등이 없이 상대적으로 손쉽게 수용할 수 있는 농경방식이었다. 그러나 이 지역들에서 수용된 농경은 그들의 생업에서 중심적 역할을 담당하지는 않았으며 여전히 중심은 수렵채집어로였다. 초기농경은 이러한 생업에 보조적 역할을 담당하는 것이었다. 일본열도의 경우는 죠몽시대 만기를 제외하면 본격적인 곡물 농경의 양상은 잘 확인되지 않는다. 그러나 이른 시기부터 조롱박 등의 비식료자원에 대한 농경, 경쟁식물을 제거하는 것을 통한 유용작물의 관리와 같은 경작행위 등은 존재하였다. 일본 산나이마루야마[山內丸山] 유적에서는 밤나무의 의도적인 관리행위가 있었음이 밝혀지기도 하였다. 그러나 이 역시 기본적으로는 수렵채집민에 의한 채집의 연속선상에 있었던 것으로 본격적인 농경사회의 양상으로 볼 수는 없다. 죠몽 후기 단계에 한반도와 관련하여 쌀농사가 도입되었을 것으로 보는 견해도 있으나 한반도에서의 쌀농사가 신석기시대에 본격화하지는 않기 때문에 이러한 견해는 아직 선뜻 받아들이기 어렵다. 이처럼 중국의 주변지역으로 농경이 확산되는 과정은 신석기 중기에 이루어지지만 수용지에서 농경이 중심적인 역할을 하여 농경사회로 이행한 예는 없었으며 한반도나 연해주, 일본 등에서는 여전히 신석기시대 전기간을 통하여 수렵채집이 중심을 이루는 사회가 유지되었다. 또 한가지 이들 수용지에서는 돼지의 사육과 같은 가축사육이 거의 확인되지 않는데, 이 역시 농경사회로 이행하지 않은 양상을 잘 보여주는 것이다.

2. 집자리와 마을의 구조

1) 황하유역

동아시아 신석기시대의 집자리는 기본적으로 움집이 주류를 이룬다. 화남지역은 지형적 특징으로 인해 초기 단계에 동굴유적이 많이 확인되기도 한다. 움집은 평면형태에 따라 원형과 방형, 장방형 등으로 나뉘며 각 시기별로 혼용되어 다양하게 사용된다. 움집 내부에는 일반적으로 중앙에 화덕

자리가 설치된다. 중국 황하유역에서는 전기단계부터 본격적인 마을 유적이 형성되는데, 취락 주변에 방어용의 도랑(환호)을 설치한 환호취락이 일반적이다. 환호취락은 전세계적으로 확인되며 농경사회의 등장과 맥을 같이 하는 특징이 있다. 농경사회가 되면 가경지의 확보, 수확한 식량의 보호 등의 문제로 인해 이러한 환호취락이 등장하는 것이다. 황하 유역의 앙소문화 반파 유적, 섬서성 강채 유적, 요서의 흥륭와 유적 등은 이러한 환호취락의 대표적인 예이다.

환호취락은 강채유적에서 보듯이 중앙 광장을 둘러싸고 집자리들이 환상(環狀)으로 배치되고 환호 밖에는 무덤구역, 토기생산구역이 나뉘어 자리한다. 반파유적에서도 이러한 구분은 명확하게 나타난다. 강채유적에서 보이는 취락 내의 주거배치가 5개의 군으로 나뉘는 양상은 취락 내 씨족들의 주거를 반영하는 것으로 이해되고 있다. 반면 흥륭와 유적이나 홍산문화 단계의 취락 등 요서지역에서는 환호 내에 환상배치 대신 정연하게 열을 이룬 열상배치 형태의 취락이 존재한다. 이 경우에도 각 열에는 가장 큰 주거지가 하나씩 위치하고, 전체 취락 내에서도 가장 대형의 취락이 따로 존재하는 등 취락 내의 위계적 구조가 확인된다.

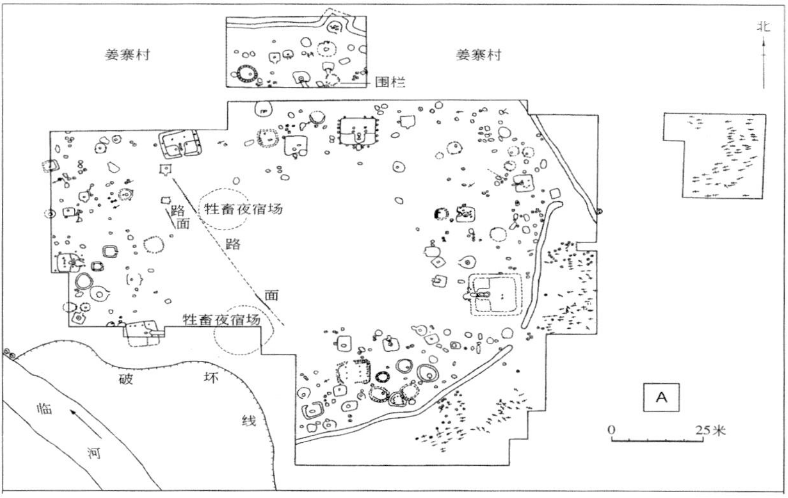

도면 1 강채유적 취락 배치도와 복원도(中国社会科学院考古研究所, 2010)

황하유역의 전기에는 주로 원형평면의 수혈식주거지가 유행하나 앙소문화단계 등 중기가 되면 이외에도 방형 및 장방형 주거지가 유행하고 지상식 건물도 유행한다. 더불어 2간 이상의 집을 연접한 연간식(連間式) 집자리도 나타나게 된다. 지상식집자리의 출현은 지상으로 벽체가 올라가고 지붕이 지면에서 분리되는 주거의 출현을 말하며 건축학적 기술이 진보되었음을 보여주는 것이다.

황하유역 신석기 후기가 되면 사람들의 거주구역이 확대되어 구릉지대에서 개간이나 경작에 유리한 평지로 진출하게 된다. 주거지의 밀집도도 증가하여 인구증가를 알 수 있다. 주거지 배치도 앙소문화시기의 환상배치와는 달리 열을 지어 배치되는 특징이 나타난다. 이 시기는 이미 거의 지상식 건물이 주류를 이룬다. 주로 단칸과 2칸의 집이 많다. 벽은 진흙 벽돌을 이용하거나 나무기둥과 흙벽으로 축조하였다. 바닥은 백회를 깔거나 단단하게 다져 처리하였다.

황하 중하류에서 후기 용산문화단계가 되면 각지에 성지가 출현하게 된다. 황하유역에서 가장 이른 성지의 예는 앙소문화 후반 단계의 것이 있긴 하지만 일반적으로는 용산문화 단계에 보편화한다. 성지는 흙을 다져 쌓아(판축) 평면 방형으로 축성하였는데 규모는 다양하여 한변 70여 m에서부터

180m에 이르는 것도 있다. 하남의 왕성강(王城崗), 평량대(平糧台), 후강(后崗) 유적 등에서 이러한 성지가 발견되었다. 성지 내부에는 주거지, 무덤, 제사시설, 회갱 등이 존재하며 성지에는 문지가 남아 있다. 왕성강 성지 내부에서는 다수의 회갱 내에서 많은 수의 인골이 확인되어 종묘(宗廟)적 성격을 지니는 것으로 생각되고 있다. 평량대에서는 성내 교혈에서 청동주조의 흔적[銅渣]이 확인되기도 하였다.

산동지역에서도 성지가 확인되는데, 등주(藤州)시 서강류(西康留), 양곡(陽谷)현, 왕가장(王家庄) 유적 등 대문구 문화말기에 이미 등장한다. 서강류 성지는 동서 185m, 남북 195m로 약 35,000평방미터에 달하는 규모이다. 왕가장 성지는 용산문화단계까지 사용되는데 동서 120m 남북 320m에 달한다. 용산문화 단계가 되면 성지가 보편적으로 보이는데 성을 축조할 때 기저부에 의도적으로 사람이나 돼지,개 등을 희생물로 묻거나 언과 같은 토기류를 매납하기도 한다. 이 단계의 성지는 규모에 따라 중심성과 소성으로 구분된다. 중심성은 면적 300,000평방 미터 이상의 대규모에 성 내부에는 대형 및 소형 기단이 설치되어 있다. 소형기단부에서는 인간과 동물의 의도적 매납, 회갱내 미사용 토기[豆]의 매납 현상이 관찰되어 일종의 예기적(禮器的) 성격으로 볼 수 있으며 이로 볼 때 소형기단은 종묘적 성격을 가진 것으로 보고 있다. 양성진에서는 도철문(饕餮文)이 시문된 옥부(玉斧)가 발견되었는데, 이 역시 예기적 성격을 가진 것이다. 중심성 주변에는 규모 30,000~60,000평방미터의 작은 성이 위치한다. 중심성 주변에서는 취락유적이 비교적 적게 발견되어 성 내부에 인구가 밀집했던 것[城市]으로 추정하고 있다. 이처럼 용산문화 단계가 되면 성지가 보편적으로 확인되는 것은, 주동기술이 발전하며, 농업생산력도 증대되고, 사유재산제의 보편화, 빈부격차의 심화, 사회의 중층화 현상 등이 심화되면서 전쟁과 같은 사회적 긴장상태가 나타남에 따른 현상으로 생각된다.

2) 양자강유역

양자강 중류에서는 굴가령 문화 이전까지는 수혈주거가 나타나나, 굴가령 문화단계가 되면 지상건축이 일반화된다. 벽체는 풀과 섞은 진흙을 이용하였으며 내부 바닥은 백회를 깔았으며 화덕자리가 있다. 일부 집들은 약간 높은 기단 위에 지어져 있는데 이는 습한 기후조건에 적응한 것으로 판단된다. 이 지역에서도 굴가령문화 단계부터 성지가 출현한다. 성두산(城頭山) 성지, 주마령(走馬嶺)성지, 음상성(陰湘城), 석가하(石家河)성지 등이 그것인데 원형이나 방형 평면을 하고 있으며 성밖으로 해자가 설치되어 있기도 하다. 석가하성지는 120만평방미터에 달하는 이 지역 중심성으로 내부에 종교구, 거주구, 묘장구 등이 구분되어 있다. 강한평원의 북부에 해당하는 지역에 이러한 고성들이 위치하고 있는 것과 관련해 황하중류지역의 집단들과 전쟁을 상정하고 이를 고사전설(古史傳說)의 황제 집단의 전쟁과정과 연결시켜 해석하기도 한다. 어쨌든 황하유역의 용산문화시기, 장강 중류의 굴가령문화시기에 양 지역에 새로운 형태의 취락조직원리-城-가 등장하는 것은 분명하며 이것이 인구증가, 빈부격차, 야동기술발전, 농업생산력 향상 등 다른 사회 현상과 맞물려 있음도 분명하다.

양자강 하류 태호주변의 마가빈문화 취락은 장방형을 기본으로 하고 습기가 많은 기후에 적응하기 위해 바닥에 점토와 조개가루, 돌가루 등을 섞어 불다짐을 한 흔적들이 확인된다. 또한 기둥자리 밑에 나무판을 깔아 침하를 방지한 시설도 특징적이다. 양저문화에 이르면 대규모 취락유적들이 형성되는데 태호의 북, 동, 남쪽 지역에 주로 분포한다. 태호 남쪽의 막각산(莫角山) 취락군과 성지는 그 중에서도 중심지구에 해당되는데, 성지는 남북 1,800-1,900m, 동서 1,500-1,700m로 290여만 평방미터의 해당시기 중국 최대규모급이다. 성지는 바닥에 돌로 기초를 깔고 흙을 쌓은 것으로 현재 최대 4m 높이로 남아 있다. 성지의 중앙에는 자연언덕을 이용해 축성한 면적 약 30만 평방미터의 인공 토대가 있는데 이곳이 막각산이다. 토대 위에는 궁전건축으로 추정되는 대규모의 기둥자리들이 남아 있고 주변에는 묘지들이 배치되어 있다. 주변 묘지들[反山, 瑤山]은 중대형묘들로 대형묘의 경우는 부장품이 최대 500여 점이 넘으며 옥종, 옥벽, 옥월 등 예기들이 다량의 토기들과 함께 부장된다. 이 옥기들에는 도철문 등 이후 청동예기의 주요 문양이 되는 문양들이 새겨져 있다. 묘지구에는 제단이 형성되어 있다. 상해 복천산 무덤에서는 대형묘에 순장자가 확인되기도 하였다. 이와 같은 중심궁전, 성지, 대형묘, 예기의 존재는 양저문화가 중국 신석기시대 말기의 중심지 중 하나임을 보여준다.

항주 이남지역에서는 전·중기단계에 수변 취락이 유명하다. 지형상 해안 저지에 형성된 이 유적들은 나무기둥을 기초로 세우고 집의 바닥을 공중으로 띄운 고상가옥(高床家屋)의 형태를 취하고 있다[干欄式建築]. 이는 습지에 적응한 가옥형태로 이러한 가옥은 대부분 장방형 대형가옥이다. 이러한 대표적인 예로 절강성 하모도(河母渡) 유적, 전라산(田螺山) 유적 등을 들 수 있다. 하모도 문화 후기에는 기둥 바닥에 나무판을 깔아 초석으로 쓰는 것이 등장하는데 이는 마가빈문화의 영향으로 생각된다.

3) 한반도 지역

한반도의 경우는 기본적으로 움집이 시종일관 중심적인 집자리로 나타난다. 움집은 전, 중기에는 원형이나 방형이 주류이나 후기가 되면 장방형이 각지에 등장한다. 움집 내부에는 화덕자리가 중앙에 위치하는 것이 일반적이다. 한반도에서는 환호취락이 신석기시대에 확인된 예는 없다. 한반도의 환호취락은 청동기시대가 되어야 등장한다. 취락은 2~5기의 집자리로 이루어진 소규모 취락부터 20여기 이상의 대규모 취락에 이르기까지 규모가 다양하나 일반적으로는 10여기 미만이 주류이다. 취락은 일반적으로 강변 충적지나 낮은 구릉에 입지하는데, 후기로 갈수록 구릉 입지가 현저해진다. 취락의 배치형태는 정형성을 띠고 있지는 않지만 일부 열상배치의 형태를 보이는 것도 있다. 그러나 중국이나 일본의 예처럼 명확한 환상취락 형태는 나타나지 않아 취락내부구조가 주변지역과 차이가 있다는 것을 알 수 있다. 후기에 유행하는 장방형 평면의 집자리들은 가옥의 규모도 커지고 지붕의 형태도 맞배지붕 형태를 기본으로 하며, 내부 생활 공간 분할[거주/저장/식료처리] 양상이 현저해지는 등 앞 시기와 비교해 가옥형태가 발전된 양상을 나타낸다. 취락내 공간분할과 관련해서는 김천 송죽리 유적에서 가옥 및 이에 딸린 외부 저장시설, 토기생산시설이 분리되어 확인된 예가 있다. 또는 일반 취락 내에 소형의 수혈[저장시설?]이 혼재하거나 옥외의 공동 조리시설로 생각되는 야외노지가 확인되는 예가 있다. 그러나 일반적으로는 아직 한반도에서는 신석기시대의 토기요지나 농경관련 경지, 무덤의 조사예가 극히 적어 취락과의 관계가 불명확하다. 따라서 사회조직이나 구성에 대한 연구가 아직은 미진한 상황이다.

4) 일본열도

죠몽시대의 주거와 마을은 지역과 시대에 따라 다양하나, 최종빙기 이후의 온난화한 환경에 적응하면서 식물성 식료의 적극적 이용, 사슴이나 멧돼지 등의 포유류 사냥, 저장전략의 구사를 통한 정주마을의 등장이라는 면에서 공통성을 가진다. 죠몽시대의 집자리는 평면형태가 크게 원형이나 타원형, 방형이나 장방형을 갖는데, 기본적으로는 땅을 파고 축조한 움집의 형태이다. 정주취락은 초창기 융기선문 단계부터 등장하는데 남구주의 가쿠리야마 취락, 관동지역의 무장대(武藏台) 유적군 등 복수의 주거지와 취락으로 구성되는 양상이다. 북해도와 북일본의 경우는 수혈주거 취락은 조기단계에 본격화한다. 조기에는 주거역, 저장혈, 무덤, 광장 등이 공간 분할되어 환상(環狀)으로 배치되는 양상이 나타나기 시작해 전기에 본격화 한다. 특히 관동과 중부고지 일대에는 전기에 환상으로 배치된 주거지군의 내측에 묘역이 형성되어 있는, 묘역을 중심으로 한 취락유적이 널리 분포한다.

집자리의 평면형태는 죠몽시대 조기나 전기처럼 이른 시기에는 방형이나 장방형이 많고 중기에는 원형이나 타원형이 많다. 늦은 시기로 가면 원형과 방형이 모두 사용된다. 집자리의 규모는 시기가 내려갈수록 커지는 경향이 있다. 관동지역의 경우는 전기에 대칭구조의 장방형 평면에 지붕이 지면으로부터 분리되는 벽체형 주거가 성립한다. 여기에는 벽가를 두르는 기둥, 중앙의 노지, 토기매설 등의 특징이 나타난다. 그 후 중기에는 구심구조의 원형평면, 4주식 중심기둥, 중앙노지(위석, 토기)를 갖는 주거가 중부고지에서 성립하여 관동지역에 유행하게 된다. 후기초두에는 다시 벽가를 두르는 기둥을 가지는 전기형의 주거가 나타나지만 나머지와 혼재한다. 출입시설은 중기 후엽부터 나타나기 시작해 후기 초두에는 돌출된 출입구를 갖는 경병형(鏡柄型) 주거지로 발전한다. 후기 중엽이 되면 방형평면의 주거가 압도적으로 많아진다. 이 시기에는 벽가 기둥이 매우 얇아지는 경향이 있어 이때부터 토벽이 등장하는 것으로 보기도 한다. 이러한 형식의 주거는 마지막까지 지속된다. 북해도 지역은 대칭구조가 주류를 이루나 중기 이후 구심구조와 혼재한다.

죠몽시대 마을을 대표하는 것으로는 마치 도넛 모양으로 중앙을 비우고 주변으로 집과 여러 시설들을 배치한 소위 환상취락이 유명하다. 환상 취락의 기본 구조는 중앙에 광장을 두고 그 외곽에 무덤과 고상가옥, 움집을 방사상으로 배치하는 것이다. 이러한 배치를 중대구조라 한다. 취락의 규모는 큰 것은 직경 150m에 달한다. 환상취락은 주로 중부, 관동, 동북지역의 같은 동일본을 중심으로 분포하며 조기에 출현해 전기에서 후기까지 지속되나 후기에는 해체되는 양상을 보인다. 환상취락은 당시의 취락 중에서 중심적 역할을 하는 거점취락으로 기능하였으며 인구가 집중된 곳이었다. 오랜 기간 중심취락으로 기능하며 각 시설들의 축조에 규제가 강한 탓에 집자리들의 중복관계가 매우 심한 것이 특징이다. 환상취락들은 주거지나 무덤 등 취락내 시설들이 몇 개의 군으로 묶여 분포하는 패턴을 보이는데, 이러한 취락구조를 분절구조라 부른다. 취락내에서 나뉘어지는 이러한 분절구조의 각 단위는 혈연에 기반한 집단(즉 씨족)을 반영한 것으로 이해되고 있다. 이와 같이 하나의 취락내에 몇개의 소집단이 나뉘어지는 환상취락의 예는 중국의 황하 중류지역 신석기취락에서도 확인된다. 취락의 내부구조에 대한 분석을 통해 당시의 집단구조를 추측해볼 수 있는 것이다.

3. 토기문화

1) 토기의 제작과 기능

토기는 기본적으로 점토광물을 물과 혼합하여 빚어 만드는 것이다. 알루미나와 실리카가 주성분인 점토광물은 물과 혼합하면 좋은 가소성을 가진다. 이러한 가소성을 가진 점토를 이용해 그릇을 만들어 굽게 되면 점토광물이 화학적 변화를 일으켜 단단한 상태의 유용한 생활용구가 될 수 있는 것이다. 토기를 만드는 방식은 점토덩어리를 손으로 직접 빚어 만드는 수날법(手捏法), 긴 점토띠를 나선형으로 올려가며 빚는 서리기법[卷上法], 도넛모양으로 한단 한단 쌓아올라가며 만드는 테쌓기법[輪積法], 일정한 틀을 미리 만들고 여기에 찍어내는 찍어내기법 등이 있다. 물론 늦은 시기가 되면 물레를 이용해 점토덩어리에서 직접 다양한 모양을 뽑아올리는 방법이 유행한다.

토기의 용도는 크게 조리용과 저장용, 배식용 등으로 나눌 수 있다. 이 중 토기의 초기 등장과정과 관련된 것은 아마 조리였을 것이다. 토기는 유기질로 만든 바구니나 목제그릇과 달리 불에 견딜 수 있기 때문에 음식의 조리에 유용했을 것이다. 인류가 불을 사용한 것은 구석기시대로 올라가는 매우 오래 전의 일이지만 음식 특히 식물성 식료의 조리에는 토기와 같은 형태가 매우 효과적인 바, 토기의 등장으로 인해 인류는 이전과 달리 먹을 수 있는 식료의 종류가 훨씬 더 많아졌을 것이며, 소화도 용이하게 되었을 것이다. 토기의 발전에 따라 저장과 배식용의 토기들도 등장하게 되었을 것이다. 저장용의 토기는 상대적으로 커다란 용량을 필요로 하는데 대형토기의 제작은 소형토기에 비해 훨씬 더 높은 기술력을 요하기 때문에 토기의 발전과정에서 상대적으로 늦게 등장하게 되는 것이다. 또한 액체를 담을 수 있는 목이 달린 토기(항아리)도 역시 복잡한 기형적인 특징상 토기 출현기에는 보이지 않고 제작기술이 발전한 이후 등장하게 된다. 토기는 발전하면서 이제 단순히 조리나 저장, 배식용의 용도에만 그치지 않고, 의례와 관련된 의미를 담거나 사후세계에 부장용으로 만들어지기도 하고, 죽은 자를 담는 관의 용도로까지 다양하게 분화하게 된다. 신석기시대에 보이는 붉은 칠을 한 주칠토기나 청동기시대의 홍도, 초기 철기시대의 흑도 등은 의례나 부장과 관련된 특수토기의 예이며, 옛 마한지역의 대형 옹관묘는 토기가 지배자의 관으로까지 이용된 특수한 예이다. 현대사회에서 토기는 다른 형태로 재질이 바뀌었지만 기본적인 용도는 이전과 크게 다르지 않다고 할 것이다.

2) 다양한 토기 문화

광활한 동아시아 지역은 그 면적만큼이나 다양한 토기문화가 장구한 시간 속에서 명멸하였다. 토기는 그 형태와 문양 등이 시간에 민감하게 반응하여 변화하기 때문에 선사시대 각종 문화의 시간적 순서를 밝히는데 유용할 뿐 아니라, 각 지역의 문화적 특징을 우선적으로 알아내는데도 매우 효과적이고 또한 매 유적에서 다량으로 출토되기 때문에 오래전부터 각지의 선사문화를 밝히는데 첫 번째의 분석자료로 이용되어 왔다. 그러나 현재의 동아시아가 서로 다른 국가들로 나뉘어 있는 상황 속에서 토기에 대한 고고학적 연구는 각국의 학문적 전통에 따라 서로 상이한 방법적 특징을 가지고 있다. 예를 들어 중국고고학에서는 토기를 포함한 각종의 물질문화(주거지, 무덤, 생산시설, 도구 등)가 특정한 시간폭과 공간적 범위에서 반복적으로 확인될 때 이를 'OO문화'라 명명하고 개별 문화들간의 관계에 대해 연구하여 왔다. 앙소문화, 홍산문화, 하모도문화, 양저문화 등이 그러한 대표적인 예이다. 이러한 '문화'개념은 유럽에서 정립된 것을 수용한 것이다. 반면 한국고고학에서는 '문화'의 개념을 적극적으로 사용하지 않고 있으며 물질문화의 특징에 따라 지역을 구분한 뒤, 각 지역 내에서의 토기양상을 설명하는 방식을 취하고 있다. 이 때 특정한 기형과 문양을 가진 일군의 토기들을 'OO식 토기'라는 용어를 사용하여 개념화하기도 한다. 암사동식 토기, 영선동식 토기, 오산리식 토기 등이 그 대표적인 예이다. 그러나 모든 지역에 이러한 용례가 일반화되어 있지는 않다. 반면 일본은 오래전부터 토기편년을 위해 고안된 'OO식 토기'라는 수많은 토기 형식을 설정하여 전체 토기문화를 설명하고 있다. 토도로끼식 토기, 소바타식 토기, 가메가오카식 토기 등이 그러한 예이다. 이처럼 서로 다른 방식의 설명틀을 가진 지역을 하나의 개념으로 통일하여 설명하기는 어렵다. 여기서는 각 지역에서 발전시켜온 기존개념에 충실하여 대표적인 토기문화를 시간의 흐름에 따라 설명하기로 한다. 단 신석기 초기 단계는 Ⅲ장에서 이미 다루었으므로 여기서는 전기~후기의 양상만을 다룬다.

(1) 황하유역

① 황하 중류 1(渭河, 豫西, 晋南 지역)

황하 중류지역 중 위수 유역을 포괄하는 섬서성의 관중분지, 하남성 서부, 산서성 남부를 포함하는 지역은 소위 仰韶文化의 중심지로 오래전부터 널리 알려져 왔다. 이 지역의 고고문화 흐름은 老官台文化(북수령하층유형 또는 대지만 문화)–仰韶文化–庙底沟2期文化–客省庄2期文化 및 三里橋2期文化, 陶寺類型의 순이다. 老官台文化는 이 지역 전기 토기문화를 대표하는 것으로, 토기는 밑이 둥근 원저의 발형토기, 낮은 굽이 달린 완형토기, 삼족발과 삼족관, 호 등으로 단순한 기종으로 이루어져 있다. 토기의 제법이 원시적이고 소성온도도 낮은 편이다. 토기의 문양으로는 승문이 대표적이다. 지금으로부터 약 7200년~6300년 전 사이에 지속되었던 문화이다.

앙소문화는 중국 중원지역을 대표하는 문화로 중기에 해당되며 半坡유형–史家유형–庙底沟유형–西王村유형으로 세분된다. 토기는 모두 수제이며 전체적으로 이전 단계에 비해 토기의 기종이 다양화된다. 앙소문화 내에서도 시간이 지남에 따라 새로운 기종들이 등장하는데, 초기의 원저발, 평저분, 첨저병, 옹 등에 더해 鼎, 釜, 시루 등이 추가된다. 토기제법도 발달해 늦은 속도로 회전하는 회전판(일종의 물레)을 이용하여 토기를 다듬는 기법이 일반화된다. 토기의 문양은 다양하나 繩文이나 線文이 많다. 앙소문화 시기는 채도가 유행하는데 초기에는 그 수량이 적다가 점차 많아져 전체토기의 15% 정도까지 이르다가 점차 감소한다. 채도는 인면문, 물고기무늬, 원, 삼각, 직선 등 다양한 기하학적 무늬 등이 시문되며 주로 흑색 채색이 많고 붉은 색은 적다.

앙소문화는 지금으로부터 약 6100년~4400년 사이에 지속되었던 문화이다.

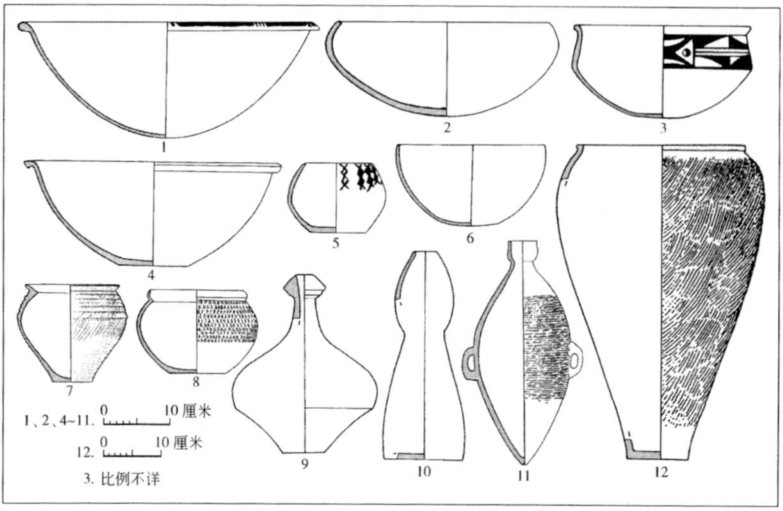

图 4-2 半坡文化陶器

1. 盆（半坡 P.4696） 2. 钵（半坡 P.1299） 3. 彩陶盆（半坡 P.1162） 4. 盆（半坡 P.4691） 5. 彩陶罐（半坡 P.1129） 6. 钵（半坡 P.4653） 7. 罐（半坡 P.4712） 8. 罐（半坡 P.1135） 9. 壶（半坡 P.4674） 10. 壶（半坡 P.4673） 11. 尖底瓶（半坡 P.4652） 12. 瓮（半坡 P.1329）

도면 2 앙소문화 반파유형의 토기(中国社会科学院考古研究所, 2010)

庙底沟2期文化는 이후에 전개되는 용산문화시기와 이전의 앙소문화 시기의 과도적 성격을 가지고 있어 早期龍山文化로 불리기도 한다. 이 단계부터 紅陶는 급격히 줄어들고 灰陶가 일반화된다. 문양은 籃文(바구니문)이 성행하고 승문이 그 다음을 잇는다. 채도는 매우 적다. 이 시기는 鼎이 가장 일반적인 기종이 되고 새로이 취사구로서 袋足(속이 빈 다리)을 가진 斝가 등장한다.

이 지역에서 庙底沟2期文化의 뒤를 이어 등장하는 신석기시대 후기의 문화는 유적조사의 진전에 따라 3개의 소지역군으로 분화함을 알게 되었는데, 크게 보면 이전에 용산문화로 불리던 시기의 문화들이다[1]. 먼저 客省庄

1 최근에는 중국내에서는 용산문화단계에 純銅 제품이 사용되는 점을 근거로 이 시

2期文化는 陝西龍山文化라고도 불리는 데서 알 수 있듯이 섬서성의 渭河 중하류에 주로 분포한다. 토기는 주로 회도가 중심이고 소량의 흑도와 홍도가 존재한다. 이 단계에 鬲의 다리를 제작하는데에 처음으로 模制방식이 등장한다. 문양은 繩文과 籃文이 가장 보편적이다. 기종은 매우 다양화하여 취사기로서 鬲이 가장 일반화하고 斝, 鬹, 鼎 등이 있다. 이외에도 盉, 豆, 罐 등 다양한 기종이 존재한다.

하남성(豫) 서부를 중심으로 분포하는 三里橋2期文化는 하남용산문화의 하나로 토기는 기본적으로 客省庄2期文化와 유사한 점이 많다. 황하의 지류인 산서성 汾河 하류에 분포하는 陶寺유형은 특히 이른 단계에 釜爐로 불리는 솥과 화로가 하나로 제작된 특징적인 토기가 유행하며 늦은 단계에는 이 대신 甗으로 불리는 취사기(시루와 솥이 하나로 제작된 토기)가 새로 등장한다. 문양은 주로 繩文과 籃文이 보편적이다. 이러한 용산문화단계의 제 문화들은 대체로 지금부터 약 4500년~4000년 사이에 존재한 문화들이다.

② 황하 중류 2(豫中地區)

황하 중류지역 중 하남성 중부를 중심으로 하는 지역은 또하나의 개별 문화권을 형성하는데 裴李崗문화-대하촌문화-진왕채유형-王灣유형의 순으로 전개된다. 배리강문화는 鄭州 이남의 豫中지구에 가장 밀집분포하며 토기는 泥質 또는 사질의 홍도가 가장 많다. 대부분은 무문양이며, 문양이 시문된 경우는 점열문, 점열지자문, 침선문 등이 소량 존재한다. 대표적 기형은 원저나 평저의 발, 완, 삼족발, 쌍이호, 정 등이 있고 쌍이호의 수량이 많다. 대략 기원전 5400~4900년 사이에 존재했던 문화이다.

이어서 등장하는 大河村 문화의 토기는 역시 홍도 위주이며, 표면은 마연

기를 신석기시대에서 분리하여 銅石併用期로 설정하여 사용하기도 한다.

되고 무문양인 것이 많다. 채도가 일정량 존재하는데, 흰 바탕에 검은 색으로 호선삼각, 원점문 등 다양한 무늬를 시문하는 것이 일반적이다. 대표적 기형은 정, 분, 발, 완, 첨저병, 관, 그릇받침 등이며 솥모양 정, 내만하는 홍정발 등이 특징적이다. 늦은 시기가 되면 고배나 시루 등이 등장한다. 배리강문화가 알려지기 전에는 앙소문화에 속하는 것으로 이해되었으나 지금은 배리강문화에서 변화, 발전한 것으로 인정되고 있다.

秦王寨유형은 대하촌문화에서 발전한 것으로, 토기는 역시 홍도가 많고, 그 다음은 회도가 차지한다. 람문과 루공문 등 새로운 문양이 등장한다. 이 시기에는 채도가 많아지는데, 흰바탕에 붉은색과 흑색으로 문양을 시문한 예가 압도적이다. 채도 문양은 그물무늬, 삼각문, 동심원문, X자문, 별무늬 등 다양하다. 대표기형은 정, 시루, 발, 분, 관, 호 등으로 외반구연의 정이나 동체부가 꺾인 분, 채도관 등이 특징적이다. 늦은 시기로 갈수록 회도가 많아지고 채도가 줄어들며 背壺, 盉(주구 달린 토기) 등 신기종이 출현한다. 지금부터 5000~4500년 사이에 존재한 문화로 앙소문화 서왕촌 유형과 병행한다.

용산문화시기에 해당하는 왕만유형의 토기는 회도가 위주이고 소량의 흑도가 등장한다. 토기의 제법도 상당히 발전해 물레를 사용하거나 거푸집을 사용한 예들도 나타난다. 문양은 승문, 람문, 격자문 등이다. 기존의 기형 외에 새로이 斝, 鬶 등이 등장한다. 왕만유형은 二里頭문화로 이어지는데, 왕만유형의 늦은 단계부터 夏문화에 속하는 것으로 이해하는 학자들도 있다.

③ 황하 하류(豫北, 冀南, 冀中, 山東)

황하 하류지역은 태행산맥 동쪽지역을 말하며 황하의 좌안과 우안으로 문화구계가 크게 양분된다. 좌안은 남장두[2]–자산(北福地1期문화)–后岡1기–

2 Ⅲ장 참조

大司空1기–후강2기문화의 흐름이, 우안은 산동(동방)문화구로 后李–北辛–大汶口–山東龍山 文化의 흐름이 있다.

황하 좌안 전기를 대표하는 磁山문화는 예중지역의 배리강 문화와 유사한 점이 많아 처음에는 같은 문화로 묶어보려는 시각도 있었으나 현재는 독립된 문화로 보고 있다. 주로 하북성 남부와 하남성 북부를 중심으로 분포한다. 토기는 사질의 갈색도가 가장 일반적이다. 독특한 평저의 盂와 토기받침(枝架)이 특징적이다. 그 외 관, 盤 등이 있다. 무문이 많으나 문양 있는 토기들 중에는 승문이 대표적이다. 늦은 시기(자산 2기)가 되면 배리강문화 토기와 유사한 삼족발, 쌍이호 등이 증가한다. 최근 자산문화 분포지구의 북쪽에서 北福地1期문화로 불리는 문화가 확인되고 있는데 자산문화와 유사하다. 사실상 북복지, 자산문화의 독특한 平底盆(盂)은 큰 틀에서는 北方筒型罐 문화계통 중의 하나라 볼 수도 있다.

자산문화에 이어지는 중기문화로는 后岡1기, 大司空1기문화가 있다. 后岡1기문화 토기는 홍도가 위주인 점에서 이전과 차이가 나며, 회전판을 이용한 정면이 보편화된다. 무문양이 많으며 문양 중에는 선문, 자돌문, 덧무늬 등이 있다. 소량의 채도가 나타나는데 주로 구연부에 붉은 색의 띠를 넓게 돌리거나[紅頂碗] 집선문 형태의 것이 많다. 대표기형은 紅頂碗, 발, 관, 장경병, 罐形鼎 등이 있다. 이른 시기에는 자산문화 요소인 盂, 支架, 삼족발 등이 이어지나, 늦은 시기로 가면서 이들은 점차 사라지고 시루, 고배 등이 새로이 등장한다. 후강1기문화는 대략 앙소문화 사가유형에 상당하는데 5700~5500 BP정도의 절대연대를 가지고 있다.

이어지는 大司空1期 文化는 회도가 위주이며 물레를 이용한 정면이 보편화된다. 표면은 마연한 무문이 위주이다. 문양은 람문 위주이며 이외 승문, 격자문 등이 있다. 채도가 약간 남아 있으며 주로 붉은 색으로 문양을 시문한다. 채도 문양은 호선삼각문, 곡선문 등이 주류이다. 기형은 내만, 외반의 발, 완, 절복분, 고령관 등이 특징적이다.

후기를 대표하는 后岡 2期文化는 회도가 위주이며 제도기술도 발전해 물레사용, 거푸집 사용이 많아진다. 문양은 승문이 가장 많고 그 외 람문, 격자문 등이 있다. 기형은 주로 기존의 것에 더해 새로이 斝, 甗, 鬶 등이 등장한다. 기형상 왕만3기나 산동용산문화와 유사한 것이 많다.

현재의 산동성 지역은 전술했듯이 后李-北辛-大汶口-山東龍山 文化로 신석기문화가 전개된다. 이 지역 전기는 后李, 北辛문화로 대별될 수 있는데, 후이문화는 주로 태기산맥 북쪽에 분포한다. 토기는 정선되지 못한 태토로 만들어졌으며 갈색도 위주이다. 기형은 주로 원저가 많으며 삼족기는 보이지 않는다. 원저의 심발, 소호 토제, 支脚 등이 특징적이다. 대부분 문양이 없고 일부 덧무늬나 승문이 보인다. 7410±80, 7905±90 BP(미보정)등의 절대연대가 있다.

북신문화는 주로 태기산맥 남측과 서측에 분포한다. 사질갈색도가 가장 일반적이다. 소량의 니질도는 홍도가 많다. 기형은 외반 또는 내만의 첨원저 정, 지좌, 쌍이호, 발, 분, 작은 삼족이 달린 발이나 부가 있다. 문양은 수직이나 사선의 덧무늬, 능형압인문, 침선문 등이 있다. 채도는 홍정발이 있을 뿐이다. 대략 6700~5600BP의 연대를 가지고 있다.

산동의 중기를 대표하는 대문구문화는 산동 중남부에 주로 분포하며 이외에도 강소성 북부, 안휘성 북부까지도 분포하며 주변지역에 많은 영향을 끼친 강력한 문화이다. 토기는 홍도 위주이며 회도도 많다. 정, 발, 분, 완, 호, 고배, 고형배, 관, 규 등의 기형이 많다. 특히 각종 형태의 정과 고형배, 대구존, 루공두 등은 매우 특징적이다. 대문구문화의 이른 시기에는 채도가 많은데, 원점문, 호선문, 타래문 등이 대표적이며 앙소문화 묘저구유형과 유사점이 많다. 대문구문화 후기에는 제도기술이 더욱 발전하여 두께 1~2㎜에 불과한 매우 얇은 마연흑도가 등장하며 회도가 일반화되고 물레 사용이 보편화한다. 후기의 기형으로는 대족규(袋足鬶), 화, 배호, 고병배(高柄杯) 등이 특징적이다. 대문구문화는 기원전 4300~2200년 정도의 절대연대를 가진다.

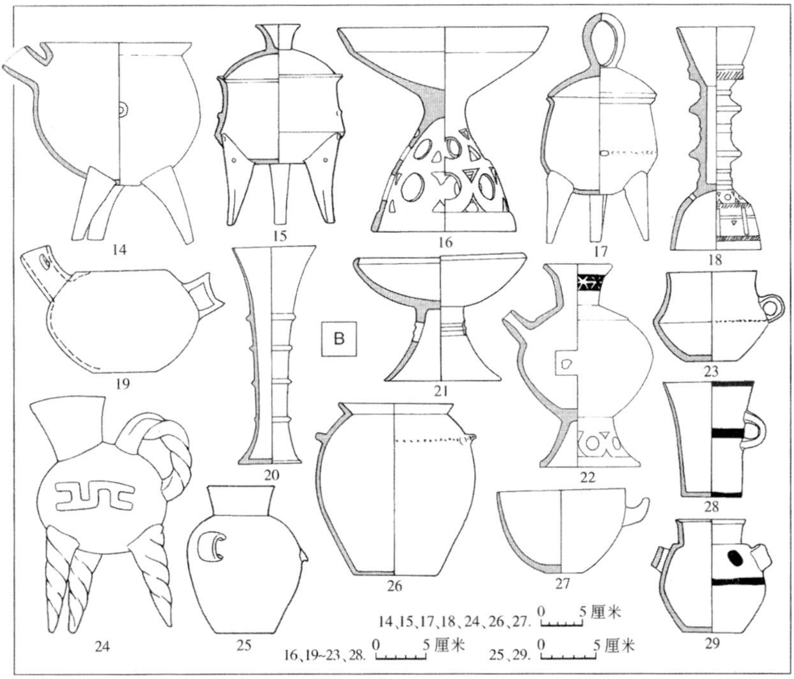

图 4－27　大汶口文化陶器（之二）

B. 中期　14. 盉（野店 M47:54）　15. 鼎（大汶口 M117:53）　16. 镂孔豆（大汶口 M34:1）　17. 盂形鼎（野店 M22:34）　18. 觚形杯（野店 M15:1）　19. 盉（大汶口 M26:4）　20. 觚形杯（野店 M62:20）　21. 豆（大汶口 M9:2）　22. 盉（野店 M50:10）　23. 罐（大汶口 M121:12）　24. 鬶（野店 M47:56）　25. 背壶（大汶口 M98:13）　26. 罐（大汶口 M98:25）　27. 带把钵（野店 M16:3）　28. 朱绘单耳杯（大汶口 M98:12）　29. 朱绘壶（大汶口 M9:38）

도면 3 대문구문화의 토기(中国社会科学院考古研究所, 2010)

산동성의 후기를 대표하는 용산문화는 흑도와 회도를 위주로 하는데, 이미 1920년대에 존재가 알려진 후 주변지역의 유사한 문화들이 각종 유형의 용산문화로 불리기도 하였다(하남용산, 섬서용산, 호북용산, 절강용산문화 등). 이들에 대비해 산동용산문화는 전형용산문화로 불리기도 한다. 전형용산문화는 산동성 전역, 절강과 안휘성의 북부를 중심으로 분포한다. 토기는 물레사용이 매우 발달하고 전체적인 조형감이 매우 뛰어나다. 특히 마연흑도는 용산문화를 대표하는 기물이다. 주요기형은 분형정, 관형정, 삼환족반, 고배, 난각고병배, 규, 언, 화 등이며 난각흑도는 선사시대 제도기술 발전의 최정점에 있다 해도 좋을 정도로 우수하다. 삼족기가 주된 기종이며, 이외 권족기, 평저기 등이 다음을 차지한다. 주로 무문양이 많다.

④ 황하 상류

감숙성과 청해성을 중심으로 하는 황하 상류지역의 신석기문화는 크게 마가요문화(馬家窯文化)와 제가문화(齊家文化)로 대별된다. 감숙성의 동부는 마가요문화에 앞서는 앙소문화 단계(반파 및 묘저구 유형)의 유적들이 존재하며 대지만유적에서는 앙소문화에 앞서는 대지만1기문화(위하 중류역의 노관태문화에 해당)가 발견되었다. 그러나 이들 마가요 문화에 앞서는 유적들은 기본적으로 황하중류의 문화들과 같은 양상으로 취급될 수 있다. 따라서 감청지구의 독특한 신석기문화는 마가요문화 단계부터라고 할 수 있다.[3] 감청지역에서는 동부지역에 상대적으로 이른 단계의 유적들이 존재하고(대지만, 앙소문화 반파유형, 묘저구유형, 마가요문화 석령하유형) 서쪽으로 갈수록 늦은 단계의 유적들이 존재하는 분포양상을 보이는데, 이는 앙소문화의 채도문화가 황하중류에서 서쪽으로 확산되었음을 말해주는 증거로 이해되고 있는 바, 20세기 초반에 제기되었던 채도문화 동진설(東進說)을 반박하는 주요 논거로 사용되고 있다.

마가요문화의 토기는 다시 석령하유형–마가요유형–반산유형–마창유형으로 나뉜다. 석령하유형은 마가요문화의 조기단계로 감숙성 동부에 주로

3 물론 마가요문화의 제유형들을 앙소문화 계통으로 이해하는 학자들도 있으나 마가요문화에 감청지역만의 독특한 특징이 나타나는 것은 분명하다.

분포하며 토기는 니질 홍도 위주이다. 문양은 승문, 현문, 획문, 부가퇴문 등이다. 채도는 크게 기하문과 동물문으로 나뉘는데 기하문은 각종 선문,파랑문, 연호문 등 다양하며, 동물문은 새의 머리부분을 표현한 것이 많다. 채도는 저부 일부를 제외한 동체 전면에 시문되는 특징이 있다. 대표기종은 내만완, 분, 병, 채도관, 채도호 등이다. 삼족기류가 없다는 점에서 황하 중류와 크게 구별된다. 연대는 5140±160BP의 연대가 알려져 있다.

마가요유형은 역시 감숙성 동부에 주로 분포하며 영하와 청해에도 일부 분포한다. 토기는 홍도 위주이며 문양은 승문 위주이다. 채도는 비교적 많은 편으로 橙黃色을 바탕으로 하고 흑색으로 문양을 시문한 것이 주류이다. 호선삼각문, 그물무늬, 소용돌이무늬 등 문양종류는 다양하며 기벽 안쪽에 채색을 한 것도 일부 존재한다. 대표기형은 분, 발, 완, 호, 관, 반 등이며 장경쌍이호, 내만소평저발, 장경병 등이 특징적이다. 채도는 장경호에 가장 많이 시문된다.

반산유형 토기는 홍도가 가장 많고 채도 이외에는 무문이 많다. 채도는 더욱 많아지는데[4] 흑색과 홍색을 교대로 사용하면서 각종 나선문, 능형문, 동심원문, 삼각문, 그물문 등을 그렸으며 타래문형태가 가장 많다. 대표기종은 호, 병, 관, 완, 고배 등이며 장경쌍이호, 단이관 등이 특징적이다. 마창유형 토기는 역시 홍도 위주이며 그 다음이 회도이다. 일부에 회전판을 이용한 정면양상이 보인다. 문양은 승문, 부가퇴문, 현문 등이 일반적이다. 채도는 여전히 많으며 토기 상반부에 홍색바탕에 흑색으로 문양을 그린 것이 많다. 채도문양은 기하문이 주류이며 원권문, 삼각문, 거치문 등이 많다. 대표기종은 호, 상이관, 장경호, 고배, 옹 등이다. 마창유형의 절대연대는 약

4 일부 무덤유적에서는 출토유물의 80%를 차지하기도 한다. 대체로 많을 경우 30~50%에 달한다.

4000~3800BP으로 마가요문화 전체는 석령하유형부터 볼 때 약 1000여년의 존속기간을 가진다.

마가요문화의 제유형에 이어지는 제가문화는 동서상 위수상류에서 하서회랑까지, 남북상 내몽고 남부에서 한수상류에 이르기까지 분포한다. 토기는 니질과 사질의 홍도 위주이다. 문양은 승문, 람문, 획문, 부가퇴문 등이다. 채도수량은 적은 편인데 삼각문, 그물문, 능형문 등이 있다. 기형은 單耳鬲, 斝, 시루, 관, 분, 화, 고배 등으로 쌍대이관이 가장 특징적이다. 삼족기류가 소량 존재하는 것 역시 특징적이다. 절대연대는 대략 3800~3600BP이다.

이와 같이 황하 유역의 여러 토기문화들은 크게 보면 전기에는 상대적으로 단순한 기종구성을 하고 있고 원저의 기형이 많으며 삼족기(발, 완 등), 관 등이 보편적으로 사용된다. 태토는 정선되지 않은 사질의 갈도, 정선된 니질의 홍도가 병존한다. 중기에는 홍도가 위주가 되며 회도가 증가한다. 기종이 다양화하고 기형이 복잡해지며 토기제작에 있어서도 회전판을 사용하는 것이 증가한다. 채도가 가장 번성하는 시기이기도 하다. 특히 감청지역의 채도비율이 높다. 전기에 비해 정과 부 등 취사기가 새로이 등장한다. 후기에는 회도가 일반화하고 새로이 취사기로 가, 력, 언, 규 등의 袋足을 가진 삼족기류가 등장한다. 채도는 거의 사라지는 대신 산동 용산문화에서는 난각흑도와 같은 높은 제도기술이 발휘되며 물레사용이 고도로 발전한다. 문양은 전체적으로 무문양이 많으며, 문양이 있을 경우는 주로 승문이 보편적이다. 이외에는 늦은 단계로 갈수록 격자문, 람문 등이 많아진다. 이와 같이 황하 유역 제문화들은 감청지역의 마가요문화와 같이 삼족기가 없이 독자의 특징을 보여주는 곳도 있지만, 시간의 흐름에 따라 각자 독특한 토기문화를 가지고 변화하여 왔으면서도 서로간에 영향을 주고 받아 변화의 방향이 유사한 길을 걷게 된다고 볼 수 있다.

(2) 장강유역

① 장강 중류

장강 중류지역이란 호북, 호남성을 중심으로 사천 동부, 강서와 강소의 일부를 포함하는 지역이다. 장강 중류지역의 신석기문화는 彭頭山문화-皂市하층문화와 城背溪문화-大溪문화-屈家岭문화-石家河문화, 青龍泉3期문화, 桂花樹3期문화의 순으로 이어진다. 팽두산문화의 토기는 홍색이나 갈색을 띠며 태토에 벼껍질을 섞어 토기를 만든 것이 특징이다. 문양은 승문 위주이며 입술부분이나 외면이 잘 다듬어지지 않은 원시적 특징을 보유하고 있다. 주요기종은 쌍이호, 발, 부, 완, 지가, 분, 삼족관 등이 있는데 대부분 원저를 특징으로 하고 있다. 연대는 대체로 약 8500~7500년 전이다.

조시하층문화와 성배계문화는 동시기의 인접한 문화로 조시하층문화는 호남성의 서북, 성배계문화는 호북성의 서부를 중심으로 분포한다. 조시하층문화의 토기는 협사도 위주이며 문양은 승문과 각획문이 중심이 된다. 기형은 원저가 기본이며 권족기와 평저기는 그 다음이다. 주요기형은 권족반, 평저분, 쌍이평저관, 원저관, 발, 부, 지가 등이 있다. 약 7200~7000년의 연대를 갖는다. 성배계문화 토기는 태토에 대량의 탄화물이 존재하는데 이는 벼껍질과 잎 등 초본식물을 비짐으로 넣어 불완전 연소한 결과이다. 문양은 승문, 자돌문, 각획문 위주이다. 기형은 역시 원저 위주로 원저관, 발, 권족반, 고복부, 지가 등이 있다. 연대는 7420±110BP의 측정치가 있다.

대계문화 토기는 홍도와 흑도 위주이다. 기형은 권족기 위주이며 평저와 원저기는 그 다음이다. 부, 지좌, 정, 궤, 발, 반, 통형병, 세경호 등이 대표기종이다. 문양은 무문이 많고 채도가 일정수량 존재한다. 채도 문양은 관대문, 평행조문, 호선삼각문, 태양문 등 다양하다. 대계문화의 채도는 앙소문화 묘저구유형의 영향을 받은 것으로 이해된다. 연대는 기원전 4400년~2700년 무렵이다. 굴가령문화의 토기는 이른 시기에는 흑도가 많고 늦은 단계로 가면 회도가 많아진다. 수제 이외에 윤제도 많아진다. 이제 기형은 매우 다양해져 일일이 열거할 수 없을 정도이며 난각흑도배, 삼족반, 주칠 흑도 등이 특징적이다. 문양은 무문이 일반적이다. 채도는 대계문화에 비해 증가하는데, 홍지흑채가 일반적이다. 굴가령문화의 만기가 되면 鬶가 등장하는데, 이는 다음 시기로 이어지는 과도적 양상을 잘 보여준다. 중원의 묘저구 2기문화에 상당하는 시기이다.

석가하문화는 한수 중하류 강한평원에 분포하는데 토기는 니질회도 중심이며 문양은 람문이 가장 많다. 장편족부형정, 규, 나팔형 배 등이 대표기종이다. 청룡천3기문화는 한수 상류에, 호북 서북, 하남 서남지구에 분포하며 토기는 역시 회도 위주이다. 무문양이 많고 문양으로는 람문이 가장 많다. 채도 수량은 매우 적다. 정, 부, 규, 증 등의 취사기, 완발, 두, 반 등의 식기 등이 대표적이며 斝가 새로이 출현한다. 계화수3기문화는 호북성 남부와 호남성 북부를 중심으로 분포하며 토기는 회도 위주이며 소량의 니질 황백도가 특징이다. 방격문, 람문, 승문 등의 문양이 중심이다. 삼족기와 권족기가 발달하는데 정, 규, 증, 두, 반, 존 등이 일반적이다.

② 장강 하류

장강 하류의 신석기문화는 薛家崗문화, 北陰陽營문화, 태호주변의 馬家浜, 松澤, 良渚문화, 항주 이남 영파, 소흥일대의 河姆渡 문화 등이 있다. 설가강문화는 호북동부에서 안휘성의 장강 북안 일대에 분포하는데 토기는 이른 시기에는 홍도가 많으나 점차 회흑도 위주로 변화한다. 주요기형은 정, 부, 증, 관, 분형두 등이며 문양은 무문이 주류이다. 늦은 단계에 甗이나 鬶가 나타난다. 연대는 기원전 3100년 전후를 중심으로 한다. 북음양영문화는 남경에서 진강 일대에 분포하는데 문양은 무문위주이며, 문양은 승문이 많다. 채도 수량이 많다. 채도문양은 삼각문, 호선문, 그물문 등이다. 기형은 삼족기와 권족기 위주인데 뿔모양의 파수가 붙은 삼족관이 큰 특징이다. 정, 부, 두, 화, 배, 존 등이 대표기종으로 정이 주요 취사기이다.

마가빈문화는 이른 시기에는 홍갈도 위주이고 만기로 가면서 협사나 니질 홍도, 회도 등이 증가하고 회전판정면이 나타나게 된다. 무문 위주이나 문양 중에는 각획문, 승문 부가퇴문 등이 있다. 부, 지가, 화, 분, 발 등이 있고 부는 동체에 요즘의 솥과 같이 부뚜막에 걸 수 있도록 돌출된 부위가 있는 것이 특징이다. 늦은 단계에 정, 배 등이 출현한다. 연대는 약 6900~5800년 전으로 하모도문화와 병행한다. 항주 이남의 하모도문화는 장강 하류의 도작농경문화로 널리 알려져 있는데, 토기는 협탄, 협사 흑도와 회도 중심이며 늦은 단계에 홍도가 많아진다. 태토에 벼껍질을 다량 포함하는 협탄흑도가 특징적이다. 토기 기벽이 두텁고 질이 무르며 흡수성이 강하다. 문양은 승문 위주이며 이외 각획, 추가, 현문 등이 있다. 흑도의 위에 백색을 바른 채도가 특징적이다. 기형은 부, 지가, 관, 발, 반, 두 등 다양하나 부와 관이 기본적 기형이다. 대부분 원저이며 정, 화 등의 삼족기는 늦은 시기에 등장한다. 부의 구연을 화문식으로 장식한 것이 특징 중 하나이다.

태호지역에서 마가빈 문화에 이어지는 숭택문화 토기는 협사홍도가 이른 시기에 많고, 만기로 갈수록 흑도, 회도가 많아지게 된다. 기면은 무문이 일반적이다. 정, 부, 증 언, 관, 분, 두 등이 대표기종이며 정과 증이 합쳐진 언이 특징적이다. 연대는 5300~5000년 전 무렵이다.

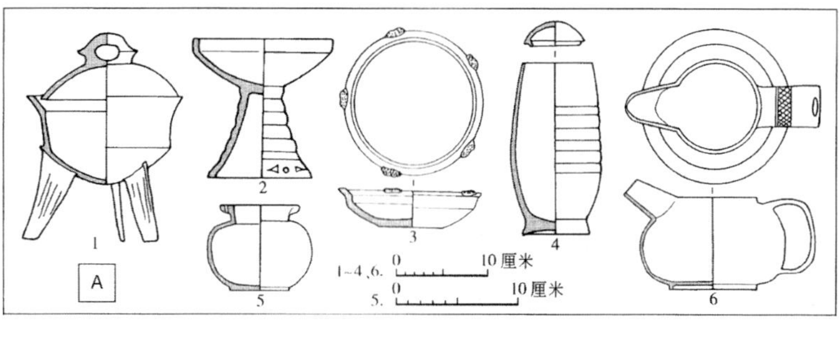

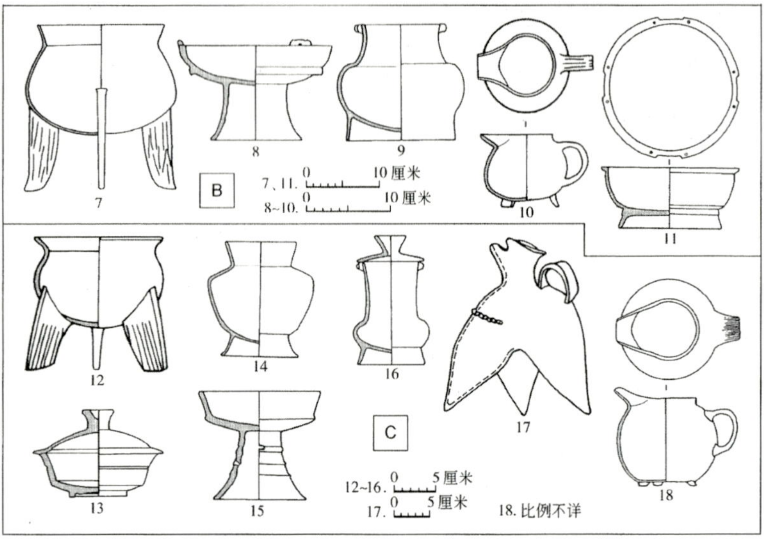

图 7－11　良渚文化陶器（之一）

A. 第一段　1. 鼎（吴家埠 M17:7）　2. 豆（张陵山 M3:12）　3. 双鼻壶（福泉山 T35④:3）　4. 盆（龙南88M1:9）　5. 圈足杯（吴家埠 M19:16）　6. 宽把带流壶（福泉山 M139:35）

B. 第二段　7. 鼎（福泉山 M126:7）　8. 豆（徐步桥 M15:3）　9. 双鼻壶（福泉山 M120:2）　10. 宽把带流壶（福泉山 M120:3）　11. 圈足盘（平邱墩 M24:5）

C. 第三段　12. 鼎（越城 M2:4）　13. 圈足盘（福泉山 M60:44）　14. 尊（千金角 M7:5）　15. 豆（雀幕桥 M7:6）　16. 双鼻壶（千金角 M7:2）　17. 鬶（寺墩 T8:1）　18. 宽把带流壶（福泉山 M132:50）

도면 4　양저문화의 토기(中国社会科学院考古研究所, 2010)

장강 하류를 대표하는 신석기문화 중 하나인 양저문화의 토기는 니질흑피도, 협사회흑도 위주로 물레를 사용해 제작하여 기형이 정치하다. 기형은 권족과 삼족기 위주이다. 정이 취사기로 대표적이며 중, 만기에 규가 출현한다. 이외에 귀달린 고령호, 루공두, 분, 권족반 등이 대표적이다. 연대는 5000~3700년 전 무렵이다.

(3) 중국 동북 및 러시아 연해주 지역

① 요서지역

요서지역은 요하의 중상류에 해당하며 흥륭와문화-조보구문화-홍산문화-소하연문화로 이어진다. 흥륭와와 조보구문화에서는 협사갈도가 유행하며 통형관이 기본적인 기형이 된다. 무문은 거의 없고 지자문, 격자문, 부가퇴문 등이 기면에 가득 시문된다. 조보구문화에서는 새 등의 도안이 새겨진 존형기가 큰 특징이다. 요서지역을 대표하는 신석기문화인 홍산문화의 토기는 협사도 이외에 니질 홍도가 많다. 기형은 통형관 위주이나 이전에 비해 깊이가 얕고 넓어진 변화가 보인다. 문양은 지자문 중심인데 점열로 성기게 시문되는 것이 특징이다. 저부에 돗자리문이 찍힌 것 역시 큰 특징이다. 니질 홍도는 매우 잘 만들어진 토기로 외면에 채색을 한다. 채도문양은 삼각소용돌이문, 평행선문, 능형문 물고기문 등 다양하다. 채도 기형은 쌍이관, 장경관, 평저완, 곡복분, 발 등이 있다. 홍산문화단계까지 이 지역에서는 지자문토기의 전통이 계속 유지되며, 홍산문화단계에 채도가 등장하여 중원지역과의 관련성을 시사하고 있다.

② 요동, 한반도 북부, 길림, 흑룡강, 연해주 지역

요하의 동쪽지역, 길림성 및 흑료강성 일대, 연해주 일대는 지역적으로 매우 광활하고 문화적으로도 몇 개의 지역으로 구분된다. 먼저 요동과 길림성 서부 신석기문화는 크게 신락하층문화, 소주산하층문화, 후와하층문화-소주산 중층문화-소주산 상층문화 순으로 이어진다. 신락하층문화, 소주산하층문화, 후와하층문화는 기본적으로 요서지역의 흥륭와문화와 유사한 지자문토기문화를 소유한 문화들이며 지역적으로 각각 요중, 요동반도 남단, 압록강 하류지역을 중심으로 분포한다. 토기는 협사갈도 위주이며, 기형은 통형관이 압도적으로 많고 사구기와 소량의 발 등이 있다. 문양은 지자문이 중심을 이루며, 그 외 집선문, 각획문, 현문 등이 있다. 소주산중층문화군은 지자문토기전통이 소멸하고 각획문(침선문) 중심의 토기문화가 유행한 시기이다. 토기는 협사갈도 위주이고 기형은 역시 통형관 위주이다. 문양은 지자문이 사라지는 대신 격자문, 어골문, 현문, 자돌문 등의 각종 각획문이 유행한다. 이 단계에 요동반도는 산동반도의 대문구문화 문물이 나타나기도 하는데, 소량의 채도가 대표적이다. 채도는 니질홍도에 흑채한 것으로 문양은 호선삼각문이 있다. 소주산상층문화는 요동반도를 중심으로 분포하며 토기는 협사흑갈도 위주이다. 소량의 흑도가 있다. 문양은 각획문, 부가퇴문, 현문 등이 있으나 무문이 많다. 이때는 산동반도의 용산문화 영향이 강렬하게 되어 산동용산문화기물들이 많이 나타난다. 루공두, 삼환족반, 분형정, 규, 배 등이 대표적이다.

흑룡강성과 길림성의 북부 송눈평원 일대에는 신석기전기문화로 앙앙계 신석기문화가 알려져 있다. 토기는 협사황갈도 위주이며 태토에 조개가루가 포함되어 있는 것이 특징이다. 토기문양은 부가퇴문이 대표적이며 각획삼각문, 승문 등이 있다. 기형은 관과 분이 기본으로 매우 간단한 구성이다. 흑룡강성 동부 삼강평원 일대에는 신석기전기문화로 신개류문화가 알려져 있다. 토기는 협사회갈도 위주이며 문양은 기본적으로 눌러 찍어 시문(압날문)한 것으로 능형문, 삼각문, 어린문 등을 다양하게 복합하여 시문하였다. 이러한 문양은 소위 아무르편목문이라 불리는 것이다. 기형은 통형관과 발이 기본으로 간단하다. 이 지역에서 신석기 중후기가 되면 역시 압날문이 사라지고 침선(각획)에 의한 어골문, 사선문, 타래문, 뇌문 등이 유행하게 된다. 연해주 지역은 삼강평원과 유사한 압날문에 의한 아무르편목문 문양이 주류를 이루는 루드나야문화, 압날에 의한 점선열문을 주체로 하는 두만강 하류의 보이스만문화 등 전기의 문화가 나타난다. 중, 후기에는 침선에 의한 어골문, 타래문, 뇌문 등을 주체로 하는 자이사노프카문화가 나타난다. 자이사노프카문화는 한반도 북부의 서포항 3, 4기 문화와 기본적으로 동일한 것이다. 이 지역들 토기 기형은 모두 통형관을 기본으로 하며, 발과 완 등 간단한 구성을 하고 있다. 권족기나 삼족기와 같은 기형은 발달하지 않는다.

(4) 한반도 지역

한반도의 신석기토기문화는 중국과 달리 각종 '문화' 명칭으로 불리고 있지 않다. 그 대신 토기의 여러 특징에 근거하여 지역을 구분하는 방식을 취하고 있다. 이에 따라 한반도의 신석기문화는 크게 서북부지역, 동북부지역, 중서부지역, 강원영동지역, 남부내륙 및 남해안지역(이하 남부지역)으로 세분되어 설명되고 있다. 서북부지역과 동북부지역은 토기상에서 각각 요동지역, 길림 및 연해주지역과 유사한 양상을 보이므로 여기서는 간략히 언급하고 중서부 이남지역을 중심으로 설명한다. 시기구분은 앞서 언급한 바와 같이 크게 전-중-후기로 대별하여 살펴본다.

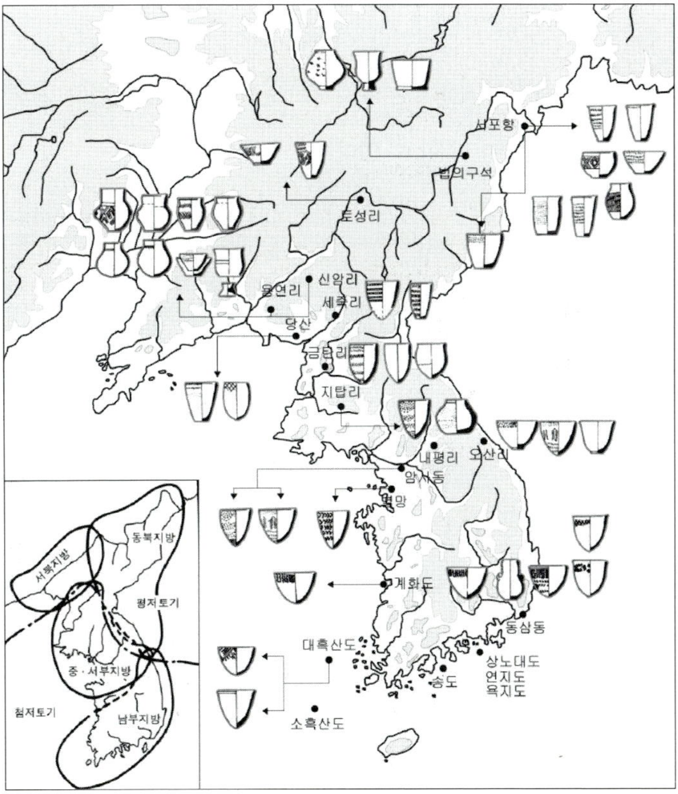

도면 5 한반도의 신석기시대 토기(한국고고학회, 2007)

① 서북지역

서북지역은 주로 압록강 중하류에서 청천강 이북지역에 해당된다. 기본적으로 서북지역은 요녕지역, 특히 요동지역과 유사한 문화권이므로 평저토기 전통지역에 해당된다. 전기에는 요동지역과 마찬가지로 지자문토기가 유행한다. 중기가 되면 침선문계 토기가 나타나는데 요동의 마성자, 후와 유적 등과 같은 횡침선을 돌린 토기 등이 유행한다. 중기의 후반에는 어골문이나 격자문, 각종 침선문이 유행한다. 후기에는 요하 하류 심양지역에 중심분포를 두고 있는 편보유형 계통의 덧무늬토기가 이른 단계에 나타나고(당산 상층), 마지막 단계에는 신암리1식 토기로 대표되는 장경호를 특징으로 하는 토기문화가 발달한다. 신암리 1식 토기의 문양은 각종 기하학문이 많은데 특히 번개무늬가 가장 특징적이다. 이 역시 압록강 대안의 북구문화 등과 유사점이 많다. 따라서 기본적으로 서북지역은 요동지역과 같은 계통의 문화를 가지고 있는 지역이라 할 수 있다.

② 동북지역

동북지역은 두만강 중하류지역에 해당되는데, 이 지역은 서포항 유적의 조사를 통해 편년이 확립되었다. 이 지역 토기는 모두 협사갈도 위주이며 기형 역시 통형관(심발)을 주체로 하고 그 외 발, 완, 호 등이 나타나는 단순한 구성이다. 모두 평저토기 위주이다. 크게 서포항 1, 2기를 전기, 3기를 중기, 4기를 후기로 볼 수 있다. 서포항 1, 2기는 연해주의 보이스만문화와 기본적으로 같다. 서포항 3기가 되면 침선에 의한 어골문이 유행하고, 타래문의 호형토기도 등장한다. 타래문의 등장은 요서지역의 채도 영향으로 보기도 한다. 4기가 되면 무문양이 증가하는 가운데, 번개무늬가 등장하는 것이 가장 큰 특징이다. 서북지역과 마찬가지로 번개무늬는 후기를 대표하는 문양 중 하나이다.

③ 중서부지역

중서부지역은 평남과 황해도, 서울, 경기권을 중심으로 한 지역으로 서북 및 동북지역과 달리 첨저토기문화가 번성한 지역이다. 암사동유적으로 대표되는 이 지역의 토기는 일부 소형토기를 제외하면 모두 밑이 뾰족한 첨저토기로 구성되어 있는 것이 큰 특징이다. 토기는 사질점토계 태토가 중심이며 기형은 기본적으로 포탄형의 심발과 발, 소형 평저발 등이 있다. 문양은 전기에는 구연, 동체, 저부에 각각 다른 문양을 시문하는 구분계 토기가 유행하나 중, 후기로 갈수록 이러한 엄격한 시문규칙이 사라지고 기면전체에 동일한 문양을 시문하는 동일계 토기가 늘어난다. 또한 후기로 갈수록 무문양이 많아지는 경향이 현저하다. 문양종류는 단사선문, 점열문, 어골문, 격자문, 타래문 등이나 어골문이 압도적으로 많다.

④ 강원영동지역

강원영동지역은 신석기전기에 융기문토기와 오산리식평저토기, 중, 후기에는 첨저의 빗살무늬토기가 유행한다. 융기문토기는 평저를 기본으로 하며 동체부에 평행선문, 삼각집선문, 두립문 등을 문양을 시문하는 것이 일반적이다. 기종은 심발과 발, 호 등이 있다. 오산리식토기는 역시 평저를 기본으로 하며, 문양은 주로 기면 상부에 시문된다. 시문방식은 누르거나 찍은 것인데, 점열, 직선, 삼각문 등을 다양하게 조합하여 시문한 것이 특징이다. 기형은 저부가 좁고 아가리가 넓은 심발이 중심이고 이외 발과 호류가 있다. 이 지역 중기 이후에는 중서부지역 집단의 이주가 이루어져 중서부지역과 동일한 토기문화가 등장한다. 즉 구분문계의 뾰족밑 침선문토기가 등장하는 것이다. 그 이후에는 이러한 침선문토기가 남해안과 유사해져 태선문계(후술)토기를 거쳐 점차 문양이 사라지는 후기 단계로 이행하게 된다.

⑤ 남부지역

남부지역 전기는 융기문토기와 영선동식토기를 특징으로 한다. 융기문토기는 현재까지 남부지역에서 가장 이른 단계의 토기문화로 전라도와 경상도의 해안 및 도서지역, 제주도, 강원 영동지역까지 분포한다. 기면에 점토띠를 덧붙여 여러 가지 문양을 시문하는 것이 가장 큰 특징이다. 문양은 주로 동체부를 중심으로 시문되는데 크게 평행융기문과 기하학적 융기문으로 나뉜다. 기형은 평저 위주이며 주로 심발과 발, 호 등이 있는데, 심발류가 많다. 연대는 대체로 기원전 6000~4500년 정도이다.

융기문토기의 다음 단계인 영선동식토기는 주로 전라와 경상 해안지역에 분포하며 일부는 금강 하구의 서해안까지도 나타난다. 영선동식토기는 덧무늬와는 전혀 달리 기면에 시문구를 찌르거나 눌러 당겨 각종의 기하학문을 시문한 것이 특징이다. 문양은 주로 횡주어골문(생선뼈무늬), 격자문, 손톱무늬 등이 많고 대부분 구연부에만 시문된다. 구순부(입술부분)에 도구를 이용해 눌러 각목을 시문한 것이 많이 보이는 것이 큰 특징이다. 기형은 주로 원저가 많으며 심발, 발, 호가 중심이다. 목부분에만 어골문 등을 시문한 장경의 소형호가 이 단계의 특징적인 토기 중 하나이다.

남부지역 중기는 수가리1식토기를 특징으로 한다. 남해안은 물론 경상, 전라도의 남부내륙에도 분포한다. 수가리1식토기는 첨, 원저의 기형을 큰 특징으로 하며 구연부와 동체 이하에 서로 다른 문양을 시문하여 결과적으로 기면 전체에 문양을 시문하는 것이 이전과 다른 큰 특징 중 하나이다. 구연부에는 시문구를 눌러 시문한 단사선문, 침선에 의한 삼각 및 능형집선문, 제형집선문 등이, 동체부에는 거의 침선에 의한 횡주어골문이 시문된다. 수가리 1식 단계의 침선문은 굵기가 매우 굵고 선의 양단을 깊게 눌러 문양효과가 뚜렷한 편인데 이러한 특징으로 인해 태선침선문토기로 불리기도 한다. 이 단계에는 대형의 저장용 토기가 증가하며 기형은 심발, 발, 천발, 호로 구성된다.

남부지역 후기는 수가리2, 3식 토기를 특징으로 한다. 이 단계의 큰 특징은 문양이 서서히 퇴화되어 결국 무문양화한다는 점이다. 수가리2식 단계에는 구연부에만 집선문이나 격자문을 시문하는 것이 특징이며 문양이 중기에 비해 가늘어지고 정연함이 퇴색된다. 이 단계에 남부내륙지역에서는 봉계리식토기로 불리는 외반구연에 동체상부까지만 문양(주로 격자문이나 점열문)을 시문한 토기가 중심적으로 분포한다. 수가리 3식 단계가 되면 사질계 태토가 유행하게 되고 토기색도 회색조의 어두운 것이 많아진다. 대부분의 문양은 사라지며 구연부에 일부 사단선문, 장사선문 등만이 잔존한다. 이 단계에는 구연부에 점토띠를 한겹 더 둘러싼 이중구연토기가 유행하는 것이 큰 특징이다.

이상과 같이 한반도 지역은 중국 동북지역과 같은 평저토기문화권에 해당하는 서북 및 동북지역, 첨저토기를 중심으로 하는 중서부 이남지역으로 크게 양분될 수 있다. 중서부 이남지역도 전기단계에는 일부 평저토기가 존재하나 중기 이후에는 시종일관 첨저토기가 유행하는 것이다. 이는 주변지역의 토기문화가 대부분 평저토기임에 비추어볼 때 특징적인 것이다. 니질도가 거의 존재하지 않고 주로 사질점토 태토가 압도적이며, 기형적으로도 다양하지 않고 주로 심발과 발, 호라고 하는 기본세트를 중심으로 구성된 것도 특징이다. 문양은 이른 시기에는 다양하고 정연하게 시문되나 점차 무문양화되어간다. 이러한 점은 중국동북지역과 유사한 양상이기도 하다.

(5) 일본열도

일본열도의 신석기시대에 상당하는 수렵채집사회 단계는 죠몽시대[繩文時代]로 불리고 있는데, 이는 죠몽토기로 불리는 토기의 특징에서 따온 것이다. 죠몽[繩文]이란 새끼줄 문양이라는 뜻으로 토기면에 꼰 새끼줄을 누르거나 굴려서 문양을 시문한 토기를 죠몽토기라 한다. 현재는 죠몽토기는 죠몽 시대에 속하는 토기라는 개념으로 확장되어 꼭 새끼줄문이 시문되지 않더라도 죠몽토기의 범위 안에서 다루고 있다.

죠몽토기는 앞장에서 설명한 초창기를 시작으로 조기, 전기, 중기, 후기, 만기의 여섯 단계로 시기 구분되고 있다. 이것은 주로 문양의 변화를 기초로 한 것이며 여기에 형태와 기종변화를 더해 시기에 따른 토기문화의 변화 과정을 이해하고 있다.

초창기의 무문양토기, 융기선문토기, 조형문토기, 다승문계 토기를 이어 죠몽 조기의 토기문화가 전개된다. 승문은 초창기 후반부에 처음으로 나타나지만 조기에 발전하기 시작한다. 초창기의 승문이 눌러 시문한 것[押壓繩文]인데 비해 조기를 대표하는 연사문토기(撚絲文土器)는 꼰 실을 막대에 감아 굴려 시문한 것이다. 이외에도 꼰 실을 그대로 토기면에 굴려 시문하는 죠몽토기 특유의 회전승문도 조기에 나타난다. 이 시기의 토기로는 이외에도 전국적 분포를 보이는 압형문토기(押型文土器)가 있다. 이 토기는 둥근 막대모양의 시문도구에 마름모나 타원, 삼각형 등 여러가지 무늬를 새긴 후 이것을 토기면에 굴려 문양을 시문한 토기이다. 조기의 토기는 주로 밑이 뾰족한 첨저토기가 많다. 이 시기까지는 아직 토기의 형태도 단순하고 기종도 깊은 바리[深鉢] 하나로 단순하다. 토기가 아직은 주로 음식조리에만 사용되던 단계이다. 기원전 7000~5000년 사이에 해당된다.

전기는 다양한 승문이 본격적으로 발달하는 시기로 진정한 의미의 죠몽토기가 성립되는 단계이다. 죠몽토기에 특징적인 파상구연, 즉 구연부가 크게 굴곡진 형태도 조기에 등장하나 전기에 본격화한다. 동북지역을 중심으로는 원통토기가 발달하고 관동에서는 다양한 승문이 장식된다. 큐슈에서는 한반도와 관련이 깊은 융선문계의 도도로키식토기나 침선계의 소바타토기가 발달한다. 소바타토기는 기형과 문양, 태토 등에서 한반도의 빗살무늬토기에서 기원한 것으로 이해되고 있다. 죠몽전기단계에는 일부 원저도 있지만 평저토기가 주류를 차지하게 되며 기종도 배식용의 소형 바리나 접시 등이 추가되어 다양화한다. 기원전 5000~3000년 사이에 해당된다.

중기는 죠몽토기가 가장 번성한 시기이다. 문양면에서도 매우 호화롭고 입체적인 문양이 두드러지며 조형미가 뛰어난, 가장 죠몽적인 토기문화가 개화한 시기이다. 동일본을 중심으로 발달한 이러한 토기는 지역에 따라 다양한 형식으로 발현된다. 동북북부의 원통상층식(圓筒上層式), 관동 동부의 가소리(加曾里)E식 등이 대표적이다. 이러한 토기들은 구연부에 인면이나 뱀 등의 동물문, 각종의 화려한 입체장식이 베풀어진다. 이러한 토기들중 가장 장식성이 뛰어난 것은 니이가타현을 중심으로 발달한 화염문토기이다. 마치 불꽃이 타오르는듯한 화려하고 정교한 장식은 죠몽토기 발전의 정점을 보여준다. 서일본지역은 상대적으로 장식성이 덜한 후나모토식[船元式] 토기가 긴키에서 큐슈까지 널리 퍼진다. 중기토기는 조리용의 심발형토기 이외에도 향로나 주구토기와 같은 다양한 기종이 만들어진다. 기원전 3000~2000년 사이에 해당한다.

도면 6 일본의 죠몽토기(화염문토기)

후기는 화려하고 역동적인 중기토기에 비해 훨씬 정적이고 평면적인 토기가 유행한다. 마소승문(磨消繩文)으로 불리는 흑색의 토기가 대표적인데 동일본에서 서일본에 걸쳐 전역에서 유행한다. 마소승문은 침선으로 구획된 문양의 안이나 밖에 승문을 시문하고 나머지 부분은 마연하여 윤을 낸 것으로 문양의 대비가 선명하다. 그러나 점차 문양이 구연이나 동체상부로 국한되고 무문양토기 부위가 늘어나 단순화하는 분위기가 현저하다. 동일본에서는 주전자형 토기 등 다양한 기종이 계속 만들어지나 서일본에서는 심발과 발 등으로 기종이 단순화한다. 이러한 토기문화의 변화 또는 쇠퇴는 기후 한랭화에 따른 식료자원의 변동으로 사회가 불안정해지는데 원인이 있는 것으로 생각되고 있다. 실제 유적의 수나 규모는 중기에 비해 후기에 급감하는 현상을 보인다.

죠몽토기의 마지막 단계인 만기는 동일본과 서일본에 다른 토기문화가 전개되는데, 동일본에서는 동북지방의 가메가오카식[龜ヶ岡式] 토기가 대표적이다. 마소승문 전통을 계승하면서도 구름무늬 등의 정교하고 세련된 문양들을 시문한 토기가 유행한다. 주구토기나 동물모양 토기, 칠을 입히거나 채색한 토기 등 다양한 토기가 만들어진다. 서일본에서는 무문양화가 크게 진전되어 두줄의 점토띠를 구연부에 두른 돌대문토기가 발달한다. 쿠로카와식[黑川式]이나 야마노테라식[山ノ寺式], 유우스식[夜臼式]토기가 그것이다. 이시기는 이미 한반도가 무문토기로 대표되는 청동기시대로 진입한 시기로 한반도 청동기시대의 대표적인 토기인 공열문토기(孔列文土器)가 북부 큐슈를 중심으로 곳곳에서 확인된다. 이 단계를 끝으로 죠몽문화는 종말을 고하고 농경사회로 이행하게 되는 바 새로운 시대인 야요이시대가 그것이다.

4. 묘장과 사회발전

死者를 매장하는 방식(葬法)은 문화에 따라 매우 다양하다. 관의 종류에 따라 목관, 석관, 옹관 등으로 나뉘기도 하고 시신을 묻는 방식에 따라서는 앙신직지, 측신굴지, 부신 등으로 나뉘기도 하며, 재장 여부에 따라 일차장, 이차장으로 구분되기도 한다. 관을 둘러싼 또 다른 시설(곽)의 유무에 따라 목관, 목곽, 석관, 석곽 등으로 구분되기도 한다. 동아시아에서 발견되는 무덤의 종류 역시 매우 다양한데, 기본적으로는 매장주체부에 돌을 사용했는지 여부에 따라 크게 토광묘(목관포함)와 석관묘로 구분될 수 있다.

1) 중국

무덤의 형식, 즉 묘제를 살펴보면 중국 황하유역의 대부분 지역은 전시기 동안 토광묘가 주류를 이루며, 유아의 경우는 옹관묘를 많이 사용한다. 신석기시대에 확인된 가장 이른 무덤유적으로는 초기단계에 해당하는 북경 동호림유적이 있다. 약 1만 년 전 무렵에 해당되는 이 유적에서는 몸을 구부려 묻은 굴장의 인골이 별다른 시설이 없는 구덩이에서 발견되었으며 조개 목걸이와 석인(石刃)을 박아넣은 골도(骨刀)가 부장품으로 확인되었다.

신석기 전기가 되면 각 지역 고고문화들 내에서 수많은 무덤유적이 확인된다. 대지만문화에서는 앙신직지의 토광묘가 대부분을 차지하며 유아용 옹관묘도 확인된다. 묘지는 취락 가까이에 위치하며 규모는 크지 않다. 무덤은 일정 구역을 가지고 있으며 주로 주거지와 가까운 곳에 위치한다. 배리강문화에서는 현재까지 700여 기 이상의 무덤이 조사되었는데, 대부분 토광묘이며 배리강유적에서 보듯이 배치가 규칙적이다. 부장품은 석산이나 석부, 석겸, 갈돌, 갈판 등이 주류를 이룬다. 북방지구의 흥륭와문화에서는 토광묘 이외에 주거지 바닥에 매장을 하는 거실장(居室葬)이 확인되는 점이 특이하다. 이 중에는 돼지를 함께 묻은 것도 확인된다. 전기단계 장강유역의 팽두산문화에서도 이미 취락과 분리된 공동묘지가 등장하는데, 토광묘 이외에 이차장의 양상도 확인되었다. 부장품은 소량의 토기가 대부분이다. 전기

단계 무덤의 양상을 통해 볼 때 부장품의 격차는 별로 크지 않다. 반면 성에 따른 부장품의 차이는 두드러져 남성에게는 주로 석부나 석산 등의 농업관련도구, 여성에게는 갈돌과 갈판 등 식료처리구가 많이 부장된다는 점이 특징적이다. 아직 사회적 위계의 분화가 두드러지지 않은 반면 성에 따른 노동분업은 분명하게 존재하였다는 것을 알 수 있다.

신석기 중기의 앙소문화 관련 무덤은 이미 2,500기 이상 조사되었다. 대부분은 토광묘이며 옹관묘는 1/4 정도를 차지한다. 토광묘는 주로 성인, 옹관묘는 유아의 무덤으로 사용된다. 공동묘지는 취락 가까이에 위치하는데 앙소문화 반파유형의 대표유적인 강채유적에서는 환호에 둘러싸인 취락의 바깥쪽으로 씨족 공동묘지가 174기 확인되었으며 북수령유적에서는 370여기의 무덤이 발견되기도 하였다. 무덤 부장품은 많지 않아 몇 개의 토기와 석기가 부장되는 것이 보통이다. 매장방식은 신전장, 굴장 등 다양하나 주로 신전장이 많다. 사가촌에서는 4~51인의 인골을 추려 재매장한 이차장이 발견되기도 하였다. 후강1기문화의 서수파유적에서는 인골 좌우에 많은 조개로 용과 호랑이를 묘사한 무덤이 발견되기도 하였다. 무덤출토 인골 감정결과에 의하면 앙소문화 시기 성인평균수명은 약 30세 전후이며, 영아사망률은 40%에 육박하였고 여성이 남성보다 평균수명이 짧았던 것으로 나타난다.

산동의 북신문화에서는 토광묘와 함께 석관묘가 유행하는 점이 특징적이고 발치풍습, 돼지부장 등의 특징이 나타나기도 한다. 북신문화에 이은 대문구문화 묘장은 2,200여 기가 조사되었는데, 왕인 유적 한곳에서만 900기 가까운 무덤이 조사되었다. 개인의 토광묘 위주이며 신전장이 일반적이다. 그러나 다인장(多人葬)도 상당수 확인된다. 돼지머리와 개를 부장하는 것이 두드러진 특징이다. 일반적으로 부장품은 많지 않지만 대문구문화 후기로 갈수록 무덤간 격차가 두드러져 일부 무덤에서는 160건 이상의 부장품이 확인되고 순장이 확인되기도 한다. 요서의 홍산문화에서는 적석총이 유명한데 우하량유적에서는 세 지점에서 여러기의 원형 또는 방형 적석총이 확인되었다. 예를 들어 우하량 2지점에서는 동서 150m, 남북 80m의 범위 안에 6기의 적석총이 축조되어 있다. 각 적석총에는 석관묘가 복수로 확인되며 그 중 일부에서는 다량의 옥기를 부장한 인골이 확인되기도 한다. 우하량에서는 여신묘(女神廟)로 불리는 중심적 제사유적도 확인된 바 있다.

장강유역에서는 대계문화에서 1,000기 가까운 무덤이 조사되었는데, 토광묘 위주에 단인장 위주이다. 매장방식은 신전장과 굴장이 있는데 다양한 굴장의 유행은 대계문화의 특징이다. 굴가령문화 역시 토광묘 위주이나 신전장 위주이고 굴장은 소수라는 것이 특징이다. 일부 무덤에서는 옥기와 석기, 토기 등 100기가 넘는 유물이 부장되어 무덤간 격차가 확인된다. 장강하류의 마가빈문화 역시 토광묘 위주이나 시신을 엎어서 묻는 부신장(俯身葬)이 유행하는 것이 특징이다. 장강하류에서도 하모도나 마가빈문화에서는 빈부격차가 두드러지지 않지만 숭택(崧澤)문화 단계가 되면 무덤 부장품에서 격차가 드러나기 시작한다.

용산문화로 대표되는 신석기 후기가 되면 황하유역에서는 이전까지 보이던 다인합장묘는 사라지고 개인묘나 남녀합장묘가 증가한다. 대부분의 유적에서 무덤간 격차가 명확하여 대, 중, 소로 갈라지며 대형묘에는 호화로운 부장품이 묻히게 된다. 산서 도사유적에서는 1,300여기의 무덤이 한꺼번에 발견되기도 하였는데 일부 대형묘는 관과 곽으로 구성되어 있고 관내에 주사(朱砂)가 발라져 있으며 채회도, 채회목기, 옥석예기, 돼지 등 풍부하고 화려한 부장품 이외에 석경(石磬), 토제북[土鼓] 등 여타 무덤에서는 출토되지 않는 악기가 부장되거나 순장의 존재도 확인되는 등 수장층의 무덤으로 추정되고 있다. 당시 일반 소형 무덤이 부장품이 거의 없는 것과 비교할 때 사회적 빈부 및 권력 격차가 상당하였음을 알 수 있다. 이러한 빈부격차의 존재는 이미 사유재산제도가 확립되었다는 반증이며 전기이래 발달해 온 농업기술의 진전과 이에 따른 생산성 증가가 경제적 뒷받침이 되었다.

한편 용산문화 단계에는 황하유역에서 회갱 내에 마치 버려지듯이 묻혀진 인골이 확인되는가 하면(섬서 객성장 2기의 객성장유적), 목이나 허리가 절단된 채 매장되거나 두피가 벗겨진 채 매장된 것으로 추정되는 인골이 확인되는 등(예북 후강2기의 泂泃유적) 전쟁이나 의도적 살해와 관련된듯한 흔적들이 증가한다. 이는 집단간 긴장관계의 고조, 즉 사회의 복합화에 따른 것으로 이해되고 있다.

신석기 후기의 장강 중류의 석가하(石家河)문화 묘장은 약 200여 기가 조사되었는데, 주로 토광묘와 옹관묘이다. 초가옥척(肖家屋脊) 유적 7호 무덤과 같이 100점이 넘는 석기, 다량의 토기가 부장된 대형묘들과 중소형 묘들이 명확히 구별된다. 옹관묘는 성인과 아동 모두에 사용된다. 일부 무덤에서는 머리가 없는 인골도 확인되어 전쟁 등 사회적 긴장관계를 반영하고 있다. 양자강 하류 신석기 후기를 대표하는 양저(良渚)문화 묘장은 약 500기를 상회하는데, 인공적으로 쌓은 토대 위에 토광묘를 설치한 고대식(高臺式)과 평지에 설치한 평지식 토광묘가 있다. 무덤은 규모와 부장품 등에서 최소한 4등급으로 분류되는데, 최고위급 무덤은 고대식이며 제단과 무덤이 함께 조성된 것이 특징이다. 무덤에는 다량의 미려한 옥기(琮, 璧, 璜 등)가 주로 부장된다. 고급무덤인 요산(瑤山) 7호 무덤에서는 148건의 옥기가 부장되기도 하였다.

차상위급 묘장은 최고위급 묘장과 유사하나 옥의 부장에서 종이나 벽이 주류를 이루어 간략화된다. 제3급 묘장은 고대식과 평지식이 모두 보이며 소량의 옥기만이 부장된다. 최하위급 묘장은 옥기부장이 없고 일상용 토기만이 부장된다. 양저문화의 최고위급 묘장에서는 종교적 권위를 상징하는 다량의 옥예기(玉禮器)와 함께 군사적 권위를 상징하는 옥월(玉鉞) 등이 함

图 7－14　瑶山遗址墓葬 M7 平面图

1～4.玉管　5.玉管串　6.玉镯形器　7.玉管　8.玉带盖柱形器　9、10.玉管　11.玉饼状饰　12～16.玉管　17.玉粒　18.玉端饰　19.玉粒　20.玉镯形器　21.玉管　22～24.玉锥形饰　25.玉长管　26.玉三叉形器　27.玉柱形器　28.玉管串　29.玉端饰　30.玉镯形器　31.玉钺冠饰　32.玉钺　33.玉钺端饰　34.玉琮　35～41.玉镯形器　42.玉锥形饰　43～47.小玉琮　48.玉管　49.小玉琮　50.玉琮　51、52.小玉琮　53.玉带钩　54.小玉琮　55.玉牌饰　56.玉坠　57、58.玉镯形器　59.玉珠　60、61.玉珠串　62.玉珠　63.玉冠形器及玉粒　64～68.玉珠　69.玉珠串　70.玉管串　72、73.玉管串　74.玉珠　75.玉管　76.石钺　77.玉管　78、79.玉珠　80～82.玉管串　83.石钺　84.玉长管　85～92.玉管　93.玉珠　94～97.玉管　98.玉柱形器　99、100.玉管　101.玉半圆形饰　102.玉管串　103.玉管　104.玉管串　105～111.玉管　112、113.玉珠　114～116.玉管串　117～131.玉管　132.玉管串　133～135.玉半圆形饰　136.玉珠串　137～140.动物牙　141.玉管串　142.玉管　143、144.玉粒　145.玉长管　146.玉管　147.小玉琮　148.玉管串　149.玉管　150.玉珠　151.玉管　152.玉粒　155.嵌玉漆器　156.陶鼎　157.石钺　158.陶缸　159.陶圈足罐　160.陶豆　161.玉管　(49 在 48 下，52 在 51 下，81、8 在 31 下，101、102 在 50 下，161 在 158 下，59、85、90～97、99、100、103～105、114～116、123、125～131 均为散乱管珠，散布在其他器物下层，71、153、154 为空号)

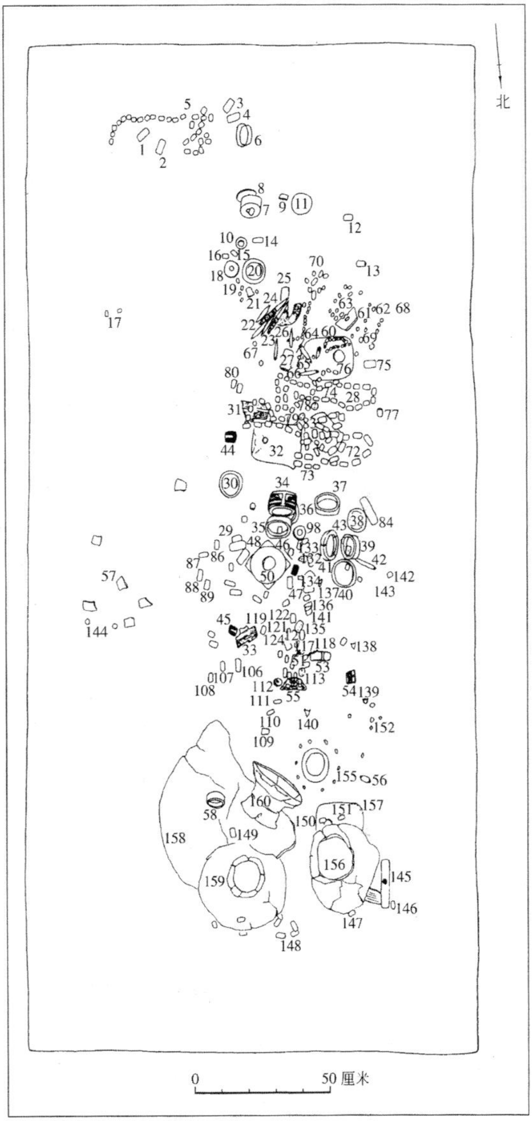

도면 7　양저문화의 대형무덤(中国社会科学院考古研究所, 2010)

께 출토되어 이들이 세속적 권력과 종교적 권위를 함께 가지고 있는 지배층이었음을 알려주고 있다. 이상에서 보듯이 장강유역도 신석기 후기가 되면 사회 내부의 위계화와 사회적 긴장관계가 심화되는 양상이 나타난다.

2) 한반도

한반도에서는 신석기시대의 무덤이 별로 알려지지 않았는데, 동북의 웅기 송평동과 같은 토광묘, 남부지역 울산 처용리와 같은 토광묘, 남해안 지역의 패총 유적들에서 주로 보이는 토광묘와 같이 주로 별다른 시설 없이 토광을 파고 시신을 안치하는 것이 대부분이다. 최근 확인된 부산 가덕도유적의 경우는 50기 가량의 집단무덤이 확인되어 한반도 신석기시대 매장유적으로는 최대 규모를 보이는 유적으로 평가된다. 울진 후포리에서는 다수의 마제석기를 함께 부장한 다인이차장(多人二次葬)이 확인되기도 하였다. 춘천 교동에서는 바위그늘을 무덤으로 전용한 사례도 확인된다. 동삼동과 진주 상촌리에서는 옹관묘가 확인되기도 하였다. 옹관묘는 주거지 근처에서 확인된다.

무덤들은 처용리나 후포리와 같이 독립적으로 주변이 잘 조망되는 구릉 정상부에 입지하기도 하고, 연대도나 가덕도와 같이 해안가에 인접하여 공동묘지로 조성되기도 한다. 부산 범방패총이나 통영 욕지도패총 등과 같이 패총내에서 발견되기도 한다. 무덤은 기본적으로는 1인을 묻는 단인장이 주류를 이룬다. 이외에 전남 안도 유적과 같이 남녀합장무덤도 존재하고, 후포리와 같은 이차장의 형태도 보인다. 장법은 기본적으로 신전장이 우세하나 가덕도에서는 굴장이 다수를 차지해 차이를 보인다. 무덤의 부장품은 풍부하지 않은 편이다. 주로 토기와 석기가 소량 부장되며 일부 유적에서는 옥제 목걸이나 귀걸이, 조개팔찌, 상어이빨과 같은 장신구 등이 함께 부장되기도 한다. 옥제품과 조개팔찌 등은 일부 인골에서만 확인되어 일반적 장신구라기보다는 집단내 특수계층 혹은 상위계층의 사람들이 소유하였던 것으로 볼 수 있다. 한반도에서는 아직까지 일부 해안지역을 제외하면 매장유적이 거의 확인되지 않아 자세한 양상을 알기 어렵다.

3) 일본열도

죠몽시대의 무덤은 크게 보아 땅을 파고 주검을 묻은 토광묘(土壙墓)와 돌을 이용해 무덤을 만든 조석묘(組石墓), 옹관묘(甕棺墓) 등이 있으며 개별적으로 산재한 무덤 이외에 일정구역에 묘역을 정하고 무덤을 집중 배치한 공동묘지도 존재한다. 폐기한 집을 무덤으로 전용하는 폐옥묘(廢屋墓)도 나타난다. 공동묘지는 죠몽시대의 전기에 등장하기 시작하며 중기의 환상취락에서 중앙 광장을 둘러싸고 위치하는 것이 전형적인 예이다. 나가노현 아구(阿久)유적에서는 직경 90~120m, 폭 30~40m의 범위에 약 300기에 달하는 조석묘가 축조된 사례가 있다. 이와 같이 취락의 내부에 축조되던 공동묘지는 후, 만기가 되면 취락의 외부에 만들어지게 된다. 동일본지역에 보이는 환상열석(stone circle)에 축조된 무덤들이 그러한 예이다. 이외에도 홋카이도에서는 죠몽후기에 직경 수십미터의 지면을 움집처럼 파내고 그 흙을 주위에 담장처럼 돋아올린 후 그 내부와 주위에 많은 무덤을 조성한 소위 환상주제묘(環狀周堤墓)도 확인된다. 이와 같은 환상열석이나 환상주제묘는 대규모의 노동력이 투여되는 시설로 당시 정착 수렵채집민이었던 죠몽인들의 인구규모나 사회구조가 매우 크고 발달되어 있었다는 것을 잘 보여준다. 장법은 일반적으로 몸을 바르게 펴묻는 신전장과 인위적으로 시신을 굽혀 묻는 굴장이 모두 나타난다. 관동지역을 중심으로 전개되는 폐옥묘의 경우는 모두 신전장을 하고 있는 특징이 있다. 주검을 바로 묻는 일차장 이외에 뼈를 추려 묻는 이차장도 보이는데 이바라키현 나카즈마(中妻) 유적에서는 단일 구덩이 안에 100여구의 인골을 추려 묻은 예가 확인되기도 하였다. 옹관묘의 경우도 유아묘에 국한되지 않고 성인 인골을 추려 묻은 이차장의 사례가 확인된다. 화장의 사례도 죠몽 중기 이후 츄부, 호쿠리쿠, 토카이, 긴키 등지에 확인된다. 이와 같이 죠몽시대의 무덤종류와 장법은 시기와 지역에 따라 다양하지만 정착취락의 발달과 더불어 발전하게 된다.

5. 동아시아 신석기시대의 종언과 신사회 형성

동아시아 선사사회는 기원전 2000년기로 접어들면서 커다란 변화를 맞이하게 된다. 황하와 양자강유역에서는 새로운 사회구조와 규모를 가진 정치체들이 출현하여 중국문명의 초기단계를 형성하게 되고, 중국 동북지역에서도 새로운 물질문화를 기반으로 한 청동기시대로 이행하게 된다. 한반도 역시 기원전 2000년기 후반이 되면 빗살무늬토기문화가 종언을 고하고 무문토기와 농경을 기반으로 한 청동기시대로 진입하게 된다. 일본열도는 이보다는 늦은 단계에 야요이시대라고 하는 역시 농경에 기반한 새로운 사회가 개시된다. 이와 같이 동아시아 사회는 지역별로 전개과정이나 진입시기 등에서 차이를 보이기는 하지만, 기원전 2000년기 이후 신석기시대의 발전과정을 마치고 더욱 위계화되고 복잡해진 새로운 사회로 이행하게 되는 것이다.

중국에서는 황하의 상류에서 하류까지, 양자강의 상류에서 하류까지, 동북지역, 화남지역 등에서 각각 중심을 가진 신석기문화가 수천 년간 존속되며 발전하였다. 발전과정 중에 서로간에 밀접한 교류와 영향관계를 지속하며 문화적 융합과 창조의 과정을 거치게 된다. 이 과정에서 기원전 3000년기 후반이 되면 황하 중류를 중심으로 한 중원지구가 인구와 지리적 이점 등을 토대로 주변지구에 비해 중심적인 위치를 점차 차지하게 된다. 중국 학자들은 이를 다원적 기원과 상호교류, 중원 지구의 핵심지위 획득과 통일성 확보의 과정으로 이해하며 중원지구가 중국문명의 발상지가 되는 것으로 설명하고 있다.

신석기시대 후기에 나타나는 여러 가지 새로운 고고현상, 즉 농업생산력의 증가와 잉여생산의 증가, 수공업의 전업화, 성지의 출현과 중심 대성(大城)의 존재, 각 문화 대형묘로 대표되는 군장 또는 수장의 존재와 사회의 위계화, 무기의 발달과 빈번한 전쟁, 군사권의 상징으로서의 옥월의 존재, 종교제사의 제도화를 표상하는 각종 옥제 예기(禮器)들의 존재 등과 같은 현상들을 통해 각 지역 중심 정치체의 출현을 상정하고 있다. 용산문화시기로 대표되는 하남용산문화, 산동용산문화, 도사문화, 석가하문화, 양저문화 등 중심지구 고고문화들이 이러한 현상들을 대표한다. 중국에서는 이를 초기국가(邦國)로 설정하고 방국형 문명사회로 인정하고 있다. 아직 상대적으로 독립적이고 포괄범위가 작은 이러한 방국들이 결국 하(夏), 상(商)과 같은 왕조형 국가로 이행하는 것으로 보는 것이다. 신석기 후기단계를 방국형국가로 설정하고 왕조형국가로 발전하는 과도적 형태로 이해하는 이러한 인식은 최근 중국에서의 문명 등장과정을 설명하는 일반적인 도식이 되고 있다.

중국동북지역에서는 신석기 후기 이후 소지역별로 새로운 문화들이 태동한다. 요서지역에서는 신석기 최후단계인 소하연문화가 끝나고 하가점(夏家店) 하층문화, 고대산(高台山)문화가 성립한다. 요동반도 서부에서는 소주산 상층문화 이후 산동의 악석문화와 관련이 깊은 쌍타자2기문화가 등장한다. 요서지역에는 중원의 전통적인 조리용기인 삼족(三足)의 정(鼎), 력(鬲), 언(甗)이 등장하게 된다. 요동반도의 동부, 압록강하류역에는 이러한 삼족기류는 수용되지 않는다. 하가점 하층문화 단계에는 이제 성지(城址)가 출현하게 되는데, 집단 내부의 긴장관계의 고조와 관련한 현상으로 이해된다. 하가점 하층문화의 대전자(大甸子) 무덤에서는 중원 초기왕조단계인 이리두문화(二里頭文化)의 토기들이 보여 양지역의 관련성을 볼 수 있다. 이처럼 중국동북지역에서는 기원전 2000년기 이후 기존의 재지적인 신석기문화가 종언을 고하고 지역에 따라서는 중원과 관련된 문화요소가 등장하기도 하고, 재지적 변화를 거치기도 하면서 새로운 사회로 이행하게 되는 것이다.

한반도의 경우는 청천강 이남지역에서는 신석기문화가 끝나고 청동기시대의 무문토기문화가 전개된다. 평저의 돌대문토기, 공열문토기, 이중구연토기 등으로 대표되는 무문토기문화는 한반도 전역에 걸쳐 빗살무늬토기를 대체하고 새롭게 확산되며 이와 함께 본격적인 잡곡농경문화가 성립하게 된다. 한반도에서의 신석기시대에서 청동기시대로의 전환과정에 대해서는 아직 명쾌한 설명이 어려운데, 이는 연속적인 변화를 보이는 유적이 잘 보이지 않기 때문이다. 그러나 중국 동북지역보다는 약간 늦은 기원전 2000년기 후반부터는 확실하게 무문토기문화가 성립, 발전하게 된다. 무문토기문화는 빗살무늬토기문화에서의 자연스러운 변화로 설명하기는 어려우며 북방으로부터의 새로운 문물의 확산과 수용으로 설명하는 것이 더 자연스럽다. 일본열도는 한반도보다 더 늦은 단계에 역시 수렵채집사회인 죠몽사회가 종언을 고하고, 농경문화에 기반을 둔 야요이사회가 성립하게 된다. 야요이문화의 성립에는 재지적 전통과 함께 한반도로부터의 강력한 영향이 큰 역할을 하게 된다. 한반도 남부의 무문토기문화(토기와 농경관련 석기, 지석묘 등 묘제, 환호취락)가 북부 큐슈를 중심으로 먼저 등장하게 되고 홋카이도를 제외한 일본열도 전역으로 확산되는 것이다. 이와 같이 동아시아는 기원전 2000년기 이후 지역에 따라 구체적 전개양상과 시기에 차이는 있지만 신석기사회와는 다른 새로운 사회가 전개되어 중원지역에서는 초기왕조단계가 시작된다. 중국 동북 및 한반도, 일본열도에서는 청동기시대가 전개되는 바, 그 기반에는 농경문화의 확산과 정착이라는 사회경제적 요인이 자리잡고 있다. 이제 이와 함께 동아시아는 이전과는 비교할 수 없이 활발한 교류와 영향관계 속으로 들어가게 된다.

참고문헌

구자진·배성혁 편(2009), 『한국의 신석기시대 집자리』『한국신석기학회 학술자료 총서』1.

동삼동패총전시관(2004), 『신석기시대의 토기문화』.

동삼동패총전시관(2009), 『한반도 신석기시대 지역문화론』.

한국고고학회(2007), 『한국고고학강의-사회평론』.

中國社會科學院 考古研究所(2010), 『中國考古學 新石器時代卷』, 中國社會科學出版社.

張之恒 主編(2009), 『中國考古通論』, 南京大學出版社.

安金槐 編, 오강원·홍현선 譯(1996), 『中國考古-先史時代編』, 白山資料院.

張之恒(1988), 『中國新石器時代文化』, 南京大學出版社.

飯島武次(1991), 『中國新石器文化研究』, 山川出版社.

小林達雄 編(2008), 『總攬繩文土器』, UM Promotion.

林謙作(2004), 『繩文時代史』I, II, 雄山閣.

大貫靜夫(1998), 『동북アジアの考古學』, 同成社.

동아시아에서 문명의 기원과 국가의 형성

이청규 | 영남대학교

I. 머리말

인류가 신석기시대의 농경사회를 기반으로 문명을 발전시키는 과정에 대하여 현대의 고고학과 역사학의 연구자들이 다양한 방식으로 설명하여 왔다. 대체로 그러한 논의는 지중해 연안의 근동지역과 서구사회를 중심으로 이루어졌는 바, 이글에서 다루고자 하는 동아시아지역을 대상으로 본격적으로 접근하는 것은 20세기 말에 들어와서다.

다행히도 중국의 황하지역에서 초기 문명의 증거라 할 수 있는 문자기록, 청동기 등의 고고학자료가 일찍이 발견되어 이를 통해서 중국 초기왕조의 등장과 관련한 연구가 이루어진 바 있다. 그러나 그 주변지역인 내몽고지역, 만주와 한반도, 일본열도에 대한 관심과 연구는 늦었을 뿐만 아니라, 중원지역의 문명과 관련하여 체계적인 설명이 시도된 예가 많지 않다.

초기문명단계의 동아시아사를 기술함에 중원지역을 중심에 넣어 다룰 수 밖에 없어 주변지역의 관점에서의 설명은 더욱이 제대로 시도되지 못하였다. 이글에서는 동아시아의 국가, 문명의 등장을 설명함에 초기문명의 발상지라 할 수 있는 중원지역을 중심, 그리고 그 외의 지역을 주변이라고 하는 관점에서 가급적 탈피하여, 각 지역별의 문명화 혹은 국가 단계로의 이행과정을 살피고자 한다. 물론 중심문명과의 교류에 대한 논의도 시도할 것인데, 그것은 각 지역의 문명과 국가의 등장을 제대로 설명하는데 불가피한 것이라 하겠다.

문명과 국가의 등장을 설명하는 이론적 틀로서 타일러(Tylor)와 모르간(Morgan)의 단일진화론, 엘만 서비스(Elman Service) 등의 신진화론, 마르크스의 역사발전단계론 등과 같은 사회진화론이 있음은 다 아는 사실이다. 문헌

기록에 동아시아 각 하위지역별로 일정한 정치체나 왕조가 등장하는 사실이 확인되는데, 이를 토대로 개별특수적인 역사의 전개과정을 설명하는 틀도 있다. 이들을 모두 고려하는 것은 불가능하지만, 그 중에서 적절한 관점과 틀을 나름대로 정하여 동아시아 각 지역에서의 문명화 혹은 국가 형성과정을 살펴보고자 한다.

II. 문명과 국가

1. 문명의 개념, 도시와 국가의 관계

영어권에서 문명(civilziation)은 도시에 대응되는 개념이다. 도시는 대내적으로 정치, 경제, 사회, 종교, 군사 등의 여러 측면에서 중심지 기능을 하며, 내부적 공간에 각각과 관련된 시설과 인구를 갖춘 공간을 일컫는다.

정치적인 측면에서는 권력자가 거주하거나 권력기구가 구비된 궁정건축물, 경제적 측면에서는 근린 주변지역이나 원거리에서 유입된 물자가 저장되고, 유통되는 시장기반 그리고 종교적 측면에서는 도시 자체는 물론 주변의 인구집단이 모여 종교적인 제의를 수행하는 시설 등이 갖추어져야 한다. 군사적으로 내부의 질서나 통제를 담당하고 대외적인 방어 전쟁을 수행할 수 있는 방어시설과 전사집단체제가 갖추어져야 한다. 또한 식량생산 이외에 수공업 제품이 생산되는 공장시설이 갖추어지고, 식량비생산집단이 거주하는 공간이 마련되어야 한다. 다종다양한 기능을 수행하는 인구가 집중되어 있으므로, 그들의 일상생활과 전업활동을 지원할 도로체계나 기타기반시설도 구비되어야 한다. 이러한 도시적 체제의 상당 부분은 국가와 밀접하게 관련되어 있다. 무엇보다도 권력과 지위, 그리고 경제적 재부가 공유되거나 공평하게 분배되지 않는 사회로서, 계층화 현상이 분명하게 확인된다.

이러한 초기단계의 도시와 국가에 대한 증거는 문자기록으로는 충분하게 확인되지 않으므로, 고고학적으로 접근할 수 밖에 없다. 그 고고학적 증거는 고도의 정교한 공예품, 수공업 공방시설, 신전과 궁정 등의 공공건물과 기념건축물 등이 있다. 초기국가 단계와 그 직전의 사회적 계층화 현상은 거주공간의 규모나 시설을 통해서 접근할 수 있지만, 한편으로는 무덤의 구조와 부장유물을 통해서도 설명할 수 있는 것이다.

초기국가의 등장과정과 그 동인을 설명하는데 필요한 국가형성이론은 크게 세가지로 나누어 볼 수 있다. 우선 마르크스주의 역사발전단계설로서 초기국가를 고대노예제국가로 규정한다. 이전의 원시공동체사회의 평등체제에서 벗어나 계급이 발생하고, 착취를 하는 노예소유주와 착취당하는 노예의 등장에 중점을 두어 설명한다. 이와 관련하여 중국과 북한의 사회주의 국가 고고학자들은 무덤에 사람을 순장한 현상에 관심을 갖는다. 이에 대해서 순장 자체가 노예로 규정할 수 있는가 하는 문제가 제기되는 바, 그래서 생산노예가 사회의 기층구성원을 구성하는 지중해연안의 고대노예사회와는 구별된다. 더군다나 국가의 형성과정에 대하여 보다 점진적이고, 다양한 관점에서 설명할 수 있어야 하는 바, 그러한 점에서 서구 인류학자들이 제시한 신진화론은 경청할만하다.

신진화론은 초기국가가 등장하기 이전에 군장사회(君長社會 ; Chiefdoms, 족장사회, 수장사회)의 단계를 두어 마르크스주의에서 생략하였던 국가 이전에 평등 공동체사회로 전환되는 과정을 설명하였다. 평등사회에서 불평등사회로 이행함에 구성원에 물자를 재분배하고 조정하는 실력자로서 군장(Chieftain)을 설정하여 국가(State) 단계에 제도적이고 군사적으로 지원받는 권력자인 왕(King)과 구별된다. 또한 강제된 공납조세제도나 법률체계나 배타적이고도 공식적으로 인정된 권력세습체제를 갖추며, 통치행위를 뒷받침하는 관료와 군사를 갖춘 권력자가 등장할 때 비로소 국가로 인정하는 것이다.

이 신진화론은 세계 전지역의 민족지자료를 토대로 구성한 것으로, 일반진화론으로서 아시아지역의 특수한 사회진화, 국가의 형성과정을 충분하게 설명못하는 약점이 있다. 무엇보다도 국가사회와 군장사회를 고고학적으로 어떻게 구분할 수 있는지 명확하지 않아, 연구자에 따라서는 동일한 대상을 군장사회 혹은 국가로 각기 달리 규정할 수도 있는 것이다.

아시아지역에서의 국가 형성과정을 설명할 때, 이 지역의 고고학적 증거와 문헌기록에서 추구하는 또 다른 접근 틀이 있다. 중국학계에서 소병기(蘇秉琦)가 제시한 고문화(古文化)-고성(古城)-고국(古國), 고국-방국(方國)-제국(帝國) 등의 발전단계론과 한국학계에 읍(邑), 국(國) 혹은 읍락, 성읍, 소국과 관련한 설명이 바로 그것이다. 대체로 이러한 단계론은 고고학적으로 확인된 성곽이나 환호시설에 중점을 두어 설명한 것이나, 이 단계론을 주장한 소병기는 물론, 여러 학자들이 실제로 제시한 고고학적 문화가 통일되지 않은 문제점이 있다. 이를테면 요서지역의 하가점하층문화에 대해서 처음에는 고성단계, 후기에는 방국단계로 규정하고 있는 것이다.

한국에서도 고고학적 증거와 관련된 성, 문헌기록의 '읍'과 관련하여 성읍국가(城邑國家)라는 개념이 비교적 오랫동안 통용되고 있다. 일본과 한국에서 '국'이라는 개념을 채용하여 서구의 국가(State) 이전 단계의 정치체에 적용시키고 있지만, '국'의 성격과 인구규모 등도 일정하지 않은 약점이 있어서 수용하기 어려운 점이 있다.

2. 지역문화권의 구분

동아시아지역을 문화권으로 구분함에 자연적인 지세가 그 구분의 경계가 되겠지만, 한편 문화 자체를 기준으로 살펴보아야 한다. 문화는 다양한 하위문화와 속성으로 구성되어 있으므로, 무엇을 기준으로 하는 것이 문제가 되겠다. 무엇보다도 문화는 시간적 변천에 따라 각기 점유하는 공간에 변화가 있으므로 어떠한 시점을 택하느냐에 따라 문화권의 구분이 또한 달라질 수 밖에 없다.

대체로 동아시아의 문명과 초기국가의 형성 단계에 적용되는 문화권 구분은 신석기시대에 농경, 목축, 수렵 등의 생업경제가 수용되는 방식에 따른 것이 일반적이다. 그렇지만 국가형성기 전후의 청동기시대에 있어서는 고고학적으로 확인되는 유적유물갖춤새와 생업경제가 구체적으로 어떻게 권역별로 이루어지는지 검토할 필요가 있다.

신석기시대의 초기 농경 단계에 중국 장강유역 화중지역은 도작농경, 중국 황하유역 화북지역은 조·기장 농경이 경영되는 지역으로 구분할 수 있다. 그러나 양 지역은 동아시아 전체로 보면 동일한 농경문화권으로 규정할 수 있다. 토기로 보면 삼족이 달린 정(鼎)과 역(鬲)이 기본을 이루며, 청동기 또한 이들 토기를 본 딴 용기가 공통적으로 제작보급되고 있는 것이다.

농경문화권 이북의 이른바 내몽고 장성지역은 고위도 북방초원 유목지역과 별도로 구분할 수 있다. 북방 초원지대를 무대로 하는 북방문화권역은 원래 북위 40도에서 60도에 걸쳐 유럽동부에서부터 알타이산맥을 지나 동쪽으로 대흥안령 산맥을 이르는 지역에 걸친 유목문화권을 가리킨다. 그러나 동아시아 지역에 한정할 경우 중원문명권과 관련하여 몽골과 내몽고, 연산(燕山) 산맥 이북 지역을 지리적 공간으로 한다. 이 지역은 신석기시대에 초기농경과 함께 유목경제가 발달한 지역으로, 토기를 보면 삼족기와 함께 평저의 토기가 제작보급되며, 청동기로는 북방계의 이른바 카라스크계 청동무기와 스키타이계 동물형 장식이 성행하는 특징을 보여준다.

한편 대흥안령(大興安嶺) 이동의 중국 동북지역과 한반도, 일본열도 또한 신석기시대에 일부 농경이 이루어지나, 수렵채집 위주의 생업경제가 영위되었다. 청동기시대에 이 지역에서 중국 화북지역처럼 전작과 도작농경이 시행되고 있어, 유목이 성행하는 북방지역과 구분된다 하겠다. 토기 또한 중원지역의 삼족기(三足器)가 적고 평저 심발형토기가 널리 성행하며, 청동기는 무기와 공구 위주로서 북방지역의 동물형장식, 중원지역의 청동제기가 거의 보급되지 않는 지역적 특징을 보여준다. 편의상 이글에서는 동방문화권이라고 이름한다(그림 1).

그림 1 문화권의 분포

III. 중원문화권의 고고학적 문화

1. 군장사회 단계

기원전 4000년경 전후의 신석기시대 중기단계로서 황하 중상류유역에서는 앙소문화(仰韶文化)에 속하는 섬서성 임동현 강채(姜寨), 장강유역에서는 대계문화(大溪文化)에 속하는 호남성 예현 성두산(城頭山) 그리고 호북성 석가하(石家河) 유적에서 중국학자들이 도시국가형 고성(古城)이라고 말하는 환호 성루취락이 조성된다.

강채유적에서는 환호내에 대형주거지를 중심으로 4개의 군을 이룬 중소형 주거지와 저장시설이 확인되었다. 이 취락의 환호는 맹수들의 위협에서 취락의 구성원과 저장식량, 그리고 가축을 사수하기 위한 것으로 이해된다. 환호의 주위에는 묘지군이 대체로 혈연집단 단위로 조성되었는데, 무덤의 규모와 부장유물로 보아 구성원간의 계층차가 분명하지 않았다.

석가하 취락유적에서는 환호와 함께 한변 1,100m~1,200m의 길이에 높이 6~8m의 토성이 둘러싸여 있었는데, 홍수의 위협을 방어하기 위한 시설로 판단되는 것이다. 대규모 환호 성루 취락이 조성되었지만, 남북 3㎞, 동서 2.4㎞ 범위 내에 있는 취락은 씨족단위의 사회집단으로서 군장사회 이전 단계의 유적으로 이해된다.

그러나 같은 신석기시대 중기의 양저문화(良渚文化)에 속하는 장강 유역의 절강성 막각산(莫角山) 유적에서는 동서 760m, 남북 450m, 높이 10m를 넘는 장대한 인공토대가 발견되었다. 이 토대 위에 대형의 판축건물기단이 확인되었는 바, 제사건축물일 가능성이 높다고 한다. 그 주위에는 상위계층의 가족 분구묘가 배치되어 있어 일종의 종묘와 같은 시설로 추정된다. 절강성 항주시 반산(反山)유적의 분구묘에서는 옥종(玉琮), 옥월(玉鉞), 삼차형관식(三叉形冠飾) 등의 부장품을 갖추어 제사권과 군사권을 보유한 것으로 추정되는 남성수장묘가 조사된 바 있다.

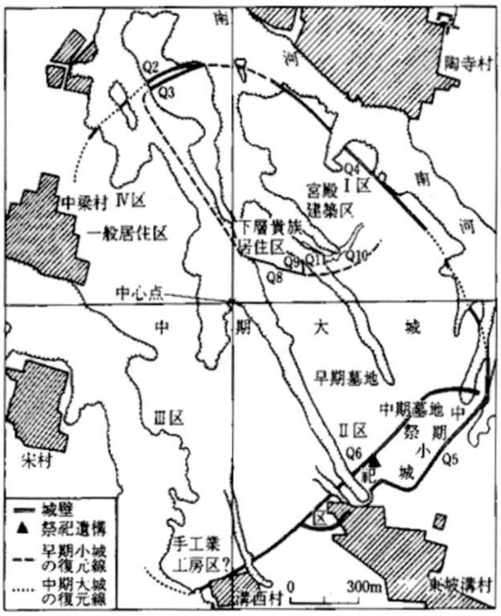

그림 2 도사유적의 성곽(宮本一夫, 2005)

기원전 3천년기의 신석기시대 후기의 용산문화(龍山文化)에 속하는 황하 중류의 산서성 도사(陶寺) 유적을 보면 이른 단계의 토성이 남북 길이 1,000m, 동서폭 560m인데 비해서 늦은 단계의 토성은 남북길이 1,500m, 동서폭 1,800m에 달하는 거대한 규모를 갖추고 있다(그림 2). 이러한 대형 성벽은 방어의 기능을 갖춘 것으로 판단되며, 성곽취락을 중심으로 주위에 여러 작은 취락과 네트워크를 이루고 있다. 성곽 내에서는 벽체가 분명하고 기단시설을 갖춘 건축물이 확인되어, 궁전 혹은 종묘의 전신으로 추정되고 있다. 따라서 황하유역보다 이른 시기에 군장사회로 진입한 것으로 판단된다.

같은 기원전 3천년의 신석기시대 후기에 이르러 대문구문화(大汶口文化)에 속하는 황하 하류의 취락군은 3단계의 계층구조를 갖춘 것으로 이해되고 있다. 즉 1단계는 성벽으로 둘러싸인 성곽취락, 2단계는 규모가 다소 작은 위성적인 성곽취락, 그리고 3단계는 성벽이 없는 일반취락이라는 것이다. 이러한 취락의 네트워크는 조상제사를 중심으로 하여 지역집단간의 통합을 위한 정치적인 동맹관계를 반영한 것으로 이해된다.

무덤의 크기와 부장품이 등급화되는 현상은 신석기시대 중기 이후 대문구문화에 속하는 산동성 대문구유적과 강소성 화청(花廳)유적에서 확인된다. 대형묘인 대문구 25호묘의 경우 목관과 목곽, 이층대가 갖추어진 구조로서 3×2m의 공간에 도기, 석기, 옥기, 상아제품 등 100여 점이 부장되어 수장 혹은 군장무덤의 면모를 보여준다. 화청유적의 사례를 보면 대형묘 10기 중 8기에 순장자가 매장되어 있다. 20호묘의 경우 남성 피장자와 함께 2인의 순장소년이 있어 계층화사회의 모습을 명확히 보여주고 있다. 무덤의 부장품을 보면 백도(白陶)의 규(鬹)와 화(盉) 등의 주기(酒器)가 최상품으로 부장되어 있다.

신석기시대 후기의 용산문화에 해당하는 도사무덤의 총 700여 기의 무덤 또한 그 규모와 부장품을 통해서 묻힌 사람들간의 등급화 현상을 살필 수 있다. 무덤의 크기로 볼 때 대형묘는 1퍼센트, 중형묘는 11퍼센트, 소형묘는 반 이상을 차지하고 있다. 대형묘에는 토기 이외에 옥기, 채색목기 등의 100~200점의 유물이 부장되고 있는데, 제의에 사용되는 석경(石磬) 등의 악기 뿐만 아니라, 옥제 월(鉞) 등의 무기형 유물이 부장되어 제사권과 군사권을 함께 보유한 수장의 존재를 확인할 수 있다.

2. 초기국가 단계

기원전 1900~1500년경으로 추정되는 이리두문화(二里頭文化)의 단계에 국가의 권력자 혹은 왕의 존재를 입증할 수 있는 최초의 궁정지가 하남성 이리두유적에서 확인된 바 있다(그림 3). 이리두유적은 동서 2,400m, 남북 1,900m로 그 내부에서 모두 5기의 궁전지가 조사되었는데 이리두문화 2기에 3호, 5호 궁전지, 이리두문화 3기에 1호와 2호 궁전지가 해당한다. 3호 궁전

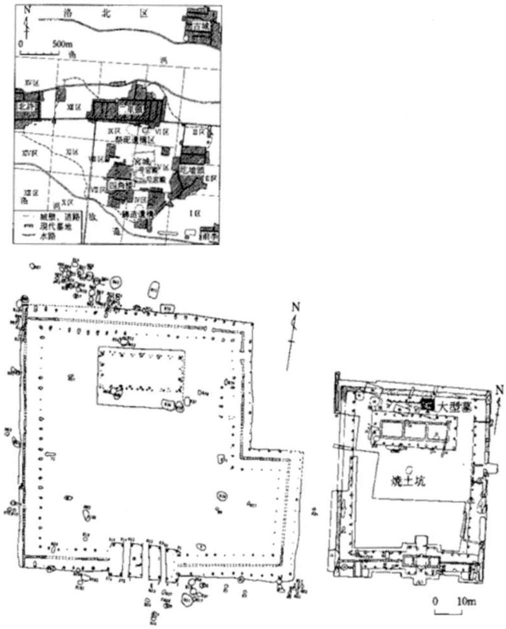

142 二里頭遺跡 1号宮殿(左)と2号宮殿(右)

그림 3 이리두유적과 궁정지(宮本一夫, 2005)

지는 남북 길이 150m, 동서 50m의 회랑으로 둘러싸인 북원(北院), 중원(中院), 남원(南院)의 3개 중정(中庭)으로 구성되었는데, 중원에 주전(主殿)이 배치되어 있다. 중원과 남원에는 중형급의 무덤이 조성되어 동기, 옥기, 칠기, 백도, 원시청자 등의 부장품을 갖고 있다. 5호 궁전지 서측으로는 정연하게 정비된 도로망이 확인되어, 도시계획이 이루어졌음을 알 수 있다.

궁전구 북쪽에는 종교적인 제의가 시행된 것으로 추정되는 제단이 조성되어 있었는데, 직경 5m 이내 기단 상부에 2중의 원형 마운드 형식을 갖추고 있다. 궁전구 남쪽에는 청동기주조공방시설이 확인되어, 정치적인 중심공간, 종교적 제사공간과 함께, 전업화된 공인구역이 공존하는 도시공간이 형성되었음을 보여준다.

1, 2호 궁전지 따라 도로망이 있고, 다시 그 도로를 따라 궁전구를 방어하는 성벽이 확인되었다. 길이는 동서 300m, 남북 360m로서 이 성벽의 존재로 도시의 기능이 보다 발전하였음을 보여준다. 1호 궁전은 남북 100m, 동서 108m의 기단상에 회랑이 돌려 있고, 중심축상에 문과 전당, 중정이 존재한다. 2호 궁전은 남북 73m, 동서 58m로 1호 궁전에서 150m 동북쪽으로 떨어져 있다. 전당의 북측에 대형묘 1기가 2호 궁전지의 문에서 바라보면, 중심

축과 일치한 선상에 위치하는 바, 2호궁전에서 대형묘의 부속시설, 시조묘 제사의식이 이루어진 것으로 추정된다.

청동기가 본격적으로 제작되는 것은 이리두문화 3기로서, 도끼, 끌 등의 공구와 각종 장신구, 그리고 과, 월, 촉 등의 무기와 함께 삼족의 작(爵)으로 대표되는 청동제 의기와 방울 악기가 제작 보급된다. 이리두문화 4기에는 작(酌) 이외에 가(斝)와 화(盉)의 주기와 정(鼎) 등의 용기가 제작된다. 이들 청동기를 이리두의 실력자들이 독점하고, 신성한 제사권을 행사하면서 통치의 합법성을 인정받은 것으로 이해된다.

기원전 1600~1400년경의 이리강문화(二里崗文化) 단계에는 상(商)의 시대로, 전기에 언사상성(偃師商城), 후기에 정주상성(鄭州商城)과 소쌍교상성(小雙橋商城)의 발굴조사를 통해서 당시 궁정도시국가의 모습을 확인할 수 있다.

언사사성은 하남성 언사현에 위치하는데 소성은 740×1,100m, 대성은 1,240×1,770m의 규모로서 판축토성과 해자로 둘러싸인 4만㎡의 구역에 궁정지가 조성되어 있었다.

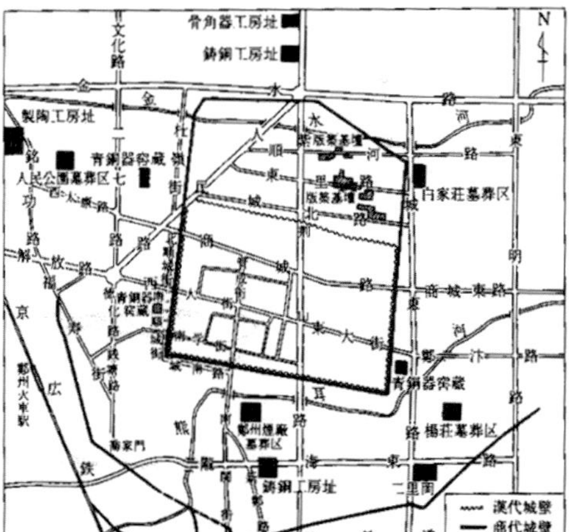

그림 4　정주상성(宮本一夫, 2005)

정주상성은 남북 1,870m, 동서 1,700m의 성벽으로 구성되어 있다(그림 4). 현재 하남성 정주의 중심부에 위치하는데, 언사상성과 마찬가지로 궁전과 원지가 조성되어 있다. 그 규모가 훨씬 확대된 것으로 왕권 확립을 입증하는 은나라 왕도의 면모를 잘 보여주고 있다. 남쪽 성벽에서 남쪽으로 1㎞ 떨어져 동서 약 5㎞의 외성벽이 발견되어 외성과 내성으로 구성되어 있음을 알 수 있다. 내성은 4~5m 높이의 판축토성으로서 장방형 평면내부에 궁전지와 인간희생제가 시행된 제사구 등이 확인되었다. 외성과 내성 사이에 각종 청동 예기와 무기, 공구를 제작한 공방지가 확인된 바 있다.

이리강 단계에 은의 영역과 그 주변에서 발견된 성곽유적은 3등급으로 구분하여 볼 수 있다. 1등급은 정주상성, 2등급은 언사사성, 3등급은 산서성 동하풍상성(東下馮商城), 원곡상성(垣曲商城), 하남성 초작시부성(焦作市府城), 호북성 반룡성(盤龍城) 등이 해당된다. 정주상성의 내성은 언사상성의 대성 혹은 외성보다 그 규모가 크고, 제3등급의 성곽은 중심궁전과 중정을 갖춘 4합원(四合院)이지만 정주상성이나 언사상성보다 단순한 바, 은나라사람들의 식민지 거점으로 추정되고 있다.

기원전 1400~1100년의 안양단계에 이르러 왕 반경(盤庚)이 은에 도읍지를 지정한 것으로 알려져 있다. 이를 입증하는 것이 안양시 원하(垣河) 북쪽의 원북상성(垣北商城)과 남쪽 은허의 대규모 궁전과 종묘 유적이다. 원북상성은 동서 약 2,100m, 남북 2,200m의 성벽으로 둘러싸여 있는데, 그 중앙에 1호와 2호궁전이 발견되었다. 1호 궁전은 동서 173m, 남북 90m로서 사합원식을 따르고 있는데, 주전의 전면에 인간과 동물희생의 제사갱이 있고, 중정에는 궁정의례, 조상의례 행사가 이루어진 것으로 추정된다.

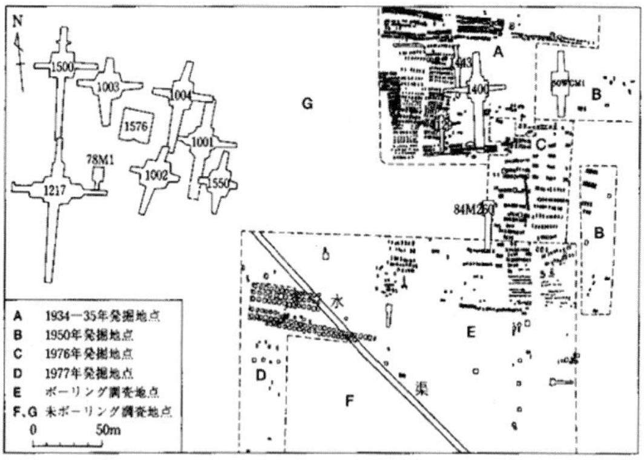

그림 5 은허의 왕릉구(宮本一夫, 2005)

원북상성의 남쪽에 위치하는 은허지구에는 왕궁과 종묘, 왕릉구가 있고, 귀족의 묘지군 또한 조성되어 있다. 왕릉구에는 반경 이후 역대 12인의 왕 중 마지작 왕인 신제(辛帝)를 제외하고 11인의 왕이 모셔져 있는 것으로 추정된다(그림 5).

무정(武丁) 혹은 반경의 무덤이라고 추정되는 1001호 대묘는 묘광이 남북 19m, 동서 21m, 깊이 10m로서 사방에 묘도(墓道)가 있는 아자형(亞字形)을 이루고 있으나, 도굴이 되어서 부장품이 제대로 확인되지 않았다.

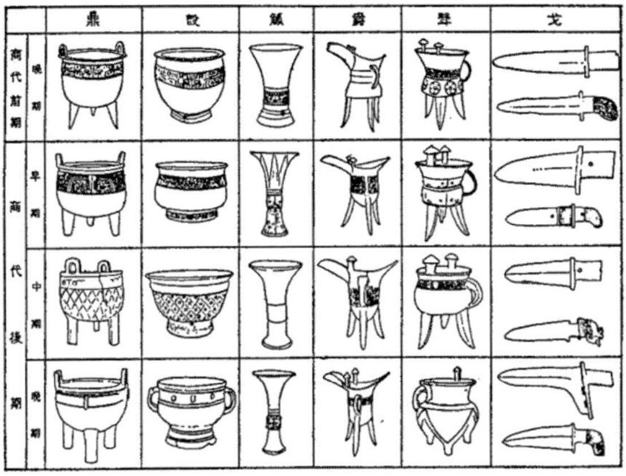

그림 6 은대 청동제기(北京大, 1989)

무정의 부인이라고 하는 부호(婦好)의 무덤을 보면 왕릉의 특징인 사방 묘도가 없고, 5.6×4m의 토광에 목곽이 안치되어 있었다. 도굴되지 않아 부장유물이 당시 그대로 전하는데, 청동기 460점, 옥기 755점이 확인되어 그보다 상위인 왕릉의 부장유물을 미루어 짐작할 수 있다(그림 6).

1001호 대묘의 목곽 주위에는 12인의 순장인골, 남쪽 묘도에는 59인의 두개골이 확인되었다. 왕묘 주위 1,200여기의 토광유구 중 배장묘(配葬墓)는 131기에 불과하고 인간희생갱은 510여기를 비롯하여 다수의 동물 희생갱이 확인되었다. 희생인골의 상당수가 다른 종족에 속하는 바, 이를 통하여 대내적으로 종적 사회질서를 확립하고 대외적으로 은왕조 주변의 종족집단에 대한 적대적 관념을 강화시켜나갔음을 알 수 있다.

IV. 북방문화권의 고고학적 문화

1. 군장사회 형성 단계

기원전 3천년경 중원지역 앙소문화의 영향을 받은 문화로 내몽고 동남부 지역에 탁극탁현 해생불랑(海生不浪) 유적을 표지로 하는 해생불랑문화가 있으나, 단순부족사회를 벗어나지 못한 것으로 이해된다. 그 다음 기원전 3천년~2천년 경의 노호산문화(老虎山文化)에서는 석성으로 둘러싸인 취락이 있어 초기군장사회의 모습을 보여주고 있다. 동 석성취락은 양성(凉城) 대해(岱海)지구, 포두(包頭) 대청산(大青山) 남록지구, 준격이기(准格爾旗)와 청수하현(淸水河縣)의 황하유역 지구에 집중되어 있다. 대해지구의 양성현 노호산유적의 경우 구릉 정상부에서 능선을 따라 380m와 405m 길이로 북쪽과 남서쪽 두 갈래로 돌담이 조성되고, 그 사이 13만㎡ 공간에 다수의 석축기단과 주거지군, 그리고 무덤이 자리잡고 있다.

대청산지구의 위준(威俊) 유적의 경우 3단의 계단식 대지에 돌담취락이 조성되어 있는데, 제1대지상에 조성된 방형 돌담 내에 3렬의 주거지군, 3기의 방형 석축제단, 제2대지에는 부채꼴모양의 돌담 내에 다수의 제단이 확인된다. 제3대지에는 구릉 사면을 따라 축조된 돌담 안 쪽에 6~7개의 석축기단이 확인된 바 있다. 황하유역지구의 백초탑(白草塔) 유적의 경우 하안단구 40~60m 대지상에 조성되어 있는데, 길이 240m의 돌담이 3급단구상에 시설되고 그 안쪽에 다수의 주거지가 배치되어 있다.

이러한 내몽고 동남부 노호산문화의 돌담마을은 대부분 높고 상대적으로 험준한 곳에 입지하는 사실로 보아, 방어적 성격을 가진 취락임이 분명하다. 돌담 내에 열을 이룬 집자리가 있고 별도로 방형의 제단시설이 배치되어, 마을내에 종교적인 행사가 치루어진 조직화된 사회임을 유추할 수 있다. 이러한 석성마을들이 3~5㎞ 간격으로 2~3개소가 군을 이루고 있어, 다수의 마을군이 상호밀접한 관계망을 이룬 복합사회를 형성하였음을 보여준다.

다음 단계인 기원전 2천년기의 중원의 하상시기에 등장하는 주개구문화는 이금작락기 주개구(朱開溝) 유적으로 대표된다. 이 마을 유적에서 수집된 동식물 자료를 통하여 환경의 변화에 맞물려 농경이 쇠퇴하고 목축이 발전하는 경제적 변화를 확인할 수 있다. 화분분석을 통하여 모두 5단계 중에서 1단계에 연강수량 600㎜이상인 삼림초원경관을 갖추고 있었지만, 2·3단계에 이르면 연 강수량이 450~600㎜로 떨어져 관목초원으로 변화한 것이 밝혀졌다. 이러한 자연경관의 변화와 맞물려 주개구 유적에서 돼지와 소, 양 유골의 비율이 1단계에 1 : 0.8, 2단계에 1 : 1.6, 3단계에는 1.2로서 소와 양으로 입증되는 목축의 비중이 점차 높아진다는 사실이 확인되었다.

무덤은 기원전 2천년기 중엽에 해당하는 주개구 3단계에 들어서 그 크기가 더욱 커지고, 남성을 중심에 둔 남녀 2인 혹은 다인 합장(多人合葬)의 사례가 증가한다. 큰 무덤의 경우 처첩을 배장한 사례도 있으며, 무덤에 순생(殉牲)한 동물의 유골도 크게 증가하는 사실이 확인되고 있다 (그림 7).

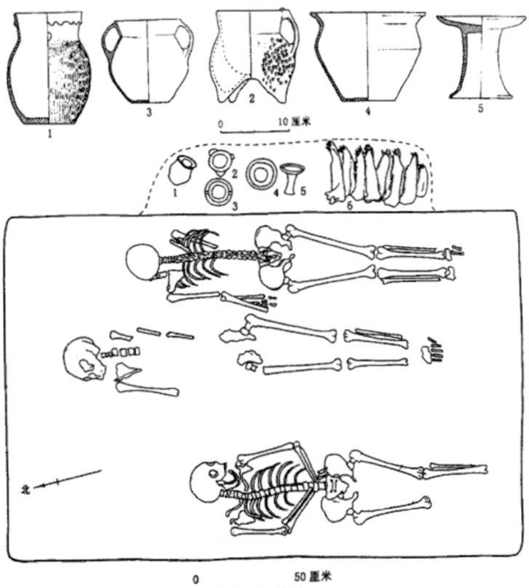

그림 7 주개구 무덤

2. 군장사회 발전단계

기원전 2천년기 후반에 이르면 청동기가 본격적으로 제작 보급되는 문화가 북방지역에 형성되는 바, 내몽고 중남부의 리가애(李家崖)문화가 이에 해당된다. 이 시기에 기후의 한랭화 현상으로 인하여 북방의 초원지대가 남쪽으로 확장되면서, 농경과 목축 지대의 경계가 풍사고원(風沙高原)과 황토고원(黃土高原)의 분계선에 이르게 된다. 이와 함께 리가애문화의 분포범위인 섬서와 산서 황하 양안에 다량의 청동기가 보급되는 것이다. 청동기가 집중 출토되는 지역은 황하 동안의 산서성 여양(呂梁)지구와 황하 서안의 섬서성 북산(北山)지구 구릉지대이다.

이 지역에서 출토되는 청동기는 3종류로 구분할 수 있는데, 첫째는 고(觚), 작(酌), 가(斝), 정(鼎), 부(瓿), 유(卣), 언(甗), 루(罍), 궤(簋) 등의 예기와 직내과(直內戈), 유엽형모(柳葉形鉾) 등의 병기로 구성되는 상-주나라양식의 중원계 청동기이며, 두 번째는 방울달린 고(觚)와 두(豆), 높은 굽 달린 궤(簋), 짧고 긴 목의 뢰문호(雷文壺)와 동물머리자루 두(豆) 등과 같은 중원계와 북방계가 융합된 양식의 청동기이다. 세 번째로 전형적인 북방계 양식의 청동기로서 방울이 달리거나 쌍고리, 동물머리가 자루 끝에 장식된 단검, 관공부(管銎斧), 공내과(銎內戈), 양머리 작(酌), 뱀머리 비(匕), 청동투구, 신발모양 청동기 등이 있는데 가장 수량이 많다(그림 8).

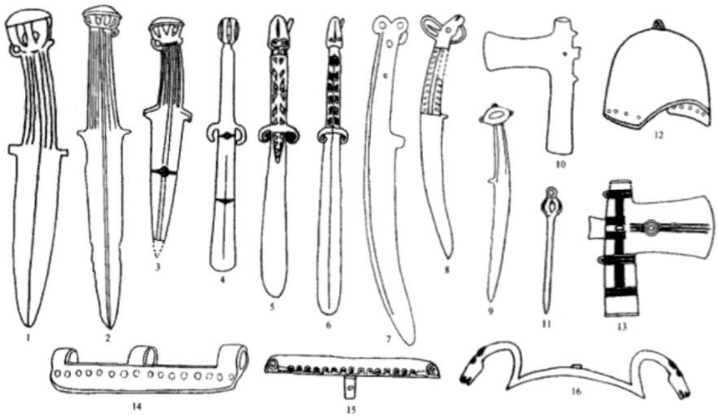

그림 8 리가애문화의 청동기

이러한 청동기의 갖춤새는 동 지역의 정치체가 남부 시베리아 초원지대의 생업방식과 야금술을 받아들이면서, 한편으로는 중원지역의 정치체와 전쟁과 무역 등의 다양한 방식을 통하여 교류하였음을 입증하여 주는 것이다.

기원전 2천년기 후반에 연산 남록지역에서 장가원상층문화(張家園上層文化)가 등장한다. 유적의 대부분이 낮은 산과 구릉, 하천과 호수 주변의 평지에 입지하는데, 이러한 입지적 조건과 발견되는 석기를 통하여 농업과 함께 목축과 수렵을 혼합한 경제방식을 취하고 있음이 확인된다. 장가원 등지의 무덤유적에서 정, 궤 등의 중원계 청동예기와 함께, 과, 도, 검, 척(戚), 부(斧), 분(錛) 등의 북방계 병기와 공구가 부장품으로 발견된다. 이러한 청동기의 출토 맥락으로 보아, 이 지역 또한 상주의 중원세력과 전쟁을 치루면서, 북방계 주민집단이 성장 발전하였음을 알 수 있다.

기원전 1천년기 전반에 내몽고 중남부 지역에는 북방계 청동기가 더욱 발전한 오르도스식 청동기문화가 정립되었는 바, 그 중에 여러 하위 문화가 있지만 내몽고 영성현 모경구(毛慶溝) 유적을 표지로 하는 모경구문화가 대표적이다.

모경구 유적에서는 79기의 무덤이 발굴조사되었는데, 말, 소, 양이 대부분 희생물로 공양되었으며, 돼지, 개, 사슴, 늑대 등도 순생된 예도 일부 있다. 청동기가 부장된 예가 적지 않은데, 성년남자가 묻힌 60호묘는 장방형수혈토광묘로서, 청동단검 1점, 쌍조문(雙鳥文) 허리장식, 화살촉 6점, 기타 소형 청동장식이 부장되어 있었다. 점자향 유적에서는 56기의 무덤이 발굴되었는데, 그 중 1기의 무덤에서 청동과와 순금 펜단트와 함께 소머리 18구, 말머리 4구, 양머리 22구가 희생물로 순생되어 있었다.

연산남부 지역을 중심으로 옥황묘문화(玉皇廟文化)가 성립하는데, 이 문화를 대표하는 북경시 연경현(燕京縣) 옥황묘 유적에서 400여기의 무덤이 발굴조사 되었다. 그중 부장유물과 순생동물의 숫자로 볼 때, 최상급에 속하는 무덤이 기원전 8-7세기에 해당하는 2호, 18호, 250호의 3기 무덤이다.

최상급인 18호묘는 남성무덤으로서 말 16구, 소 16구, 양 7구, 개 6구로서 머리부분을 순생하였다. 부장품으로는 식기, 조리기, 주기(酒器), 수기(水器)의 중원계 청동예기를 비롯해서, 호랑이패식과 귀고리 등의 금제장신구, 동과, 동검, 동촉의 무기, 재갈과 절약 등의 청동 차마구, 도자, 도끼, 끌, 송곳 등의 청동 공구, 야수형 장식을 비롯한 각종 청동 허리띠 부속이 있다(그림 9).

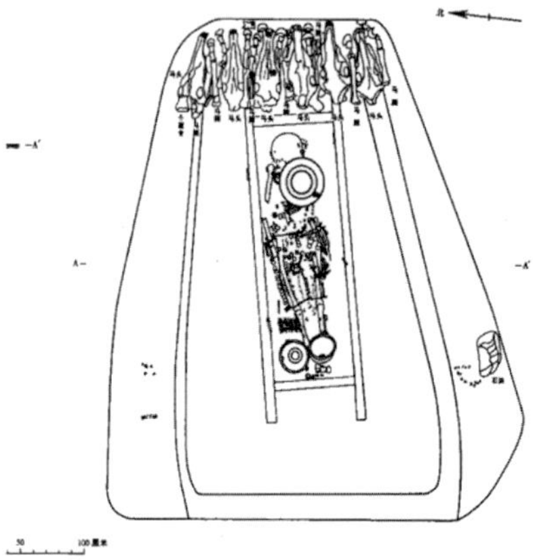

그림 9 옥황묘 18호 무덤

250호묘도 남성무덤으로서, 말 10구, 소 9구, 양 4구, 개 5구의 머리 등의 부분이 순생되어 있었다. 부장품으로는 조리기, 주기, 수기 각 1점의 3종 청동예기와 목걸이, 귀고리 금제장식, 과, 단검, 촉의 청동무기, 재갈 등의 청동 마구, 도자, 도기, 끌, 송곳 등의 청동공구, 기타 청동장식품이 부장되어 있다.

다음 2호묘는 여성무덤으로서, 말 2구, 소 2구, 개 1의 동물 머리가 순생되고, 부장품으로는 정(鼎), 식기로서 돈(敦), 발(鉢), 비(匕), 주기로서 뢰(罍), 두(斗), 배(杯), 수기로서 반(盤), 이(匜), 화(盉) 등의 각종 청동예기가 있다. 그밖에 금제 귀고리와 목걸이 장식, 재갈 등의 청동마구, 도자, 송곳 등의 청동공구, 소형의 청동장식품 등이 부장되어 있었다.

이러한 옥황묘 3기 무덤의 순생동물과 부장유물을 통해서 18, 250호묘는 군도산 일대에 위치한 옥황묘 문화집단의 최고권력을 가진 군장, 2호묘는 동급 지위를 가진 사람의 부인 무덤으로 추정된다.

3. 초기국가 형성단계

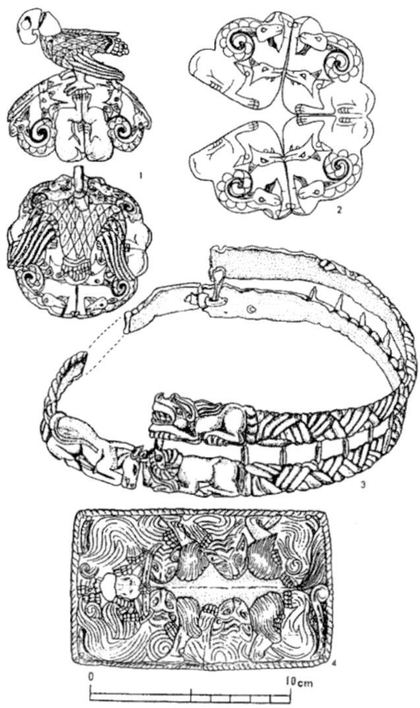

그림 10 아로시등 무덤의 부장유물

기원전 3세기 이후에 이르면 내몽고 중남부의 오르도스 지역에서 확인된 무덤유적 중에서 최상급으로 평가되는 사례로, 아로시등(阿魯柴登), 서구반(西溝畔) 2호, 연방거(碾房渠), 납림고만(納林高晩)의 무덤이 있다. 아로시등묘의 부장품을 보면, 무엇보다 두정부에 매 모양의 장식이 달리고, 정면에 호랑이, 말, 양 모양을 배치한 금관장식이 주목된다. 또한 네 마리의 호랑이가 소를 물고 있는 도상의 장방형 금제패식을 비롯하여 모두 218점의 4kg에 달하는 금제장식품이 확인되었다. 또한 사슴과 호랑이가 서로 물고 있는 도상의 장식패를 비롯한 5점의 은제장식도 부장되어 있었다(그림 10).

서구반 2호묘의 경우에도 금제 허리띠나 관대를 비롯하여 다수의 금은기와 청동기, 철기가 있다. 금제관식은 동물모양이 장식되어 있지 않지만, 아로시등의 사례와 유사한 형식이다. 금제패식의 경우 호랑이와 돼지가 서로 물고있는 도상이 표현되어 있는데, 그 배면을 보면 1점은 〈一斤五兩四朱少半〉과 〈故寺豕虎三〉, 다른 1점은 〈一斤二兩廿朱少半〉이 새겨져 있었다. 그 밖에 짐승모양이 장식된 철검의 검집, 사슴, 말, 그리핀 등의 무늬가 장식된 패식이 다수 발견되어 있다.

연방거묘에 부장된 장식품 중에 순금으로 제작된 장방형의 패식이 주목된다. 정면에 부조수법으로 호랑이와 늑대가 서로 물고 있는 도상이 묘사되어 있는데, 호랑이 배에 세 마리 작은 동물이 배치되어 있는 것이 특징이다.

납림고만묘의 부장유물은 대부분 흩어져 없어졌는 바, 현존하는 예를 보면, 사슴모양의 괴수가 묘사된 금관장식, 금은제 호랑이 장식, 은제 사슴, 양 장식, 그리고 원형의 청동 간두식 등이 전하고 있다.

이들 무덤을 통해서 오르도스 지역 내 동북부지구에 서구반, 북부지구에 연방거, 중부지구에 아로시등, 동남부 지구에 납림고만의 정치체가 있는 것으로 추정된다. 이들 여러 정치체가 서로 일정한 네트워크를 형성하고, 각 지구의 수장 중에서 한 사람이 전체를 아우르는 '왕'의 역할을 한 것으로 판단되는 것이다.

V. 동방문화권의 고고학적 문화

1. 군장사회의 형성단계

요하 상류와 대릉하 상류에 분포하면서 중국연구자들이 문명 단계에 진입하였다고 하는 홍산문화는 기원전 3천년 이전에 속한다. 홍산문화는 적봉 홍산후(紅山後) 유적의 이름을 딴 것으로, 이 문화를 대표하는 것은 요령성 건평 우하량(牛河梁) 유적이다. 동 유적의 16개지점 중 제1지점에서는 목조건축물 신전, 13지점에서는 계단식 신전, 제2, 3, 5, 16지점에서는 다수의 석관, 석곽, 토광묘와 제사시설이 함께하는 적석총 무덤이 발견되었다.

제2지점의 경우 동서 길이 150m, 남북 폭 80m의 범위 내에서, 총 6개 군으로 구분되는 무덤과 제사시설이 동서로 길게 배치되어 있다. 한가운데에 위치한 3호 원형제단을 중심으로 그 좌우 동서에 2개, 북쪽으로 1개의 적석묘역을 갖춘 무덤군이 분포한다.

3호 제단 바로 옆 중앙에 위치한 2호 적석총의 중심대묘는 길이 18.7m, 폭 15.8m의 방형 적석묘역 한 가운데에 토광을 파고 석관을 시설한 것이다. 도굴되어 부장유물은 확인되지 않았으나, 다른 지점의 예로 보아 원래 다량의 옥기가 부장된 것으로 추정된다.

1호 적석총에서는 여러 열을 이루는 총 27기의 무덤이 조사되었다. 그중 가장 부장품이 많은 예는 길이 2.1m, 폭 0.48m의 21호 석관묘로 통형옥(筒形玉), 수면옥(獸面玉), 구운옥(勾雲玉), 구형옥(龜形玉), 종형옥(琮形玉) 각 1점을 비롯하여 옥벽(玉璧), 옥환(玉環), 귀고리옥, 팔찌옥 등 다수가 포함된 총 20여점의 옥기가 부장되어 있었다.

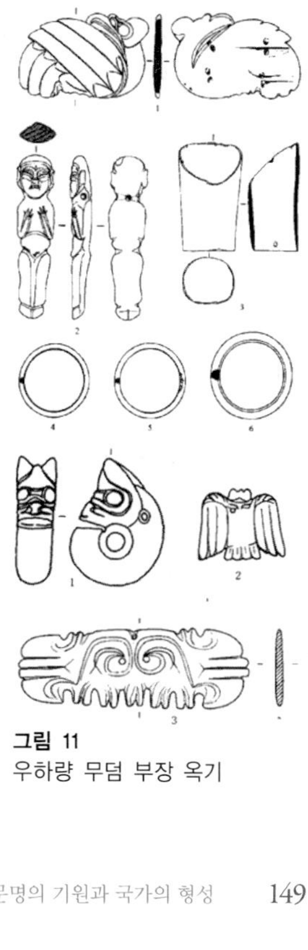

그림 11
우하량 무덤 부장 옥기

3지점에서도 직경 17m의 적석총 묘역 안에 다수의 묘가 조성되어 있었다. 중심대묘인 7호묘에는 남성 1인이 안치되어 있었는데 통형옥, 팔찌옥, 구슬옥 총 3점의 옥기가 부장되어 있었다. 5지점의 중심대묘는 직경 25m의 적석묘역이 있고 한가운데에 이단토광을 파고 석관을 안치한 것이다. 피장자는 노년남성으로, 구운옥은 오른쪽 가슴, 통형옥은 머리 밑, 팔찌옥은 오른쪽 팔뚝, 벽옥은 머리 양쪽, 거북옥은 양손에 총 7점이 부장되어 있었다. 16지점에서는 13기의 묘가 확인되었는데 중심대묘는 4호묘로서 석관을 시설하였다. 피장자는 45~50세의 남성으로서, 피장자의 머리, 가슴, 허리 등에 봉황옥 1점, 통형옥 1점, 옥인(玉人) 1점, 팔찌옥 1점, 환옥 2점 등이 놓여 있었다(그림 11).

이처럼 정교한 옥기를 부장한 무덤 자료를 근거로 중국 연구자들은 예제(禮制)에 입각한 엄격한 등급사회에 진입하였다고 주장하지만, 다음 기원전 2천년기 이 지역에 등장한 청동기시대의 하가점하층문화(夏家店下層文化)의 예와 비교할 때, 군장사회 중에서도 더욱 초보적인 단계의 것으로 판단된다.

기원전 2천년기에 등장하는 하가점하층문화 또한 요하상류와 대릉하 상류를 중심으로 한다. 이들 지역집단의 사회적 모습은 요하 상류의 영금하(英金河) 등지에서 지표조사를 통해 확인된 석성과 토성의 마을유적을 통해 설명할 수 있다. 마을의 공간적 규모와 성곽시설의 구조를 통해 중심마을과 연결된 다수의 주변마을의 관계가 확인되었으며, 이러한 성곽 마을 유적의 네트워크를 중국연구자들은 외적의 침입으로부터 방어하는 후대의 장성과 같다는 의견을 제시한 바 있다.

하가점하층문화의 상위급 마을로서, 토성으로 둘러싸인 마을 외곽에서 대규모 공동묘지가 발굴된 내몽고 오한기(敖漢旗) 대전자(大甸子) 유적이 있는데, 남북 150m, 동서 70m의 범위에서 총 804기의 무덤이 조사되었다. 가장 많은 유물을 부장한 905호 무덤은 목곽을 갖춘 대형묘로서 55세 전후의 남성이 안치되었는데, 관(罐) 5점, 력(鬲) 3점, 정(鼎) 1점, 장동관(長胴罐) 1점, 작(爵) 1점, 규(鬶) 1점 등 토기 12점이 부장되어 있다.

726호묘의 경우 55세의 남성의 인골이 묻혔는데, 관(罐) 3점, 력 3점, 호 1점, 정(鼎) 1점, 작(爵) 1점, 규(鬶) 1점 등 11점의 토기가 부장되어 있다. 612호묘에서는 45세 이상의 성인 남성 인골이 확인되었는데, 관 4점, 력 4점, 규 1점, 작 1점 등의 토기 10점이 부장되고, 충전토에는 돼지와 개 뼈가 매납되어 있었다(그림 12).

요동지역에는 기원전 2천년기말에 요북지역을 중심으로 쌍방문화에 속하는 석관묘, 대석개묘(大石蓋墓), 지석묘 등의 무덤유적, 요동반도 남단에는 상마석문화(上馬石文化)에 속하는 적석묘 유적이 조사된 바 있다(그림 13).

대석개묘는 쌍방 6호묘에서 보듯이 볼 탁자식 지석묘보다는 청동기가 부장된 사례가 많지만, 단검, 화살촉 등의 무기와 도끼, 끌 정도의 공구로서 빈약하여 요서지역에 비할 바가 못된다.

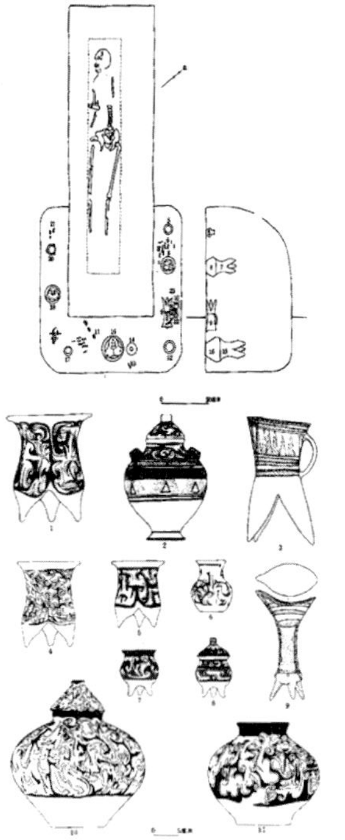

그림 12 대전자 무덤(905호)와 부장토기 셋트(726호묘)

탁자식 지석묘는 높이 1m의 지석, 길이 3m 이내의 상석을 갖춘 예가 대부분이나, 개주 석붕산(蓋州 石棚山) 예에서 본 것처럼 높이 3m의 지석, 길이 7~8m의 상석을 갖춘 예도 있다. 일정한 거리를 두고 1기씩 조성된 예가 많으며, 부장유물로 토기와 생활도구 몇점이 있을 뿐 청동기는 드문편이다.

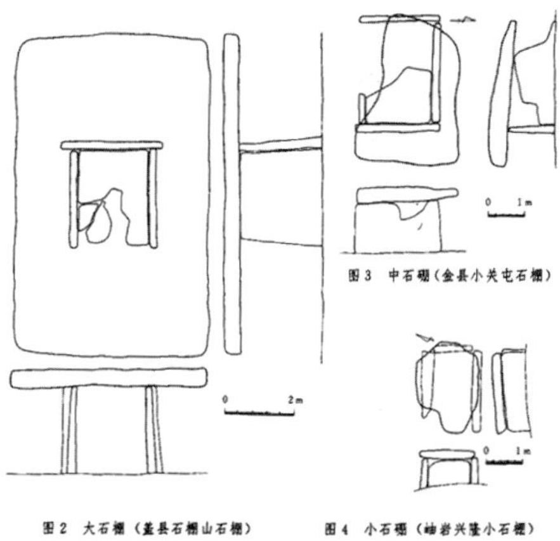

그림 13 요동지역의 지석묘

이와 같은 탁자식 지석묘는 한반도 서북부지역에 오히려 더 많은 숫자가 성행할 뿐만 아니라, 요동지역과 동일한 형식의 사례가 적지 않다. 요동의 개주 석붕산의 지석묘와 입지여건은 물론 형식, 그리고 규모 등에서 유사한 황해 관산리

탁자식 지석묘가 그 대표적인 예이다. 서북한지역에서는 요동과 구분되는 신흥동문화(新興洞文化)가 형성되어 있다. 각기 다른 양 지역의 집단이 위세를 과시하기 위해서 같은 형식의 돌무덤을 상호 경쟁적으로 모방하면서 축조하는 초기 군장사회의 면모를 잘 보여주고 있다.

지석묘는 한반도 남부로 가면 그 형식이 변형되면서 크게 번성한다. 대체로 송국리문화에 속하는 기원전 1천년기 전중반에 지석이 낮은 괴석으로 되어 있는 바둑판식, 아예 지상에 지석이 없는 무지석식으로서 탁자식과 달리 지하에 매장시설을 갖춘 사례가 크게 성행하는 사실이 확인된다. 그 상석이 수십여 톤이 넘는 대형의 사례가 상당수 있을 뿐만 아니라, 경남 창원 덕천리나 마산 진동리의 예처럼 1기의 지석묘 묘역이 수십 m에 이른 것이 있다. 또한 최근에 조사된 경남 김해 율하리의 경우 수 m 되는 깊이의 토광에, 7~8 중의 개석을 덮은 다중개석의 지석묘가 확인되어, 피장자가 상당수의 인력을 동원할 수 있는 권위를 가진 군장으로 이해된다. 그러나 부장되는 유물은 석검과 석촉이 대부분이고, 간혹 동검, 동모이어서 다음에 볼 비슷한 시기의 요서지역의 소흑석구, 남산근, 십이대영자나 요동지역의 정가와자 무덤의 사례와 차이가 나는 바, 그 피장자는 대체로 초기 군장의 모습을 갖춘 것으로 보인다.

기원전 1천년기에 요동반도 남단의 상마석문화에 속하는 여순 강상(崗上) 무덤은 적석묘역을 갖춘 군집묘이다. 동서 28m, 남북 20m의 범위 내에 16개의 석관묘와 토광묘가 배치되어 있다. 7호 석관묘를 중심으로 하여 주변에 일정한 간격으로 무덤이 배치되어 있는데, 한 무덤 안에 다수의 인골이 화장하여 안치되어 있었다. 부장유물로는 비파형동검을 비롯하여, 공구, 차마구, 장식품의 청동기가 부장되어 있는데, 그 기종과 수량은 다음에 소개하는 같은 시기의 요서지역 청동부장묘보다는 적은 편이어서, 이 역시 초기군장 단계의 무덤으로 추정된다.

2. 군장사회 발전단계

기원전 2천년기 말에 등장하는 위영자문화(魏營子文化)는 청동예기(青銅禮器)와 무기를 포괄하는 고고학적 문화로서 대릉하(大凌河) 유역을 중심으로 분포한다. 동 문화에 해당하는 고고학 자료로서 청동기가 매납되는 제사유적이나 부장되는 무덤이 다수 확인된 바 있다.

매납유적에서 출토하는 청동기는 전부 제사용으로 사용되는 각종 용기이다. 이들 청동예기는 은말주초에 속하는 것으로 명문의 내용으로 보아 중원지역에서 제작된 것이다. 이들 청동기는 연산 남쪽과 연계된 세력이 요서지역으로 진출하면서, 아니면 요서의 토착세력이 연산남쪽으로 진출하여 반입한 것이라는 상반된 의견이 있다.

앞서 위영자문화와 달리 그 대부분 요서지역에서 자체 생산되는 청동기를 갖추고 있는 고고학적 문화가 하가점상층문화(夏家店上層文化)와 십이대영자문화(十二台營子文化)이다.

하가점상층문화는 노로아호산 이북의 요하 상류를 중심으로 하는데, 영성(寧城) 남산근유적과 소흑석구(小黑石溝) 유적으로 대표되는 남산근유형과 극십극등기(克什克騰旗) 용두산(龍頭山) 유적을 표지로 한 용두산 유형이 있다. 그 연대는 용두산유형이 기원전 11~10세기, 남산근유형의 전기가 기원전 9~8세기, 남산근유형의 후기가 기원전 7세기경으로 추정된다.

용두산 유적에서는 확인된 1기의 무덤에서는 무기로 공병식동검(銎柄式銅劍) 1점, 화살촉 2점, 공구로 도끼, 끌, 송곳, 도자 각 1점, 장식품으로 포(泡), 연주원형식(聯珠圓形飾), 키모양 장식, S형식 등의 청동기가 수습되었다.

소흑석구 유적은 수년간 걸쳐 대형석곽묘 2기를 비롯해, 석관묘 50기, 토광묘 21기가 조사되었다(그림 14). 대형석곽묘(大形石槨墓) 8501호 무덤은 조사당시 이미 파괴되어 정확한 구조를 확인하기 어렵다. 부장된 청동기를 보

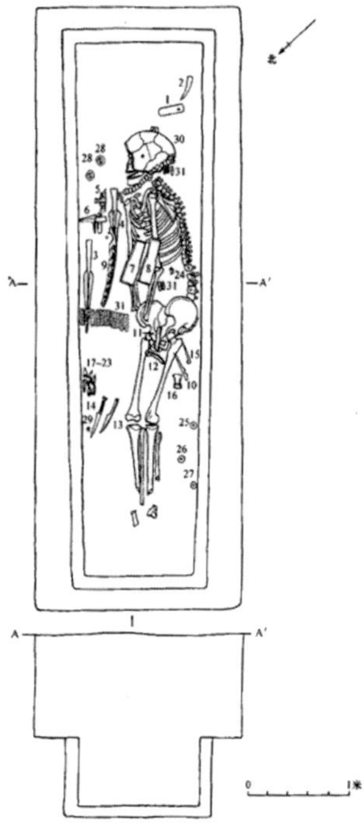

그림 14 소흑석구무덤 (85AII-2호묘)

면 우선 중원계 용기로서, 방정(方鼎) 1점, 방궤(方簋) 1점, 원궤(圓簋) 1점, 뢰(罍) 1점, 호 1점, 화(盉) 1점, 준(尊) 1점, 이(匜) 7점, 수개(盨蓋) 1점, 재지계 용기로서 환이력(環耳력) 1점, 포 1점, 두(豆) 2점, 육련두관(六聯豆罐) 1점, 조릉관(爪稜罐) 1점, 고형기 1점, 고복관 1점, 소관 2점, 쌍련관 1점, 4련관 1점, 작(爵) 2점, 시(匙) 2점, 주머니모양 그릇 2점 등이 있다. 그밖에 무기로 공병직린검(銎柄直劍) 3점, 비파형단검(琵琶形短劍) 2점, 직린단검 1점을 비롯하여 총 28점, 차마구 27점, 생활공구 58점, 장식품 315점의 청동기가 전한다.

9601호 무덤 또한 도굴된 후 조사된 것으로 부장된 청동유물을 보면 용기로는 중원계로서 '사도명'(師道銘) 궤(簋) 1점, 삼족궤(三足簋) 1점, 반(盤) 1점, 정 1점, 재지계로서 두 4점, 고형기(觚形器) 3점, 반 2점, 6연관(六聯罐) 1점, 4연관 1점, 이배(耳杯) 1점, 작(勺) 3점, 시(匙) 2점이 있다. 무기로는 투구 1점을 비롯하여 검(劍) 2점, 검초(劍鞘) 1점, 과(戈) 1점, 화살촉 185점이 있고, 생활공구로 3점, 차마구로 140점이 전한다.

남산근(南山根) 무덤의 부장품 조합은 기본적으로 소흑석구 유적의 그것과 같다. 우연히 발견된 남산근 101호 무덤의 부장유물은 대부분 청동기로서, 용기가 10점, 무기가 65점, 공구 22점, 차마구 6점, 동포 284점 등의 장식품이 있다. 용기의 상당수는 중원계로서 보(簠) 1, 궤 1, 정 3, 부(瓿) 1, 그리고 재지계로서 두 1, 쌍련관(雙聯罐), 조병작(祖柄勺) 2점이 있다. 병기로서 비수식(匕首式) 검 6점, 비파형단검(琵琶形劍) 1점과 함께 총 54점, 공구 22점, 거마구 6점이 전한다(그림 15).

십이대영자문화는 조양(朝陽) 십이대영자 무덤 유적을 표지로 한다. 그 공간적 범위는 대릉하 중상류를 중심으로 하고, 요하동쪽으로까지 확대된다. 조기는 화상구(和尙沟), 수천성자(水泉城子)로 대표되는데 기원전 10~8세기, 중기는 십이대영자와 남동구(南洞沟)로 대표되는데 기원전 7~6세기로 편년된다.

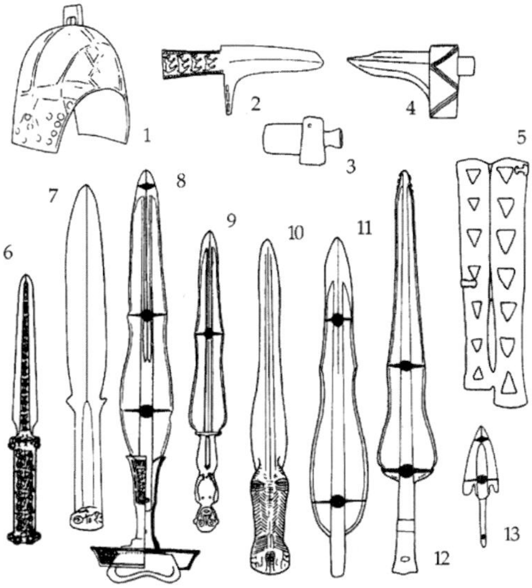

그림 15 남산근유형의 병기
1,2,3,4,7,9; 영성 남산근
5,6,10,12; 영성 소흑석구
8; 영성 초가구 11;객좌 산만자
13; 적봉 홍산후

그리고 후기는 삼관전자(三官甸子)와 노야묘(老爺廟)로 대표되는데 기원전 5~4세기경으로 추정되는 바, 철기문화가 수용되기 시작하는 전국시대에 해당한다.

십이대영자유적의 1호묘는 석곽 목관묘로서 40~50세 전후의 남녀 인골이 합장되어 있었다. 부장유물은 대부분 청동기로서 무기로 비파형단검 2점, 화살촉 2점, 공구로 도끼 1점, 끌 1점, 송곳 1점, 낚시 3점, 마구로 표형기 6점, 절약 12점, 장식품으로 패형식 9점, 경형식 2점, Y자형기 1점 등이 부장되었다.

2호 묘에서는 무기로 단검 2점, 화살촉 14점, 공구로 도끼 1점, 환수도 1점, 송곳 1점, 마구로 표 5점, 절약 20점, 십자형금구(十字形金具) 12점, 장식품으로 장관상구(長管狀釦) 1, 단추 10점, 유환장판형금구(有環長板形金具) 1점, 쌍훼문금구(雙虺文金具) 1점 등의 청동기가 전한다.

요서지역의 소흑석구나 십이대영자무덤 수준으로 청동기를 부장한 후기

군장의 무덤은 기원전 1천년기 중반에 이르러야 요동지역에 등장한다. 성인 남성이 묻힌 심양 정가와자(鄭家窪子) 6512호 무덤이 바로 그것으로 다량의 무기와 마구, 장식품, 의기 등의 청동기가 부장된다. 동 무덤에는 무기로는 동검과 활촉 뿐이고, 십이대영자무덤과 마찬가지로 중원계의 제사용기와 무기는 물론 북방계의 청동무기나 장식품이 거의 부장되지 않는다(그림 16).

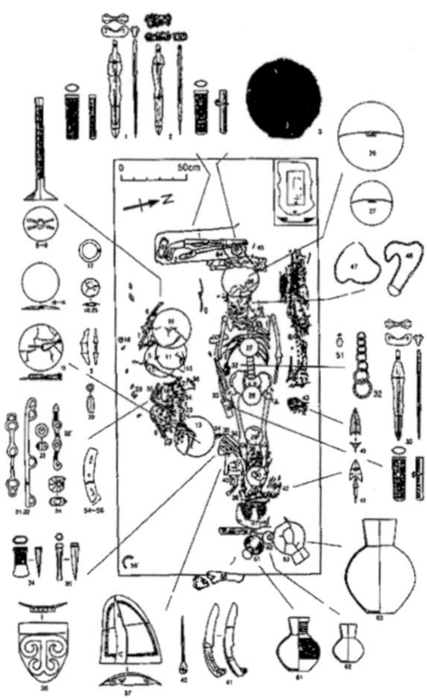

그림 16 심양 정가와자 6512호 무덤과 부장유물(이후석 제공)

한반도에서는 이러한 군장급의 무덤은 기원전 4~3세기경 충남 아산 남성리, 예산 동서리, 기원전 3~2세기경에는 전남 함평 초포리, 화순 대곡리 등지에서 확인된다. 남성리 무덤의 경우 동검 10여점을 비롯하여 동경과 방패형동기 등의 이형동기, 함평 초포리의 경우 동검, 동모, 동과등의 청동무기와 여러점의 청동거울을 비롯하여, 팔주령, 간두령 등과 같은 방울 무구가 함께 부장되었다(그림 17).

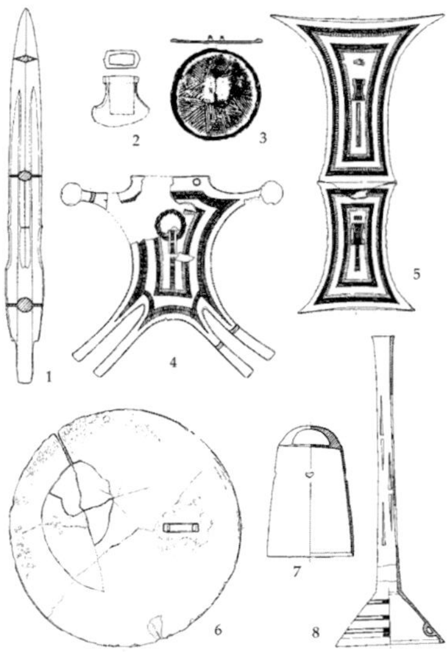

그림 17 남성리유형의 청동기
1,3,5,6,8; 예산 동서리
2,4; 아산 남성리
7; 대전 괴정동

일본 구주지역에서 처음 군장무덤으로 인정되는 사례가 후쿠오카 요시다케 다카키[吉武高木] 3호 적석목관묘로서 동검, 동모, 동과, 동경이 각 1점씩 부장되어 있는 바, 무덤의 양식과 부장유물이 한국계인 것이 주목된다.

일본에서는 군장사회의 등장을 입증하는 취락 유적으로 기원전 1세기 이후 야요이문화 중후기에 해당하는 사가현 요시노가리[吉野ケ里] 유적의 사례가 있다. 길이 3㎞ 넘는 환호(環濠)로 둘러싸인 내부에 지배층의 공간이 따로 마련된 내호 시설이 있고, 고상가옥 구조의 신전을 갖추고 있다. 신전 건물 가까이에 선대 엘리트들이 묻힌 옹관 분구묘가 구축되어 있어, 후기 군장사회로 이행하는 모습을 보여준다.

3. 초기국가 형성단계

기원전 1천년기 중엽 문헌기록에 따르면, 전국시대 7웅 중의 하나인 연산(燕山) 이남의 연(燕)나라의 세력이 동쪽으로 진출할 무렵에 요하유역 혹은 서북한지역에 왕이 지배하는 고조선이 있어 초기국가 단계로 진입한 것으로 추정된다. 그러나 이를 뒷받침할만한 궁정지와 종교시설, 전문공방지가 갖추어진 도시유적의 고고학적 증거가 확보되지 않고 있다.

한반도 남부와 일본의 경우, 기원전후한 시기에 이르기까지 국가 단계에 이르렀음을 입증할만한 고고학적 증거로서 성곽, 궁정시설 등은 아직 확인되지 않는다. 다만 부장품으로 보아 영남지역에서 다량의 청동무기와 함께 철제무기와 판상철부의 상당량이 동 지역의 앞선 단계인 기원전 1세기 무덤에 부장되어 이미 철과 철기의 생산이 상당한 수준에 이르렀음을 알 수 있다. 그러나 그 수월성이 인정되어 국가 수준의 권력자의 무덤으로 인정할만 사례는 기원 1세기경 경주 사라리 130호 무덤에서 찾을 수 있다. 이 무덤에서는 단검, 호랑이 모양의 허리띠 장식의 청동기와 함께 다량의 철기가 부장되는데, 무엇보다 중간 철소재로 추정되는 판상철부가 70여점이 매납된 것이 주목된다. 사라리 130호묘를 통하여 철생산과 보급을 더욱 발전시킨 우두머리가 존재하였음을 알 수 있는 바, 권력을 세습하였다고 볼만한 증거는 없지만 거의 국가 수준의 왕에 버금가는 실력자인 것으로 판단된다(그림 18).

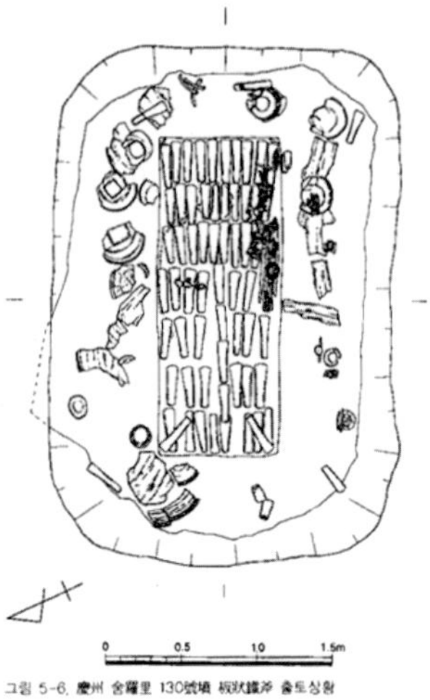

그림 18 경주 사라리 130호묘

일본 구주지역의 경우 기원전 1세기대 군장 수준의 무덤에는 한반도계 청동무기와 중원계 동경이 부장된 무덤이 확인된다. 기원후 1~2세기경에 이르면 중원계 청동거울이 다량 부장되는 무덤이 등장하는데, 그것은 앞서 철기 생산이 활발하여 철기가 다량 부장되는 남한지역의 그것과 대조가 된다. 중원계 거울을 직접 수입하거나 그것을 모방 제작한 방제경으로서 대형이면서 40여매 넘는 대량으로 부장되는 무덤으로 구주 히라바루[平原] 무덤유적의 사례가 있다. 이 무덤 또한 북구주의 여러 지역집단을 아우르는 권력자로 이해할 수 있다.

VI. 동아시아 문명과 초기국가로 이행

일정집단의 사회적인 발전과정은 취락의 규모와 구조, 무덤의 규모와 부장유물을 통해서 설명할 수 있다. 전자는 집단 구성원의 생전 사회생활을 직접 반영한 것이라고 한다면, 후자는 장송의례를 거쳐 묻힌 사람의 신분을 간접적으로 반영한 것이라 할 수 있다.

취락의 경우 다수의 주거지로 구성되는데, 마을을 둘러싸는 환호나 성곽시설, 마을 내에 상위신분의 권력자가 통치하는 가옥시설이나 구성원 전체의 행사가 이루어지는 공공시설의 존재 방식을 통해서 계층사회 나아가 국가로의 이행과정을 설명할 수 있다. 무덤의 경우 무덤의 규모와 축조방식, 그리고 부장되는 토기, 옥기, 청동, 금제품 등의 위세품과 순생하는 동물의 종류와 숫자를 검토해서 피장자의 상대적 지위와 생전에 수행한 직능과 신분을 설명할 수 있는 것이다.

동북아시아지역에서 원시평등사회에서 초기국가사회로 이행하는 과정에 대해서 신진화론의 입장에서 세단계로 설명할 수 있다. 중국연구자들의 관점에서 보면 고성-고국-방국의 단계로 설명할 수 있으며, 한국 연구자들이 수용하는 신진화론의 입장에서 보면 초기군장사회(족장사회)-후기군장사회-초기국가의 단계로 접근할 수 있을 것이다. 물론 고성과 초기군장사회, 고국이 후기군장사회, 초기국가가 방국에 일대일 대응되는 것이 아니다. 또한 각 문화권의 각기 다른 고고학적 유적유물갖춤새를 각 단계에 대응시키기도 어려울 뿐만 아니라, 같은 단계에 속한다 하더라도 각기 다른 하위단계로 구분될 수 있음을 주의하여야 한다.

1. 군장사회에서 초기국가로 이행

우선 군장사회 직전단계의 사례를 보면 중원지역의 경우 기원전 4천5백년경의 앙소문화단계의 강채의 환호취락유적이 있다. 이단계의 환호시설은 맹수의 위협을 방어하고, 가축을 지키기 위한 것으로 추정되며, 무덤의 부장품으로 보아 구성원간의 계층차이가 확실하지 않은 혈연집단의 사회단계로 이해된다.

군장사회의 등장을 입증하는 취락유적의 사례로 중원지역에서는 기원전 4천년의 산서성 도사유적이 있다. 성곽이 길이가 1.5~1.8㎞의 대형이고, 성곽 내에 궁전이나 제단과 유사한 시설이 확인되었다. 대문구 문화의 후기에 중심석성마을, 위성석성마을, 석성없는 마을의 3단계로 위계화된 취락네트워크가 조성되어 있는 사실이 확인된다. 무덤규모와 부장품을 볼 때 등급화되어 있고, 옥기를 포함한 200여점의 유물이 부장된 수장급 무덤이 도사유적에서 확인되고 있다.

북방지역에서는 중원지역보다 늦어 기원전 3천년경의 노호산문화단계에 계층화된 사회의 모습을 살필 수 있으나, 산 구릉에 위치하고, 석성의 길이가 400m를 넘지 않는 소규모이어서 중원의 도사 석성마을과는 차이가 난다. 기원전 2천년기로 내려와서도 여전히 초기군장사회 혹은 족장사회 단계에 머물러 있음이 주개구 무덤유적을 통해서 확인된다. 남성중심의 합장사례가 있고, 순생동물과 부장유물을 통해 계층차이가 확인되지만, 군장에 해당하는 무덤의 사례는 발견되지 않았다.

동방지역의 경우 기원전 3천년경의 신석기시대 후기의 홍산문화 단계에서 초기군장사회의 모습이 확인된다. 홍산문화의 대표적인 우하량 유적에서는 여러 지점에서 다량의 옥기를 부장한 무덤이 조사된 바 있다. 부장유물의 차이로 등급화된 사회임을 짐작할 수 있지만, 중심대묘라 할지라도 다른 무덤과 분명하게 차별화된 양상을 보이지 않아 발전된 군장이라고 보기 어렵다.

석성마을을 통해서 본 군장사회의 모습은 기원전 2천년기의 청동기시대의 하가점하층문화단계에 확인된다. 요하 상류의 영금하 일대에 구릉상에 수백여 곳의 석성마을이 조성되어있는데, 대형, 중형, 소형의 석성마을이 네트워크를 이루고 있다. 이러한 하가점하층문화의 사회집단에 대해서 중국 연구자들은 고국(古國)-방국(邦國)-제국(帝國) 중 국가에 대응되는 방국 단계에 진입한 것으로 주장하는 의견이 있다. 800여기의 무덤이 발견된 대전자 유적의 사례를 보면, 중원계 고급도기와 채색토기가 주로 부장되며, 빈부와 신분의 차이를 인정할만 등급화현상이 확인된다. 그러나 최상급이라 하더라도 다른 구성원과 큰 차이가 없어 군장 이상의 탁월한 신분의 소유자라 보기 어려운 것이다.

같은 동방문화권의 요동과 한반도 지역의 경우, 그 초기군장사회의 모습은 기원전 1천년기에 8m의 상석을 갖추거나 수십미터의 적석묘역, 혹은 7~8 중의 개석시설을 갖춘 대형 지석묘에서 찾아 볼 수 있다.

지석묘를 축조하기 위해서는 다수의 인력을 조직적으로 동원할 수 있는 리더쉽이 갖추어져야 된다. 그러한 리더쉽은 대외적 교역이나 대내적 기술체계를 운용하거나 군사력을 동원할 수 있는 능력과 크게 관련이 없다. 따라서 동 지석묘 축조집단은 공동체 지향의 군장사회 혹은 족장사회 수준을 크게 벗어나지 않는 것으로 이해된다.

요동반도 남단의 적석총의 경우 한 무덤에 다수의 인골이 화장되어 묻힌 것으로 북한학자들이 주장하듯이 노예소유자와 순장노예의 공동무덤이라고 볼만한 증거는 없다. 부장되는 청동기 또한 비파형동검과 공구와 소형 장식품 위주로서, 노예소유자 계급이 지배하는 사회가 아니라, 초기군장사회 수준인 것으로 이해된다.

북방문화권에서 기원전 2천년기 말 군장사회 수준에서 더욱 발전한 사례는 다량의 청동기를 부장한 내몽고 중남부 주개구와 연산 남부의 리가애 무덤유적을 통해서 확인할 수 있다. 상위신분의 무덤에서 중원계 청동예기와 북방계 청동무기가 부장되어 있는 바, 이를 통해서 남부 시베리아 초원지역과 중원지역 양 지역과 다양한 방식의 교류를 통해서 이 지역의 군장들이 그들의 권력기반을 확보한 것으로 이해된다.

기원전 1천년기에 이르면 내몽고 중남부 지역의 모경구 무덤, 연산 남록의 옥황묘 무덤의 사례에서 보듯이 목축의 대상인 말, 소, 양, 개의 순생과 중원계 청동예기와 북방계 청동무기를 부장한 상위신분이 등장한다. 이를 통해서 북방초원의 목축경제가 발전하면서 중원지역과의 교류가 더욱 공고해지고, 이를 효율적으로 잘 활용한 전사적 군장이 등장하는 사실이 확인된다.

동방문화권에서도 기원전 2천년기말 1천년기초에 이르면 본격적으로 군장사회가 등장한다. 요하상류를 중심으로 한 하가점상층문화와 대릉하 중상류를 중심으로 한 십이대영자문화에 속하는 여러 무덤유적을 통해서 이를 입증할 수 있는 것이다.

우선 전자에 속하는 소흑석구와 남산근 무덤의 사례를 보면 각종 중원계 청동예기, 북방계 청동 용기와 무기와 장신구, 동방계의 무기와 동경 등이 다량 부장된 사실이 확인된다. 최상급의 무덤인 소흑석구 8501호 무덤의 예를 보면 각종 중원계 용기가 15점, 재지계 용기 21점, 북방과 동방계 무기 23점, 차마구 27점, 생활공구 57점, 소형장식품이 130여점 등의 엄청난 양의 청동기가 부장되어 있는 것이다. 남산근 10호 무덤의 경우 청동 용기 10점, 무기 65점, 공구 22점, 차마구 6점, 동포 284점 등으로 부장된 청동기의 기종과 숫자는 비슷한 시기에 인근 북방지역을 포함하여 최상급의 수준이다. 다만 북방지역과 다른 것은 동물 순생의 사례는 거의 보이지 않는다는 사실이다.

다양한 계통과 기종의 청동기가 영성현 소흑석구 8501호, 남산근 3호 무덤의 예에서 보듯이 특정의 무덤에 다량 부장되는 사실을 통하여 현지 청동기의 제작을 후원하고 외래 청동기의 수입과 유통을 관장하는 권력을 소유한 군장이 등장하였음을 알 수 있다. 이들 군장은 조직 구성원의 인력을 동원할 수 있는 실력 그 이상의 정치적 권력을 갖추었으며, 그가 이끄는 지역집단은 공동체지향의 군장사회가 아니라 개인지향의 보다 계층화가 진전된 군장사회에 이른 것으로 보인다.

십이대영자문화는 하가점하층문화와 노로아호산(努魯兒虎山)을 경계로 하여 동쪽으로 인접한 대릉하유역을 중심으로 분포한다. 이 문화 또한 대부분 수혈 무덤과 그 부장유물을 통해서 확인된다. 하가점상층문화와 달리 북방계와 중원계의 청동기가 거의 공반되지 않는다. 수장급무덤으로 십이대영자의 예가 있는데, 소흑석구 무덤에 비해 기종과 수량이 월등히 적은 편이다. 용기는 전혀 전하지 않고, 공구나 장식품 또한 최소한 부장되었을 뿐이다. 그러나 이를 통하여 무기를 표지로 한 전사적 엘리트가 주도하는 개인 중심의 군장사회가 형성되었음을 알 수가 있다. 요동지역에서는 다소 늦어 기원전 1천년기 중반에 다량의 청동무기와 마구와 장식품과 각종의기를 부장한 심양 정가와자 6512호 무덤의 피장자가 군장에 해당되는 것으로 이해된다.

앞서 보듯이 북방과 동방 문화권에서는 군장사회에 머무르고 있는 기원전 2천년기 초반에 중원지역에서는 다음 초기국가 단계에 진입한다. 기원전 1900~1500년경 이리두 유적에 동서 2,400m, 남북 1,900m 의 토성으로 둘러싸인 성곽내에 궁전지와 종교제단, 그리고 공방지가 확인된 바 있다. 기원전 1600~1400년경에는 더욱 규모가 커진 성곽궁전도시가 발굴되었는데, 언사상성, 정주상성이 바로 그것이다. 그중에서 정주상성은 남북 1,870m, 동서

1,700m의 성벽으로 구성되어 왕권이 확립된 궁정도시의 모습이 확인된다.

기원전 1400년~1100년경이면 왕의 존재가 갑골문자의 기록으로 확인되며, 안양시 원하 북쪽에 원북상성과 남쪽의 은허 소둔에서 대규모 궁전과 종묘, 그리고 왕릉구 유적이 확인된다. 무정 왕의 무덤으로 추정되는 1001호 대묘는 묘광이 남북 19m, 동서 21m, 깊이 10m로서 사방에 묘도가 있는 대규모 무덤시설이다. 무덤 주위 묘도에 70여명의 순장 인골이 확인되고, 왕묘 주위에 수백여기의 인간희생갱이 동물희생갱과 함께 발견되었다. 부장유물은 도굴되어 확인되지 않는데, 도굴되지 않은 무정의 왕비 부호무덤에서 청동기 460여점, 옥기 755점의 부장품으로 미루어 짐작할 수 있다.

북방과 동방지역에서 국가를 지배하는 왕의 존재를 짐작할 수 있는 궁정지와 무덤의 사례는 기원전 1천년기 전반 이전에는 확인되지 않는다. 북방지역의 경우 기원전 3세기를 전후로 하는 오르도스지구의 아로시등 무덤 등의 사례가 그 부장유물로 보아 초기국가의 권력자 무덤으로 추정할 수 있을 뿐이다. 동 무덤에서는 정교한 동물장식의 순금제 금관과 패식이 출토되었다. 오르도스 지구 내에 비슷한 수준의 수장급 무덤이 확인되는 바, 아직 완전한 왕위세습체계를 갖춘 성숙한 국가체제에 이르지 못한 것으로 알려져 있다.

동방문화권 중 요서지구의 경우 또한 기원전 1천년기 중반에 국가수준에 이른 것으로 판단되지만, 이를 입증할만한 궁정지는 물론 무덤의 사례가 확인되지 않았다. 건창 동대장자에 순금제 검파두식의 동검을 비롯하여 다량의 중원계 청동예기를 부장한 사례가 이에 버금가는 수준으로 이해되나 확실하지 않다. 요동과 한반도에서도 기원전 1천년기 중후반에는 문헌기록에 연과 경쟁하는 고조선의 왕으로 보아 국가수준의 정치체가 등장한 것으로 이해되나 이를 입증할만한 고고학적 증거를 확보하지 못하였다.

한반도 남부와 일본 구주지역의 경우 국가나 그에 버금가는 수준의 왕의 존재를 입증할 수 있는 무덤유적으로 기원1세기경의 경주 사라리 130호와 구주지역의 히라바루 유적의 사례를 들 수 있다. 사라리 130호에서는 70여매의 판상철부를 부장하였으며, 후자의 경우 40여매의 동경을 부장하여 각각 다른 생산과 경제기반을 토대로 그들의 권력을 향상시킨 것을 반영하고 있다.

2. 군장사회에서 초기국가 이행의 배경과 동인

앞서 본 것처럼 마을 구성원간에 일정한 지위의 차이가 발생하고, 마을간에도 위계가 있는 군장사회는 대체로 기원전 4~3천년경 신석기시대 후기에 중원지역에서 가장 먼저 등장한다. 동방이나 북방지역에서도 얼마 안 늦은 신석기시대 후기에 확인되는데, 동방 문화권의 동쪽 한반도는 다소 늦어 대체로 기원전 2천년기 말 청동기시대 초기에 등장하는 것으로 이해된다.

중원지역의 경우 농경에 보다 유리한 일정한 핵심지역에 식량생산이 증가하고, 늘어난 식량으로 부양할 수 있는 인구의 규모가 확대되고, 늘어난 인구는 다시 더욱 집약적인 식량 생산기술을 발전시키는 동인이 된다. 그러한 순환과정을 통하여 농경마을의 규모가 확대되고, 다시 새로운 마을이 분리 형성된다. 한편으로 농경에 유리한 지대에 인구가 더욱 집중 증가하는 마을도 있게 된다. 그러면서 마을간에 갈등과 분쟁이 생기게 되기도 한다.

이러한 마을의 규모와 숫자가 늘어나면서 마을의 구조에 여러 가지 새로운 양상이 나타난다. 하나는 마을을 방어하는 경계시설이 더욱 강화되는 것이다. 처음에는 단순한 경계와 맹수들로부터의 보호, 혹은 가축의 울타리용으로 시설되었던 환호 혹은 돌담이 다른 인구집단의 무력적 공격으로부터 방어하기 위한 석성시설로 발전하게 된다. 다른 하나는 마을 내에 늘어난 집단 구성원을 효율적으로 통합하기 위한 종교행사를 지원하는 시설이 발전하는 것이다.

북방문화권의 경우 군장사회의 발전 배경의 동인은 중원지역의 그것과 차이가 난다. 그것은 우두머리 무덤에 목축 동물의 순생이 많고 북방계 청동기가 다량 부장되는 데에서 확인된다. 특히 기원전 1천년기 초 오르도스지역의 무덤유적의 사례가 그러한데, 순생동물을 통해서 동 지역환경이 기후가 한냉하고 초원지대로 변화하면서 유목경제의 비중이 점차 높아짐을 알 수가 있다. 이와 아울러 북방에서 유행하던 청동기가 대량 유입된 점을 보아 단순히 생업기술만이 아니라, 청동기 주조기술을 보유한 주민집단의 이동이 있었음이 확인된다.

오르도스지역은 황하 중상류에 중원의 농경지대와 북방의 초원지대 사이에 위치한 점이지대이다. 생업방식 뿐만 아니라 중원의 지역정치체와의 경계지대로서 두 문화권간의 무력적 분쟁과 평화적인 교류가 활발하게 이루어지는 긴장지대이기도 하다. 이러한 곳에 입지한 오르도스 청동기문화의 집단은 대외적인 압력에 대응하기 위한 내부 사회시스템을 갖추어야 한다. 지배엘리트가 전사적인 직능을 가져야 할 뿐만 아니라, 유사시에 효율적으로 운용되기 위하여 조직적이고 계층화된 조직을 갖추어야 되는 것이다.

동방문화권에서 신석기시대부터 청동기시대에 이르는 기간의 생업경제에 북방권과 달리 유목이 차지하는 비중이 작은 것은 무덤에 순생하는 동물이 거의 없다는 사실로 미루어 알 수 있다. 요서지역에서는 신석기시대 전기의 흥륭와 문화 단계부터 농경을 생업으로 하는 환호취락이 발달한 바 있다. 그러한 토대 위에 군장사회의 처음 등장한 것은 대릉하 상류를 중심으로 한 홍산문화 단계로서 우하량 일대에 다량의 옥기를 부장한 무덤과 채색토기가 공반되는 제단시설이 그 증거이다. 동 요서지구는 동방문화권 중 중원지역과 근접한 곳으로 앙소문화와의 교류가 활발하였던 바, 그것이 요하문명이라고 불릴만큼의 복합사회 발전의 주된 동인의 하나로 인정된다.

군장사회가 더욱 발전한 것은 같은 요서지역으로서 기원전 1천년기의 하가점상층문화단계인데, 이에 속하는 소흑석구와 남산근의 수장급 무덤에 중원계 예기와 북방계 무기를 비롯한 다양한 청동기가 부장된다. 이는 인접한 북방과 중원과의 활발한 교류와 전쟁, 경쟁 등의 직접적인 상호작용을 입증하는 것으로서, 같은 문화권의 요동이나 한반도 지역과 차이가 난다. 동방문화권에서의 군장사회의 형성과 발전은 인접한 문화권과의 교류가 가장 큰 동인으로 작용하는데, 지리적으로 북방과 중원지역과 가장 교류가 유리한 요서지역에서 그러한 사실이 처음 확인되는 것이다.

군장사회 단계를 벗어나 국가로 발전하는 것 또한 중원지역이 가장 이른바, 기원전 2천년기 전반의 이리두문화단계의 정주상성에서 궁정시설과 왕묘를 통해서 확인된다.

국가의 발생을 설명하는 여러 이론 중에 중원지역의 경우에 일찍이 관개이론이 제시된 바 있다. 그것은 황하유역의 충적지에서 농경지의 개간을 위해 대규모 관개사업이 필요하고, 이를 위해 많은 인력을 동원하고 통솔하기 위한 권력이 발생하였다는 설명이다. 그러나 많은 연구자들이 지적한 것처럼 관개사업보다 국가권력의 등장이 앞서는 것으로 확인되므로 이러한 관개이론은 더 이상 받아들여지지 않고 있다.

기본적으로 국가로의 이행은 전 단계의 군장사회에서 축적된 여러 시스템을 점진적으로 발전시킨 결과로 이해된다. 고고학 조사를 통해서 확인된 여러 자료를 보면, 국가사회에서 볼 수 있는 발달한 청동기생산체제는 이미 군장사회 단계에 고도로 발달한 토기제작 전문기술을 토대로 한다. 국가사회의 종묘 제의 또한 전 단계에 집단 구성원을 통합하기 위한 종교 신앙에서 발전하였다. 아울러 전 단계에서 이미 발달한 석성이나 토성시스템이 발전하여 초기국가 수준에 해당하는 성곽시설로 발전한 것이다. 이처럼 중원지역에서의 국가사회의 형성은 점진적인 것으로 추정되는 바, 그것은 이 지역에 일찍부터 농경이 발달하고 인구집단이 오랜 기간 정착하여 취락을 발전시킨 결과로 이해된다.

북방문화권과 동방문화권에서의 국가 발생의 배경은 중원지역과는 차이가 난다. 우선 북방문화권의 경우 신석기시대에 농경이 시작되었지만, 기원전 2천년기를 전후로 한 한냉한 기후의 변화로 인해 농경이 위축되고 유목 경제가 확대되는 상황을 만나게 된다. 따라서 신석기시대 후기에 일정 지역에 조성된 석성 마을이 중원지역과 달리 지속적으로 발전할 수 있는 여건이 마련되지 못하고 있다. 그리하여 기원전 1천년기 전반에 북방초원지대와 중원지역과의 교류를 통하여 확립된 청동기문화의 발전은 있었지만, 국가의 면모를 갖춘 궁정시설과 성곽을 갖춘 도시체제로 발전한 증거는 확인되지 않고 있다.

다만 기원전 1천년기 후반에 이르러 춘추시대를 지나 전국시대에 이르면서, 중원지역의 더욱 발전한 국가 정치체와의 무력적 분쟁을 비롯한 여러 상호작용을 통하여, 분산된 유목집단의 여러 군장사회를 통합한 국가 수준에 이르게 된 것이다. 오르도스지역의 아로시등 수장묘 등은 바로 그러한 수준에 이르거나 그 직전의 국가 권력을 보여주는 사례라고 하겠다.

동방문화권에서 요서지역에서 중원문화권과 비슷한 기원전 3천년기 홍산문화단계에 군장사회에 들어서게 된 것은 앞서 기술한 바와 같다. 그러나 국가사회의 진입이 늦은 것은 중원지역과 달리 일정한 구역내에 안정적으로 농경기술을 발전시켜 성곽도시로 발전시킬만한 환경적 여건이 마련되지 못하는 데에 그 큰 이유가 있어 보인다.

북방문화권과 마찬가지로 동 문화권에서의 국가단계로의 진입은 연산 이남의 중원지역의 국가세력이 동진하면서 그에 대응하면서 이루어진 것으로 추정된다. 그중에는 연나라 철기문화의 유입이 국가체제로의 이행에 영향을 준 것으로 보이는바, 적어도 기원전 1천년기 중후반경에는 요서지역은 물론 요동지역에서 국가사회로 진행한 것으로 추정된다.

한반도 남부와 일본 지역에서 국가 정치체는 그보다 늦게 등장하는 바, 자체적으로 발달시킨 군장사회의 토대 위에 대외적으로 한반도 북부에 설치된 고조선과 중국 한군현의 다양한 압력과 영향을 통하여 이룩된 것으로 판단된다. 이를 입증하는 것이 기원 1세기경 다량의 철기를 부장한 경주 사라리 130호와 구주지역의 히라바루 무덤으로서 각각 발달한 철기생산과 대외 교역의 체제를 기반으로 삼아 국가체제로 진입하는 초기 단계의 권력자의 모습을 보여준다.

VII. 맺음말

문명, 국가, 도시의 형성은 문화권마다 각기 다른 동인과 배경을 갖고 있다. 중원지역은 대규모 집약농경에 유리한 입지여건과 전단계까지 축적된 기술, 경제, 종교를 기반으로 아시아지역에서 가장 먼저 문명단계에 이를 수 있었다. 북방과 동방문화권의 경우 농경이 충분히 발전할 수 있는 지리적 여건을 갖추지 못하고, 자체의 여러 선대의 문화적 요소가 지속적으로 확대 발전시키지 못하여 문명, 국가체제로의 이행이 상대적으로 늦은 시기에 이루어진 것으로 이해된다.

북방과 동북문화권의 국가로의 발전은 중원문화권의 보다 발전한 국가 정치체의 군사적, 정치적인 압박과 교류의 자극이 주된 동인 중의 하나로 이해된다. 중원지역의 문명과 국가를 일차문명 혹은 일차국가라 한다면, 북방과 동방지역의 경우는 이차문명 혹은 이차국가라고 할 수 있다.

이러한 동북 아시아 고대문명의 성장발전에 대해서 종족 자체의 우월성, 혹은 중원 중심의 중화주의로 설명하는 것은 문제가 있다. 세계 어느 지역의 종족이나 문화에 대해서 태생적으로 우열이 있는 것이 아니라는 이른바 심리적 제일성이나 문화상대주의의 인류학적 관점을 수용해야 한다. 다만 필요하거나 충족할 수 있는 나름대로의 자연환경과 생활방식의 여건이 달라서 문명, 국가에 이르는데 시간적 차이가 있는 것이다.

또한 문명단계에 이른 지역집단이라고 해서 반드시 그렇지 않은 집단보다 사회적으로 더 효율적으로 작동하거나 군사적으로 우월한 체계를 갖추었다고 보기 어려운 것이다. 국가 초기 단계의 중원문화권의 기록에 북방과 동방의 지역집단이 매우 적대적이고 두려운 존재로 묘사한 것이 그러한 사실을 간접적으로 말해 준다.

세계 도처의 역사가 증명한 바처럼, 일찍이 고대에 문명단계에 이른 지역의 종족집단이라 하더라도 중세 이후 근대 문명 단계로의 진입이 지연된 사실에 또한 주목할 필요가 있다. 다 아는 바처럼 20세기에 이르러 고대문명의 중심지 경우 정체되어 더욱 발전한 현대의 기술문명과 국가체제로 이행하는 것이 순조롭지 않은 경우가 많은 것이다. 충분한 고고학적 근거도 없이 동방문화권의 고조선이라는 정치체가 고대문명과 국가로의 진입이 중원지역과 비슷한 시기에 이루어졌음을 과도하게 주장할 필요가 없다는 것이다.

동방문화권 중 한반도 남부와 일본열도의 경우 초기군장사회에서 후기군장사회 나아가 국가단계 수준의 사회로의 이행이 늦은 것은 다른 이유도 있겠지만 무엇보다 자체적으로 절실하게 요구되는 동기가 충분하지 않았기 때문인 것으로 이해된다. 중원지역의 외부적인 압력과 자극을 통해서 비로소 국가 형성의 필요 충족 요건이 발생하였는 바, 그러한 주장이 이 지역의 종족 집단을 폄하하는 것이 아님은 물론이다.

고구려연구재단(2006),『내몽고 중남부의 오르도스 청동기와 문화』.

궈다순 장싱더 지음·김정열 옮김(2008),『동북문화와 유연문명』(상)(하).

복기대(2002),『요서지역의 청동기시대 문화연구』, 백산자료원.

사회과학원 고고학연구소(1977),『조선고고학개요』, 도서출판 새날.

사회과학원(2002),『조선의 고인돌무덤 연구』, 중심.

송호정(2003),『한국고대사 속의 고조선사』, 푸른역사.

오강원(2006),『비파형동검문화와 요령지역의 청동기문화』, 청계.

우실하(2007),『동북공정너머 요하문명론』, 소나무.

윤내현(1981),『중국의 원시시대-사회성격의 변천을 중심으로』, 단대출판부.

이성주(2007),『청동기 철기시대 사회변동론』, 학연문화사.

이청규 외(2010),『요하문명의 확산과 중국 동북지역의 청동기문화』, 동북아역사재단.

정한덕(2002),『일본의 고고학』, 학연문화사.

조진선(2005),『세형동검문화의 연구』, 학연문화사.

하문식(1999),『고조선 지역의 고인돌연구』, 백산자료원.

한국고고학회(2010),『한국고고학강의』, 사회평론.

한국동북아역사재단 중국내몽고문물고고연구소(2006),『하가점상층문화의 청동기』, 동북아역사재단.

니콜라 디코스모 지음·이재정 옮김(2002),『오랑캐의 탄생』, 황금가지.

Li Liu& Xingcan Chen 지음·심재훈 옮김(2006),『중국 고대국가의 형성』, 학연문화사.

郭大順·張星德(2004),『東北文化與幽燕文明』, 李學勤·范毓周 編 國家九五早出版規則重點圖書 早期中國文明, 江蘇敎育出版社.

蘇秉琦(2009),『中國文明起源 新探』, 遼寧人民出版社.

烏恩岳斯圖(2007),『北方草原考古學文化硏究-靑銅時代至早期鐵器時代』, 科學出版社.

田廣金·郭素新(2004),『北方文化與匈奴文明』, 李學勤·范毓周 編 國家九五早出版規則重點圖書 早期中國文明, 江蘇敎育出版社.

宮本一夫(2005),『神話から歷史へ-神話時代夏王朝』, 講談社.

大貫靜夫(1998),『東北アジアの考古學』, 同成社.

東京國立博物館(1997),『大草原の騎馬民族-中國北方の靑銅器』.

北京大考古學硏究室(1989),『商周考古學槪說』, 燎原書店.

王建新(1999),『東北アジアの靑銅器文化』, 同成社.

前原市敎育委員會(2000),『平原遺跡』, 前原市文化財調査報告書 第70輯.

Christopher Scarre & Brian M. Fagan(2007), ANCIENT CIVILIZATIONS, Pearson Prentice Hall.

국가의 성립과 발전

김병준 | 서울대학교

Ⅰ. 서론 : '동아시아'와 '국가' 개념

Ⅱ. 신화와 초기국가

Ⅲ. 다양한 형태의 초기국가 형성

Ⅳ. 초기국가의 발전

Ⅴ. 고대국가의 형성

Ⅵ. 맺음말

I. 서론 : '동아시아'와 '국가' 개념

'동아시아사' 중 국가의 성립이라는 항목을 다루기 전에 해결되지 않으면 안되는 몇 가지 중요한 개념문제가 있다. 그 첫 번째는 '동아시아'라는 범위를 어떻게 규정할 것인가 이고, 두 번째는 국가라는 개념을 어떻게 정의할 것인가이다.

첫째, '동아시아'의 범위와 성격을 어떻게 규정할 것인가의 문제는 본 항목에 국한되는 것은 아니지만, 적어도 국가의 성립과 발전을 논하는 3세기 이전의 상황에서는 현재의 국민국가 즉 한국, 일본, 중국, 베트남을 포함하는 지역을 동아시아의 범위로 간주하기 힘들다. 4세기 이후에는 한자의 사용과 유교, 불교 등 문화적 공통성을 이 지역에서 확인할 수 있지만, 그보다 이른 시기에서는 현재의 네 국가를 포함하는 동아시아 지역에 공통된 문화적 특성이나 정치적 질서가 확립되었다고 보기 힘들기 때문이다. 또 4세기 이후 중국 중심의 한 조공책봉체제를 한대 이전까지 소급시켜, 진한시기 및 그 이전까지 중국을 중심으로 한 세계질서를 상정하기도 한다. 그러나 적어도 3세기 이전에는 중국을 중심으로 국제질서가 일원화되어 있지 않았다. 흉노와 서역, 흉노와 고조선, 남월과 전국(滇國) 등 중국이 개입되지 않는 복수의 국제질서가 존재하고 이것들이 중국 중심의 국제질서와 중층적으로 중첩되어 있었다. 또 한반도와 일본열도의 지역에 위치했던 정치세력은 중국과 제한적인 접촉이 이루어질 뿐이었으며, 그것도 변경의 군현에 머무는 정도였다.[1] 그

1 김병준(2010), 「3세기 이전 동아시아 국제질서와 한중관계-조공책봉의 보편적 성격을 중심으로」 『동아시아세계론과 한중관계사상의 책봉과 조공실제』, 동북아역사재단.

러므로 역사적 경험을 공유하는 단위로서 일컬어지는 '동아시아사'라는 개념을 시기 구분 없이 그대로 적용해서는 곤란하다. 마치 처음부터 하나의 단위가 존재했던 것 같은 왜곡된 역사상을 가져올 위험성이 크기 때문이다. 아직은 문화적으로나 정치적으로나 하나의 질서로 묶여지지 못했던 당시의 상황을 있는 그대로 서술해야 하며, 그런 다음에 '동아시아'의 여러 정치세력이 상호접촉하며 새로운 질서를 형성해가는 과정을 추적해 가야 한다.

3세기까지 '동아시아'라는 하나의 단위가 성립하지 못했던 까닭에 대해 쉽게 답하기 어렵지만, 일단은 각 집단이 처해 있는 자연환경과 그에 따른 생산구조에서 그 단서를 구할 수 있다. 사실 4세기 이후 10세기 전까지만 해도 동아시아는 하나의 세계라고 일컬어질 만큼 문화적·정치적 교류가 빈번했기 때문에 그동안 이 지역 내의 생태적 차이에 대해서는 그다지 관심을 기울이지 않은 것 같다. 그렇지만 간단히 보아도 중국 화북 중원지역과 화남 장강지역의 농경지대, 요동 이동·한반도 서북부, 그리고 일본열도의 지리적 환경은 각각 크게 다르다. 식생을 좌우하는 기온과 강수량의 차이는 더욱 분명하다. 중국의 화남지역과 일본열도, 한반도 남부는 전반적으로 기온이 온난하고 강수량이 많고, 특히 식물의 성장기인 여름철에 집중되는 풍부한 강우량은 벼농사 재배를 가능케 했다. 다만 배수시설 및 벼 농사기술이 갖추어지는 10세기 전까지 중국의 화남지역은 늪과 밀림이 많아 도리어 농사를 짓기에 어려움이 많았다. 반면 중국의 화북지역은 강우량이 남쪽보다 비교적 적지만 넓은 평원지대가 갖추어져 있어 밭농사가 가능한 곳이었다. 그런가 하면 내몽고지역을 중심으로 좌우로 펼쳐져 있는 초원지대는 연간 건조한 편서풍이 우세한 곳으로서 목축을 위주로 생활을 해야 하는 곳이다. 요동지역 이동과 한반도 북부지역은 산지가 많아 농사를 짓더라도 그 생산력은 크게 떨어질 수밖에 없는 곳이고, 자연히 목축이 함께 이루어져야 했다. 이와 같이 이른바 동아시아세계는 본질적으로 자연환경 및 경제양식이 크게 다른 여러 지역으로 구성되어 있는 곳이었다.

인간의 문명이 발전해 가는 과정은 다름 아닌 인간을 둘러싸고 있는 자연을 극복해 가는 과정이다. 따라서 인간이 처해있는 자연환경이 다르다면, 그를 극복하는 과정도 다를 수밖에 없고, 결국 그들의 문화 및 역사도 다를 수밖에 없다. 이런 상식에 기초한다면, 위에서 설명한 바와 같이 다양한 지리적 환경에 거주하고 있었던 동아시아 지역의 여러 집단들이 만들어낸 초기 문명의 모습도 크게 다를 것임에 틀림없다. 본고에서 다루려는 국가의 성립 단계도 이러한 초기 문명 발전과정의 연장이므로, 그 국가의 형태도 자연환경과 생산양식에 따라 크게 다를 수밖에 없는 것이다. 즉 필자는 3세기 경까지의 '동아시아'라는 지역이 단일한 형태가 아니라 다양한 집단이 차등화 된 채 나름의 방식대로 국가를 성립시켜갔던 주요한 원인을 상이한 생태환경에서 구할 수 있다고 본다.

이처럼 동아시아 세계를 다양한 생태환경이라는 각도에서 이해한다면, 4세기 이후 이른바 '동아시아세계'로 명명되고 있는 지역에서 빠진 또 다른 지역에 주목해야 한다. 유목민이 거주하고 있던 초원지대가 그곳이다. 특히 여기에는 중국 대륙 내에 들어선 진한 제국과 비슷한 시기에 유목제국이 형성되었으며, 이들 두 제국은 각각 자신을 중심으로 한 국제질서를 유지해가며 오랫동안 서로 길항했다. 이렇게 북방지역에서 형성된 별도의 국가 성립단계에 주목할 경우 비로소 중국 중심의 세계질서를 상대화할 수 있고, 다양한 복수의 국제질서가 존재했음을 제대로 이해할 수 있을 것이다.

둘째, 본고에서 다루는 국가의 성립시기 문제는 전적으로 국가를 어떻게 정의하느냐에 따라 크게 달라진다. 국가의 정의는 결코 간단하지 않다. 국민, 영토, 주권의 요소로 구성되어 있는 근대국민국가 개념을 초기역사에 적용시킬 수 없음은 당연하다. 종종 문명의 지표로서 지목되는 청동기, 도시, 문자를 곧바로 국가 성립의 지표로 삼기도 하지만, 여기에도 적지 않은 문제가 있기는 마찬가지다. 물론 도시의 출현 그 자체가 도시 내부의 정치집단의 존재를 의미하고, 청동기도 그 제작 과정에 투입되는 막대한 노동력을 조직할 수 있는 권력의 존재를 상징하며, 문자는 이들 정치집단이 지배를 일부나마 제도화해가고 있다는 점을 암시한다. 그러므로 이 세 가지 요소는 선사문화에서 문명의 단계로 접어드는 과정을 설명하는 결정적인 요소임에는 틀림없다. 그러나 이 요소들은 정치권력의 존재를 의미할 뿐이지, 이후 역사시기에 접어든 이후 국가라고 일컫는 것을 보여주지는 않는다. 보통 전근대시기 전반에 걸쳐 우리가 국가라고 부르는 경우, 일정한 영토와 그 지역을 행정제도에 의해 통치한다는 의미가 근저에 깔려 있다. 즉 군주가 일정한 영토를 지배하고 수도와 지방에는 정치를 담당하는 관리가 있고, 그 지배가 법률과 제도에 의해 규제되며, 피지배계급이 납부하는 조세와 노역에 의해 정치조직이 운영되는 상태를 일반적으로 국가라고 부른다.[2] 그렇다면 최소한 씨족질서의 해체와 군주권의 확립, 영역국가, 그리고 관료, 법률, 지방행정의 요소 등이 확인되어야 한다는 셈이다.

이 문제는 쉽게 논달할 문제가 아니다. 그러나 논의의 진행을 위해서 개념을 분명히 해 놓을 필요는 있다. 따라서 본고에서는 위에서 언급한 두 가지 종류의 정의를 각각 초기국가와 고대국가라는 개념으로 부르겠다. 초기국가는 종종 원시국가로 불리기도 하는데, 기본적으로 초기문명지표를 갖춘 단계로서 제사권력이 중심이 되는 신정(神政)국가를 지칭하겠다. 한편 고대국가는 초기국가 단계에서 신정의 성격이 줄어들고, 영토의 확대 및 지배시스템의 확립 과정이 확인되는 단계를 가리키는 것으로 하겠다. 물론 이러한 정의는 기본적으로 농경국가의 경우에서 유추한 것이므로 유목국가와 같은 경우는 일정한 차이가 있을 수 있다.

2 佐伯有淸(1986), 『日本の古代國家と東アジア』, 雄山閣, p.55.

II. 신화와 초기국가

동아시아 지역에는 국가 성립과 관련해 신화적 문헌 기록이 남아 있다. 중국에는 하(夏)왕조의 성립과 관련한 기록이 있고, 한국에는 고조선(古朝鮮)과 관련한 기록이 있다. 문제는 이 신화적 기록을 어느 정도 신뢰하는가이다.

먼저 하왕조 부분을 살펴보자. 사마천은 『사기(史記)』에서 「하본기」에 앞서 「오제본기(五帝本紀)」를 본기의 맨 앞에 설정해 두고, 마지막에 태사공왈(太史公曰)의 형식을 빌어 "여러 학자들이 黃帝에 대해서 이야기했지만 그 문장이 우아하지도 못하고 온당하지도 못해서 현귀하고 학식 있는 사람들은 그것을 말하기를 꺼려한다. 유생들 가운데에는 공자가 전한 「재여문오제덕(宰予問五帝德)」과 「제계성(帝繫姓)」을 전수(傳授)하지 않는 이도 있다. …… 그렇지만 『춘추(春秋)』와 『국어(國語)』에 「오제덕」과 「제계성」이 분명히 설명되어 있다. 사람들이 그것을 깊이 고찰하지 않았을 뿐이지, 그 책들에 기술된 내용이 결코 허황된 것은 아니다. …… 나는 여러 학설을 수집하여 이를 검토하고 그 가운데 비교적 전아하고 합리적인 것을 골라 본문을 저술해서 「오제본기」로 삼았다"라고 끝맺고 있다. 즉 사마천은 오제(五帝)에 대해 이미 어느 정도 신뢰할 수 있다는 판단을 내리고 있다. 또 『사기』에는 「오제본기」에 이어 「하본기(夏本紀)」가 별도의 본기로서 설정되고, 여기에 하왕조의 성립과 우(禹)의 치적이 기술되었다. 이 「하본기」에서는 「오제본기」와 달리 더 이상 그 내용의 진위 여부에 대해 논급하지 않았다. 이는 사마천이 하왕조와 우에 관한 사실을 신뢰했다는 뜻이다. 「하본기」보다 더 뒤에 위치한 「은본기(殷本紀)」나 「주본기(周本紀)」는 더 말할 나위가 없다.

그렇다면 우리는 사마천의 입장을 그대로 받아들여야 할까. 사실 과거 20세기 초까지만 해도 여러 학자들은 「오제본기」와 「하본기」는 물론 「은본기(殷本紀)」에 대해서도 그 신뢰성을 의심했었다. 그런데 왕국유(王國維)가 갑골문에 나오는 상왕(商王)의 명칭을 「은본기」에 기록되어 있는 상왕의 계보와 비교하여 「은본기」의 사료적 가치를 확인하자, 그 이후 『사기』의 기록 전반을 신뢰하려는 신고파(信古派)가 크게 우세해졌다. 최근 수십 년간 고고학발굴이 진행되면서 문헌자료에 대한 신뢰 분위기는 더욱 강해졌다. 특히 전국시대 무덤에서 위서(僞書)로 취급받던 책이 발견되면서 한대 이후 편찬된 것으로 간주되었던 많은 서적의 저작 연대가 전국시대 이전으로 소급되기에 이르렀다.

이러한 신고의 경향은 「하본기」에 대한 학계의 입장에도 영향을 미쳐, 「은본기」가 갑골문에 의해 증명되었듯이 사마천이 의심하지 않았던 「하본기」의 내용도 충분히 신뢰할 수 있으며 장차 분명히 고고학 자료에 의해 증명될 것이라는 분위기가 우세하다. 최근 하남성 이리두문화(二里頭文化)와 그에 앞서는 도사(陶寺)문화, 신채(新蔡)문화 등의 발견으로 말미암아 하왕조가 위치해 있었을 것으로 예상되는 곳의 고고학문화가 확인되었다. 청동기, 도시 유적이 발견되었을 뿐 아니라 얼마 전 도사유적에서는 태양의 운행을 관찰하는 관상대(觀象臺) 유적도 보고되었다. 아직 논란의 여지가 있지만, 관상대로 보는 추정이 맞는다면 이는 곧 태양의 관찰을 통해 1년 동안의 시간 흐름이 인식되었다는 것을 말한다. 시간의 인식이란 곧 자신을 우주의 시공간 안에 자리매김할 수 있었다는 것을 의미하며, 단지 기술적 진보를 넘어서 인간이 자연을 이해하는 인지능력이 크게 향상되었으며 각종 제도를 만들 수 있는 사회적 기반이 갖추어졌다는 의미이다. 다시 말해 하대에 이미 청동기 제작, 도성의 건축 등에서 나타나는 물질적 문명에 그치지 않고 정신적 문명도 상당한 수준에 이르렀음을 말해준다.

그러나 그렇다고 해서 「하본기」의 내용이 곧바로 증명되는 것은 아니다. 고고학 자료에 의해 증명된 것은 하왕조가 위치해 있었을 것으로 예상되는 지역에 정치적 집단이 존재하고 있었다는 사실, 또 그곳은 청동기 제작이 가능한 물질문화를 발전시키고 있었다는 사실 뿐이다. 우(禹)가 순(舜) 시절 치수공사를 하고, 구주(九州)를 개척하고, 구도(九道)를 소통시키며, 구택(九澤)을 축조하고, 구산(九山)에 길을 뚫었다는 「하본기」의 기록은 어떤 고고학 자료도 증명하지 못했다. 진시황에 의해 춘추전국시대의 여러 나라들이 병합되어 하나의 제국이 만들어지고, 이어서 그 영역을 광동성, 광서성 등지로 확대하기 천칠팔백 년 전에 이미 우가 그 전체 영역을 개척하고 그곳에 길을 뚫었다는 기록을 그대로 받아들일 수 없는 것은 너무도 상식적이다. 그럼에도 불구하고 하왕조의 존재가 고고학 자료에 의해 확인되었다는 사실만으로 곧바로 「하본기」의 내용을 긍정하고, 비록 지금은 증거가 없지만 언젠가는 「은본기」의 기록이 확인되듯 이것도 미래의 새로운 자료에 의해 밝혀질 것이라고 믿는 것은 대단히 위험한 일이 아닐 수 없다.

문헌에 기록되어 있는 초기국가의 모습들은 후대인들에 의해 크게 과장되고 덧붙여지기 마련이다. 심지어 신화적 요소가 덧붙여지는 것도 비일비재하다. 우가 "치수사업을 하느라 13년을 지내면서도 자기 집 대문 앞을 지나가면서도 들어가지 않았고, 누추한 집에 살면서 절약한 비용을 치수사업에 사용했다"는 것도 영웅을 미화한 것이겠지만, 『사기』 외에 우와 관련한 기록은 대부분 신화에 가깝다.[3] 2002년 발견된 서주시기의 청동기에 우의 치수와 관련된 기록이 쓰여 있는 것이 확인되어, 마치 우와 관련된 치적이 사실로 증명이나 된 양 소란이 난 적이 있었다. 그러나 이것은 서주시기에 이미 우의 치수 전설이 만들어지기 시작했다는 것만을 말해줄 뿐이지, 우의

3 袁珂 저 · 정석원 역(1987), 『중국의 고대신화』, 문예출판사.

존재나 그의 치수 치적이 증명된 것은 결코 아니다.

다음은 고조선의 단군과 관련한 기록인데, 주지하듯 이 기록은『삼국유사』에 처음 등장한다. 이보다 훨씬 이전인 A.D. 1세기『한서(漢書)』에는 기자(箕子)가 상이 멸망한 이후 조선으로 도망가서 그곳에서 왕이 되었다는 기록이 있다. 이것은 한대에 화하(華夏) 의식이 확립되는 과정에서 만들어진 전형적인 서사구조일 뿐이다. 이러한 서사구조는 여러 변방지역에 걸쳐 공통적으로 확인된다. 가령 주나라 고공단보(古公亶父)의 왕자인 태백(太伯)이 동생에게 왕위를 넘겨주기 위해 중원을 떠나 양자강 하류의 오(吳)지역으로 도망갔고 그곳에서 왕이 되었다는 서사구조와 동일하다는 것이다. 서남쪽 변경지역에도 전국시대 초(楚)나라 장군 장교(莊蹻)가 전국(滇國)을 정복하러 갔는데 귀국하려다 보니 그 사이 진(秦)나라에 의해 초나라가 멸망당해 그 자리에 머물러 그 나라의 왕이 되었다는 기록이 있다. 모두 중원에 뿌리를 두고 있는 인물이 주변지역으로 가서 그 지역의 왕이 되어 통치하였다는 내용인데, 주변 지역이 모두 중국과 하나의 기원을 갖고 있다는 점을 강조하여 그 지역에 대한 권리를 주장하기 위해 만들어진 서사구조이다.[4]

그 뒤 13세기에 채록되기 시작한 단군 신화에서는 고조선을 세운 자가 더 이상 외부인이 아니라 고조선의 중심지역에서 기자보다 훨씬 오래 전에 존재했던 단군이라는 점이 강조되었다. 이 신화도 일연(一然)의 창작이 아니라 전해져 내려왔던 이야기를 정리한 것이지만, 그 내용이 '만들어진 신화'라는 점을 부인할 수는 없다. 기자 조선이 한대에 중원의 화하의식을 정당화하기 위해 만들어졌던 것처럼, 단군 신화 역시 13세기 한반도의 민족의식으로 말미암아 생겨난 '신화'이다.

많은 연구자들은 단군 신화를 비롯해 여러 신화 속에 담겨있는 이른바

4 王明珂 저·이경룡 역(2008),『중국 화하 변경과 중화민족』, 동북아역사재단.

역사의 그림자를 찾기 위해 부단히 노력해 왔다. 초기 전승이 제사장 혹은 부로(父老)에 의해 구술(口述)되어 오기 마련이고, 그 어렴풋한 기억 속에 공동체의 초기 모습이 투영되어 있을 가능성이 있다는 점을 부정할 필요는 없다. 그러나 근본적으로 전제해 둘 것은 이 이야기가 신화라는 사실이다. 신화란 그 개념 정의상 만들어진 이야기라는 뜻이다. 그것을 만들어 낼 수밖에 없었던 사회적 요구가 존재했을 터이고, 신화를 이야기하는 그들에게는 충분히 역사적 사실로서 받아들여졌겠지만, 그것을 곧바로 역사적 사실로 등치시킬 수는 없다는 것이다. 사실 신화학이란 신화를 역사적 사실과 구분하는 작업이다. 신화가 오랜 기간 동안 민간에서 점차 역사화 되어버려 역사와 구분되지 않았던 상태에서, 다시 신화를 역사에서 떼어내는 과정이야말로 신화학의 주요 임무이다. 즉 신화란 어디까지나 역사와 구분되어야 할 '이야기'라는 사실을 잊어서는 안 된다. 그런데 정작 최근 고대사 연구에서는 이 양자가 다시 결합하는 경향을 보이는 아이러니가 나타나 아쉽다.

고고학 자료에 의하는 한, 상왕조에 앞서는 시기에 중원지역의 초기국가, 그리고 요동과 한반도 지역의 초기국가의 존재는 분명하다. 또 문헌에 남아 있는 국가 성립 관련 신화가 철저히 부정될 필요도 없다. 장차 고고학 자료에 의해 혹은 출토문자 자료에 의해 그 일부가 새롭게 조명될 가능성은 충분하다. 그러나 그것이 후대에 덧붙여지고 만들어진 신화라는 점을 잊어서는 곤란하다는 것이다. 따라서 무엇보다 그것이 만들어진 과정과 그 원인에 대한 고찰이 선행되어야 한다. 그리고 충분한 증거가 확보될 때까지는 공백으로 두는 편이 훨씬 낫다. 논박 가능성이 없는 방식, 그럴 수도 있다는 식의 논법으로 신화를 역사와 결합할 때 국가 성립과 관련한 초기역사는 더 혼란스러워지기 때문이다.

이와 관련하여 한 가지 주목해 두어야 할 논의가 있다. 20세기초 의고파(疑古派)로 알려진 고힐강의 〈누층적 고사 조성설(累層的古史造成說)〉이 그것

인데 그 내용은 다음과 같다.[5]

첫째는, 시간이 지나갈수록 전설 속의 고대사는 점점 소급되어 올라간다는 것이다. 주대(周代) 사람의 생각 속에서 가장 옛날 사람은 우(禹)였지만, 공자 시대에는 요·순(堯·舜)이 더해졌고, 전국시대에는 황제(黃帝)·신농(神農)이 더해졌으며, 진대(秦代)에는 삼황(三皇)이, 한대(漢代)에는 반고(盤古)가 각각 덧붙여졌다는 것이다. 주대에는 우를 가장 오래된 인물로 상정했다가, 그 이후 춘추전국시대를 거쳐 한대로 내려올수록 점차 더 오래된 인물이 나타났고, 결국 한대에는 세상을 창조한 신화적 인물로서 반고를 만들어 내기에 이르렀다. 마치 '장작을 쌓듯 나중에 만들어진 것이 차곡차곡 위에 올라가게' 되었던 것이지만, 한대 이후 모두 쌓아 올린 뒤에 보면 반고부터 우에 이르기까지 전체 구조가 마치 처음부터 갖추어진 역사처럼 보이기 마련이라는 것이다.

둘째는, 시간이 지날수록 전설 속 중심인물은 더욱 위대해진다는 것이다. 순의 경우를 보면, 공자 시기에는 단지 '무위지치(無爲之治)'로 나라를 잘 다스렸던 성군이었는데, 『요전(堯典)』이 만들어진 시기에 이르면 나라 일에 앞서 집안을 먼저 평안히 다스린 도덕군자로서의 성인(聖人)이 되고, 맹자(孟子) 시기에는 효자(孝子)의 이상적 모범이라는 모습이 덧붙여졌던 것이다.

따라서 이렇게 나중에 덧붙여진 사실로서 역사를 논할 수는 없는 법이다. 전국시대 덧붙여진 황제와 신농 이야기를 그 시기의 사실로 간주할 수 없다는 것이다. 하지만 이렇게 덧붙여진 이야기를 통해 왜 그 시기에 이러한 신화가 나타나게 되었는지를 연구할 수는 있다. 즉 황제와 신농 그 자체를 알 수는 없지만, 적어도 전국시기에 황제 및 신농을 어떻게 상상하였는지는 알 수 있다는 것이다.

5 고힐강 저·김병준 역(2006), 『고사변자서』, 소명출판사.

III. 다양한 형태의 초기국가 형성

1. 남방 지역

문헌에 남아있는 초기국가 기록을 거슬러 올라가면, 언제나 하나의 국가만이 등장한다. 그리하여 어느 나라이건 하나의 초기국가에서 출발하는 단일한 계보의 역사가 마련되었던 것이다. 중국의 경우는 하왕조가 그 시원이었고 이를 이어 상과 주라는 계보가 만들어졌다. 이렇게 만들어진 계보는 오랜 기간 동안 반복적으로 기술되고 기억에 각인되었으며 그 결과 마치 역사에 기록된 단일계보 이외에는 다른 초기국가가 존재하지 않은 것처럼 여겨지기까지 되었다. 사실 역사기록의 기본적 목적이 역사를 통해 자신의 정체성을 확인하는 것이라고 한다면, 복수가 아닌 유일한 기원을 찾으려는 이러한 현상은 어쩌면 자연스러운 일일지 모른다. 그러나 이는 역사기록의 결과일 뿐이며, 초기국가가 결코 어느 단일한 계보만 존재했던 것이 아니라는 사실은 고고학 자료에 의해 충분히 증명되고 있다.

사실 고고학 자료가 활발해졌던 20세기 중반 이후에도 단일계보 인식은 좀처럼 바뀌지 않았었다. 그 까닭은 그 당시 발굴이 대부분 계획발굴이었기 때문이다. 발굴지역을 선택할 때에는 그곳에서 일정한 발굴성과를 기대할 수 있는 곳을 기대하기 마련이고, 따라서 문헌에 초기국가의 근거지였던 황하 중심의 중원지역을 발굴하지 않을 수 없었다. 이러한 계획발굴의 결과, 중원지역에서 발굴된 각종 고고학 자료는 다시 문헌에 기록된 중원에 자리잡은 초기국가의 모습을 다시 한 번 확증해주게 되었고, 이러한 과정이 되풀이되면서 중원에 위치한 초기국가의 우월한 지위가 재생산되었다. 그러다

개혁개방이 시작된 80년 대에 접어들면서 구제발굴이 중원 이외의 지역에서 진행되기 시작했고, 그 과정에서 문헌에는 기록되지 않은 초기국가의 모습을 중원 이외의 지역에서 발견하였다. 초기국가가 황하 중류 이외에도 다양한 형태로 다수 존재했음을 알게 되었던 것이다.

그 대표적인 사례가 사천성 광한현(廣漢縣) 삼성퇴(三星堆) 유적과 성도시(成都市) 금사(金沙) 유적이다. 삼성퇴 유적은 우선 성벽으로 둘러싸인 도시와 그곳에서 사용되었던 청동기 문명을 주요 특징으로 한다. 즉 초기국가의 물질적인 기본적인 조건을 모두 충족하고 있다는 것이다. 사실 이미 오래 전부터 중원 이외의 지역에서 청동기가 적지 않게 발견되었다. 그럼에도 불구하고 중원과 다른 별개의 초기국가 성격을 제대로 인정받고 있지 못했던 까닭은 황하 중류 이외의 곳에서 발견된 청동기를 중원의 청동기가 전파된 것으로 이해했기 때문이었다. 중원과 다른 특징은 지방색이 약간 덧붙여진 것뿐이라고 처리되어 버렸다. 그러나 삼성퇴 유적이 발견되면서 이러한 인식을 근본적으로 바꿀 수 있게 되었다.

첫째, 삼성퇴와 금사 유적이 위치한 성도평원(成都平原)이 중원과 사뭇 다른 생태환경을 갖고 있었다. 사실 지금도 강우량 600㎜ 경계선을 중심으로 중원지역은 그 북쪽에 위치하고, 사천지역은 그 남쪽에 위치하고 있어서 각각 밭농사와 벼농사 지역에 속하지만, 기원전 1300-1000년경은 지금보다 훨씬 상이했을 것이라고 추정된다. 그 증거는 삼성퇴와 금사에서 발견된 상아이다. 금사 유지의 경우에는 아직 발굴이 완료되지 않아 그 전체 규모를 알 수 없음에도 불구하고, 이미 수백여 개의 상아가 원래 그대로의 모습으로 퇴적되어 있음이 확인되었다. 삼성퇴 제사갱도 청동기를 매립한 뒤 그 위를 상아로 덮고 있었다. 또 상아를 가공해서 만들어진 각종 제품도 출토되었으며, 그밖에 코끼리를 형상화한 관식(冠飾) 등 다양한 청동기 장식에도 코끼리의 모습이 보인다. 이는 곧 코끼리가 이곳에 서식했었던 상황을 보여주는 것이며, 따라서 사천지역이 지금보다 훨씬 온난한 기후였음을 시사한다. 이렇게 상이한 생태환경을 갖고 있었던 곳이라면 이곳에서 성장한 문화와 역사 역시 크게 상이했을 것이라고 보는 것이 자연스럽다.

둘째, 청동기의 조형 전통이 현저히 다르다. 중원지역의 청동기는 대부분 예기와 무기에 집중되어 있다. 사천지역의 청동기도 기본적으로는 마찬가지이지만, 사천의 경우는 중원의 청동기와는 달리 인물과 동물을 형상화한 입체적 조소가 주를 이룬다. 용기(容器)가 위주인 중원지역의 예기 전통에서는 찾아볼 수 없는 특징이다. 청동으로 만든 인두상(人頭像)이 수십 개, 전신(全身)과 대(臺)를 포함해 260㎝에 달하는 청동 입인상(立人像)이 있는가 하면, 이처럼 사람들을 표현한 것이 아니라 눈과 귀, 입을 크게 과장해 표현함으로써 그들이 숭배하는 신(神)을 상징하는 것으로 판단되는 대형 청동가면, 그리고 우주목(宇宙木)으로 설명되는 높이가 4m의 거대한 청동 신수(神樹) 등이 이곳에서 출토된 대표적 청동기이다. 조형 전통만이 아니라 제작기술의 측면에서도 중원의 청동기와 크게 다르다. 연접(連接) 방식을 채용한 점도 특징적이다.[6]

사천성 이외에도 강서성(江西省) 신간현(新干縣) 대양주(大洋州) 등지에서 중원의 청동기문명과는 다른 독자적인 중심지가 확인되었다. 이곳에서는 상대 후기로 판단되는 480점 이상의 청동기가 출토되었으며, 그 청동기의 형태 역시 중원과 큰 차이를 보인다. 이 문화는 해당 지구의 전통을 계승하였던 것이며, 이후 월(越)문화의 전신으로 평가된다. 물론 중원지역의 초기국가에서 발견된 갑골문과 금문과 같은 문자자료를 다른 지역에서는 아직 확인할 수 없지만 초기국가의 지표는 반드시 문자가 동반되어야 할 필요는 없다. 따라서 도시와 청동기 등 초기국가의 지표를 갖추고 있으면서도 중원

6 김병준(1997), 『중국고대 군현지배와 지역문화』, 일조각.

의 청동기 문명 전통과는 상이한 이들 청동문화를 초기국가 단계의 정치세력으로 상정해도 좋다는 것이다. 이 사실은 청동기문화에 선행하는 동아시아 지역의 신석기문화가 다양하게 발생하고 독립적으로 발전해갔다는 사실과 정확히 부합하는 것이기도 하다. 요컨대 중원지역의 초기국가 특히 하왕조와 상왕조의 경우는 기본적으로 도시국가의 단계에 머무르고 있다는 점, 수도에서 멀리 떨어진 호북성 반룡성에 그 군사적 거점을 확보했던 것은 사실이지만 그렇다고 상왕조의 중심지와 이곳 사이의 공간을 상의 영역으로 처리할 수 없다는 사실, 그리고 수도주변과 군사거점지를 제외한 그 주변의 넓은 지역에는 상과 다른 별개의 초기국가가 여럿 자리 잡고 있었음을 정확히 인지해야 한다.

2. 북방 지역

문헌을 기록하는 자들은 원칙적으로 자신의 지역과 사회에 대해 관심을 기울이기 마련이다. 그곳에서 벗어난 지역은 자연히 기록의 대상이 되지 못한다. 기록이 되더라도 자신들의 문제와 관련된 부분만이 기록될 수밖에 없다. 그 기록도 완전하지 못하다. 관심을 갖고 있지 않았던 곳이었으므로 그들에 대한 정보도 정확할 리 없다. 구체적인 정보를 얻었다고 해도 기록자의 관심에 따라 취사선택되고, 또 이것들이 다시 주요한 몇 가지 특징으로 종합되면서 사실이 왜곡되었을 가능성이 크다. 중국의 고대기록도 이러한 관점에서 이해할 필요가 있다.

주지하듯이 동아시아 고대사는 거의 전적으로 중국의 문헌자료에 의존하지 않을 수 없지만, 황하 중류를 중심으로 하여 성장한 중원 왕조는 중원에서 멀리 떨어져 있는 주변의 다른 정치 세력에 대해 매우 소략한 기록, 그것도 추상적이거나 부정확한 기록을 남겼다. 그들이 오랑캐라고 일컬었던 이른바 북적(北狄), 남만(南蠻), 서융(西戎), 동이(東夷)가 여기에 해당된다. 예컨대 앞서 주로 양자강 지역에서 초기국가가가 다양하게 존재한다는 점을 지적했지만, 문헌기록에는 이러한 내용을 찾을 수 없다.

한편 중원의 화하문명과 크게 다르지 않은 환경과 경제적 형태를 갖추고 있었고 춘추전국 시대 이후에는 중원 왕조의 영역 안으로 편입되었던 양자강 지역과는 달리, 북적과 서융에 해당되는 지역은 목축 혹은 유목문화가 발달한 곳으로서 중원과는 다른 지리적 환경과 경제적 생산양식을 발전시켰으며, 전국 이후 한대까지도 중원과 경쟁하고 대립하는 곳이었을 뿐 아니라 소위 유목제국을 성립시키기도 했다.

기원전 10세기경 중국 북방 지역에서는 기후 건조화라는 조건과 함께 중대한 변화가 생겼다. 목축 생산이 우위를 점한 혼합 경제에서 실질적인 유목 목축으로 진화하여 갔던 것이다. 특히 기원전 7~6세기부터 북방지구 전역에서는 마구와 장신구가 급격히 증가하고 있었는데 이는 곧 경제적 혹은 상징적 영역에서 말이 지니는 가치가 커지고 있었음을 보여주는 것이었다. 또 철제 도구와 무기가 다량으로 발견된다는 사실도 유목공동체의 생산력이 크게 향상되었다는 것을 말해준다. 물론 북방 지구 전체가 동시에 변화했던 것은 아니었다. 어떤 지역은 여전히 목축과 수렵 단계에 머물러 있는 반면, 어떤 지역에는 진정한 초기 유목생활의 중심지들이 등장하기도 했다. 바꾸어 말하면 농경생활자 혹은 목축과 농경 활동을 동시에 영위하는 반목축공동체가 유목 및 목축사회 사이에 존재했으며, 이들의 관계는 적대적이고 파괴적이기보다 공생적이고 건설적인 관계에 의존하며 발전했을 것이라고 추정된다. 또한 유목생활을 하는 공동체도 여러 종족 집단이 함께 거주했을 가능성이 크다. 가령 돌방무덤[石室墓]과 움무덤[竪穴墓]이 함께 확인되기 때문이다. 돌방무덤이 있는 초기 유목 유적이 움무덤만 있는 스키타이 양식 유적과 매우 가까이 존재했다는 사실은 서로 다른 종족 집단이 나란히 생활했다는 것, 즉 아직까지는 그들이 새로운 사회 통합체 그리고 더 큰 정치적 단위로 융합되지 않았음을 의미한다.[7]

한편 기원전 4~3세기 고고학 유물을 보면 유목사회 내부의 계층 분화가 매우 급격하게 이루어졌다는 사실을 어렵지 않게 확인할 수 있다. 무덤 속에 극도로 화려한 금은 장식품이 부장되었다는 사실이 이를 웅변한다. 그리고 이것들이 하층 주민들을 착취함으로써 얻어진 것이 아니라 교역을 통해 획득되었던 것은 북방 지역의 유목사회 사이에 직접적 접촉이 빈번해졌다는 것을 말해주는 것이기도 하다. 또 최고위 계층을 위한 금제 장신구 및 위신재 등의 유물이 매우 광활한 초원지역에 넓게 공통적으로 공유되는데, 이렇듯 동일한 위신재가 널리 분포한다는 사실은 그것을 분배하는 상위의 정치권력을 상정할 수 있게 해준다. 즉 중국 북방지구의 서쪽부터 동쪽에 이르기까지 여러 유목사회 유적이 주요한 문화적 특징을 공유하고 있었다는 사실을 통해 이 지역을 아우르는 크고 강력한 정치적 단위가 생성되었다고 볼 수 있다는 것이다. 이들 계층은 기존의 혈연 집단을 뛰어넘는 복잡한 정치 체계를 운영하였고, 종족적으로 또 경제적으로 뒤섞인 사회를 통제할 수 있었다. 다시 말해 이 단계에 들어오면 이미 '유목국가', 즉 단순한 혈연 집단을 능가하는 정치체제가 구성되었다는 것이다.

소위 흉노제국은 이런 고고학적 자료에 부합하며 출현하였다. 황하가 크게 구부러져 흐르는 곳 아래쪽으로 넓은 목초지가 펼쳐져 있는데, 이곳은 오르도스 혹은 하남(河南)이라고 불리는 지역이다. 유목과 함께 농경생활을 하던 이 지역의 흉노인들에게는 더할 나위 없는 훌륭한 생활 거점지였다. 그

7 니콜라 디코스모 지음·이재정 옮김(2002), 『오랑캐의 탄생』, 황금가지.

런데 기원전 3세기 후반 전국을 통일한 진시황은 그 기세를 몰아 몽염(蒙恬)을 시켜 30만 병사를 보내 오르도스 지역을 점령하고 이곳의 흉노인들을 황하 북쪽으로 몰아낸 뒤, 그곳에 장성을 쌓았다. 이것은 흉노인들에게는 생존 자체를 위협하는 중대한 사건이었다. 이 때문에 그들은 본래의 생활 터전을 찾기 위해 자신의 군사적 역량을 결집시킬 필요가 있었다. 즉 본래부터 불안정한 유목경제가 진시황의 공격으로 생존의 직접적 위기를 맞게 되었고, 이 위기로 말미암아 특정 종족을 중심으로 집권화된 군사조직이 성립되었다는 것이다. 이런 과정을 통해 등장한 인물이 묵특선우(冒頓單于)이다. 그는 동쪽으로는 동호(東胡)를 병탄하고, 서쪽으로는 월지(月氏)를 멸망시켰으며, 남쪽으로는 백양(白羊), 누번(樓煩)을 무너뜨려 북아시아 전 영토를 병합하였다. 이러한 여세는 전한시대 초기까지 이어졌다. 한 고조 유방(劉邦)은 기원전 200년 친히 30만 대군을 이끌고 흉노에 맞섰지만 흉노의 묵특선우가 산서성 대동시(大同市) 동쪽의 평성(平城)에서 포위하면서 유방은 죽을 고비를 맞았고 결국 흉노와 형제의 맹약을 맺게 된다. 평화의 조건은 공주를 선우에게 시집보내고, 관시(關市)를 열고, 매년 옷감과 음식을 보내주는 대신 장성을 경계로 서로 침략하지 않는 것이었다. 흉노가 우위에 선 화친(和親)이었다. 그러나 흉노는 그 뒤에도 계속해서 변경 지역을 침범하였고 한은 이를 달래기 위해 다시 조약을 맺는 형태가 반복되었다. 흉노의 선우가 여러 유목부족들의 결집을 유지하고 그 위에서 권력을 유지하기 위해서 생존의 차원을 넘어선 전략적인 약탈이 계속 이어져야 했기 때문이다.

중원왕조의 문헌기록에는 이러한 북방지역에서의 변화, 즉 유목 사회의 발생과 국가단계로의 발전에 대해 기본적으로 언급이 없다. 그것은 양자의 문화가 근본적으로 이질적이기 때문이기도 하지만, 이들 유목사회가 중원왕조와 별다른 직접적 접촉이 없었던 것이 중요한 이유였을 것이다. 중원왕조는 바로 인접한 융 혹은 적이라고 불리는 자들과 접촉했지만, 이들은 북방지역의 유목사회와는 다른 자들이었다. 물론 기원전 4~3세기 이후가 되면 유목사회가 중원왕조의 기록에 등장하게 된다. 특히 이들과 가까이 있었던 중원 주변의 국가, 즉 조(趙)·연(燕)·진(秦)과의 접촉이 주를 이루었는데, 조나라의 무령왕(武靈王)이 호복(胡服)을 채택했다는 기록은 유목사회와의 전쟁 등 빈번한 접촉이 없으면 불가능한 것이었다. 그러나 이런 기록도 기원전 4~3세기 시기 중원 왕조의 기록에 출현하는 것이 아니라, 대부분의 내용은 그보다 훨씬 시간이 지난 기원전 2세기말, 전한(前漢) 중기에 쓰인 『사기(史記)』에 기록되었다. 그 까닭은 역시 중원 왕조의 현실적 관심이 이 때 증대되었기 때문이다. 이 시기는 한과 흉노가 본격적으로 대립하는 시기였고, 그 적대 세력을 이해할 필요에서 그 기록이 남겨졌던 것이다.

IV. 초기국가의 발전

하왕조, 상왕조, 주왕조로 알려진 초기국가는 기본적으로 신정(神政)국가라고 할 수 있다. 즉 이들 초기국가의 군주는 주술적 권력과 정치적 권력을 함께 겸비한 자였다. 이 점이 비교적 잘 드러나는 상나라의 경우를 살펴보자.

상나라는 반경(盤庚)이 은허로 수도를 옮길 때까지 도읍을 다섯 번이나 옮겨야 했고, 왕위도 종종 형제 상속에 의해 이어지곤 했다. 그 이유는 왕권이 확립되지 못한 채 여러 부족들이 서로 경쟁하고 다투었기 때문이라고 해석된다. 이런 상황 속에서 상나라는 조상신의 권위에 의지해 왕권을 유지하였다. 전체 부족의 제사장 기능을 담당했던 상나라 왕은 중요한 일이건 작은 일이건 모두 점을 쳐서 신의 뜻을 물었다. 이렇게 신이 모든 일을 결정하였던 만큼 신에게 융성한 제사를 바쳐야 했다. 갑골문에 보이는 상나라의 제사는 매우 다양했다. 상나라의 최고신인 제(帝)에게 바치는 제사에서부터, 산과 강 같은 자연신에 대한 제사, 그리고 조상신에게 바치는 제사에 이르기까지 종류만 해도 수십 가지가 넘었다. 그리고 각각의 제사에 바쳐진 희생물의 종류도 다양하였다. 희생물 명단에는 농사를 지어서 수확한 곡식은 물론, 목축과 수렵을 통해 잡은 짐승들의 다양한 명칭들이 보인다. 더욱이 사람을 제사의 희생물로 삼기도 했다. 또 신에게 바쳐지는 희생물은 청동기와 같은 특별한 그릇에 담겨져 정성스럽게 봉헌되어야 했다.

왕권 유지에 제사가 결정적이었으므로 제사장으로서의 상나라 왕은 신에게 바칠 제사를 위해 청동기 제작과 각종 희생물의 공급이 항상 가능하도록 전력을 기울여야 했다. 이것은 대규모 노동력을 조직하게끔 했고, 이 때문에 상왕의 권력은 외견상 매우 강대하게 보였다. 그런데 이들 희생물과 청동기의 재료는 상나라 왕이 살고 있는 수도 근처에서 모두 구할 수 없었으므로, 이것들을 구하기 위해서는 멀리까지 찾아 나서야 했다. 제사에 필요한 희생물과 청동기가 상나라 왕권에 불가피했기에, 그들은 멀리까지 진출하지 않을 수 없었던 것이다.[8]

주나라는 상나라의 주술적 측면을 크게 혁파한 것으로 알려져 있다. 주무왕이 직접 상나라의 지나친 제사습속을 따라하지 말 것을 강조했다는 데에서도 알 수 있지만, 금문(金文)이나 『상서』 『주례』 등과 같은 유가문헌 속에서 이러한 모습을 쉽게 찾아볼 수 있다. 다만 이러한 성격을 도출하였던

8 劉莉·陳星燦 지음·심재훈 옮김(2006), 『중국고대국가의 형성』, 학연문화사.

주요사료의 성격이 크게 다르다는 점을 잊어서도 안 된다. 왕의 점복 행위에 대한 내용을 적은 상대의 갑골문에서는 종교적 내용이 많이 검출될 수밖에 없으며, 왕과 신하 사이의 정치적 주종관계를 확인하기 위해 만들어진 서주시기 청동기 금문에서는 제도적 측면이 강조되기 마련이다. 더욱이 서주를 가장 이상적인 모델로 생각했던 유가의 기록인 이상, 후에 유가적 입장에서 서주를 미화했을 것임에 틀림없으므로 그 내용을 그대로 신뢰할 수는 없다. 즉 상과 주 사이의 변화를 어느 정도 인정해야 하지만, 그 변화의 정도를 지나치게 강조해서는 안되는 것이다. 사실 금문이 기록된 청동기도 기본적으로는 제사 예기에 속한다. 따라서 금문에 적힌 천자와 신하의 정치적 주종관계도 예기를 사용하는 제례의식에 의해 비로소 맺어지게 되는 것이었다. 천명(天命)을 받은 천자(天子)가 그 천명을 제후에게 분여(分與)하는 방식이 곧 봉건이 담고 있는 중요한 함의였다. 또 금문의 내용에 의하면 청동기를 하사받은 제후는 천자로부터 예기를 사여 받았다는 사실을 명시하고 이에 감사를 드렸으며, 마지막으로는 그 예기를 사용하여 자자손손 영원히 제사를 드리겠다고 다짐하였다. 또한 제후 역시 씨족의 수장으로서 자신의 씨족의 영원한 존속을 위해 제사를 드리고 있다는 점도 주목할 만하다. 주왕은 제후의 내부 제사에 직접 개입하는 것이 아니라 천명을 분사(分賜)할 뿐이었다. 즉 수도에 거주하는 최고 지배자와 지방의 도시에 거주하고 있는 자들이 각각 지배적 씨족 질서를 유지하고 있었다는 초기국가의 또 하나의 특징을 말해준다.

그러나 봉건제(封建制), 종법제(宗法制), 관료제와 같은 정치적 제도가 상대보다 더 발전했던 것도 부정할 수 없다. 전체적 편성은 알 수 없지만 관명이 어느 정도 분화되어가고 있던 사실을 확인할 수 있다. 금문에 보이는 관명을 중심으로 살펴보면, 주왕의 관제는 크게 경사료(卿事寮)와 대사료(大事寮)의 두 조직으로 나뉜다. 전자는 왕기(王畿)의 정치 및 제후와 관련된 정무를 관리하는 부서이고, 대사료는 왕조의 의례를 주로 담당했다. 그러나 관직에 대응하는 직책이 결정되어 있지 않는 등 관료제의 성격이 미성숙한 단계에 머물러 있었다. 따라서 주의 관제는 수도 주변 왕기(王畿) 지역에서의 왕조 권력을 어느 정도 증명해 줄 수는 있지만, 다른 씨족 지배질서를 배제하는 배타적 권력으로서의 왕권을 보여주기에는 부족하다.

주대에도 상대와 마찬가지로 영역의 확대는 자원의 확보와 밀접한 관련이 있지만 상대에 비해 훨씬 적극적인 방식이 취해졌다. 그 방식이 곧 봉건제의 실시이다. 봉건제란 왕이 제후에게 땅과 백성에 대한 통치를 일임하는 대신, 제후는 왕에게 경제적 공납과 군사적 보호의 의무를 지는 통치제도를 말한다. 주나라는 자신의 종친들을 수도 가까이에 분봉하여 왕실을 보호하는 울타리 역할을 하도록 한 반면, 공신들과 이전 왕조의 후예들은 멀리 옛 상나라의 영역 곳곳에 분봉하였다. 그러나 한 가지 주의할 점은 봉건제의 이념적 전제가 비록 주왕이 모든 토지와 백성을 소유한다는 이른바 왕토사상에서 출발하지만, 실질적으로는 분봉된 제후가 해당 지역으로 가서 그곳을 점령한 뒤 점차 세력을 확대해 가는 군사적 식민화 과정이었다는 사실이다. 또한 각 제후국은 중심지 도성을 거점으로 가까운 주변에 영향력을 미치는 정도의 성읍국가(城邑國家)였으며, 후대와 같은 영역국가가 아니었다. 점령 지역에 대해서는 해당 지역의 습속과 전통에 맞추어 지배하는 형식이 채택되었는데, 서주의 영향력 범위가 상대에 비해 넓어진 것은 이러한 방식이 유효했기 때문이었다.[9]

9 김병준 등(2007), 『아틀라스 중국사』, 사계절.

V. 고대국가의 형성

본고에서는 일단 초기국가와 고대국가를 구분하기로 서론에서 밝혔다. 고대국가는 초기국가 단계에서 신정의 성격이 줄어들고, 영토의 확대 및 지배시스템의 확립 과정이 확인되는 단계를 가리키는 것으로 규정하였다. 이러한 고대국가는 중국의 경우 춘추전국시대 즉 기원전 8세기에서 3세기에 걸쳐 장기간에 걸쳐 점차적으로 형성되어 갔다.

춘추시대에 들어오면서 초기국가의 모습에 현격한 변화가 생겨나기 시작했다. 그 첫째 변화는 군주의 주술적 권위가 크게 감소했다는 점이다. 그렇지만 이 변화는 돌연히 출현한 것이 아니라 사회의 발전에 따른 인간의식의 성장 결과였다. 먼저 전통적인 서주 봉건질서의 동요는 규범의 근원이자 보증자인 천(天)을 비롯해 여러 신들에 대한 회의를 불러일으켰다. 동시에 전통에 의해서 보장되었던 개인의 신분과 지위는 개인의 능동적인 노력 여하에 따라 획득되는 것으로 바뀌었다. 이에 따라 개인의 성공적인 결실을 효과적으로 모색하면서, 모든 사물에 내재한 원리가 보다 적극적으로 탐색되었다. 한편 이 시기 수공업이 발전하면서 사물의 속성과 원리에 대한 인간의 주체적 탐색을 자극했다. 그 결과 춘추시대 이후 성행한 제자백가 사상에서는 합리주의, 인간중심주의가 크게 두드러지게 되었다. 이와 관련하여 공자가 "괴력난신(怪力亂神)을 이야기하지 않았다."는 『논어』 술이편(述而篇)의 구절이 흔히 지적되지만, 인간에 의한 자연의 적극적인 이해와 정복을 가장 극명하게 보여주는 것은 『순자(荀子)』의 천론편(天論篇)이다. 여기서 순자는 '천'이 그 자체의 원리에 의해서 움직이는 자연현상에 불과하며, 따라서 '천'이 인간사에 개입할 여지가 없다는 것을 명백히 밝히고 있다.[10] 또 지속적으로 분족(分族)이 이루어지면서 혈연적 유대도 약화되었는데, 이러한 사회적 분위기로 말미암아 조상신에 대한 사제자로서 주술적 권위에 의존해 왔던 군주의 권력은 취약해질 수밖에 없었다.

두 번째 변화는 씨족제 질서가 붕괴되며 영역국가로 발전해 갔다는 점이다. 서주시대 봉건은 곧 개별 제후와 그 씨족에게 일정 지역을 일임하는 방식이었다. 춘추기에 들어와 주왕이 통제력을 상실함에 따라 그에 대신해서 나타난 질서유지 형태가 패자를 구심점으로 하는 회맹 질서였지만, 아직까지는 '존망계절(存亡繼絶)'을 명분으로 기존의 열국체제를 유지하는 것이었다. 패자가 소국(小國)을 멸망시켰을 경우에도 소국의 종묘사직과 씨족적 질서를 그대로 인정하면서 복속시켰다. 그러나 이는 잠정적이고 과도기적인 질서유지 방식에 불과했다. 춘추 중기를 전후하여 진(晉)·진(秦)·초(楚) 등 주변 강대국은 종래의 회맹적 지배방식에서 탈피, 소국을 멸하고 나서 이를 현(縣)으로 삼아 일방적으로 지배하는 이른바 멸국치현(滅國置縣)의 방식으로 전환하였다. 이 때 설치된 현은 비록 분권적 열국봉건체제의 부정이라고 하겠지만 전국 이후 확립된 군주에 의한 직접 지배방식으로서의 군현제와 곧바로 연결시킬 수는 없다. 이들 현은 유력세족의 일족 자제에게 분여되어 사령화(私領化)됨으로써 세족의 중요기반이 되는 데에 머물렀기 때문이다. 그러나 정복지에 대한 직접적이고 확실한 지배를 확보하기 위해 정복지 내부에 존재해 온 옛 씨족 질서를 파괴했던 것은 분명하다. 강대국은 우선 피정복국의 씨족적 질서를 상징하는 종묘사직을 파괴하고 종기(宗器)를 몰수했으며 저항의 근원을 이루는 지배씨족을 처형하거나 강제 이주시키기도 했다.[11]

10 이성규(1989), 「제자의 학과 사상의 이해」 『강좌 중국사』 1, 지식산업사.

11 이성규(1989), 「춘추전국시대의 국가와 사회」 『강좌 중국사』 1, 지식산업사.

씨족 질서의 파괴는 멸국 과정에서 이루어진 지배씨족의 파괴에 그치지 않고 읍공동체의 내부에서도 이루어졌다. 이러한 공동체의 붕괴를 상징적으로 보여주는 것이 초세무(初稅畝) 정책이다. 이는 공동체의 집단 경작 방식 대신에 농지 면적 당 실물조세를 거두어들였던 정책이다. 물론 이 정책의 시작이 곧 읍공동체의 전반적 파괴를 의미하는 것은 아니며 또 중원의 대부분 지역에서 이러한 조치가 실시되었다고도 볼 수 없으나 씨족 질서가 지배적이었던 사회가 크게 변화하기 시작했다는 사실을 알리는 중요한 지표라고 볼 수 있다.

이렇게 지배 씨족의 해체는 여러 하위 씨족의 증가라는 모습으로 나타나기도 했다. 서주시대 이래 지배층은 국(國)이라고 부른 성곽도시 내에 거주하고 있었으며, 주변의 읍과 농촌을 간접적으로 지배하고 있었다. 이 국이 갖는 지배층의 씨족적 질서는 '성(姓)'이라는 글자로 표현되었다. 그런데 점차 국이 멸망하고 그 대신 현이 설치되면서 점차 하층의 종족을 표현하는 방식으로 '씨(氏)'가 사용되었다. 춘추시대에는 이런 '씨'가 크게 증가했다. '씨'를 사용하는 자가 증가했다는 것은 곧 지배 씨족이 주를 이루는 전통적 사회질서가 다변화한다는 것을 의미한다. 이처럼 국의 구성원이 복잡해졌기 때문에 더 이상 종래 혈연원리로는 그 질서를 유지하기가 곤란하게 되었으며, 그 결과 생겨난 것이 출신을 달리하는 집단성원이 광범위하게 참가하는 맹서(盟誓)였다. 그 대표적인 것이 산서성 후마(侯馬)에서 발견된 기원전 5세기 초반의 후마맹서(侯馬盟誓)인데, 이 맹서는 석판과 옥기에 붉은 글씨로 쓰여졌는데, 조씨(趙氏)의 종주에게 충성을 맹서하는 내용이다. 그 참가자는 대부분이 조씨 집단이지만 별도의 '씨'도 포함되어 있다. 즉 여러 출신들을 결합하는 원리로 맹서가 사용되었다는 것이지만, 뒤집어 말하면 서주시기 이래의 지배씨족의 질서가 더 이상 작동하지 않는다는 것이기도 하다.[12]

12 平勢隆郎(2003), 「春秋の社會·經濟」, 松丸道雄 等著, 『中國史』 1, 山川出版社.

세 번째 변화는 기존의 씨족제 질서 대신 군주권을 중심으로 한 중앙 및 지방행정제도가 실시되었다는 것이다. 이미 춘추 중후기에 현이 설치되면서 새로운 변화가 나타나기 시작했지만, 전국시대 군주는 군주권의 강화와 효율적 관료제도의 시행을 위해 본격적인 개혁을 단행했다. 소위 변법이라고 불리는 이 개혁의 내용은 기본적으로 군주를 정점으로 하는 일원적 법치질서를 전 통치지역에 새로이 관철시키려는 시도였다. 당시 7개국이 처한 정치적 상황이나 지리적 환경이 모두 달랐기 때문에 이들의 개혁은 구체적으로 일정한 차이를 갖고 있을 수밖에 없었다. 특히 귀족들의 세력이 군주권과 어느 정도 길항관계에 있었는지는 개혁의 방법과 결과에 지대한 영향을 미치는 요소였다. 그러나 7개국이 지향한 개혁의 목적은 다를 바가 없었다. 현재로선 진(秦)의 상앙(商鞅) 변법 관련기록이 가장 자세히 남아있고, 또 그 개혁의 결과가 진시황 시대의 법률로서 남아있기 때문에 이를 분석의 대상으로 삼는 것이 가장 무난한 방법이다.

상앙변법의 제1차 개혁은 공동체적 연대성의 파괴를 목적으로 했고, 그의 후속조치로서의 제 2차 변법은 중앙집권체제 확립을 지향했다는 것이 일반적인 해석이다. 그러나 각 지역에 남아있는 구전통(舊傳統)을 파괴한다는 점에 대해서는 약간의 부언 설명이 필요하다. 즉 여기서 구전통이란 씨족혈연질서를 바탕으로 형성된 공동체의 질곡을 말한다. 예컨대 업(鄴)이라는 곳의 현령으로 부임했던 서문표라는 자가 그곳에서 하백(河伯) 신앙을 중심으로 엄청난 영향력을 미치며 국가지배를 방해하고 있었던 읍공동체적 전통을 송두리째 뽑아버리고자 했던 일화는 국가의 개혁방향을 잘 보여준다. 다만 개혁을 통해 제거하려고 했던 공동체는 이렇게 국가지배를 방해하는 것이었지, 대가족과 같은 가족조직 모두를 대상으로 한 것은 아니었다. 상앙의 제1차 변법에는 '성년 남자 2인이 분이(分異)하지 않으면 부(賦)를 두 배로 한다'는 규정이 있다. 이를 두고 많은 학자들이 대가족을 해체하고 소가족을 창출하려는 강제적 규정으로 이해하였고, 이것이 정설처럼 일반 교재에도 그대로 기록되고 있는 실정이다. 그러나 이는 전국시대에 변법의 가장 중요한 정책으로서 수전(授田)제도가 실시되었다는 점을 참조하지 않은 중대한 오류이다. 일찍이 국내 학자에 의해 밝혀진 바대로 이 규정은 '성년 남자 2인이 분이하지 않으면 그들에게 각각 그 수에 맞도록 두 배로 수전을 하고 그 반대급부로 수전에 해당하는 세금을 거둔다'고 읽어야 한다.[13] 이러한 해석은 그 뒤 상앙변법의 결과물인 진의 법률, 그리고 그것을 계승한 한초의 법률에 의해 증명되었다. 즉 이들 법률에서는 대가족을 해체하기는커녕 오히려 국가권력이 기층 단위로 침투해가는 주요한 매개로 대가족에 주목하고 이를 보호하는 모습을 찾을 수 있었던 것이다. 요컨대 제민(齊民)을 창출하기 위해 수전제를 실시하고 그 제도를 모든 노동력 소지자에게 적용하였던 것이 주된 내용이며, 대가족을 보호하여 이러한 편호제민지배가 수월하게 시행될 수 있는 방식을 모색했다는 것이다. 그밖에 군공작의 실시, 도량형의 통일, 집주(集住)의 실시 등이 함께 시행되었다.

상앙변법 이후에도 진은 지속적으로 군주권의 확립을 위한 제도정비를 진행해 나갔다. 운몽수호지(雲夢睡虎地)에서 출토된 진의 율령과 장가산(張家山)에서 출토된 한초의 율령의 내용을 보면, 제민을 호적에 등록시키고 이들에게 수전을 실시하여 제민을 창출한 뒤 이들에게 생산과 조세, 그리고 요역 및 병역의 의무를 부과하는 지배체계를 치밀하게 구축했다. 아울러 이들을 폐쇄적 공간인 리(里)와 상호 감시조직인 십오(什伍) 조직 속에 편제하였으며, 상벌체계를 통해 국가에 대한 충성과 희생을 강요하였다.

한편 군주의 전제권력을 장악했다는 것은 곧 내부적으로 경쟁할 가능성이 있는 다른 종족의 혈연질서를 파괴하고 배타적인 지배질서를 확보했다

13 이성규(1984), 『中國古代帝國成立史研究』, 일조각.

는 것을 의미한다. 이런 의미에서 군주권은 국가권력과는 구분된다. 국가권력이 공(公)을 의미한다면, 군주권은 공적인 측면 외에 군주 자신의 사(私)를 포함하고 있는 개념이라는 것이다.[14] 따라서 군주의 전제권력을 가능하게 한 경제적 기초는 국가권력의 경제적 기초와는 구별되어야 한다. 즉 국가권력의 경제적 기초는 피지배층으로부터 거두어들인 세역이라고 할 수 있는 반면, 군주는 자신의 사(私)를 구축하기 위해 국가권력과는 별도로 경제적 기초를 확보해야 했는데, 산림수택(山林藪澤)이 대표적인 군주권의 경제적 기반이 되었다. 이러한 과정은 『염철론(鹽鐵論)』에 "월(越)나라의 구구(具區), 초(楚)나라의 운몽(雲夢), 제(齊)나라의 거야(鋸野), 송(宋)나라의 맹제(孟諸)와 같은 산림수택이 국가가 성립될 수 있는 근본적인 부의 원천이며, 패왕의 밑천이기도 하다. 군주가 이를 손에 얻으면 강대해지지만, 이를 얻는데 실패하면 멸망한다. 제나라에서는 이 중요한 산림수택을 방기했기 때문에 이를 손에 얻은 전씨(田氏)가 강대해져 결국 제나라 공실을 멸망시키기에 이르렀다."라고 지적한 데에서 잘 알 수 있다. 그리고 이런 과정은 한대의 재정수입에서 가장 극명하게 나타난다. 즉 한대의 재정(財政) 수입은 국가재정과 황실재정으로 나뉘고, 국가재정은 군현으로부터 징수된 전지(田地)의 조세와 인두세였던 것에 반해 황실재정은 산림수택에 대한 세금, 그리고 원유(苑囿)와 공전(公田)으로부터 거두어들인 수입으로 충당되었다.

14 이성규(1993), 「중국고대 황제권의 성격」 『동아사상의 왕권』, 지식산업사.

VI. 맺음말

본고는 적어도 3세기 이전 동아시아의 세계를 하나의 역사적 단위로 파악하기 곤란하다는 전제에서 출발하였다. 아직 중국 중심의 일원적인 국제질서가 동아시아 지역에 정립되었다고 보기 힘들고, 오히려 다양한 국제질서가 중층적으로 중첩되어 있었다는 것이다. 후대의 동아시아 세계를 선험적으로 받아들여 이를 국가 성립 단계까지 지나치게 적용해서는 곤란하다. 또 하나의 기본적 전제는 국가의 성립을 논의할 때 고대에서의 국가라는 개념을 엄밀하게 구분해야 한다는 것이며, 이 때문에 본고에서는 신정국가로서의 초기국가와 영토에 대한 행정지배가 가능해진 고대국가를 나누어 논의를 진행하였다.

먼저 초기국가의 성립과 관련해서는 사서 속에 나타나는 초기 신화를 지나치게 신뢰하는 학계의 경향을 소개하고 그 문제점을 지적했다. 최근 부쩍 늘어나는 고고학 자료로 말미암아 과거에 위작으로 취급되었던 극히 일부 역사 기록이 사실로 확인되고 있는 것이 사실이지만, 그렇다고 지금까지 어떤 증거도 찾을 수 없는 나머지 문헌기록 전반을 모두 신뢰할 수 있다는 중국학계의 분위기는 매우 위험한 발상이 아닐 수 없다. 신화를 역사의 일면으로 규정하기 앞서 그 신화가 만들어지는 역사적 과정과 배경, 그리고 그 서사구조에 대한 연구가 선행되어야 한다.

다음으로 초기국가는 근대국가로 이어지는 단일한 계보 속에서 이해해서는 곤란하다는 점을 지적했다. 초기국가를 그에 선행하는 신석기문화의 발전과정에서 이해하는 것이 마땅하다면, 신석기문화의 다양한 공간적 분포만큼이나 초기국가의 형성 역시 넓은 지역에 다양한 형태로 발생되고 있었음에 주목해야 한다. 대표적인 사례로 중국 사천성 지역의 삼성퇴·금사 청동기문화와 중국 북방지역의 유목문화를 들 수 있다. 삼성퇴·금사 청동기문화의 예에서 알 수 있듯이 중국 대륙에는 하상주로 이어지는 초기국가 이외에 문화적 양상을 달리하는 별도의 초기국가가 형성·발전하고 있었다. 유목문화 역시 역사기록에서 배제되어 왔던 것이지만, 중국의 북방 지역에서 중원문화와는 별개의 발전 단계를 거치며 독자적인 초기국가를 형성해 갔다.

이처럼 초기국가의 공간적 범위는 주요 근거지를 중심으로 한 인근 지역에 국한되어 있었을 뿐이었다. 그러나 점차 정치조직이 커지고 이를 지탱하기 위한 각종 자원이 필요하게 되자, 그 자원을 확보하기 위해 주변지역으로 공간적 범위를 확대해 나갔으며, 주대에 들어서면서 이러한 경향은 봉건이라는 형식으로 더욱 강화되었다. 아직까지는 제사 의례가 중요한 권력 장치로 사용되었지만, 주술적 측면이 조금씩 줄어들며 관료제 등이 모습을 갖추기 시작했다.

한편 춘추전국시대에 접어들면서 신정국가로서의 성격이 사라지고 고대국가로서의 국면이 두드러지게 나타났다. 이 시기 성행한 제자백가 중에는 합리주의와 인간 중심적 사고가 분명히 표현되기 시작했고, 이와 함께 씨족제 질서가 붕괴되면서 영역국가로 발전해갔다. 그리하여 기존의 혈연질서 대신 군주권을 중심으로 한 행정제도가 국가의 근간을 이루게 되었던 것이다.

최근 동아시아에서는 고고학 자료와 간독 자료가 쏟아지면서 고대사에 대한 새로운 지견이 크게 늘어나고 있다. 과거에는 몰랐던 새로운 사실이 발굴되기도 하고, 문헌에 애매하게 적혀져 있던 내용이 구체적으로 알려지기도 하였다. 다만 20세기 중반까지 지속되어 왔던 역사의 보편적 이해, 이론적 접근은 상대적으로 부족한 형편이다. 본고는 이러한 문제를 극복하기 위해 작성되었지만, 장차 국가의 성립이라는 큰 주제를 구체적 자료와 결부하려는 시도가 지속되어 본고에서 필자가 제시한 전체적 흐름과 내용도 다시 새롭게 쓰이길 바란다.

제2장

인구 이동과 문화의 교류

– 기원 전후부터 10세기까지

'지역간 인구 이동과 전쟁' 단원 서술에 대한 시론

– 지역국가들의 전략적 의지와 동아시아 세계의 형성

이성제 | 동북아역사재단

I. 머리말

한국의 새로운 역사과목인 『동아시아사』는 국사(國史) 중심의 역사교육에서 벗어나 역사인식의 범위를 '동아시아'로 확장하려는 시도이다. 이 과목의 개설을 통해 민족의 형성과 국가적 발전에 한정되었던 일국사적 이해와는 달리 동아시아 세계의 거시적 관점에서 역사발전을 가져온 주요한 문제들을 살펴볼 수 있을 것으로 본다.

『동아시아사』의 편찬에는 동아시아 세계가 여러 문화요소를 공유하는 하나의 문화권이며, 지속적으로 교섭하여 영향을 주고 받아왔다는 인식이 자리잡고 있다. 이 점에서 「지역간 인구 이동과 전쟁」이 속한 단원은 동아시아사의 설정에서 매우 중요한 의미를 갖는다.[1] 동아시아라는 하나의 지역 세계가 형성되는 과정을 보여주며, 불교(佛敎)·율령(律令)·유교(儒敎) 등의 문화요소를 공유한다는 문화적 특징을 갖추었음을 보여주기 때문이다. 여기에서 동아시아의 형성과 문화적 특징을 어떻게 보여줄 것인가 하는 점이 문제가 될 것인데, 『동아시아사』는 '인구 이동'과 '문화의 교류'를 중심으로 살피고 있다. 즉 이 단원을 이해하는 주요한 키워드가 '인구 이동'인 것이다.

그런데 『동아시아사』가 설정하고 있는 '인구 이동'은 '문화의 교류'에 비해

1 『동아시아사』 교과서는 '동아시아 역사의 시작' '인구 이동과 문화의 교류' '생산력의 발전과 지배층의 교체' '국제질서의 변화와 독자적 전통의 형성' '국민국가의 모색' '오늘날의 동아시아'이라는 6개 대단원으로 구성된다. 이 중 우리의 논의와 관련한 '인구 이동과 문화의 교류'는 '지역간 인구 이동과 전쟁' '고대 불교' '율령과 유교에 기반한 통치체제' '동아시아 국제관계'의 4가지 주제를 다룬다. 관련 내용은 동북아역사재단 편(2009), 「동아시아사 교육과정 해설서」 『동아시아사 교과서 집필 안내서』 부록, pp.346~347 참조.

선뜻 그 의미를 헤아리기 쉽지 않다. 이에 대해 설명을 하고 있는 「동아시아사 교육과정 해설서」를 보더라도 그렇다.[2] 그 〈교수·학습 내용〉에 따르면 이 단원에서 "지역 간에 인구 이동이 활발히 전개되고, 전쟁이 빈번하게 일어났음을 이해한다"고 밝히고 있는데 이러한 이해가 동아시아 세계의 형성과 어떻게 연결될 수 있는지 의문이 드는 것이다. 인구 이동이 이룬 결과로 제기된 "인구 이동을 통해 각 지역에 들어선 국가들은 치열한 전쟁과 통합을 통해 정치적 성장을 이룩해갔고 그 과정에서 이주민과 토착민, 이주민과 이주민 사이에 융합과 문화의 교류 등이 나타났다"의 내용도 지나치게 특정 지역의 특별한 사례를 염두에 둔 것이라 보여진다.

예를 들어 4세기에 들어서면 중국에서는 흉노(匈奴) 등 5호(胡)가 북중국(北中國)을 차지하여, 한인(漢人)의 晉왕조를 江南으로 이전케 하였다. 이로 인해 등장한 5호16국시대(5胡16國時代) 혹은 남북조시대(南北朝時代) 여러 국가들은 그 건국 배경과 발전과정에서 위의 제시 내용과 부합한다. 그런데 문제는 이 사례가 중국 지역에 국한되는 것으로, 중국사를 다루는 책이라면 마땅하지만 『동아시아사』에서 반드시 다루어져야 할 내용이라고는 볼 수 없다는 점에 있다. 5호16국의 등장으로 동아시아 세계가 형성된 것은 아니라는 점에서 그러하다. 또한 동아시아 세계를 이루는 각 지역에서 보편적으로 나타난 양상이라고 볼 수도 없다. 『동아시아사』는 동아시아 세계의 형성시기로 기원 전후에서 10세기[3]까지를 설정하고 있는데, 만주(滿洲)와 한반도(韓半島) 나아가 일본열도에 들어섰던 여러 국가들에서 5호16국과 같은 모

2 동북아역사재단 편(2009), 「동아시아사 교육과정 해설서」『동아시아사 교과서 집필 안내서』 부록, 349~350쪽.

3 「동아시아사 교육과정 해설서」의 단원 개관에 따르면 "이 시기에 정치적으로는 남북조시대의 전개와 당의 발전, 고구려·백제·신라의 정립과 삼국 통일, 일본의 성립, 베트남 독립 등이 있었다"고 하고 있다. 그렇다면 기원 전후부터 기원후 3세기 무렵까지의 각국의 발전에 대해서는 큰 비중을 두지 않은 것으로 볼 수 있다.

습을 찾기란 어렵기 때문이다.[4] 여기에서 「동아시아사 교육과정 해설서」가 제시하고 있는 설명에 구애받지 않고 관점을 달리하여 볼 필요성을 느낀다.

그런데 5호16국의 등장이라는 격변은 중국 지역에 국한되지 않고 사람들의 집단적 이동을 통해 인접 지역에까지 파급되어 새로운 파장을 일으켰다. 바로 여기에 인구 이동이 동아시아 세계의 차원에서 중요한 주제가 되어야 하는 까닭이 있는 것은 아닐까. 인구 이동이 동아시아 세계의 형성에 기여한 바는 무엇이었을까 하는 문제를 다루어야 하는 것이다.

이렇게 생각하고 보면 "전쟁이 잦았다"는 기술도 보완이 필요하다. 전쟁이 잦았다는 사실을 보여주고자 한다면 굳이 인구 이동이라는 주제를 설정하지 않더라도 국제관계를 설명하면 충분할 것이다. 그리고 이주민의 수효도 반드시 대규모여야만 고찰의 대상이 된다고는 생각하지 않는다. 문제는 어떤 이들에 의해 어떤 영향을 주었는가의 여부일 것이다. 따라서 지역 간 인구 이동을 통하여 문화 교류를 포함한 각 지역의 정치적 성장 등을 파악하려고 한다면 인구 이동이 활발히 전개되었다거나 전쟁이 빈번하게 일어났다는 문제가 아니라, 인구 이동이 일어나게 된 원인과 배경, 어떤 사람들이 이동하였는가, 그리고 이동 지역에는 어떻게 정착하게 되었으며 무얼 변화시켰는가 따위를 구체적으로 살펴보아야 할 필요가 있을 것이다.

4 물론 위만조선(衛滿朝鮮)은 연인 위만(燕人 衛滿)이 이끈 중국계 유이민(流移民)이 조선(朝鮮)의 준왕(準王)으로부터 정권으로 탈취하여 세운 국가였다. 이 점에서 「동아시아사 교육과정 해설서」가 설정하고 있는 '인구 이동의 결과'를 보여주는 좋은 사례라고 할 수 있겠지만, 기원전 3세기 무렵의 일이라는 점에서 동아시아 세계의 형성과 관련지어 살필 수는 없겠다.

II. 인구 이동과 동아시아 세계형성을 이해하기 위해 필요한 두 가지 관점

인구 이동의 문제는 주로 고대 동아시아세계의 문화 교류를 다루는 논의에서 주목되어온 주제이다. 고대 한국·중국·일본 지역의 문화 교류와 관련하여 인구 이동에 대한 이해에는 이제까지 두 가지 커다란 경향이 있어왔다. 하나는 중국에서 만주·한반도로 유입된 한인의 역할을 강조하는 것으로, 삼한(三韓)과 삼국(三國)의 정치·문화 발전에 커다란 영향을 주었다고 보는 것이다. 다른 하나는 한반도에서 일본열도(日本列島)로의 인구 이동에 주목하여, 이들이 일본 고대국가(古代國家)의 형성에 기여한 바가 컸음을 강조하는 이해이다.

그런데 이들이 이주한 지역은 무주공산의 공백지가 아니어서 다른 국가 혹은 일정한 정치적 성장을 이룬 토착세력이 자리잡고 있었다. 예를 들어 4세기 초 북중국에서는 5호의 난립으로 인해 많은 이주민이 발생하였다. 이들 중 적지않은 수가 고구려(高句麗)에의 정착을 바라고 동(東)으로 향했지만, 모든 이주민이 고구려에 살게 되지는 않았다. 여기에서 집단적 인구 이동에는 이들을 수용·정착케 해준 해당 지역의 국가 혹은 토착민의 의지·의도가 중요한 변수가 되고 있음을 본다. 따라서 이들 국가 혹은 주민의 존재를 경시하고 집단적 인구 이동이 가져온 변화상만을 강조한다면 구체적인 역사적 사실에 근거한 역사상이라 말할 수 없다.

이와 관련하여 집단적 인구 이동을 몰고 온 국제정세의 변동에 대한 이해가 불충분하였다는 점도 지적할 수 있다. 위의 사례로 보면, 고구려가 이들 이주민을 수용한 것은 그러한 유이민이 발생하게 된 국제정세의 변화에 대응할 필요가 있었기 때문이었다. 즉 새로운 정세에 걸맞는 대외전략이 마련되었고, 그것을 추진하기 위해 이주민이 필요했던 것이다. 이 점에서 당시 국제정세에 대한 적확한 이해가 전제되어야 한다.

이들 두 가지에 주의하면서 인구 이동을 이해한다면, 자의와 타의에 의해 많은 이들이 오갔던 이 시기의 유동적인 상황과 그 결과로서의 각 지역의 정치적 성장과 문화 교류의 양상도 자연스럽게 살펴볼 수 있다고 본다. 필자는 이렇게 해서 이루어진 결과가 동아시아라는 지역 세계의 형성이라고 조심스럽게 가설을 세우고 싶다. 즉 중국 지역에서 일어난 문제가 그 지역을 벗어나 다른 지역에 영향을 주는, 서로 연동된 국제관계를 보였다는 것이야말로 이 시대에 이르러 동아시아가 하나의 지역 세계를 이룩했음을 보여주는 것이라고 생각하기 때문이다.

동아시아 세계의 형성과정을 한국사의 시점에서 살펴보면, 인구 이동의 양상을 고려할 때 다음의 3시기로 나누어 볼 수 있다. 첫 번째 시기는 낙랑군(樂浪郡) 등 중국 군현과의 평화적·폭력적 교섭 아래 발전하고 있던 고구려를 비롯한 삼국시대 초기로 기원후 1세기에서 3세기 무렵까지가 여기에 해당한다. 국제정세의 주요한 변화로는 후한(後漢)이 삼국의 분열로 나아갔고 흉노를 대신하여 선비(鮮卑)가 위세를 떨쳐 북방(北方) 유목세계(遊牧世界)를 장악하고 요하(遼河) 일대로 세력을 확장해오고 있었다. 이 점에서 중국 군현의 설치에 따른 군현세력과의 접촉이 만주와 한반도 그리고 일본열도의 국가적 성장에 어떠한 영향을 주었는가를 살펴볼 수 있는 시기에 해당한다. 다만 그것이 대규모의 인구 이동에 따른 것이 아니며, 군현을 상대한 측의 자발적인 교섭 의지에 따라 이루어진 측면이 강하였다는 점에 유의해서 보아야 하는 시기이기도 하다. 이러한 이유에서 먼저 군현세력의 유입시기 만주·한반도 지역국가들이 보인 대응에 관심을 기울여 보겠다.

두 번째 시기는 앞서 언급한 5호16국의 등장이 남북조시대로 이어지면서 지역 간 충돌과 교섭이 역동적으로 이루어졌던 시기이다. 고구려를 비롯한 삼국은 이러한 국제정세를 배경으로 남북조를 상대로 하는데 부족함이 없는 고대국가로서의 면모를 갖추게 된다. 만주와 한반도의 삼국은 불교의 수용을 비롯하여 중국의 여러 왕조와 책봉조공(冊封朝貢)의 관계를 맺음으로써 동아시아 세계라는 하나의 지역 세계가 형성되는데 필요한 제반 요소를 갖추어 갔던 것이다. 이와 관련하여 이 시기에는 주목이 가는 인구 이동의 흐름이 나타난다. 요하를 건너 고구려로 유입된 중국계 이주민과 낙랑·대방군(帶方郡) 고지(故地)의 유민(遺民)들이다. 전자는 그 유입의 흐름이 전 시기에 걸쳐 나타났으며 무엇보다 중국으로부터의 이주민이라는 점에서 반드시 살펴보아야 할 존재일 것이다. 하지만 후자의 존재도 소홀히 할 수는 없다. 특히 이들은 제1기의 시기 이래 이 지역의 특수한 역사적 배경과 관련이 깊다는 점에서 그러하다. 이에 두 번째 시기의 급변하고 있던 국제정세와 관련하여, 고구려와 이 두 집단은 어떠한 관계에 있었는지 궁금하다. 그리고 그것은 어떠한 국가전략을 반영한 것인지도 고찰하지 않을 수 없다.

6세기 후반 이후 중국에 수(隋)와 당(唐)이라는 통일국가가 차례로 들어서면서 동아시아의 국제질서는 크게 요동치게 된다. 삼국과 왜의 대외전략도 이와 연동되어 기민하게 전개되었다. 이 과정에서 일본열도에는 일본학계가 '도래인(渡來人)'이라고 부르는 특수한 인구 이동의 흐름이 나타난다. 이 인구 이동의 결과, 일본열도의 왜국(倭國)은 삼국에 뒤이어 고대국가의 기틀을 갖출 수 있었다. 이러한 도래인과 일본열도의 관계는 만주·한반도 지역의 그것과 비교하여 볼 때 어떤 특징을 찾아볼 수 있을까. 그리고 도래인은 고대 동아시아세계의 형성과 관련하여 어떤 역할을 가지는 것일까 하는 점도 궁금하다.

III. 중국 군현세력 유입과 고구려·삼한

우거왕(右渠王)의 조선(朝鮮)이 한군(漢軍)의 공격으로 붕괴하자, 그 자리에는 4개의 군(郡)이 들어섰다. 낙랑·현토(玄菟)·임둔(臨屯)·진번(眞番)의 한 4군이다. 중국 지역으로부터 대량의 한인이 조선 지역으로 들어올 수 있는 토대가 마련되었던 것이다. 정복지를 통치하기 위해 파견된 한인 관리와 병사들 그리고 교역의 이익을 얻기 위해 건너온 상인이 그들이었다. 이러한 군현 설치와 한인 유입이 어떤 변화를 가져왔는지 살펴보자.

> A. "낙랑 조선민의 범금은 8조인데, 서로 죽이면 즉시 죽음으로 갚게 하고 … 서로 훔치면 남자는 몰입하여 그 가의 노로 삼고 여자는 비로 삼게 하였는데, 스스로 속하고자 할때는 1인당 50만(전)을 내도록 하였다. 비록 면하여 민이 되더라도 사람들은 여전히 이를 수치스럽게 여겨 누구도 그와 결혼하려 하지 않았다. … 그 전민은 변두(籩豆)를 사용하여 마시고 먹었으며, 도읍 사람들은 (군현의) 관리와 내군의 상인들을 모방하여 왕왕 배기를 사용하였다. …"(『漢書』 卷28下, 地理志 8下 燕地條)[5]

군 중심지의 조선인들이 한인 관리와 상인이 하는 것을 본따 같은 식기로 식사를 했다는 것은 전래된 한의 문물이 조선의 문화와 습속에 변화를 불러왔음을 보여준다. 중국에서 한인들이 건너옴으로 해서 조선 사회는 한

5 "樂浪朝鮮民犯禁八條 相殺以當時償殺 … 相盜者男沒入爲其家奴 女子爲婢 欲自贖者人五十萬. 雖免爲民 俗猶羞之 嫁取無所讎 … 其田民飮食以籩豆 都邑頗放效吏及內郡賈人 往往以杯器食" (『漢書』 卷28下, 地理志8下, 燕地條, p.1658).

의 문물을 대면하게 되었던 것이다. 이러한 접촉은 군현의 통치 아래 이루어졌다는 점에서 직접적이고 전면적이었다.

이에 따라 조선 사회의 문화에는 한식(漢式)의 색채가 나타나기 시작하였다. 당시의 무덤에 부장된 유물을 볼 때, 재래의 유물이 감소하고 한식 유물이 증가하는 현상을 볼 수 있는 것이다.[6] 한편 군현의 설치로 조선의 외곽에 있던 세력들도 한 문물을 접하게 되었다. 이는 한반도 남부지역에서 발견되는 한의 의책(衣幘)과 청동거울·비단·철제대도 등 각종 철기 등을 통해서 확인하여 볼 수 있다. 한의 물품은 군현의 지배력이 미치는 지역을 넘어서 한반도 전역으로 유포되었던 것이다.[7]

그렇지만 한식 유물이 한반도 남부에서 발견된다고 하여 혹은 그 문물을 모방하고 선호하는 풍조가 있었다고 하여, 그것이 조선·한 사회의 전체 구조를 뒤바꿀 정도의 것이었다고 말하기는 어렵다. 한 문물을 모방하고 선호한 이들은 군 중심지의 조선인에 한정되었고, 변두리 사람들은 여전히 예전의 식기를 사용했다고 전하기 때문이다. 나아가 군현의 지배 아래 있던 조선 사회조차 이러한 상황이었다면, 한반도의 다른 지역에서 발견되는 한의 문물은 어떻게 전해졌던 것일까.

이 점에서 군현의 설치에 수반하여 중국에서 한인들이 건너왔다는 사실은 중요하다. 이들에 의해 한 문물이 조선에 전해졌고, 그 한반도 남부 나아가서

6 철제무기가 부장되고 목곽(木槨)을 채용하던 초기의 단계에서 점차 풍부한 한식 유물이 부장되었다. 특히 낙랑군 조선현성의 남쪽에는 2천 여기 이상의 무덤이 남아 있는데, 여기에서 한대의 박산로·칠기·동기·옥기·철기·장신구·문방구와 청동거울 등 정교하게 만들어진 각종 부장품들이 나왔다.

7 이러한 모습을 가장 잘 보여주는 자료로 창원 다호리(昌原 茶戶里) 1호분을 들고 싶다. 여기에서는 다섯 자루의 붓과 목간(木簡) 글씨를 깎아내는 철도자(鐵刀子)가 나와, 한사군 설치 이후 한자가 본격적으로 유입되었고, 이에 따른 문자생활이 한반도 남부 지역에까지 확산되고 있었음을 보여주고 있는 것이다(송기호(2002), 「고대의 문자생활-비교와 시기구분-」『강좌 한국고대사』 5(문자생활과 역사서의 편찬), 7~8쪽).

는 일본열도에도 전파되었다고 볼 수도 있기 때문이다. 그렇지만 이러한 파동의 핵심이 될 낙랑군의 경우, 군현 운영에 필요한 관리가 중국에서 건너왔던 것은 군 설치 초기에 국한되었다.[8] 게다가 중국으로부터의 조직적 이민(移民)이나 사민(徙民)의 조치도 내려지지 않았다.[9] 결국 한인이 대량으로 이주했던 것은 군 설치 무렵의 짧은 기간동안이었고 그것마저도 군현이 들어선 제한된 지역에 불과했던 것이다. 이 점에서 적어도 한의 동방지역에서 한 문물이 전파되고 그것을 사용하는데 한인의 집단적 이주가 결정적 역할을 했다고 볼 수 없으며, 이 지역이 고대 동아시아 세계의 일원이 되는 계기 역시 한인의 집단적 이주에서 비롯되었다고 말할 수는 없겠다. 군현의 설치에 따른 한인의 이주는 어디까지나 인접사회가 중국 문물을 접하는 하나의 계기가 될지언정 인접지역에 중국 문물이 정착하는 것과는 직접적 관계를 갖는 것은 아니었다.

그런데 중국으로부터의 인구 유입이 아닌 군현과 인접지역 간의 교류로 눈을 돌려보면 흥미로운 사실을 발견할 수 있다. 군현민을 매개로 한 문물이 전수되었을 가능성이 찾아지는 것이다. 낙랑군의 사례를 보면 군현 지배가 장기화되면서 낙랑 군현민은 점차 군현 통치에 협력하게 되었으며, 군현의 속리(屬吏)층을 전담하는 등 군의 지배층으로 탈바꿈하였다.[10] 또한 군현과 인접 지역 간의 교역이 활발히 전개되었는데, 이를 담당한 이들도 군현민이었다.[11] 특히 우리의 논의와 관련하여 주목이 가는 것은 군현 지배 하의 낙랑 사회가 점차 한화(漢化)되어갔다는 사실이다. 한인에 의해 이적(夷狄)으로 간주되었던 낙랑의 백성들이 시서(詩書)를 암송할 정도로 유교문화를 향

8 "(樂浪)郡初取吏於遼東"(『漢書』 卷28下, 地理志, p.1658).

9 권오중(2004), 「중국사에서의 낙랑군」 『한국고대사연구』 34, 29~30쪽.

10 권오중(2004), 앞의 글, 29쪽.

11 尹龍九(1990), 「樂浪前期 郡縣支配勢力의 種族系統과 性格」 『歷史學報』 126, 11~12쪽, 앞서 언급했던 평양 일대의 분묘들은 바로 이들의 경제적 부를 과시하는 것이었다.

유하게 되었던 것이다.[12]

그러면 이들 군현민은 고대 동아시아 세계의 형성에 어떤 역할을 하였을까. 이와 관련하여 군현의 지배력이 군현 외곽지역에까지 미쳤다고는 볼 수 없기에 군현민이 동아시아 세계의 형성에 관여하기 위해서는 무언가의 계기를 필요로 하였다고 보아야 한다. 이 점에서 군현과 그 바깥 지역의 여러 세력 간에는 평화적·폭력적 교섭이 빈번하게 전개되었다는 사실에 관심이 간다. 이러한 교섭이 고구려를 비롯한 부여(夫餘)·삼한 등의 여러 세력에 영향을 주었고, 여기에 동아시아 세계의 형성과 관련된 군현민의 역할이 있었던 것은 아닐까.

군현과의 교섭기록이 일찍부터 보이고, 그 내용이 비교적 풍부한 것은 고구려이다. 이에 고구려를 중심으로 군현과의 교섭관계를 살펴보고자 한다.

> B. "한대에 '고취기인'을 내려주었는데, 항상 현도군에서 조복과 의책을 받았으며, 고구려현령이 그 명적을 주관하였다. 그 뒤에 점차 교만하고 방자해져서 다시는 군에 오지않아 동쪽 변경에 작은 성을 쌓아 조복과 의책을 그 가운데에 두니 매년 와서 가져갔다. 지금 호는 아직도 이 성을 책구루라고 부르는데, 구루란 고구려에서 성을 가리켜 부르는 말이다"(『三國志』 卷30 高句麗傳)[13]

고구려는 현토군과 접해 있다는 지리적 조건에 더하여, 한(漢)의 동방경영(東方經營)과 관련하여 주요한 통제의 대상이기도 하였다. 기원전 75년 한4

12 "巴·蜀 … 遼東·樂浪 周時被髮椎髻 今戴皮弁 周時重譯 今吟詩書" (『論衡』 恢國篇). 관련 설명은 이성규의 연구를 참조(이성규(2006), 「중국 군현으로서의 낙랑」 『낙랑문화 연구』 38쪽).

13 "漢時賜鼓吹技人 常從玄菟郡受朝服衣幘 高句麗令主其名籍. 後稍驕恣 不復詣郡 于東界築小城 置朝服衣幘其中 歲時來取之 今胡猶名此城爲幘溝漊. 溝漊者 句麗名城也." (『三國志』 卷30, p.843).

군의 하나인 현도군이 그 중심지를 고구려의 서북(西北)으로 옮겨 고구려의 성장세를 가로막고 통제아래 두려 했다는 사실이 이를 말하여 준다.[14]

그러면 빈번하였을 군현과의 접촉으로 달라진 고구려의 면모는 어떤 것이었을까. 위의 B 기록에 따르면 교섭 초기 현도군은 관리하던 명부(名簿)에 따라 조복의책을 수여하였다. 한은 군현 지배가 미치지 않는 주변 사회에 대해 조복의책을 소지한 자만이 호시교역에 참가할 수 있도록 제한하였다. 분리조종책을 통해 주변 사회를 효과적으로 통제하고자 했던 것이다. 고구려도 예외는 아니었다. 그러던 군현과의 교통을 고구려 국왕이 독점하게 되면서 조복의책은 5부(部)의 대가(大加)에 비해 결코 우월했다고 볼 수 없는 고구려 초기의 왕권(王權)이 제자리를 잡아나가는데 활용되었다.[15] '책구루'의 설치에 대한 언급이 이를 전하고 있는 것이다. 한편 군현과의 교섭에 의해 나타난 변화상은 이것만이 아니었다.

C-1. "『책부원구』에 이르기를 고구려는 후한시대에 관직을 설치하였는데, 상가·대로·패자·고추대가·주부·우태·사자·조의·선인 등이 있으며…"(『三國史記』 卷40, 雜志9, 官職 下)[16]

-2. "모든 대가들도 스스로 사자·조의·선인을 두었는데, 그 명단을 모두 왕에게 보고해야 하였다"(『三國志』 卷30 高句麗傳)[17]

---

14 "伐朝鮮 殺滿孫右渠 分其地爲四郡 以沃沮城爲玄菟郡 後爲夷貊所侵 徙郡句麗西北 今所謂玄菟故府是也" (『三國志』 卷30, p.846).

15 노태돈(1999), 「부체제의 성립과 구조」『고구려사 연구』 사계절, pp.118~121. 다만 이 글에서는 책구루의 설치와 운용시기에 대해 1~2세기의 일로 보고 있으나, 기원전 75년 이후의 일로 보는 연구도 있다(윤용구(2007), 「고구려의 흥기와 幘溝漊」『고구려의 역사와 대외관계』, 서경문화사).

16 "冊府元龜云 高句麗 後漢時其國置官 有相加對盧沛者古鄒大加主簿優台使者皁衣先人" (『三國史記』 卷40, 雜志9, 官職 下).

17 "諸大加 亦自置使者·皁衣·仙人 名皆達於王"(『三國志』 卷30, 魏書 烏丸鮮卑東夷傳30, p.843).

위의 두 기록은 고구려 초기의 관제에 대한 정보를 전하고 있다. 이들 가운데 C-1의 '주부(主簿)'에 관심이 간다. 그 명칭으로 보아 중국 관제의 영향에 의해 성립된 관으로 추정되기 때문이다. 한의 군 태수부(太守府)에는 주부 등의 속리가 편성되어 태수의 업무를 보좌하였다. 이 가운데 문서와 기록을 관장하는 속리가 바로 주부였다.[18]

그런데 고구려의 주부는 한 군현의 주부와는 성격을 달리하는 점이 적지 않았다. 이와 관련하여 대가와 함께 출정군을 지휘한다거나 공회시에 대가와 동급의 지위로 소가(小加)와는 신분적으로 구별되고 고구려 국왕과 더불어 오(吳)의 손권(孫權)으로부터 조서(詔書)를 받았다는 사실 등을 들 수 있다.[19] 한의 주부는 군 태수부의 속관 즉 한 제국의 말단 관리에 불과했지만, 고구려의 주부는 고구려 초기의 관등 조직에서 중핵적 위치에 있던 관이었던 것이다. 이로 보아 고구려의 주부는 중국 관제를 그대로 습용한 것이 아니라 그 명호와 형식을 빈 관이었음을 알 수 있다. 반면 '상가·고추가·우태' 등은 고구려 고유의 관으로 보여진다. 이 점에서 고구려는 일찍부터 고유의 관제와 더불어 중국의 관료조직에 연원을 둔 관으로 관등조직을 편성했던 것이다.

또한 C-2 기록에서 '제가들이 가신처럼 임명한 사자·조의·선인의 명단을 왕에게 보고했다'는 것은 그 명단이 문서로 보고되었을 가능성을 보여준다. 즉 한자(漢字)를 사용한 문서행정(文書行政), 한의 그것처럼 완숙한 단계의 것일 수는 없지만 적어도 고구려가 일찍부터 한자를 사용한 관료행정을

18 이성규(2006), 앞의 글, 36~37쪽.

19 ①"五年 王遣大加優居·主簿然人等 將兵助玄菟太守公孫度 討富山賊" (『三國史記』 卷16, 高句麗本紀4, 新大王條).
②"其公會 衣服皆錦繡金銀以自飾. 大加主簿頭著幘 如幘而無餘 其小加著折風 形如弁" (『三國志』 卷30, 魏書 烏丸鮮卑東夷傳30, p.844)).
③"吳書曰 初 張彌·許晏等俱到襄平 … (公孫)淵欲圖彌·晏 … 張群·杜德·黃疆等及吏兵六十人 置玄菟郡. … 旦·疆別數日 得達句麗 因宣詔於句麗王宮及其主簿 詔言有賜爲遼東所攻奪" (『三國志』 卷47, 吳書 吳主傳2, pp.1139~1140).

시작하고 있었음을 시사한다.[20] 한 군현과의 접촉에서 비롯된 자극과 필요성은 고구려 국내 통치체제에서 문서행정의 시행을 촉발하였던 것이다.[21]

그런데 이상에서 살펴본 변화상은 모두 한의 문물로부터 비롯된 것이지만, 위신재(威信財)처럼 소유와 동시에 그 가치를 발휘하는 것이 아니라는 점에 특징이 있다. 한 군현의 운영을 통해 주부 등의 업무분장과 문서행정의 필요성을 자각했다고 하더라도, 도입과 시행을 위해서는 군현제도를 이해하고 한자로 문서를 작성할 수 있어야 하였다. 앞서 살핀 한 문물의 수용에는 이러한 지식을 가진 식자층(識者層)의 보유가 전제되고 있는 것이다. 그러면 고구려는 한자를 습득하고 문서행정을 경험한 식자층을 어떻게 확보할 수 있었을까.[22]

『後漢書』에는 122년 경의 일로서 고구려가 군현에 침입하여 포로로 데려간 군현민이 수천에 달하고 있다는 지적을 전한다.[23] 고구려는 군현과의 군사적 충돌을 통해 군현민을 확보해 나갈 수 있었던 것이다. 또한 현도군의

---

20 李成珪(2003),「韓國 古代國家의 形成과 漢字 受容」『韓國古代史硏究』32.

21 고구려가 어째서 이들의 도입이 필요하다고 여겼으며 시행을 통해 이루고자 했던 목표는 무엇이었을까 궁금하다. 이 의문은 군현을 두고 그 지배력의 확대를 기도하는 한 제국에 대해, 고구려 등 인접세력들이 취할 수 있는 방책은 무엇이었을까 하는 질문으로 대체하여 볼 수 있을 것이다. 축출해 낼 수 없는 현실에서 중국에 대한 효과적인 저항은 아마도 그것을 모델로 하는 국가체제를 서둘러 마련하는 것이 아니었을까. 이에 대해서는 후술.

22 漢은 漢人의 국경출입을 엄격히 통제하였으며, 철기를 비롯한 중요 전략물자의 유출은 원칙적으로 엄금하였다. 이에 낙랑군 등 군현은 군현민의 출입은 물론 철기를 비롯한 중국의 문물과 선진기술이 바깥으로 유출되는 것을 철저히 통제하였다(이성규(2006), 앞의 글, 123~124쪽). 이와 관련하여 군현이 고구려에 제공한 문물이 '鼓吹技人' '印綬衣幘'이었다는 사실로 보아 한자문화나 정치제도 등은 선진 기술에 속하는, 전략적 문물이었다고 생각된다.

23 "(建光二年) 遂成還漢生口 詣玄菟降 詔曰遂成等桀逆無狀 當斬斷葅醢 以示百姓 幸會赦令 乞罪請降. 鮮卑·濊貊連年寇鈔 驅略小民 動以千數 而裁送數十百人 非向化之心也. 自今已後 不與縣官戰鬪而自以親附送生口者 皆與贖直 縑人四十匹 小口半之." (『後漢書』卷85, 東夷列傳75, p.2815).

호구수(戶口數)는 후한시대에 들어서 급감하였는데[24] 이 역시 고구려가 군현 영역을 잠식해 들어간 사정과 관련이 있다고 보인다. 이로 보아 고구려가 필요로 하였던 한 문물의 식자층을 확보하는데 큰 어려움은 없었을 것이다.

바로 여기에 군현민들이 고대 동아시아 세계의 형성과정에 기여한 부분이 있다고 보인다. 이들은 군현지배를 거치면서 한화되어가고 있던 존재들이라는 점에서 고구려가 한자를 수용하고 문서행정과 관제를 도입하는데 필요한 최적의 매개자였던 것이다.[25] 특히 한자의 수용은 거기에 그치지 않고 한자를 매개로 중국의 학술·문화·제도·사상을 배우게 되고 유교를 비롯한 정치제도로서의 율령, 한역불교(漢譯佛教)를 수용하는 데까지 이른다.[26] 이 점에서 고구려가 한자를 수용하고 초보적이나마 문서행정을 실시했다는 것은 중요한 의미를 지닌다. 고구려가 고대 동아시아세계의 일원으로 자리하게 되는 계기였다는 점에서 그러하다.

한편 무제(武帝)의 사후, 한의 대외정책은 재정 부담이 과중하고 토착민의 저항을 받는 변군(邊郡)을 축소 또는 폐지하는 방향으로 나아갔다. 이에 따라 군현과 그 바깥의 세력 간의 관계도 형식적으로는 군현의 관할 아래 있으나, 실질적으로는 책봉조공의 외교관계로 변하였다. 이러한 양자의 관계 속에서 고구려는 관할 군의 변경을 요구하거나 자의적인 탈퇴와 복귀를 반

---

24 당초 45,006戶 221,845口의 현도군(제2현도군 시기)이 『後漢書』에는 1594호 43,163구로 전하고 있는 것이다.

25 이와 관련하여 최근 경기 일원에서 늘고 있는 낙랑계 유적·유물과 이에 대한 이해를 덧붙이고 싶다. 金武重은 다량의 낙랑계 유물이 나온 華城 旗安里유적을 製鐵유적이라고 파악하고 제철기술을 가진 낙랑 工人집단의 이주를 상정하고 있다(金武重(2004),「考古資料를 통해서 본 百濟와 樂浪의 交涉」『湖西考古學』 11). 이러한 이해를 좇는다면 이 유적은 낙랑 군현민이 고구려 외에 백제의 국가적 성장에도 기여했음을 보여주는 실례가 된다.

26 이성시 지음·박경희 옮김(2001),「동아시아 문화권의 형성」『만들어진 고대』, 삼인, 139쪽.

복하였다.[27] 이것은 고구려가 변군체제의 맥락을 간파하고 그에 걸맞는 대외 전략을 갖추고 있었음을 의미하는 아닐까. 군현과의 교통을 국왕이 독점함으로써 한의 분리통제책을 무산시켰다는 사실이 이를 말하여준다. 뒤에 가서는 조위(曹魏)와 손오(孫吳)의 대결 국면 속에서[28], 고구려가 불필요한 충돌을 피하고 국가적 성장을 이룩하기 위해 다각적인 외교가 전개되어야 하였던 것이다. 만일 그러하다면 이 시기 대중외교(對中外交)가 활발하게 전개될 수 있었던 배경에도 군현민의 역할을 상정하여 볼 수 있다고 여겨진다.[29]

27 ①"遣使如漢貢獻方物 求屬玄菟" (『三國史記』 卷15, 高句麗本紀3, 太祖大王 59年條).
②"元初五年 復與濊貊寇玄菟 攻華麗城" (『後漢書』 卷85, 東夷列傳75, p.2814).

28 공손씨세력과 고구려의 향배를 두고 曹魏의 東方政策과 孫吳의 책동이 전개되었음은 다음의 글을 참조하라.(이성제(2007), 「위진남북조의 '요동'인식과 고구려-조위의 동방경략과 그 역사적 의미를 중심으로-」『중국의 변강 인식과 갈등』, 한신대출판부).

29 이와 관련하여 참고해 볼 수 있는 사례가 한 文帝시기 匈奴 單于의 곁에서 흉노를 위해 봉사했던 漢人 中行說의 일화이다(『史記』 卷110, 匈奴傳). 그가 흉노에 기여했던 바는 여럿이 전하지만, 그가 한의 사신을 상대하여 흉노의 국가적 이익을 도모했다는 점에 관심이 간다.

IV. 5호16국·남북조 상쟁기 이주민과 고구려·백제

앞 장에서는 낙랑·현토 등 한 군현이 설치·유지되었던 시기를 고대 동아시아세계의 형성과 관련하여 제1기로 간주하고, 군현민과 고구려 초기의 국가적 발전과의 연관성을 살펴보았다. 이제 그 두 번째 단계로서 304년부터 6세기 후반에 이르는 시기를 살펴보고자 한다.[30]

이 시기 중국에서는 8왕(八王)의 난(亂) 이래 동진(東晋)을 거쳐 유송(劉宋) 초에 이르기까지 대규모의 인구 이동이 발생하였다. 수십만 내지 백만으로 추산되는 이들의 이주는 거의 집단적인 것으로 북중국의 전란과 이민족 지배에서 벗어나기 위한 것이었다.[31] 그리고 대량의 이주를 촉발했던 북중국의 혼란은 북위(北魏)의 화북(華北) 통일, 다시 동(東)·서위(西魏)의 분열을 거쳐 北周의 재통일로 일단락된다.

한편 요하 이서(以西)지역에는 고구려·백제(百濟)·신라(新羅)의 3국이 고대국가로의 발전을 이루어가고 있던 시기였다. 율령의 반포와 불교 수용 등 중앙집권적 국가체제를 갖추었던 것이다. 특히 고대 동아시아세계의 형성과 관련하여서는 이들 국가가 화북지역의 혼란에도 불구하고 중국의 제왕조(諸王朝)들과 책봉조공관계를 맺고 상대적으로 안정적인 관계를 유지하였다는 사실이 중요하다. 이러한 의미에서 이 시기는 고구려 등 삼국의 국가적 발전사 뿐 아니라 이들을 포함한 고대 동아시아세계의 형성과 관련하여서

30 대체로 북중국의 혼란기는 서진 말로부터 북위의 화북통일까지 130년간을 본다. 그렇지만 그 뒤로도 남북조의 대립과 북위의 분열로 재차 혼란의 상황이 전개되었다는 점에서 다소 길지만 6세기 초까지를 설정하고자 한다.

31 이공범(2003),『위진남북조사』, 지식산업사, 67쪽.

도 제2의 획기를 이루었다고 말할 수 있겠다.

그런데 우리의 논의와 관련하여 주목이 가는 현상은 이 시기 많은 중국인이 요하를 건너 고구려로 유입되었다는 사실이다. 즉 화북지역의 동란으로 이들 중국계 이주민의 유입이 있었고, 이와 짝하여 고구려는 국가적 발전을 이루었던 것이다. 이러한 시각에서 이 시기 중국으로부터 고구려에 유입된 중국계 이주민을 정리해 보면 다음과 같다.

표 1 4~6세기 중국으로부터 고구려에 유입된 중국계 이주민

유입 시기	이주민	경 위	고구려측의 조치
319(太興 2)	平州刺史 崔毖[32]	선비 慕容廆에게 격파되어 고구려로 도주	
336(建武 2)	慕容仁의 수하 冬壽·郭充[33]	선비 慕容皝에게 토벌되어 고구려로 도주	고구려에서 357년 사망(安岳3호분)
?	□鎭[34]	?	408년 고구려에서 사망(德興里고분)
338(建武 4)	前燕의 封抽·宋晃·游泓 등[35]	모용황에게 토벌되어 고구려로 도주	349년 송황을 前燕에 송환[36]
370(建熙 11)	前燕의 慕容評[37]	前秦에게 패망하여 고구려로 도주	前秦에 넘김
372(建元 8)	前秦 승려 順道[38]	전진이 佛經과 함께 고구려에 보냄	375년 肖門寺 세우고 머물게 함
385	幽州·冀州의 流民[39]	後燕의 등장과 관련, 고구려로 내투	이들을 두고 후연과 다툼 414(太平 6) 이전
414(太平 6) 이전	北燕王 馮跋의 아우 馮丕[40]	내란이 일어나자 고구려로 도주	귀환
436(太興 6)	北燕王 馮弘과 和龍城民[41]	北魏에 패망, 고구려로 도주	고구려군의 구원 화룡성에서 탈출. 北豊에서 살해
525~528년(孝昌 년간)	北魏 韓詳[42]	내란이 일어나, 고구려로 이주	고구려군의 진출. 552년 송환
525~528년(孝昌 년간)	北魏 江果와 安州城民[43]	내란이 일어나, 고구려로 이주	고구려군의 진출. 552년 송환
6세기 중반	東魏의 步蕃[44]	西魏에게 패전, 고구려로 이주	

(위의 표는 문헌과 묘지자료, 무덤의 묵서(墨書) 등에서 찾아볼 수 있는 사례

32 "冬十二月 晉平州刺史崔毖來奔. 初崔毖陰說我及段氏·宇文氏使共攻慕容廆 三國進攻棘城. … 毖與數十騎 棄家來奔 其衆悉降於廆."(『三國史記』 卷17, 美川王 20年條).

33 "慕容幼·慕容稚·佟壽·郭充 … 皆東走 幼中道而還 … 壽·充奔高麗"(『資治通鑑』 卷95, 晉紀17, 成帝 咸康 2年(336), pp.3005~3006).

34 幽州刺史 □鎭의 출신에 대한 논쟁은 서영대의 글을 참조하라.(徐永大(1992), 「德興里古墳 墨書銘」 『譯註 韓國古代金石文』, 한국고대사회연구소)

들로 작성한 것으로, 추가 자료에 의해 중국에서 고구려로 유입된 이주민의 예는 더 늘어날 가능성이 있다.)

표에 따르면 5호16국시대가 열리던 무렵부터 중국계 이주민이 나타난다. 평주자사(平州刺史) 최비(崔毖)의 예가 여기에 해당한다. 서진(西晉) 말(末)의 혼란은 요하일대에서 선비 모용씨(慕容氏)의 성장을 가져왔고, 모용씨 세력

35 "燕王皝分兵討諸叛城 皆下之. 拓境至凡城 … 封抽·宋晃·游泓奔高句麗"(『資治通鑑』 卷96, 晉紀18, 成帝 咸康 4年(338), pp.3020~3021).

36 "王送前東夷護軍宋晃于燕."(『三國史記』 卷18, 高句麗本紀6, 故國原王 19年條).

37 "秦王猛伐燕破之. 燕太傅慕容評來奔. 王執送於秦"(『三國史記』 卷18, 高句麗本紀6, 故國原王 40年條).

38 "夏六月 秦王苻堅遣使及浮屠順道 送佛像經文 王遣使廻謝 以貢方物."(『三國史記』 卷18, 高句麗本紀6, 小獸林王 2年(372)).

39 "夏六月 王出兵四萬 襲遼東. … 遂陷遼東·玄菟 虜男女一萬口而還. 冬 十一月 燕慕容農將兵來侵 復遼東·玄菟二郡. 初 幽冀流民多來投 農以范陽龐淵 爲遼東太守 招撫之."(『三國史記』 卷18, 高句麗本紀6, 故國壤王 2年條).

40 "(馮)跋弟丕避亂在高句麗 跋召之 以爲左僕射 封常山公"(『資治通鑑』 卷116, 晉紀38, 安帝義熙10(414년), p.3668).

41 "魏人數伐燕 燕日危蹙. 燕王馮弘曰 若事急 且東依高句麗 依圖後擧. 密遣尙書陽伊 請迎於我. … 王遣將葛盧孟光 將衆數萬 隨陽伊至和龍 迎燕王"(『三國史記』 卷18, 高句麗本紀6, 長壽王 23~24年條).

42 "(韓詳) 屬群飛海 天下亂離 戎狄窺疆 孝昌失馭 高麗爲寇 被擁遼東 雖卉服爲夷 大相引接 欽名仰德 禮異恒品 未履平壤之郊 遞拜太奢之職 非其好也 出自本心 辭之以疾 竟無屈矣 執節無變 斯之謂乎. 華夏人安 宗祧更立 率領同類五百餘戶歸朝奉國. 聖節可嘉 爵以酬功授龍城縣令."(『韓暨墓誌』).

43 "(建義 元(528)年 7月 江文遙 死亡) 長史許思祖等以文遙遺愛在民 復推其子果行州事. 旣攝州任 乃遣使奉表. 莊帝嘉之 除果通直散騎侍郎·假節·龍驤將軍·行安州事·當州都督. 旣而賊勢轉盛 臺援不接 果以阻隔强寇 內徙無由 乃攜諸弟率城民東奔高麗. 天平中詔高麗送果等. 元象中 乃得還朝."(『魏書』 卷71, p.1590).

44 "六世祖步蕃西魏將 鎭河曲 爲北齊神武所破 遂出」奔遼海 後裔因家焉 爲豆氏□"〈豆善富墓誌銘〉(관련 자료의 석문은 고구려연구재단 편(2005), 『중국 소재 고구려 관련 금석문 자료집』, p.125를 참조하였다).

은 모용외(慕容廆)의 사후 그 아들 간의 권력투쟁을 거쳐 전연(前燕)을 세워 요하일대와 하북성(河北省) 일부를 차지하게 되었다. 이러한 배경에서 동수(冬壽)·곽충(郭充)과 봉추(封抽)·송황(宋晃)·유홍(游泓) 등이 고구려로 이주하였다. 한편 전연은 부견(苻堅)의 전진(前秦)에게 패망하는데, 이 과정에서 전연의 태부(太傅) 모용평(慕容評)이 고구려로 도망쳐 왔다. 385년 이전의 일로 추정되는 유주(幽州)·기주(冀州) 유민의 경우도 전진의 쇠망과 후연(後燕)의 등장으로 이어지는 혼란 속에서 고구려로 유입되었다고 보인다. 또한 풍비(馮丕)와 풍홍(馮弘) 등은 후연을 계승한 북연인(北燕人)으로 특히 국왕이던 풍홍이 수도 화룡성민(和龍城民)을 이끌고 고구려로 들어왔다는 점에서 주목이 간다. 그러던 북중국의 혼란을 수습한 국가는 북위였다. 한상(韓詳)과 강과(江果) 등은 6진(鎭)의 난으로 일어난 북위 말의 혼란과 관계된 이들이다. 끝으로 보번(步蕃)은 북위의 분열에 따른 동·서위의 대결과정에서 유입되었음을 살필 수 있다(순도(順道)의 경우는 후술).

중국계 이주민이 고구려에 유입된 경위를 살펴본 결과, 이들의 이주는 예외 없이 북중국 지역의 정치적 혼란과 관련이 있음을 발견할 수 있다. 위로는 서진 말의 혼란으로부터 동위와 서위의 대결기까지 변화의 국면이 나타날 때마다 이주민이 발생하였던 것이다. 이러한 사실은 고구려가 북중국의 정치·군사적 혼란으로부터 결코 자유로울 수 없었다는 사실을 알려준다. 혼란의 여파가 이주민을 통해 그대로 전달되고 있었던 것이다. 또한 고국에서의 지위로 보면 이주민에는 왕국의 국왕(풍홍)으로부터 고관(모용평)·지방관(최비, 강과)과 그 속료(동수·송황 등), 그리고 지역 호족(豪族, 한상 등)과 일반민까지 거의 모든 계층이 포괄되어 있음을 본다. 이것은 다음 장에서 살피게 될 일본열도로의 이주민 즉 '도래인'이 주로 학식·기술 등을 소지한 기능인으로 구성되었다는 사실과 비교된다.

이처럼 지속적인 유입의 흐름을 보인 중국계 이주민들은 고구려에서 어떤 역할을 수행하였을까. 또한 고대 동아시아세계의 형성과 관련하여서는 어떤 기여를 하였을까. 이를 알아보기 위해 우선 이들 이주민이 어떤 자격으로 고구려에 입국하였는가부터 살펴보자. 적지 않은 경우가 고국을 등지고 새로운 땅으로 이주한 '망명(亡命)'의 형태를 띠고 있음에 유의된다. 자신의 세력기반을 모두 잃고 고구려로 도망쳐 왔던 최비의 경우는 동수와 봉추에게서 그대로 보이며, 모용평과 북연왕 풍홍의 사례도 크게 보아서 여기에 해당하는 것이다. 마지막의 사례인 보번도 여기에 속한다.

그런데 문제는 이들 중국계 주민이 요하를 건너왔다고 해서 그대로 고구려에 안주할 수 있었던 것은 아니라는 점이다. 모용평의 사례에서 볼 수 있듯이 이들 망명자의 운명은 고구려가 영내 진입을 허용하는가에 따라 좌우되었다. 심지어는 고구려에 거주케 되었더라도 갑작스럽게 떠나온 곳으로 돌려보내지는 경우도 있었다. 338년 고구려에 입국했던 송황이 349년에는 전연으로 송환되었던 것이다. 이처럼 중국계 이주민의 고구려 입국은 고구려가 이들을 수용할 것인가의 여부에 달려 있었으며, 정착 이후의 생활도 고구려의 관리 아래 놓여 있었다. 중국계 망명인이 아무런 연고가 없던 지역에 자리를 잡을 수 있었다는 것은 고구려가 이들을 그곳에 안치했기에 가능했던 것이다.

한편 모용평의 사례에도 불구하고 고구려는 중국계 이주민을 적극 수용하였다고 보인다. 심지어 국경을 넘어가서까지 영입해오기도 하였다. 바로 북연왕 풍홍과 한상·강과의 경우가 이를 보여준다. 북연왕이 고구려를 피신처로 택하게 된 것은 고구려가 대북위외교(對北魏外交)를 통해 그를 궁지에 몰아넣었기 때문이었다. 또한 고구려는 북위군과의 충돌 가능성에도 불구하고 그의 영입을 위해 군대를 요하 너머의 화룡성까지 보내었다.[45] 한상과 강

45 관련 이해에 대해서는 李成制b(2004), 「高句麗의 對北魏交涉과 그 政治的 意味-北燕을 둘러싸고 이루어진 對北魏關係의 전개-」『歷史學報』 181; 改題(2005) 「長壽王의 對北魏交涉과 그 政治的 意味」, 앞의 책, 53-57쪽을 참조하라.

과의 영입도 고구려군이 이전의 화룡성, 당시의 영주(營州)까지 진출했던 결과였다.[46]

고구려는 어째서 중국계 이주민을 필요로 하였던 것일까. 북연왕 풍홍의 경우를 좀더 보자. 고구려가 북연왕을 영입하였던 것은 동진해 오고 있던 북위의 세력확대와 관련이 있었다. 5호16국의 혼란은 북위가 화북 전역을 평정함으로써 수습되어갔다. 북연의 멸망은 그 와중에 벌어진 일로 북위의 세력확대가 고구려로 밀려들어오고 있음을 보여주는 사건이었다. 이에 고구려는 북연왕 세력을 확보함으로써 북위의 세력확대를 견제하는 억제력으로 삼고자 하였다.[47] 영입한 북연왕을 평곽(平郭)에 안치했다는 점이 이를 말하여 준다.[48] 평곽은 요하에 가까운 곳으로 요서(遼西)를 겨냥할 수 있는 거점이었다는 사실에서 그러하다.[49]

한편 이러한 북연왕에 대해 남쪽의 송(宋)이 영입하겠다고 나선 것은 송을 중심으로 일련의 국가들이 북위에 대항하고 있던 당시의 국제관계와 긴밀하게 연결된 것이었다. 송은 그를 구실로 삼아 고구려와 북위의 관계를 악화시키려는 의도였다. 북위의 위협을 덜어내기 위해 고구려를 제2의 전선(戰線)으로 삼고자 했던 것이다.[50] 이 점에서 고구려가 풍홍 일가를 제거한 것은

---

46 이 두 사람의 사례는 520년대 北魏末의 혼란시 고구려가 遼西로 진출하여 營州와 安州지역 豪族을 영입해 왔음을 보여준다(李成制c(2001),「高句麗와 北齊의 關係」『韓國古代史硏究』 23; 改題(2005),「'北魏末 流人' 문제를 통하여 본 高句麗의 西方政策」,『高句麗의 西方政策 硏究』, 國學資料院).

47 李成制b(2004), 앞의 책, 53-57쪽.

48 "春三月初 燕王弘至遼東. 王遣使勞之曰 龍城王馮君 爰適野次 士馬勞乎. 弘慙怒 稱制讓之. 王處之平郭 尋徙北豊. 弘素侮我 政刑賞罰 猶如其國. 王乃奪其侍人 取其太子王仁爲質. 弘怨之 遣使如宋 上表求迎. 宋太祖遣使者王白駒等 迎之幷令我資送. 王不欲使弘南來 … 殺弘于北豊 幷其子孫十餘人." (『三國史記』 卷18, 高句麗本紀6 長壽王 26年條).

49 李成制d(2003),「高句麗 長壽王代의 對宋外交과 그 意義」『白山學報』 67; 改題(2005)「長壽王代 對宋外交와 그 意義」, 앞의 책, 77쪽

50 李成制d(2003), 앞의 책, 79~83쪽.

송과의 연결 가능성을 부정하고 북위에 유화적인 입장을 보인 것이다.

고구려는 북위에 적대하기 보다는 송의 북연왕 영입 시도를 역으로 활용하여 양국의 불안한 관계를 개선하고자 하였다. 즉 북연왕 풍홍의 향배를 둘러싸고 일어난 고구려와 북위, 송 간의 관계 악화와 충돌은 즉 북위의 위협으로부터 북위와 송의 대결관계로 이어지던 국제정세의 변화가 있었고, 이러한 대외적 위기 속에서 북연왕 풍홍을 매개로 한 고구려의 대외전략이 추진되었음을 보여준다. 그 결과 고구려는 대북위 관계의 악화와 충돌 위기 속에서도 북위와 대결하지 않을 수 있었다.

그러면 고구려의 대북위 관계가 군사적 충돌이라는 극단적 적대관계까지 나아가지 않았다는 사실은 어떤 의미를 갖는 것일까. 이것은 다른 국가들의 예와 비교하여 보면 자명하게 드러난다. 송을 비롯하여 유연(柔然)·하(夏)·북연(北燕)·북량(北涼)·무도(武都)·토곡혼(吐谷渾) 등 거의 국가들은 북위의 침공을 받아 커다란 피해를 입고 심지어는 패망하기조차 하였다. 그렇지만 고구려는 당시 동아시아세계 대부분의 나라들이 빠져나오지 못했던 남북조의 대결에 휘말리지 않을 수 있었다. 나아가 이러한 중국 방면의 안정이 고구려가 전성기를 구가할 수 있었던 토대가 되었다는 점에서 이 시기 고구려의 대외전략이 갖는 의미는 각별하다. 바로 여기에 북연왕 등의 중국계 이주민이 기여한 역할이 있었던 것이다.[51]

한편 중국계 이주민의 유입은 한 시기에 집중된 것이 아니라 중국 방면의 정세변화가 나타날 때마다 나타나곤 하였다. 유입된 이주민의 면면도 제각각이었다. 이 점에서 중국계 이주민의 역할도 고구려의 대외전략에 한정되었을 리는 만무하다. 동수의 사례가 이를 말하여 준다. 동수의 무덤이 소재

51 이러한 유형에는 앞에서 본 모용평과 송황 등도 해당한다. 중국계 이주민의 거취가 교섭의 수단이 되기도 했던 것이다.

하고 있는 황해도 안악(安岳)은 본래 낙랑과 대방군이 있던 지역이다. 즉 동수는 군현 고지에 안치되었던 것이다.

그런데 고구려가 낙랑·대방군 지역을 차지한 것은 313년 무렵의 일이지만 지역 지배가 순조롭지는 못하였다. 아래의 기사가 이를 말하여준다.

> D. "요동의 장통이 낙랑·대방 두 군에 웅거하며 고구려왕 을불리(;미천왕)과 여러 해 동안 상쟁하였으나 해결을 보지 못하고 있었다. 낙랑의 왕준이 장통을 설득하여 그 백성 천여 가를 이끌고 모용외에게 귀순하니, 외가 이들을 위해 낙랑군을 두고, 장통을 태수로 왕준을 참군사로 삼았다."(『資治通鑑』 卷88, 晉紀10, 愍帝建興元年(313), p.2799)[52]

고구려가 애써 획득한 지역을 통치하기 위해서는 군현민의 협조가 필요하였다. 남쪽의 백제와 대결하는데에도 이들의 지지와 협력은 필수적인 것이었다. 하지만 군현민은 고구려의 지배에 대해 호의적인 태도를 보이지 않았다. 도리어 저항적 자세를 보였다.[53] 왕준 등은 근거지를 떠나 중국으로의 이주를 택할 정도로 고구려의 지배에 반발하였던 것이다.

이러한 낙랑·대방고지에 대해 고구려는 동수와 같은 중국계 이주민을 안치하는 조치를 취하였다.[54] 또한 이 지역에서 발견되는 명문전(銘文塼)들은 과거 군현의 지배세력의 세력기반이 고구려에 복속된 이후에도 상당 기

52 "遼東張統據樂浪·帶方二郡 與高句麗王乙弗利相攻 連年不解. 樂浪王遵說統帥其民千餘家歸廆 廆爲之置樂浪郡 以統爲太守 遵參軍事"(『資治通鑑』 卷88, 晉紀10, 愍帝建興元年(313), p.2799)

53 李成制e(1996), 「4~5世紀 高句麗의 樂浪·帶方故地에 대한 統治와 平壤遷都」, 西江大學校 碩士學位論文, 8~14쪽.

54 위의 표에 보이는 □진도 동수처럼 낙랑·대방고지에 안치된 중국계 이주민이었다. 이 밖에도 평양역전에서 발견된 '동리(佟利)'도 이러한 유형의 인물로 보여, 복수의 중국계 이주민이 고구려의 낙랑·대방고지 경영과 관련되었음을 짐작할 수 있다.

간 유지되고 있었음을 보여준다.[55] 고구려의 지배방식이 회유와 무마를 위주로 한 것이었음을 짐작케 하는 대목이다. 즉 동수 등은 고구려의 낙랑·대방고지 경영과 관련하여 고구려와 군현민 간의 새로운 관계 구축에서 매개적 역할을 수행했다고 짐작할 수 있는 것이다.[56]

고구려는 고국원왕대(故國原王代)부터 평양성(平壤城)을 전진기지로 삼아 남진에 힘을 기울였고, 427년에 가서는 평양으로 천도하였다. 이러한 사실만으로도 고구려가 평양 등 과거 군현지역의 경영에 적극적이었음을 알 수 있을 것이다. 이 점에서 동수·□진 등의 중국계 이주민은 고구려가 군현고지를 경영해 가는데 적지않은 역할을 하였다.

이처럼 제2기에 모습을 보이는 중국계 이주민은 고구려가 당면해 있던 국가적 과제를 해결하는데 동원되었다. 대외적 위기에서 교섭의 중요한 수단이 되었으며 평양 지역의 경영을 맡았다는 것이 이를 말하여 준다. 고구려인이 감당하기에는 곤란한 문제들이었던 것이다. 또한 고구려사로 보아서 4~6세기의 시기는 전연에게 왕도(王都)를 함락당하고 백제와의 전쟁에서 국왕이 전사했던 고국원왕대의 좌절을 딛고 국가체제를 정비하여 전성기를 이룩했던 시간에 해당한다. 이와 관련하여 소수림왕대(小獸林王代)에 태학(太學)이 세워지고 율령이 반포되었던 것이다. 그런데 이들과 짝하였던 불

55 낙랑·대방고지에서는 많은 전축분(塼築墳)이 발견되었다. 이들 무덤은 대체로 서기 2세기 무렵부터 만들어져 군현시기의 지배층과 관계되었음을 알 수 있다. 그런데 이 가운데에는 고구려에 복속된 313년 이후에 조성되었음을 보여주는 기년명전(紀年銘塼)이 출토되는 무덤들이 있다. 예를 들어 황해도 신천군 북부면의 전축분에서 발견된 〈永和八年二月四日韓氏造〉의 기년명전은 이 무덤이 고구려가 영락(永樂)의 연호를 사용하고 있던 404년에 조성되었음을 보여주는데, 고구려의 연호가 아닌 동진의 것을 사용하고 있는 것이다.

56 이에 대한 연구로는 李成市b(1992), 「東アジアの諸國と人口移動」『アジアからみた古代日本』, 角川書店; 林起煥(1995), 「4세기 고구려의 樂浪·帶方地域 경영」『歷史學報』 147; 李成制(1996), 앞의 논문; 余昊奎(2009), 「4세기 高句麗의 樂浪·帶方 경영과 中國系 亡命人의 정체성 인식」『韓國古代史硏究』 53 등의 글이 있다.

교 수용이 순도의 입국을 계기로 하였던 것처럼 고구려의 태학과 율령에도 중국계 이주민이 관여하였을 가능성은 충분하다. 만일 그러하다면 중국계 이주민은 고구려의 국가적 발전과 관련하여 대내외의 다방면에서 활약했다고 볼 수 있다.

그렇지만 중국계 이주민의 역할이 있었다고 해도 이러한 국가체제의 정비가 가능할 수 있었던 배경은 역시 군현민에 의해 일정한 토대가 닦여져 있었기 때문이라는 점도 잊어서는 안될 것이다. 구체적인 내용은 알 수 없지만 율령이 마련되었다는 것은 그러한 법체계를 만들어 시행할 수 있을 정도로 사회가 발전해 있었음을 의미할 것이다. 이와 관련하여 고구려는 장기간에 걸쳐 군현 지역을 접수해오고 있었다. 중국의 율령 지배를 장기간 경험한 군현민을 지속적으로 확보해 왔던 것이다.[57] 이러한 관계를 좀 더 확실하게 엿볼 수 있는 것이 불교 수용(受容)과 태학 건립이다.

순도가 입국한 지 3년이 되던 해, 고구려는 초문사(肖門寺)와 이불란사(伊弗蘭寺)를 세워 순도와 아도(阿道)를 머물게 하였다.[58] 이로 보아 고구려는 신라의 이차돈(異次頓) 순교(殉敎)와 같은 수용을 둘러싼 갈등이 일어나지 않았을 가능성이 높다. 이미 오래 전부터 불교를 신봉하고 있었을 군현민을 통해 국가불교로서의 불교에 대한 이해가 마련되어 있었다고 여겨지는 것이다. 귀족 자제를 교육하여 관리를 양성했던 태학 역시 고구려 사회의 한자

57 백제의 경우에도 군현민의 계통으로 여겨지는 인물들이 여럿 보인다. 개로왕과 동성왕대 중국에 보낸 국서에 등장하는 장무(張茂)·고달(高達)·양무(楊茂)·왕무(王茂)·장새(張塞)·진명(陳明) 등과 왜에 문물을 전했다는 백제인 고흥(高興)·왕인(王仁) 등은 낙랑·대방군의 축출과정에서 흡수된 이들일 가능성이 높다(權五榮(1995), 「백제의 성립과 발전」『한국사』 6, 22쪽). 또한 4세기 무렵 백제의 국가적 발전 역시 군현을 통해 유입된 인적 자원의 기여에 따른 것이라는 견해도 있다(李成市(1992), 앞의 글, 385쪽).

58 "春二月 始創肖門寺 以置順道 又創伊弗蘭寺 以置阿道 此海東佛法之始" (『三國史記』 卷18, 高句麗本紀6, 小獸林王 5年(375)).

문화가 일정한 수준에 도달해 있었음을 알려주는데, 여기에도 군현민의 관여를 상정하여 볼 수 있다.

나아가 제2기에는 이주민의 흐름이 요하를 건너 한반도에까지 이르고 있던 시기였다. 이 점에서 고대 동아시아세계의 형성이라는 문제와 관련하여 이주민의 역할이 상당하였을 것이라는 선입견과 달리, 그것은 고구려의 전략적 선택에 따라 좌우되었음을 살필 수 있었다. 이로 보아 적어도 고구려가 고대 동아시아세계의 일원으로 자리하고 발전해 가는데 중국계 이주민의 역할은 군현 설치이래 끊임없이 고구려에 흡수되어온 군현민을 넘어서지 못하였던 것이다. 그리고 이러한 사정 한가운데에 고구려의 주체적인 전략이 자리잡고 있었음을 강조하고 싶다.

V. 맺음말 : 고대 동아시아 세계의 형성 문제와 관련하여

이상의 논의를 통해 한자의 수용과 이를 매개로 한 율령·유교·한역불교의 수용과 정착에는 군현민(郡縣民)의 역할이 지대하였음을 살필 수 있었다. 적어도 고구려의 경우에서는 그러하였다. 사실 만주를 포함한 한반도 지역은 한 군현의 설치 이래 중국으로부터의 정치적 압력이 지속적으로 가해진 지역이었다. 이 점에서 이 지역이 고대 동아시아세계의 일원이 되는데 한인의 집단적 이주가 커다란 역할을 하였을 것이라고 생각하기 쉽다. 한자를 비롯하여 동아시아 문화권의 문화적 지표로 설정되는 이들 문화요소들이 모두 중국에서 기원된 것이라는 점에서도 이러한 가설은 충분한 논리적 근거를 확보하고 있는 것이다.

하지만 이주민에 의한 고대 동아시아 세계의 형성을 논하기에 앞서, 이들 문화요소를 어째서 고구려가 수용하였는가를 살필 필요가 있다. 현토군과 고구려의 관계에서 살펴보았듯이 한 군현의 설치는 고구려에 정치·군사적인 충격을 주는 것이었다. 이러한 정치·군사적 압력 속에서 고구려는 한자를 비롯하여 문서행정 그리고 정치제도 등을 수용하였다. 이들은 중국에 기원을 둔 것이어서 '중국화'라고 평가할 수도 있겠지만 그 보다는 고구려가 중앙집권적 국가체제를 이루는 수단이었다는 점이 주목된다. 고구려가 초기의 통치체제를 조직화하고 왕권에의 결속을 다지는데 필요한 도구들이었던 것이다. 즉 중국과 접촉하게 되었다는 대외적 위기 속에서 고구려가 한자를 수용하고 한의 정치제도를 참작한 관제(官制)를 마련했던 것은 자존을 도모하려는 국가전략의 일환이었다.

4~6세기의 제2기는 고대 동아시아세계의 형성과 고구려의 국가전략 간의 관계가 보다 분명하게 드러나는 시기였다. 이 시기에 집중적으로 보이는 중국계 이주민의 모습은 중국 방면의 정세 변화와 짝하여 이주의 물결이 요하를 건너 고구려에 닿고 있었음을 보여준다. 그만큼 고구려는 중국을 중심으로 하는 국제정세에 긴밀히 연동되어 있었던 것이다. 하지만 고구려는 중국방면의 정치적 혼란이나 남북조 간의 대결관계에 휘말리지 않고 자존을 유지하면서 국가발전을 이룩하였다. 여기에 이시기 고구려의 대외전략이 중국계 이주민을 내세웠던 까닭이 있었던 것이다. 또한 그 역할은 철저히 고구려의 전략적 선택에 의해 좌우되었다.

한편 고구려는 고국원왕대부터 평양 등 과거 군현지역의 경영에 적극적이었다. 그 뒤를 이어 소수림왕대의 불교 수용과 태학 건립·율령 반포가 있었다. 이들은 국가의 발전을 위해 옛 군현지역의 개발이 필요하며, 국가 제체의 재편과 정비를 위해 국가 불교와 관리양성 등이 절실하다는 판단에 따른 것이었다. 이러한 고구려의 국가전략 한가운데에 바로 군현민이 자리하고 있었다는 점에서 이들이 고대 동아시아세계의 형성에 기여한 바는 매우 컸다.

그런데 만주와 한반도지역이 동아시아세계의 제 문화요소를 수용한 배경이 이러하였다면, 바다 건너 일본열도의 경우는 어떻게 한자·유교·율령·한역불교를 수용하게 되었을까 하는 궁금증이 든다. 한반도에서 일본열도로 건너간 이른바 '도래인'에 관심이 가는 것이다.

한반도에서 일본열도로의 이주는 기원전 200년 경부터 나타나지만 우리의 논의와 관련하여 주목이 가는 것은 5세기 후반에서 7세기에 보이는 이주의 흐름이다.[59] 특히 기술·문화·지식을 가지고 이주하여 일정기간 왜국에 봉사하다가 귀국한 이들에 관심이 간다. 왜국의 불교 수용이 백제의 전폭적인 지원 아래 이루어졌다는 것은 잘 알려진 사실이다.[60] 이 점에서 왜국이 고대 동아시아세계에 포함되는 계기는 중국과의 관계가 아닌 한반도의 국가

59 관련 연구에 따르면 기원전 200년에서 서기 3세기까지의 이주민은 弥生문화의 전개와 관련, 在來人과의 동화에 의해 왜인이 되었기에 도래인의 범주에 넣을 수 없다(加藤謙吉(1986), 「渡來人」『古代史硏究の最前線』(第1卷, 政治·經濟編 上), 雄山閣, 56~57쪽). 또한 도래씨족 '왜한씨(倭漢氏)'와 '진씨(秦氏)'에 대해 다루고 있는데, 이들은 5세기 무렵 분산적으로 한반도에서 도래한 이주민으로 야마토 정권의 외교·군사·재무 등 분야의 관료로서 활약하였다고 한다. 이들 구래의 도래인이 소지한 기술과 문화는 왜국의 불교 수용과 관련하여 백제가 제공한 새로운 사찰 조영기술·문화와 혼합되어 일본열도의 불교발전에 기여하였다. 관련 내용은 田中史生(2008), 「百濟王興寺と飛鳥寺と渡來人」『東アジアの古代文化』(特輯 文化交流の古代史) 136을 참조하라.

60 이와 관련하여 주변민족의 중국문화 수용에는 중국 왕조와 주변국의 관계만이 아니라 주변민족 상호간의 관계가 생각 이상으로 큰 역할을 하였다는 지적이 있다(이성시a(2001), 앞의 책, 166~179). 여기에서 신라의 율령과 한자문화가 고구려와의 관계 속에서 형성되었음이 밝혀졌다.

들과의 관계 속에 있었음을 알 수 있다.

이러한 관계를 잘 보여주는 것이 왜국의 법흥사(法興寺, 비조사(飛鳥寺)) 조영이다. 일본 역사상 최초의 사찰인 법흥사는 588년 백제 창왕(昌王)이 승려와 사찰 건립에 필요한 기술자를 제공해주었기에 세워질 수 있었다.[61] 그런 법흥사에 595년 건너간 고구려 승려인 혜자(慧慈)가 머물렀고 법흥사의 장육불상(丈六佛像) 제작에 고구려 영양왕(嬰陽王)이 황금 300냥을 증여했다는 사실[62]이 주목된다. 즉 승려와 기술자 등 도래인을 매개로 한 백제와 고구려의 대왜외교(對倭外交)[63]가 전개되고 있음을 보여주고 있는 것이다. 한편 이들의 파견은 그러한 기능과 지식을 필요로 한 왜국측의 요청에 따른 것이기도 하였다. 이 점에서 '도래인'은 바다라는 자연장애물로 대륙과 격해 있다는 악조건에도 불구하고 일본열도가 고대 동아시아세계에 포함되는데 기여하였던 것이다. 아울러 이들의 파견과 정착에는 한반도의 3국과 일본열도의 왜국 사이에 전개된 대외전략이 자리잡고 있었다는 사실도 확인할 수 있다.

61 田中史生b(2005),『倭國と渡來人－交錯する「內」と「外」－』, 吉川弘文館, 49쪽.

62 ①"高麗僧慧慈歸化 則皇太子師之 是歲 百濟僧慧聰來之 此兩僧 弘演佛教 並爲三寶之棟梁"(『日本書紀』卷22, 推古 3年 5月 戊午條).
②"是時 高麗國大興王 聞日本國天皇造佛像 貢上黃金三百兩"(『日本書紀』卷22, 推古 13年 夏四月 辛酉朔條).

63 혜자가 왜국에 간 것은 영양왕의 뜻으로 알려져 있다(坂元義種,「推古朝の外交－とくに隋との關係を中心に」『歷史と人物』100, 1979). 그의 渡倭와 왜국에서의 활동이 가능할 수 있었던 것은 양국 관계가 긴밀해져 있었음을 보여주며, 그것이 570년 이래 고구려가 왜국을 상대로 전개했던 대왜외교가 거둔 성과였다(李成制f,「570年代 高句麗의 對倭交涉과 그 意味－새로운 對外戰略의 추진 배경과 내용에 대한 재검토－」『韓國古代史探究』2, 2009, pp.84~85).

고대 불교

최연식 | 목포대학교

I. 머리말

불교는 동아시아 외부에서 전래된 외래 종교이지만 동아시아 문화의 형성에 대단히 큰 영향을 미쳤다. 서역의 사상과 문화, 기술 등이 불교를 매개로 동아시아에 수용되었고, 다시 불교를 매개로 동아시아 여러 지역에 전파되었다. 4세기 이후 중앙집권적 통치체제를 형성해간 여러 유목민족과 한국, 일본 등에 있어서 불교는 국가와 사회의 가장 중요한 운영원리로 기능하였고, 유교라는 독자적 사회운영원리를 갖추고 있던 한족(漢族)의 국가들에서도 불교의 영향력이 기존의 사상체계들을 압도하였다. 고대 동아시아의 여러 국가들은 불교를 매개로 사상적, 문화적 동질성을 갖추어 갔고, 이는 이후 동아시아 사회의 문화적 기반이 되었다.

고대 동아시아 불교의 특징은 정부와 왕실의 적극적인 후원과 통제를 받는 국가불교의 성격을 띠고 있었다는 것이다. 처음에 민간의 작은 모임에 불과하였던 불교는 심오한 이론체계와 화려한 예술품 등으로 지배층의 존중을 받게 되었고 머지않아 통치자의 존엄성과 정통성을 증명하는 중요한 수단으로 활용되었다. 불교는 고대 동아시아 대부분의 왕조에서 적극적인 후원을 받았고 이를 통해 빠른 시간에 사회의 주류적 사상체계로 자리 잡아 갔다. 하지만 왕실은 후원자인 동시에 통제자이기도 하였다. 불교가 자신들의 존엄성과 정통성을 위협하지 않도록 승단에 대한 관리, 감독의 권한을 적극적으로 행사하였다. 강력한 중앙집권적 체제에 적응해야 했던 불교 승단은 이러한 관리, 감독을 수용하는 한편 정부의 적극적인 후원을 이끌어냄으로써 불교의 위상을 확립하는 방향을 택하였다. 정부에 의한 적극적인 후원과 통제를 동시에 받는 국가불교 체제는 고대는 물론 중세까지도 지속되었다.

동아시아의 불교사상은 인도 및 서역의 불교사상을 계승하는 동시에 그와는 구별되는 특성을 가졌다. 초기의 불교신자와 불경번역자들은 인도 및 서역의 불교사상을 본래의 모습 그대로 계승하기 위해 많은 노력을 기울였지만 불가피하게 토착사상 및 신앙의 영향을 받게 되었고, 머지않아 인도 및 서역과는 구별되는 동아시아의 불교사상들이 등장하였다. 동아시아의 불교인들은 또한 유교 및 토착신앙과 불교의 공존을 지향하였고, 이 과정에서 불교가 유교 및 토착신앙과 일치 혹은 상통한다는 유불일치, 삼교회통 등의 이론체계가 확립되었다.

II. 불교 전래와 수용(1세기~3세기)

1. 실크로드 개척과 불교의 전래

동아시아에 불교가 전래된 것은 중국을 통해서였다. 중국에 불교가 처음 전래된 시기에 대해서는 여러 가지 전승이 전해지고 있지만 대체적으로는 전한(前漢)말에서 후한(後漢)초의 시기에 전래된 것으로 생각되고 있다. 전한의 무제(武帝, B.C.141~87재위) 때에 서역지방에 대한 지배권확립을 계기로 중국과 서역[1]을 이어주는 교통로 즉 비단길이 개척되면서, 이 길을 통하여

1 여기에서의 서역(西域)은 인도와 중앙아시아 지역 전체를 포괄하는 의미로 사용하였다.

서역에서 신앙되고 있던 불교가 중국으로 전해지게 되었다. 서역지방으로 여행하였던 관료와 상인들을 통하여 불교신앙이 처음 알려지게 되었고, 이후 중국과의 교역에 종사하기 위하여 중국에 건너와 생활하게 된 서역 출신 사람들을 통하여 불교가 중국에 전래되게 되었던 것이다. 불교는 처음에는 서역 출신 이주자들 사이에서 신앙되었지만 머지않아 그들과 교류하게 된 중국인들에게도 전해지게 되었다. 불교의 초기 중심지도 서역인들과의 교류가 활발하였던 수도 장안과 낙양 및 남부해안의 주요 항구지역들이었다.

처음 중국인들이 불교를 받아들였을 때 그들은 불교를 기존의 황로(黃老)신앙[황제(黃帝)와 노자(老子)를 신앙하여 불로장생과 복을 비는 신앙]과 비슷한 것으로 여겼다. 부처를 불사(不死)의 신으로 생각하면서 재난을 물리치고 복을 구할 것을 기원하고, 불교의 가르침에 따라 생활함으로써 불로장생을 성취할 것을 희망하였다. 실제로 전래 초기의 상황을 전하는 기록에는 황제와 귀족들이 다른 신상들과 함께 불상을 모시고 예배하는 모습이 보이고 있다. 불교는 아직 열반과 해탈을 위한 가르침으로서보다 현실의 복락(福樂)을 가져오는 신앙으로서 받아들여졌는데, 이와 같은 현실구복적인 불교 이해는 처음 불교를 전해준 사람들의 불교에 대한 홍보 전략에 기인한 면이 적지 않고 또한 현실생활을 중시하는 중국인들의 종교적 정서에 부합되었기 때문일 것이다.

2. 한문경전의 출현

중국사회에 불교의 가르침이 본격적으로 수용된 것은 불교경전이 한문으로 번역되면서부터였다. 처음 불경을 한문으로 번역한 사람들은 서역에서 건너온 승려들이었다. 중국에 거주하던 서역인들은 자신들이 신앙하고 있던 불교를 중국사회에 전파하기 위하여 불교경전을 한문으로 번역하는 작업을 시도하였다. 한편 서역인들과의 교류를 통해 불교에 관심을 갖게 된 중국인들 중에서도 이 새로운 가르침의 내용을 보다 구체적으로 알기 위하여 서역인 승려들의 한문 번역작업을 적극적으로 돕는 사람들이 나타났다.

불교가 전해진 초기부터 중국에 이주한 서역출신의 사람들이나 불교를 신앙한 중국인들에 의하여 일부 단편적인 불교의 가르침이나 경전의 구절들이 한문으로 소개되었던 것으로 보이지만, 정식 경전이 본격적으로 번역된 것은 2세기 후반에 활약한 안세고(安世高)와 지루가참(支婁迦讖) 등에 의해서였다.[2]

안식국[安息國, 파르티아] 출신의 안세고는 148년 경 중국에 들어와 20여 년간 30여 부의 경전을 번역하였다. 그가 번역한 경전들은 아비다르마불교[3] 계통의 문헌이 대부분인데, 이는 아비다르마불교의 경향이 강하였던 안식국의 불교계 동향을 반영한 것으로 이해된다. 그가 번역한 경전 중 특히 불교적 명상수행법인 선관(禪觀) 수행을 자세히 설명하고 있는 『안반수의경(安般守意經)』은 불교수행의 구체적 내용을 알려준 경전으로 널리 읽혔으며 중국 선관수행의 기초를 형성하였다. 안세고의 전기에는 그가 전세의 업보를 갚기 위하여 중국에 들어와 활동한 사실들이 특기되어 있는데, 이는 그

2 후대의 불교측 전승에서는 불교가 전래된 직후인 후한 초기에 『사십이장경(四十二章經)』이라는 경전이 번역되었다고 하지만 이 책은 내용으로 볼 때 실제로는 초기의 번역경전들을 새로 편집하여 남북조시대에 비로소 만들어진 것으로 여겨지고 있다.

3 대승경전을 사상적 기반으로 하는 대승불교와 달리 『아함경』과 아비다르마 논서들을 사상적 기반으로 삼는 불교는 동아시아에서 전통적으로 소승불교로 불리었다. 하지만 '소승'이라는 표현은 '대승'의 입장에서 상대방을 비하하기 위하여 사용한 용어이므로 적절하다고 보기 힘들다. 따라서 여기에서는 대승불교와 상대되는 『아함경』과 아비다르마 논서를 중시하는 불교경향을 불교학계에서 일반적으로 사용하는 아비다르마불교로 표현한다.

가 현세에 미치는 인과응보의 사상을 널리 홍포하였음을 반영하는 것으로 생각된다.

한편 166년에 중국에 들어온 지루가참은 대승불교가 성행하였던 대월지국[大月支國, 중앙아시아 지역에 있던 유목민족의 국가] 출신으로 안세고와 달리 대승불교의 경전들을 다수 번역하였다. 그는 대승불교의 반야사상을 설하는 『도행반야경(道行般若經)』과 아미타불에 대한 신앙을 이야기하고 있는 『반주삼매경(般舟三昧經)』 등을 번역하였다.

삼국시대의 오나라에서 활약한 지겸(支謙)과 강승회(康僧會)도 많은 경전을 한문으로 번역하였다. 낙양에 이주한 대월지국 출신 집안에서 태어난 지겸은 중국어와 서역의 언어에 능통하였다. 후한말 낙양의 혼란을 피하여 강남지방의 오나라로 이주한 그는 이곳에서 많은 경전들을 한문으로 번역하였다. 그는 같은 대월지국 출신인 지루가참의 문도들에게 수학하였으며, 그에 따라 지루가참과 마찬가지로 반야사상과 아미타신앙을 고취하는 대승불교의 경전들을 주로 번역하였다. 또한 이미 번역된 경전들을 해설하는 주석서들도 저술하였다.

강승회는 강거국[康居國 : 사마르칸 지역에 있던 서역의 국가] 출신으로 대대로 인도와 중국을 왕래하는 교역에 종사하다가 중국 남부 교지(交趾, 현재의 베트남 북부지역)지방에 정착한 집안의 일원으로서, 중국어와 서역의 언어에 대한 능력을 배경으로 많은 경전을 번역하였다. 특히 석가의 전생 이야기를 모은 『육도집경(六度集經)』은 당시의 불교신앙에 많은 영향을 미쳤다. 그는 안세고의 가르침을 계승한 승려들에게 수학하였으므로 아비다르마 불교계통의 경전들을 주로 번역하였고, 안세고 등이 번역한 경전들을 해설하는 주석서도 저술하였다. 247년에 오나라 수도 건업(建業)으로 들어간 그는 오나라 왕실의 후원을 얻는 과정에서 부처의 사리에 관한 감응과 전세의 인과에 대한 이야기 등을 널리 퍼뜨렸는데 이러한 경향 역시 안세고의 가르침과 상통하는 것이었다.

이와 같이 후한 후기에서 삼국시대에 걸쳐 한문으로 번역된 불경들이 출현하면서 불교의 가르침은 단순한 기복적 신앙을 넘어서 체계적인 종교 사상으로 이해될 수 있게 되었다. 그런데 이때에 번역된 경전들은 안세고와 강승회 등에 의해 번역된 아비다르마불교 계통의 경전과 지루가참 및 지겸 등에 의해 번역된 대승불교 계통의 경전이 뒤섞여 있었다. 당시 인도 및 서역에서는 지역에 따라 신앙되는 불교의 성격이 서로 달랐는데, 서역 여러 나라와 교류하던 중국에는 이러한 상이한 경향들이 동시에 수용되었던 것이다. 이처럼 본래 인도 및 서역에서 시기적, 지역적으로 상이하게 발전되었던 불교의 흐름들이 동시에 중국에 수용되면서 중국불교의 기반을 이루었고, 이후 중국불교는 이들 상이한 흐름을 종합하면서 발전해 갔다.

초기 한문경전이 출현하였던 후한 후기부터 삼국시대까지 불교의 중심지는 중원지방의 장안과 낙양, 그리고 남부해안의 교지 및 강남의 건업 등이었다. 이들 중 장안과 낙양은 육로를 통한 서역교류의 중심지였고, 교지지방은 해로를 통한 서역교류의 중심지로서 일찍부터 그곳에 왕래하는 서역 사람들을 통하여 불교가 전해졌던 지역이었다. 또한 건업은 한나라 말기에 전란을 피하여 많은 귀족과 지식인들이 이주해 오면서 장안과 낙양의 문화가 전해졌고, 오나라가 건국된 이후에는 해상교역을 통하여 서역과의 교류에 접촉하였던 지역이었다. 이와 달리 삼국 중의 촉(蜀)지역에서는 불교가 널리 수용되었던 모습이 보이지 않는데, 이는 이 지역이 지리적 조건으로 서역과의 접촉이 활발하지 못하였던 것과 관련되는 것으로 생각된다.

3. 중국인 승려의 구법 활동

불교가 전래된 초기에는 서역 출신승려들의 활약이 두드러지고 신자들 중에서도 서역 출신 사람들의 역할이 중요하였던 것으로 생각된다. 하지만 불교를 수용하는 사람들이 확대되면서 한족(漢族)출신 불교도의 역할이 증대되었고, 나아가 한족으로서 출가하여 승려가 되는 사람들이 출현하게 되었다. 안세고와 지루가참의 가르침을 계승한 재가신자들 중에 한족출신의 사람들이 있었고, 이들 중 일부는 안세고와 지루가참의 불경 번역사업에 적극적으로 협조하면서 불교에 대한 이해를 심화시켜 갔다. 그리고 그 중에는 직접 승려가 되어 불교적 수행을 실천하려는 사람들도 나타났던 것으로 보인다.

언제 어떠한 과정을 통하여 한족 출신이 승려로 출가하게 되었는지는 명확하지 않다. 다만 260년에 한족 출신의 승려 주사행(朱士行)이 반야경의 원본을 구하기 위해 서역으로 구법 여행한 사실을 볼 때, 이미 당시에 한족 출신의 승려들이 존재하였음을 알 수 있다. 또한 비슷한 시기에 낙양에 온 인도 승려 담가가라(曇柯迦羅)는 당시 중국의 승려들이 머리만을 깍았을 뿐 구족계도 받지 않고 의례와 생활방식도 불교의 예법과 어긋난다고 이야기하고 있는데, 당시 한족 출신 승려들의 생활이 인도나 서역의 승려들과는 차이가 있었음을 알 수 있다. 이에 담가가라는 중국의 승려들이 정식의 승려 계율을 받도록 하고, 승려들이 지켜야 할 율법 중의 핵심적인 내용을 뽑아 『승기계심(僧祇戒心)』을 편찬한 후 이를 중국 승려들의 생활규범으로 삼게 하였다. 또한 안식국 출신의 담제(曇帝)는 승려들의 수계의례를 제시한 『담무덕갈마(曇無德羯磨)』를 번역하였다.

초기 번역가들에 의해 소승과 대승불교의 여러 경전들이 번역되었지만 생소한 불교적 개념과 매끄럽지 못한 번역 등으로 인하여 중국의 불교인들은 그 내용을 제대로 이해하기 어려웠다. 이에 중국인들 중에서 불교의 가르침을 정확하게 이해하기 위해 서역에 가서 보다 자세한 경전을 구해 오려고 시도하는 사람들이 나타났다. 특히 초월적인 지혜를 이야기하는 반야사상에 대한 관심이 증대되면서 아직 중국에 전해지지 않은 반야사상의 경전을 구하려는 욕구가 심화되었다. 주사행이 서역으로 구법여행을 떠난 것도 그러한 노력의 일환이었다. 그는 우전국[于闐國, 호탄]에서 기존에 번역되어 있던 것보다 더 풍부한 내용의 반야경 원본을 구한 후 이를 중국으로 보내 번역하게 하고 자신은 우전국에서 입적하였다. 이 원본은 10여년 후인 291년에 서역 출신 승려와 중국인 신자들의 공동 작업에 의해 한문으로 번역되었다(『방광반야경』).

중국인 승려에 의한 본격적인 구법과 번역 활동은 서진(西晉)시기에 활약한 축법호(竺法護)에게서 비롯되었다. 돈황 지방에 정착한 월지국 출신의 후예로 거의 한족화되었던 그는 어려서 유교경전과 제자백가를 공부하였지만 장성한 후에는 집안 대대로의 신앙인 불교를 보다 자세히 공부하기 위하여 서역에 유학하였다. 대승불교가 번성하였던 우전국에서 반야사상을 중심으로 한 대승불교를 공부한 후 많은 양의 경전을 가지고 돌아와 돈황과 장안에서 번역하였다. 그는 150여 종에 달하는 많은 대승불교의 경전들을 번역하였을 뿐 아니라 적극적인 포교활동을 전개하여 다수의 중국인 신자들을 배출하였다. 수천 명의 승려와 재가신자들이 그를 따랐으며, 그의 활동 중심지인 돈황과 장안에는 중국인 신자집단이 형성되었다.

III. 국가불교체제 성립과 동아시아 전역 확산 (4세기~6세기)

1. 통치자들의 불교수용과 불교의 위상 강화

4세기초 북방 유목민족의 공격으로 서진이 멸망한 이후 중국 북부지역에는 유목민족들이 통치하는 여러 국가가 출현하였고, 강남지역에는 북쪽에서 피난해 온 지배층이 중심이 되어 새로운 한족국가를 수립하였다. 백여 년에 걸친 5호16국-동진(東晋) 시기는 국가들 사이의 상호 항쟁이 거듭된 혼란과 불안의 시기였지만 불교는 이 시기에 사회 상류층으로 확대되면서 통치자들의 종교로 자리 잡아 갔다.

유목민족이 장악한 북중국지역에서는 신비한 능력을 가진 서역 출신 승려들의 활동에 의해 불교가 상층부에 퍼져나갔다. 특히 후조(後趙)에서 활약한 서역 출신 승려 불도징(佛圖澄, 232~348)의 활동을 계기로 통치자들의 적극적인 후원을 받게 되었다. 서진 말년에 낙양에 들어온 불도징은 질병치료와 미래 예언 등의 신비한 이적을 보이며 적극적인 포교활동을 벌였고, 전쟁과 혼란에 고생하던 사람들 사이에 많은 신자들이 생겨났다. 당시 낙양을 장악하고 있던 후조의 건국자 석륵(石勒)과 그 후계자 석호(石虎)는 그를 발탁하여 정치·군사적 자문을 받는 한편 그의 포교활동을 적극적으로 후원하였다. 특히 석호는 불교는 이민족의 종교이므로 공인하여서는 안 된다는 한족 출신 관료의 반대에 대해 자신도 이민족 출신이라며 국가적 차원의 불교 수용을 공식적으로 인정하였다. 통치자들의 후원하에 불도징은 후조 전역에 893개의 사찰을 건립하였고 수많은 문도와 신자들을 양성하였다. 불도징 이외에도 단도개, 축불조, 기역 등의 서역 출신 승려들이 신이한 도술을 매개로 통치자와 일반인들에게 불교를 홍포하였다.

불도징 사후 후조는 곧 멸망하였지만 불도징의 가르침을 계승한 한족과 이민족출신 제자들은 북중국 여러 지역에서 불교를 널리 퍼뜨렸다. 후조를 이어 중원 지역을 장악한 전진(前秦)과 후진(後秦)의 통치자들도 불교를 크게 중시하였다. 불도징의 제자 중 승랑(僧朗)은 산동지역의 태산에 들어가 수행하면서 민간에 불교를 퍼뜨렸고, 도안(道安, 312~384)은 교학연구에 힘쓰며 많은 제자들을 양성하였다. 전진의 황제 부견(苻堅)은 이들을 존숭하여 스승으로 삼고자 하였고, 마침내 도안을 수도 장안으로 초빙한 후에는 그의 제안에 기초한 불교장려정책을 시행하였다. 전진을 이은 후진의 통치자들도 불교를 존중하였는데, 특히 2대 국왕 요흥(姚興) 때에는 구자국[龜玆國, 쿠차]출신의 구마라집(鳩摩羅什, 344~413 혹은 350~409)을 장안에 맞아들여 대규모의 경전 번역 사업을 전개하였다. 전진과 후진 통치자들의 적극적인 후원하에 도안과 구마라집은 문도의 양성과 교학연구에 힘썼으며 이를 통해 중국불교의 기반이 마련되었다. 한편 서역과의 교류가 활발하였던 서쪽 국경지대 양주(凉州)에 자리하고 있던 북량(北凉)에서도 불교 신앙이 성행하였다. 412년 이곳에 들어온 인도출신의 담무참(曇無讖, 385~433)은 불도징과 비슷한 신이한 능력으로 북량 왕실의 존숭을 받으며 불교를 크게 퍼뜨렸다.

한족에 의한 새 왕조가 수립된 중국 남부지역에서는 불교의 형이상학적 측면에 관심을 가진 상층 사족들을 중심으로 불교가 급속히 퍼져나갔다. 3세기 후반 이래 한족 지식층들 사이에서는 눈에 보이는 현상 세계와 그 현상 세계의 근원 및 세상의 변화원리, 인간의 본성 같은 철학적인 문제를 탐구하는 현학(玄學)과 그러한 주제들을 형이상학적으로 논하는 청담(淸談)이 유행하였는데, 이민족의 침입으로 남쪽으로 피난해 온 동진에서는 그러한 경향이 더욱 증대되었다. 소수 문벌 가문이 정권을 장악하고 그들 사이에 권력을 둘러싼 대립과 음모가 횡행하는 가운데 지식인들은 현실 정치에 참여하는 대신에 형이상학적 논의에 집중하였다. 현실세계의 허망함을 강조하고 근원적인 깨달음의 세계를 강조하는 불교사상 특히 현상세계의 불완전한 지식과 구별되는 초월적이고 절대적인 진리를 제시하는 대승불교의 반야사상은 현학 및 청담과 상통하는 점이 적지 않았으며 이에 따라 현학과 청담에 몰두해 있던 지식층들 사이에서 크게 중시되었다. 초기에 이러한 흐름을 주도한 인물은 동진 초기의 실권자 왕돈(王敦)의 동생 축도잠(竺道潛, 286~374)과 승려 출신의 청담 전문가 지둔(支遁, 314~366)이었다.

축도잠은 남쪽으로 피난하기 이전 장안에서 출가하여 축법호 계통의 인물들로부터 불교를 배웠다. 이민족의 침입을 피해 남쪽으로 피난 온 이후에는 가문을 배경으로 황제 및 최고위층 귀족들과 교류하며 불교의 가르침을 설하였다. 동진 초기에 황실을 비롯한 상층귀족들 사이에 불교가 급속히 퍼진 데에는 그의 활동의 영향이 적지 않았다. 지둔은 명문출신은 아니었지만 현학과 청담에 뛰어나서 최고위층 귀족들 청담 모임의 환영받는 참석자였다. 그는 불교이론과 노장사상을 활용하여 현학의 문제들을 논의하였고 불교사상을 현학적으로 정리한 많은 글을 지었다. 그의 논의와 저술은 상류층 지식인들의 모범이 되었고, 이를 통해 불교는 상층 귀족사회에 친밀하게 받아들여지게 되었다. 축도잠과 지둔 이외에도 학문과 도덕 등의 측면에서 상층 귀족들의 존중을 받고 그들과 교유하는 승려들이 적지 않았으며 이를 통하여 불교는 동진의 상류층에 폭넓게 수용되었다.

수도에서 활동한 축도잠이나 지둔과 달리 여산(廬山)에 은거하며 수행에만 전념하였던 혜원(慧遠, 344~416)도 동진에서의 불교 발전에 크게 기여하였다. 정치, 사회적 혼란 속에 다수의 지식인들은 현실세계를 떠나 자연에 은거하는 은자의 삶을 추구하였는데, 산속 암자에서 수행하는 혜원과 그 제자들의 모습은 이러한 은자의 이상적 모습으로 여겨졌다. 도안의 문하에서 수학하였던 혜원은 도시에서 멀리 떨어진 여산에서 철저한 수행자의 삶을 살았다. 그는 엄격한 계율의 실천을 강조하였고, 여산에 정착한 이후 입적할 때까지 30년 이상 산 바깥으로 나가지 않는 청정한 수행을 실천하였다. 그는 세속과 구별되는 불교적 세계의 독자성과 우월성을 강조하면서 국왕이 통치하는 세속 사회와 세속에서 벗어난 승려 공동체의 대등한 공존을 주장하였다. 나아가 승려들이 부모나 군주들에게 예를 표하지 않아야 한다는 '사문불경왕자론(沙門不敬王者論)'을 주창하였다. 혜원이 이끄는 여산의 승려 공동체는 정신적 가치를 추구하는 이상적 집단으로 여겨졌고, 이에 따라 지식인들의 모범으로 간주되었다.

2. 국가불교 체제의 등장

통치자와 상류층이 불교를 숭상하는 흐름에서 더 나아가 5세기에는 국가가 불교교단을 주도하면서 불교를 통치이념으로 활용하는 국가불교체제가 등장하였다. 몽골 초원에서 일어나 북중국을 통일하게 된 북위(北魏)의 통치자들은 후진, 북량 등을 병합하는 과정에서 이들 지역에 성행하던 불교를 수용하고 이를 중시하게 되었다. 특히 건국 초기 황실에서 중용된 승려 법과(法果)는 황제를 현재의 부처로서 예배할 것을 주장하면서 세속의 권위와 종교적 권위를 일체화하고 이를 통해 불교를 국교로 만들고자 하였다. 황실도 법과를 승려들의 총책임자인 사문통(沙門統)으로 임명하고 불교계를 적극적으로 후원하는 동시에 국가에서 교단을 통제하려고 하였다.

황실의 후원으로 불교 세력이 강화되자 한족 관료 최호(崔浩, 381~450)는 도사(道士) 구겸지(寇謙之, ?~448)와 손잡고 이민족 사상인 불교를 배척하고 대신 중국 고유 사상인 유교와 도교를 중시하고자 하였다. 구겸지는 민중들의 자율적 집단으로서의 성격이 강한 기존의 도교를 개혁하여 국가의 통치에 순응하는 성격으로 바꾸는 한편 황제를 도교의 최고신인 태평진군(太平眞君)으로 받들어 황실의 지지를 받고 있었다. 최호와 구겸지를 신뢰하게 된 3대황제 태무제(太武帝)는 446년에 사찰과 불상을 파괴하고 승려들을 숙청하는 대대적인 폐불정책을 단행하였다. 폐불정책은 매우 광범위하여 불교계에 큰 타격을 주었다. 하지만 최호와 구겸지, 태무제 등이 죽고 난 452년에는 다시 불교부흥의 조칙이 내려지고 불교에 대한 적극적 후원정책이 실행되었다. 전국에 대규모의 관립사찰을 건설하는 한편 불교교단의 안정적 운영을 위하여 사찰에 세금을 바치는 승기호(僧祇戶)와 범죄자들을 사찰의 토지에서 일하게 하는 불도호(佛圖戶)를 지정하였다. 한편으로는 국가에서 임명한 사문통[혹은 도인통(道人統)]이 전국의 승려들을 통괄하는 승려관리체제를 마련하였다. 불교계에서도 황제를 부처와 동일시하면서 교단의 국가에 대한 충성을 강조하였다. 불교부흥 직후에 개착된 운강(雲岡) 석굴에 조성된 다섯 불상은 북위 초기의 다섯 황제를 상징한 것으로 유명하다.

이후 북위와 북위를 계승한 북조의 왕조들에서는 국가의 후원과 통제를 받는 국가불교가 발전하였다. 역대 수도인 대동(大同)과 낙양(洛陽), 장안(長安), 업(鄴) 등에는 도시의 중심부에 대규모 사찰과 대형불탑이 건립되었고, 황실 및 귀족, 일반인들이 후원하는 사찰이 전국에 분포하고 수많은 승려들이 그곳에서 생활하였다.[4] 지나친 사찰과 승려의 팽창으로 정부 재정이 위협받자 사찰건립과 승려의 출가를 규제하는 조치들이 취해지기도 하였지

4 북위의 전성기 수도 낙양과 그 교외에는 1,367개의 사찰이 있었으며, 북위 말년에는 전국에 3만여 개의 사찰과 200여만 명의 승려가 있었다고 한다.

만 불교의 세력을 위축시킬 정도에까지 이르지는 못하였다.

남쪽의 한족 왕조들에서도 국가와 불교의 관계는 매우 긴밀해져 갔다. 귀족과 지식인들에 대한 불교의 영향력이 심화되고, 불교교단의 세력이 강화되는 가운데 통치자들은 정권의 정당성과 정치적 안정을 위하여 불교와의 관계를 강화하였다. 송(宋)을 건국한 유유(劉裕, 무제(武帝))는 불교계에서 자신의 즉위를 예언하였다는 이야기를 퍼뜨려 제위 찬탈을 정당화하였고, 제(齊)의 건국자들도 왕조가 개창될 때 당시의 고승 현창(玄暢)이 제흥사(齊興寺)를 설립하는 등 불교계가 제나라의 건국을 축하하였다는 이야기를 퍼뜨렸다. 양(梁)을 개창한 소연(蕭衍, 무제(武帝))은 본래 불교에 대한 신앙이 깊던 인물로 즉위 후 스스로 보살천자(菩薩天子)로 자처하며 불교계를 적극적으로 후원하였다. 그는 술과 고기를 먹지 않을 것을 주장하고, 종묘의 제사에서도 고기를 사용하지 않았으며, 수만 명이 참여하는 대규모의 법회를 수시로 개최하였다. 또한 여러 차례에 걸쳐 자신의 몸을 사찰에 바치는 사신(捨身) 의식을 거행하였는데, 그때마다 정부와 관료들은 막대한 재물을 모아 황제를 대속(代贖)하여야 했다. 그는 또한 불교의 이상군주인 전륜성왕의 행위를 본받아 대규모의 탑을 건립하고 부처님의 사리를 봉안하였다. 진(陳)의 개창자 진패선(陳霸先, 고조(高祖))도 건국 직후 부처님의 사리를 봉안하여 자신의 즉위를 정당화하려 하였고, 양 무제를 본받아 사신의식과 대규모 법회를 개최하였다.

남조의 황제들은 정치적 목적으로 불교를 존숭하였지만 한편으로는 불교교단과 승려들에 대한 국가의 통제를 도모하였다. 승려와 불교를 옹호하는 관료들의 반대에도 불구하고 승려들을 국가에서 심사하여 자격이 부족한 승려들을 환속시키고, 승려들이 군주의 앞에서 스스로를 빈도(貧道)라고 일컫는 대신 신(臣)을 칭하게 하였다. 또한 승려들이 군주에 대해 예를 표하도록 강제하였다. 스스로 불교에 조예가 깊었던 양의 무제는 자신이 스스로 승려들의 최고직위인 승정(僧正)이 되어 승려들을 관리하려고 하였다. 하지만 세속의 통제에서 벗어난 자율적인 승려 공동체를 주장하는 승려와 불교를 옹호하는 관료들의 반발로 국가의 불교교단 통제는 제대로 이루어지지 못하였다. 여러 차례에 걸쳐 승려들을 호적에 등록하려 하였지만 성공하지 못하였고, 중앙과 지방의 승려들을 관리하는 승정기구도 승려들의 책임하에 운영되었다. 북조와 같이 황제가 귀족들을 압도하는 절대적 권력을 갖지 못한 남조에서는 국가의 교단에 대한 통제에 한계가 있었다.

남북조 시대 말기에 북조에서 또다시 대규모의 폐불정책이 실행되었다. 부국강병과 유교적 정치질서를 추구하였던 북주(北周)의 무제는 불교와 도교를 폐지하고, 사찰과 도교사원이 가지고 있던 재산을 몰수하여 국가 재정을 안정시키고자 하였다. 폐불정책은 무제의 사망으로 5년만에 중단되었지만 3백만 명의 승려가 환속하는 등 불교계는 큰 타격을 받았다. 그러나 북주를 찬탈한 후 남조까지 멸망시켜 통일 제국을 수립한 수(隋) 왕조에서 불교는 다시 크게 번성하였다. 수의 문제(文帝)는 북조의 전통을 이어받아 국가가 불교교단을 강력하게 통제하는 한편 남조 양나라 무제를 모범으로 삼아 수많은 사리탑을 건립함으로써 보살천자 혹은 전륜성왕으로서 민심을 수습하고 집권의 정당성을 인정받고자 하였다. 601년부터 604년까지 전국 백여 곳에 자신의 연호를 딴 인수사(仁壽寺)를 개창하고 이곳에 각기 하나씩의 대형 사리탑을 건립하였다.

3. 한반도 3국의 불교 수용과 국가불교체제

중국사회에 불교가 널리 확산되면서 중국과 밀접한 관계를 맺고 있던 한국과 일본에도 불교가 전래되었다. 비교적 이른 시기부터 중국과 교류하던 고구려와 백제는 4세기 후반 왕실의 주도하에 불교를 공식적으로 수용하였고, 6세기까지 중국과의 직접적인 교류를 맺고 있지 않았던 신라와 왜(倭)에는 고구려와 백제를 통하여 불교가 전해졌다.

고구려의 불교수용은 소수림왕 때에 이루어졌다. 소수림왕 2년(372년)에 전진(前秦)에서 사신과 함께 승려 순도(順道)를 보내 불상과 불경을 전해주었고, 2년 후에는 다시 승려 아도(阿道)가 중국에서 들어왔다. 이에 소수림왕 5년(375년)에는 성문사(省門寺)와 이불란사(伊弗蘭寺)를 건립하여 순도와 아도를 머무르게 하고 불교를 공식적으로 수용하였다. 고구려에 불교를 전해준 전진의 황제 부견(符堅)은 불교를 숭상하는 것으로 유명하였으며, 고구려에 순도를 보내 불교를 전한 것도 이러한 불교신앙의 일환으로 볼 수 있다.

그런데 순도가 불교를 전해주기 이전에 고구려 사회에서는 이미 불교가 신앙되고 있었던 것으로 보인다. 소수림왕이 즉위하기 이전에 고구려 출신의 승려가 있었으며 그가 당시 유명한 중국 강남지방의 승려 지둔(支遁)과 교류한 사실이 중국의 『고승전』에 기록되어 있다. 소수림왕대의 불교수용은 왕실에서의 공식적인 불교의 수용을 기록한 것으로 생각되며 그 이전에 민간에 이미 불교가 전해져 있었음을 알 수 있다. 고구려 지역에 거주하고 있던 중국계 이주민들 중에 본국의 영향으로 불교를 수용하고 있었고, 그것이 고구려인들에게 전해졌거나 중국에 왕래하던 고구려인들이 불교를 수용하였을 가능성이 있다.

소수림왕 때의 불교공인 이후 왕실을 중심으로 불교가 적극적으로 수용되었다. 고국양왕은 불교를 믿어 복을 구하라는 명령을 내렸고, 광개토왕 때에는 평양에 9개의 사찰을 설립하였다. 고구려 왕실은 국가체제의 정비를 위하여 중국의 선진제도와 문물을 받아들이기 위하여 노력하는 과정에서 불교를 접하고 이를 적극적으로 수용하였다고 생각된다. 특히 당시 고구려와 밀접한 관계를 맺고 있던 전진과 후진, 북위 등의 왕조에서 황제를 중심으로 불교를 숭상하던 것이 적지 않은 영향을 미쳤을 것이다.

고구려 불교의 전개과정을 보여주는 자료는 많지 않지만 광개토왕과 장수왕 때에 각기 후진(後秦)의 승려 담시(曇始)와 남조 제(齊)의 승려 담초(曇超)가 들어와 불교의 가르침을 전하였고, 5세기말 고구려 출신의 승랑(僧朗)이 북중국을 거쳐 남조에 들어가 중관사상을 연구한 사실이 전하고 있다. 이로보아 중국 남북조와의 불교교류가 활발하였으며 이를 통해 불교에 대한 이해가 심화되었음을 알 수 있다. 이러한 국내의 불교발전을 배경으로 신라와 일본의 불교 수용에도 영향을 미쳤다. 5세기초부터 고구려 출신의 승려들이 신라에 들어가 불교신앙을 전파하였으며 6세기 중엽에는 혜량(惠亮)이 신라로 가서 승통이 된 후 백좌강회(百座講會), 팔관회(八關會) 등의 의식을 실행하였다. 6세기 말부터는 혜자(慧慈)를 비롯한 여러 승려들이 일본에 건너가 일본 초기 불교의 기반을 마련해 주었다. 또한 고구려 말기의 승려 보덕(普德)은 백제로 이주하여 『열반경』 등을 강의하기도 하였다. 중국과 일찍부터 활발한 문화 교류를 하였던 고구려는 불교의 수용에도 선진적이었고, 이러한 고구려의 불교가 주변의 백제와 신라, 일본 등에 영향을 미쳤던 것으로 생각된다. 실제로 6세기말 중국에 유학하였던 신라 출신의 원안(圓安)은 중국에 들어가기 전에 고구려 환도성에 유학하였는데 당시 환도성 등을 중심으로 불교에 대한 연구가 번성하였을 것으로 추정된다. 고구려 출신 승려들이 중국을 비롯하여 백제와 신라, 일본 등에서 활약한 것으로 볼 때 고구려 국내에서도 다수의 승려들이 활약하였을 것으로 생각되지만 구체적인 자료는 전해지지 않고 있다.

백제의 불교수용은 침류왕 때에 이루어졌다. 침류왕 원년(384년)에 남중국의 동진으로부터 서역출신의 승려 마라난타(摩羅難陀)가 오자 국왕은 그를 궁궐에 맞아들여 극진히 공경하였다. 그리고 다음 해에는 수도 근처의 한산(漢山)에 절을 건립하고 10인을 출가시켜 거주하게 함으로써 불교를 공식적으로 수용하였다. 마라난타가 중국의 황제에 의해 파견된 것인지 아니면 개인 차원에서 백제에 온 것인지 명확하게 기록되어 있지 않지만 동진에서 불교에 대한 신앙이 활발하였고 백제가 동진을 통하여 중국의 제도와 문물을 수용하려고 노력하였던 상황으로 볼 때 동진 황제에 의해 파견되었을 가능성이 높다. 백제의 경우에도 중국출신의 이주민들이 있었고, 중국과의 교류가 활발하였기 때문에 침류왕 때의 공식수용 이전에 민간에서 불교에 접하였을 가능성이 있지만 구체적인 자료는 확인되지 않고 있다.

공인 이후 왕실의 후원으로 불교가 일정하게 발전하였을 것으로 추정되지만 5세기까지 백제불교의 모습을 알 수 있는 자료는 거의 전하지 않고 있다. 하지만 6세기초 이후 불교는 급속히 발전하면서 국가의 중심적인 위상을 차지하고 있다. 고구려의 침공으로 한반도 중부지역을 상실하고 남쪽으로 피난하였던 왕실은 6세기초 이후 양 무제의 숭불정책을 모델로 한 다양한 불교장려정책을 시행하면서 이를 토대로 왕권의 안정과 국가체제의 정비를 도모하였다. 성왕(聖王)은 527년 웅진에 최초의 대규모 사찰인 대통사(大通寺)를 창건하였고, 사비로 천도한 이후에는 도성 중앙에 정림사(定林寺)를 건립하면서 그 안에 대규모 사리탑을 봉안하였다. 이후 사비 도성과 인근 지역에는 많은 대규모 사찰과 사리탑이 건립되었고 왕실은 전륜성왕 등의 불교 정치이념을 내세워 국가를 운영하였다. 중국 남북조에 유학하고 돌아오는 승려들도 나타나면서 중국의 불교학에 대한 이해도 심화되었다. 이러한 국내의 불교발전을 토대로 하여 6세기 후반에는 일본에 불교를 전해 주었고, 이후로도 다수의 승려와 사찰 및 불상전문가를 파견하는 등 불교를 매개로 한 일본과의 교류협력을 강화하였다.

한반도 3국 중 불교의 수용과 이후의 발전과정을 비교적 자세히 알 수 있는 것은 신라이다. 신라에는 5세기초부터 고구려를 통해 불교가 전해지고 있었지만 상류층의 반발로 쉽게 수용되지 못하다가 6세기 전반에 이르러 비로소 공식적으로 수용되었다(527년). 불교수용에 관한 전설들을 통해 볼 때 민간에 전래된 불교의 수용을 둘러싸고 지배층 내부에 적지 않은 갈등을 겪다가 왕실의 주도하에 불교를 공인하게 된 것으로 생각된다. 고구려나 백제와 달리 신라의 불교공인과정에 갈등이 있었던 것은 신라가 6세기초까지도 국왕권이 확립되지 못한 연맹체적인 정치체제를 탈피하지 못하였기 때문으로 생각된다. 이런 점에서 신라의 불교공인은 귀족세력에 대하여 국왕권을 강화하고 중앙집권적 통치체제를 정비하기 위한 정책의 일환으로 시행되었다고 볼 수 있다. 실제로 불교를 공인한 법흥왕 때에 율령과 관료체제의 기본 구조가 갖춰지고 있다. 한편으로 신라가 불교를 공인한 시기가 백제 성왕의 숭불정책이 본격화 되는 때와 겹치는 것으로 볼 때 백제의 숭불정책과 신라의 불교공인 사이에는 일정한 관련이 있다고 생각된다. 신라의 왕실이 불교장려 통해 국가체제를 정비한 백제를 모델로 하여 불교수용과 국가체제 정비를 시도하였을 가능성이 적지 않다. 백제 역시 일본에 대해서와 마찬가지로 불교를 매개로 신라와의 교류협력을 추진하였다고 생각된다.

불교의 공식수용은 늦었지만 6세기 중반 이후 신라의 불교는 급속하게 발달하였다. 왕실에서는 대규모 사찰을 연이어 건립하였고, 불교공인 직후부터 중국의 남조에 유학승을 파견하여 중국불교를 적극적으로 수용하려고 하였다. 이를 통해 경쟁국인 고구려나 백제 불교의 영향에서 벗어나는 독자적인 불교문화의 토대를 마련하였다. 신라 왕실은 또한 전륜성왕이념[5]과 진종(眞種)

5 전륜성왕은 본래 인도의 전설에 나타나는 이상군주로서 통치방식에 따라서 금륜

의식 등의 불교 이념을 활용하여 왕실의 우월성을 확보하고자 노력하였다.

신라 법흥왕을 계승하여 왕위에 오른 진흥왕은 전륜성왕의 이념을 가장 적극적으로 받아들인 군주였다. 그의 아들들의 이름은 전륜성왕의 이름을 딴 동륜과 금륜이었고, 그가 창건한 황룡사의 장륙불상은 원래 인도의 아쇼카왕이 불상을 만들기 위하여 발원한 철과 금을 사용하여 주조한 것이라고 이야기되었다. 진흥왕이 이처럼 전륜성왕이념에 관심을 가진 것은 가야를 병합하고 한강유역과 함경도 지역으로까지 영역을 넓혀가던 그의 팽창정책과 관련이 있었다. 자신의 정책을 단순한 정복전쟁이 아니라 분열을 통합하고 평화를 가져오기 위한 것으로 위치 짓고, 이를 불경에 묘사된 아쇼카왕의 통치와 동일시하려 한 것으로 생각된다. 진흥왕은 자신이 정복전쟁을 일단락지은 후 새로 개척한 영토를 순행하면서 도덕에 의한 통치로 백성들을 평안하게 하며 새로 편입된 지역의 백성들도 차별없이 대할 것을 선언한 순수비들을 세웠는데 이것은 그 형식과 내용에 있어서 아쇼카왕이 새로 개척한 지역에 건립한 아쇼카 법칙(法勅)의 돌기둥들과 성격을 같이 하는 것이었다. 진흥왕은 넓은 영토를 개척하고 안정된 통치기반을 확립하였으며, 불교를 적극적으로 신앙하였다는 점에서 불경에 나타난 전륜성왕에 부

(金輪)과 은륜(銀輪), 동륜(銅輪), 철륜(鐵輪) 등으로 구분되며 이들이 지상에 출현하면 분열된 나라들이 하나로 통합되고 평화로운 세계가 건설된다고 믿어졌다. 그런데 석가 입멸 후에 북인도에서 아쇼카왕이 출현하여 분열된 나라들을 통합한 후에 덕德에 의한 통치를 실현하자 그를 전륜성왕 중의 철륜성왕에 해당한다고 하는 생각이 널리 퍼지게 되었다. 특히 도덕과 법에 의한 통치를 강조한 아쇼카왕이 불교의 가르침에 공감하여 불교교단을 보호하고 주변지역에 불교의 포교를 지원하였기 때문에 불교계에서는 그를 모델로 하여 불교적 전륜성왕의 이상형을 만들어 내었다.『아육왕경』 등의 경전에 묘사된 불교의 전륜성왕은 불법에 의거하여 세상을 통합하고 백성들을 행복하게 하며 불법이 미치지 못하는 곳에 널리 불법을 전하고 노년에는 출가하여 깨달음을 추구하는 존재였다. 또한 전륜성왕이 출현하여 세상에 평화가 이루어졌을 때 내세불인 미륵이 지상에서 성불하여 중생들을 구원한다고 이야기되었다.

합되는 인물이라고 할 수 있을 것이다.

그런데 전륜성왕 이념은 신라 불교에 영향을 미쳤던 백제 성왕에 의해서도 활용되었던 것으로 보인다. 성왕이라는 왕호 자체가 전륜성왕에서 비롯한 것으로 보일 뿐 아니라 불교를 장려하고 일본에 불교를 전파하였다는 점에서 전륜성왕과 비슷한 점이 있다. 웅진으로의 천도 이후 위축되어 있던 국가체제를 재정비하여 백제의 부흥을 도모하고자 한 성왕에게 있어 전륜성왕은 이상적인 모델로 비쳐질 수 있었을 것이다.

전륜성왕이념과 함께 왕실의 권위를 높이기 위해 사용된 진종의식은 신라 왕실이 일반 백성들과는 구분되는 신성한 혈연임을 강조하는 것이다. 진종이란 말은 본래 불경에서 유래한 것으로 원래의 의미는 인도의 네 계급 중 석가족이 속하는 크샤트리아를 의미하는 것이었다. 크샤트리아를 한문으로 옮길 때에 발음을 따서 찰제리종(刹帝利種)이라고 하거나 참된 종족이라는 의미를 부여하여 진종(眞種)이라고 번역하였으며, 여기에서의 종(種)은 신분이 아니라 혈족으로 이해되었다. 신라의 왕실은 이러한 한문 번역어에 기초하여서 진종을 석가족과 같은 것으로 이해하고 자신들도 진종에 속한다고 주장하였다. 이러한 주장은 불경에 묘사된 석가족의 신성함을 이용하여 왕실이 자신들의 혈통을 일반 백성들과 구별되는 신성한 혈통으로 내세우려 한 것이었다. 또한 이러한 진종의식은 신라의 국가적 신성함을 보장해주는 논리로 활용되기도 하였다. 즉 지정학적으로는 중국의 변경에 위치하고 있지만 왕실이 신성하기 때문에 크게 발전할 수 있다고 주장하였다. 진흥왕 이후 진덕여왕에 이르는 중고기(中古期) 왕실에서 진(眞)이라는 글자를 붙인 왕호를 빈번하게 사용한 것도 이러한 진종의식에서 비롯된 것이었다. 또한 왕실을 진골(眞骨)이라고 하여 두품(頭品)을 갖는 일반인들과 구분하는 의식도 이 시기에 생겨난 것으로 이해되고 있는데 이 역시 진종의식의 결과라고 할 수 있다.

이와 같은 신라 왕실의 진종의식은 불교에 대한 신앙이 심화되면서 더욱 발전되었다. 즉 자신들을 석가족과 동일시하는 것에서 더 나아가 부처의 가족과 동일시하고 나중에는 국왕을 부처와 같은 존재로로 간주하기도 하였다. 진평왕의 이름은 불경에 부처의 아버지의 이름으로 나오는 백정(白淨)이었으며 진평왕의 형제들도 부처의 삼촌들 이름을 따서 백반(伯飯), 국반(國飯) 등으로 이름하였다. 또한 진평왕의 왕비 이름 역시 부처의 어머니의 이름인 마야(摩耶)부인으로 불리었다. 이러한 이름들은 국왕 일가가 자신들을 부처의 가족과 동일시하기 위하여 붙인 것으로서 이러한 가족에게서 부처와 같은 국왕이 태어나기를 기대하였다고 생각된다. 진평왕에게는 아들이 없어 딸이 왕위에 올랐는데 그녀의 왕호인 선덕여왕은 불경에 나오는 동방세계의 부처 이름인 선덕여래(善德如來)에서 유래한 것이었다. 또한 선덕여왕의 사촌으로 왕위에 오른 진덕여왕의 이름 승만(勝曼)은『승만경』의 주인공으로서 장래에 부처가 될 것을 약속 받은 승만부인의 이름에서 딴 것이었다. 이처럼 왕실 중에서도 특별히 국왕의 가족들을 부처와 그 가족과 동일시하는 관념이 생겨나면서 이들을 같은 진골 왕실 중에서 구분할 필요성이 생겨났는데, 성골(聖骨)로 불리는 집단은 바로 이러한 제한된 국왕의 가족들을 지칭하는 것으로 이해되고 있다. 진덕여왕 이후 성골이 사라졌다는 것은 이처럼 국왕의 가족을 부처의 가족과 동일시하기 시작한 진평왕의 가계가 끊긴 것을 의미한다고 할 수 있다.

이와 같이 불교를 받아들인 후 왕실에서는 불교의 사상이나 이론을 이용하여 국왕의 권위를 높이려 하였다. 특히 법흥왕에서부터 진덕여왕에 이르는 시기의 국왕들은 불교와 관련되는 왕호나 이름을 가지고 있어서 이 시기를 '불교(식) 왕명시대'라고 부르기도 한다. 불교가 공인되기 이전 시기의 국왕들 중에도 자비(慈悲)왕과 지증(智證)왕의 왕호는 불교적인 이름으로 생각되는데 민간에 불교가 전래된 이후 일시적으로 왕실의 관심을 끌었던 것과 관련된다고 생각되기도 한다. 신라와 같이 두드러지지는 않지만 백제와 고구려에서도 불교적인 국왕의 이름이 보이고 있다. 백제의 경우 성왕에서 법왕까지의 국왕들의 왕호가 불교적 내용을 가지고 있었다. 성왕은 전륜성왕의 약칭이며, 위덕왕은 불경에 보이는 위덕불(威德佛)에서 딴 것이고, 혜왕(惠王)과 법왕(法王)은 불교의 가르침을 상징하는 것이었다. 이 시기는 신라의 '불교(식) 왕명시대'와 겹치는 시기로서 비슷한 때에 백제와 신라가 국왕에게 불교적인 이름을 붙였음을 알 수 있다. 한편 고구려에서는 국왕의 왕호나 이름을 불교적으로 한 사례는 발견되지 않고 있지만 죽은 국왕을 추모하여 만든 탑에서 발견된 금동판에서 국왕을 원각(圓覺)대왕이라는 불교 용어를 사용하여 일컫는 모습이 보이고 있다.

4. 일본열도의 불교수용

일본의 불교는 552년(혹은 538년이라는 설도 있음)에 백제를 통해서 처음 전래되었다고 전해진다. 일본 킨메이[欽明] 천황 때에 백제의 성명왕(聖明王, 聖王을 가리킴)이 불상과 경전을 보내면서 처음 불교에 접하게 되었다는 것이다. 하지만 이때의 전래는 국가 차원의 상층부를 향한 공식적인 전래이고 민간에서는 불교가 이미 알려지고 신앙되었을 가능성이 높다. 한반도에서 건너온 도래인(渡來人) 즉 이주민들 중에 불교 신앙을 가지고 있던 사람들이 있었을 것이기 때문이다. 실제로 6세기 후반 일본에는 고구려 출신 환속승려들의 존재가 사료에 나타나고 있다.

백제로부터 왕실에 불교가 전해졌지만 곧바로 공식적으로 수용된 것은 아니었다. 기존 토착신앙을 중시하는 일부 귀족들이 외부에서 전해진 불교에 대한 신앙을 거부하였기 때문이다. 이 때문에 처음에는 한반도 등에서 건너온 도래계(渡來系) 사람들을 중심으로 하는 개인적 차원의 신앙만이 인정되었고, 전염병이 창궐했을 때에는 불교를 받아들인 때문이라며 법당과 불상을 파괴되는 일도 있었다. 이러한 탄압에도 불구하고 불교를 신앙하는 사람들은 점차 확대되어 갔다. 특히 한반도 출신의 이주민들과 긴밀한 관계를 맺고 있던 최고 귀족 소가(蘇我)씨는 불교를 적극적으로 후원하였다. 토착귀족들을 억압하고 왕권의 우월성을 확립하려 했던 왕실 역시 불교에 우호적인 태도를 보였다. 587년 병석에 있던 요메이[用明] 천황의 불교 귀의를 계기로 발생한 불교수용파와 배척파의 대립은 무력대결로 확대되었는데, 왕실과 결합한 소가씨가 반대파의 모노노베[物部]씨 등을 토벌함으로써 불교를 반대하는 세력은 사라지고 불교가 국가에 의해 공식적으로 수용되게 되었다(587년).

불교 공인 이후 왕실과 소가씨는 불교를 적극적으로 지원하는 동시에 이를 기초로 국가체제의 정비를 추진하였다. 소가씨는 자신의 근거지인 아스카에 일본 최초의 정식 사찰 호코지[法興寺]를 건립하였고, 불교 공인 직후 즉위한 스이코[推古] 천황은 불법(佛法)을 흥륭하라는 왕명을 내리며 법흥사 건설을 적극적으로 후원하였다(594년). 세 개의 금당과 사리를 봉안한 대형 목탑을 갖춘 법흥사의 건립에는 고구려와 백제의 기술자들이 참여하였으며, 처음으로 이 사찰에 주석하게 된 승려도 고구려와 백제에서 초빙된 혜자와 혜총(慧聰)이었다. 요메이 천황의 아들이자 스이코[推古] 천황의 조카로서 왕실을 대표하는 위치에 있던 쇼오토쿠[聖德] 태자도 자신의 근거지에 사리탑을 갖춘 대형 사찰을 건립하였고[호류지(法隆寺)의 전신], 스이코 천황을 이은 죠메이[舒明] 천황은 새로운 궁전을 건축하면서 그 곁에 왕실 사찰인 구다라타이지[百濟大寺]를 건립하였다. 스이코 천황과 사이메이[齊明] 천황은 자신의 궁궐 남쪽에 불교 우주관에서 세계의 중심을 의미하는 수미산을 건립하기도 하였다.

초기의 불교계는 고구려와 백제 출신 승려들의 지도하에 운영되었다. 고구려와 백제에서 다수의 승려들이 건너와 왕실과 도래계 씨족이 지은 사찰에 머무르며 불교의 기반을 마련해 주었고, 왕실도 이들을 특별히 우대하였다. 624년 승려들을 총괄하는 승정(僧正), 승도(僧都) 등의 승관제도가 정비되었을 때 최초의 승정으로 임명된 사람은 602년 백제에서 건너 온 관륵(觀勒)이었고, 다음 해 2대 승정에 임명된 인물은 그해에 고구려에서 온 혜관(慧灌)이었다. 하지만 점차 일본 승려들이 활동이 활발해지면서 한반도 출신 승려들의 영향력은 축소되어 갔다. 특히 7세기초 이후 다수의 승려들이 중국 유학을 다녀오면서 이들이 불교계의 주요 인물로 부상하게 되었다. 초기 일본 승려의 대부분은 도래계 씨족 출신이었고, 이들은 한반도 출신 승려들로부터 기본적 소양을 익힌 후 중국 유학을 통해 독자적으로 불교교단을 운영해 갈 역량을 갖추게 되었다.

도래계 씨족 중심으로 신앙되던 불교가 도래계 씨족 이외의 일반인들에게까지 확대되는 데에는 쇼오토쿠 태자의 활동이 큰 영향을 미쳤다. 일찍부터 불교를 적극적으로 신앙하였던 태자는 한반도에서 건너온 승려들의 지도를 받으며 불교교리를 깊이 있게 연구하였고, 이를 토대로 『유마경』『법화경』『승만경』 등의 대승경전에 대해 강설하였다. 그가 일본 고대국가체제의 이념적 기반으로 제시한 〈헌법 17조〉에도 불교사상이 적극적으로 활용되고 있다. 태자는 7세기 후반부터 법왕(法王) 혹은 성인(聖人)으로 일컬어지면서 일본 불교를 대표하는 인물로 받들어졌고, 그가 신앙했던 불교도 일본 사회에 널리 퍼지게 되었다. 일본 국가체제의 기틀을 마련한 인물로서 쇼오토쿠 태자에 대한 존숭이 심화되면서 불교도 일본 고대국가체제의 일부로서 받아들여지게 되었다. 하지만 최근에는 그의 활동에 대한 내용들 전부 혹은 일부에 대해 불교신앙을 고취하기 위해 후대 불교측에서 만들어낸 것이라는 견해도 제기되고 있다.

IV. 4~6세기 불교사상과 신앙

1. 반야사상과 중관사상

주사행과 축법호 등의 구법활동 이후 대승경전, 특히 반야계 경전이 다수 번역되고 중시되었지만 그 사상을 정확하게 이해하는 것은 쉬운 일이 아니었다. 현실세계의 모든 존재들이 실제로는 '존재'하지 않는다는 반야사상의 내용을 기존의 중국 사상의 틀로서는 이해하기 쉽지 않았을 뿐 아니라 경전에 사용된 용어들을 한문으로 번역하는 것도 쉽지 않았다. 따라서 초기에는 비슷한 경향을 띠는 현학의 이론과 개념들을 이용하여 경전의 내용을 이해하려는 경향이 두드러졌는데, 이를 '격의(格義)'불교라고 한다. 격의불교에서는 반야사상의 핵심인 '공(空)'을 현학의 용어인 '무(無)'로 번역하고 이를 현학적으로 해석하였는데, 현학의 이론이 다양하였던 만큼 '격의'의 방식도 동일하지 않았다. 특히 불교의 '무(無)'가 어떠한 의미인지를 둘러싸고 심무(心無)·즉색(卽色)·본무(本無) 등과 같은 서로 상이한 견해들이 제시되었다.

불교인들의 높은 관심에도 불구하고 '격의'로 밖에 이해되지 못하던 반야사상은 4세기 후반에 활약한 도안(道安)에 이르러 비로소 불교적으로 이해되기 시작하였다. 도안은 다양한 반야계 경전들을 상호 대조하며 종합적으로 연구한 결과 기존의 '격의'적 해석이 불교의 본래 입장과 일치하지 않음을 비판하고 반야경전의 '무'는 현학의 '무'와 달리 현실의 사물들에 고정된 실체가 없다고 하는 '성공(性空)'의 입장임을 주장하였다. 도안은 반야사상만이 아니라 당시 소개된 불교사상을 종합적으로 이해하기 위하여 노력하였다. 반야계 경전은 물론 아비다르마 계통의 경전까지 포함하는 많은 경전들에 대한 주석서와 서문을 지었고, 당시까지 번역된 불경들을 종합적으로 정리하여 번역자와 번역시기 등을 밝힌 중국 최초의 불경목록인 『종리중경목록(綜理衆經目錄)』을 저술하기도 하였다. 그는 또한 승려들의 불교적 생활규범을 확립하기 위하여 계율을 중시하였다. 서역 승려들이 가지고 온 계율문헌들의 번역을 적극적으로 권장하였을 뿐 아니라 전해진 자료들에 기초하여 독자적인 승려들의 생활규범을 제정하였다. 또한 아직 중국에 전해지지 않은 율장(律藏)을 구하여 번역할 것을 촉구하였다. 석가모니의 가르침을 따르는 승려들은 모두 석(釋)을 성으로 사용하여야 한다고 주장한 것도 도안이었다.

도안의 사후 중국에 들어온 구마라집은 반야사상을 비롯한 대승불교의 이론을 보다 체계적으로 소개하여 중국인들의 불교에 대한 이해를 한 단계 상승시켰다. 구자국출신의 구마라집은 처음에는 인도의 카시미르 지역에서 아비다르마 불교의 가르침을 공부하였지만 이후 서역의 사륵국[沙勒國, 카시가르]에서 대승불교의 가르침을 접하고 대승으로 전향하여 아비다르마 불교의 가르침을 비판하고 대승불교 특히 반야경의 가르침에 기초한 중관(中觀)사상을 적극적으로 선양하였다. 401년에 장안에 들어온 그는[6] 입적할 때까지 10여 년간 300권 이상의 불경을 번역하였는데,[7] 그가 가장 중요하게 번

6 구마라집의 명성을 전해들은 도안은 385년에 전진(前秦)의 황제 부견(苻堅)에게 그를 장안으로 데려올 것을 건의하였고, 부견은 곧바로 군대를 보내어 구마라집을 데려오게 하였다. 하지만 군대 파견직후 발생한 전진에서 후진(後秦)으로의 왕조교체를 둘러싼 정치적 소용돌이 속에서 구마라집은 15년 이상 서역에 억류되어 있다가 401년에 비로소 장안으로 들어오게 되었다.

7 그의 번역은 기존의 번역들에 비하여 내용을 정확하게 옮기는 것은 물론 이해하기 쉽고 자연스러운 문장을 사용하여 가장 뛰어난 한역불경으로 꼽히고 있다. 그가 번역한 경전 중에는 『법화경』『아미타경』『유마경』『금강경』 등과 같이 후대에까지 널리 읽히는 경전들이 많고, 승려들의 생활규범을 담은 『십송율(十誦律)』과 같은 율장도 포함되어 있다.

역한 것은 반야사상 계통의 경전과 중관사상의 논서들이었다.[8] 그는 또한 자신이 번역한 문헌들에 대한 강의를 통하여 중관사상을 널리 선양하였는데, 그 핵심은 진제(眞諦)인 공(空)과 속제(俗諦)인 유(有)의 어디에도 집착하지 않는 중도(中道)와 실상(實相)의 가르침이었다. 한편 구마라집이 번역한 『성실론(成實論)』은 순수한 중관사상의 논서는 아니었지만 중관사상을 수용하여 부파불교의 법유(法有)설을 비판하였으므로 소승을 비판하고 대승의 중관사상을 이해하는 입문서로서 널리 읽혔다.

중관사상을 선양한 구마라집과 그의 문하에서는 부파불교의 가르침이나 선정 수행을 통한 신비적 경험을 중시하는 경향에 대하여 비판적이었다. 5세기초에 남중국을 거쳐 장안에 들어왔던 불타발타라는 선정수행을 중시하고 신이한 능력으로 명성이 높았는데, 구마라집 문하와의 갈등 끝에 장안에서 축출되었다. 구마라집의 문하에는 3,000여 명이라고 일컬어질 정도의 많은 제자들이 수학하였는데, 일부 제자를 제외한 대부분의 제자들은 장안을 떠나 강남지방으로 옮겨가 활약하였다. 이는 북방민족에 의해 운영된 북중국보다 위진시대 이래의 귀족적 문화와 현학의 분위기가 지속된 남중국에서 반야사상을 발전시킨 중관사상이 보다 폭넓게 수용될 수 있었기 때문이었다.

8 기존의 반야경을 새로 번역한 『소품(小品)반야경』과 『대품(大品)반야경』 『대품반야경』에 대한 주석서인 『대지도론(大智度論)』, 중관사상을 해설하는 『중론(中論)』 『백론(百論)』 『십이문론(十二門論)』 등이다.

2. 아비다르마불교 연구

반야사상에 비해 상대적으로 큰 관심을 받지 못하였던 아비다르마 불교도 4세기말 경부터는 활발하게 연구되기 시작하였다. 당시 북중국을 지배하던 왕조는 서역에까지 세력을 미쳤으므로 많은 서역과 인도의 승려들이 전진의 수도 장안으로 모여들었고, 그 중에는 아비다르마불교가 성행하는 지역 출신의 사람들도 적지 않았다. 이들은 자신들이 수학한 아비다르마불교의 경전들을 번역, 소개함으로서 이에 대한 중국 불교계의 관심을 증대시켰다. 4세기말에서 5세기초에 걸쳐 인도 출신의 승가발징(僧伽跋澄), 승가제바(僧伽提婆), 담마야사(曇摩耶舍) 등은 『비파사론(鞞婆沙論)』과 『아비담팔건도론(阿毘曇八犍度論)』 『사리불아비담론(舍利佛阿毘曇論)』 등의 아비다르마 논서들을 번역하였고, 담마난제(曇摩難提)와 불타야사(佛陀耶舍) 등은 『증일아함(增一阿含)』 『중아함(中阿含)』 『장아함(長阿含)』 등의 아함경전[9]들을 번역하였다. 한편 이들의 번역작업에는 당시 전진 황실의 존숭을 받고 있던 도안의 적극적인 후원도 크게 도움이 되었다. 다양한 불교경전에 대하여 종합적으로 연구하던 도안은 새로 전해진 부파불교 계통 경전들이 제대로 번역될 수 있도록 서역의 언어에 능통한 사람들을 많이 모아 외국 승려들의 번역작업을 도와주게 하였다. 이 과정에서 훈련된 사람들 중 일부는 이후 구마라집의 대승불전 번역에도 참여하였다. 도안의 제자로서 여산(廬山)에 머물고 있던 혜원 역시 아비다르마불교 문헌의 번역에 관심이 많았다. 혜원은 처음 반야사상에 대한 도안의 강의를 듣고 출가하였지만 아비다르마불교와 선정

9 석가모니 입멸 후 제자들이 석가모니 생전의 설법을 비슷한 것끼리 모아 만든 경전을 아함(경)이라고 한다. 『장아함』과 『중아함』은 설법의 길이에 따른 분류이고, 『증일아함』은 숫자와 관련된 설법을 모은 것이다. 이외에 특정 주제나 특정 인물에 대한 설법을 모은 『잡아함』과 짧은 설법을 모은 『소부(小部)아함』이 있는데, 『소부아함』은 한문으로 번역되지 못하였다.

사상에 대하여도 높은 관심을 가지고 있었다. 안세고 등이 번역한 경전들을 연구하였을 뿐 아니라 새롭게 번역된 아비다르마불교 문헌들도 적극적으로 연구하였다. 혜원의 이러한 아비다르마불교에 대한 관심은 영원한 궁극적 존재에 대한 추구와 관련된 것이었다. 즉 그는 모든 존재의 영원한 실체를 부정하는 반야사상보다 상주불멸(常住不滅)하는 법신(法身)의 절대성을 더욱 강조하였고, 이러한 상주불멸하는 법신에 대한 설명을 아비다르마불교에서 찾고자 하였다. 하지만 상주불멸하는 법신관에 기초하여 영혼이 영원히 사라지지 않는다는 혜원의 '신불멸론(神不滅論)'은 모든 존재가 찰나마다 소멸된다는 아비다르마불교의 사상과는 다른 것이었다. 혜원의 신불멸론은 윤회를 전제하며 영혼의 영원함을 주장한 중국 불교계의 일반적 입장을 대변한 것이기도 하였다.

혜원의 이와 같은 사상경향은 대승의 중관사상을 강조한 구마라집의 입장과는 배치되는 것이었다. 따라서 두 사람 사이에는 적지 않은 논란이 있었다. 구마라집이 장안에 들어온 이후 서로를 존중하였던 두 사람은 구마라집이 번역한 논서의 내용을 둘러싸고 여러 차례에 걸친 서신교환을 통하여 의견을 주고받았는데, 법신과 열반의 영원불변함을 주장하는 혜원의 견해에 대하여 구마라집은 실재(實在)에 집착하는 소승적 견해라고 비판하였다. 선정 수행에 대해서도 두 사람은 다른 견해를 가지고 있었다. 구마라집은 집착을 대치(對治)하는 다양한 선정수행의 방법을 제시하면서 이를 통하여 공성(空性)을 깨닫는 것을 중시한 반면 혜원은 이는 선법에 대한 정확한 지식이 부족한 것이라고 비판하면서 단계적인 선정수행을 통하여 궁극적인 경지에 도달할 수 있다고 하였다. 5세기초 인도 출신의 불타발타라가 구마라집 문하와의 갈등으로 장안에서 축출되자 혜원은 그를 여산으로 초청하여 선정에 관한 경전을 번역하게 하기도 하였다.

3. 불성사상과 여래장사상

5세기에 들어와 기존의 반야사상과 달리 영원하고 무한한 부처(의 세계)에 대하여 이야기하는 경전들이 새롭게 소개되었다. 모든 사람에게 불성(佛性)이 있다는 실유불성(悉有佛性)과 불신(佛身)의 영원함을 이야기한 『열반경』 및 그러한 무한한 부처(의 세계)를 구체적으로 묘사한 『화엄경』 등이다. 『화엄경』의 범어 원본은 이미 4세기에 전래되어 있었지만 오랫동안 번역되지 못하다가 420년에 강남지역에서 불타발타라에 의해 60권으로 번역되었다[화엄경은 이후 당나라 때에 새로 전해진 범본을 토대로 80권으로 다시 번역되었다]. 한편 당시까지 중국에 전해지지 않았던 율장을 구하기 위해 인도로 떠났던 법현(法顯, 339?~420?)은 『열반경』 범본을 구해와 418년에 불타발타라의 도움을 받아 『대반니원경(大般泥洹經)』(6권)으로 번역하였고, 비슷한 시기에 북량에서 활동하던 담무참은 자신이 가지고 온 범본을 토대로 『대반열반경』(40권; 북본)을 번역하였다.[10] 북중국에서는 담무참의 번역본[북본]을 그대로 사용하였고, 남중국에서는 법현의 번역본과 담무참의 번역본을 종합하여 다시 편집한 『대반열반경』(36권; 남본)을 사용하였다. 각기 부처의 최초와 최후의 설법으로 칭해진 『화엄경』과 『열반경』은 번역된 이후 동아시아 불교계에 큰 영향을 미쳤다. 기존의 반야사상과 아비다르마불교에 대신하여 영원한 부처의 본질 즉 불성(佛性)에 대한 논의가 불교연구의 중심과제로 등장하였고, 이후 이에 대한 탐구가 동아시아 불교계의 가장 중요한 내용이 되었다. 특히 영원한 불성에 대하여 비판적이었던 아비다르마불교는 불완전한 가르침으로 평가되어 불교계의 주요한 흐름에서 배제되고 단지 불교 이

10 한편 법현은 자신의 인도여행을 기록한 『불국기(佛國記)』를 남겼으며, 담무참은 『열반경』 이외에도 『금광명경(金光明經)』과 『보살계(菩薩戒)』를 비롯한 많은 대승경전을 번역하였다.

론 이해를 위한 보조적 가르침으로 받아들여지게 되었다.

『화엄경』과 『열반경』이 중시되면서 이들 경전의 우월성을 전제한 위에 다양한 경전의 가르침을 체계화하는 교판설(教判說)이 제시되었다. 즉 부처님이 깨달은 직후 최초에 『화엄경』을 설하셨지만 중생들이 알아듣지 못하였으므로 다시 가장 초보적 가르침인 소승[아비다르마불교]의 경전들을 말씀하시고, 이후 다양한 내용의 대승경전들을 이야기함으로서 깨달음에 가까이가게 한 후 마지막에 『열반경』으로서 완전한 가르침을 제시하였다고 한다.[11] 이와 같은 교판설은 학파나 종파에 따라 일부 수정이 가해지기도 하였지만 다양한 불교의 가르침을 종합하기 위한 이론적 틀로서 불교계에 널리 수용되었다.

불성사상이 불교계의 주류적 흐름이 되면서 그와 비슷한 성격을 갖는 여래장(如來藏)사상도 널리 유포되었다. 모든 중생들이 부처의 자질을 갖추고 있다는 여래장사상은 5세기 중엽 남인도 출신의 구나발타라(求那跋陀羅, 394-468)가 번역한 『승만경(勝鬘經)』과 『능가경(楞伽經)』 등을 통해 본격적으로 소개되었는데, 『열반경』의 '실유불성' 사상과의 유사성으로 곧바로 불교계 전체에 널리 유포되었다. 한편으로 모든 인간은 성인(聖人)과 같은 성품을 가지고 있다는 중국의 전통적인 성선설(性善說)도 여래장사상의 수용에 적지 않은 영향을 미쳤을 것으로 생각된다. 이후 중국을 비롯한 동아시아 불교계에서는 여래장사상은 불교의 가장 기본적인 교리로서 받아들여지게 되었다.

11 깨달음 직후의 순수한 가르침인 『화엄경』의 내용을 돈교(頓教)라 하고 이후의 단계적 가르침을 점교(漸教)라고 한다. 돈교인 『화엄경』과 점교의 마지막 가르침인 『열반경』을 완전한 가르침인 원교(圓教)라고 하였다.

4. 열반학과 성실학

불성사상이 중시되면서 불성을 이야기하고 있는 『열반경』에 대한 연구가 활성화 되었다. 부처의 마지막 가르침이자 가장 완전한 가르침으로 여겨진 『열반경』의 내용을 연구함으로써 불교의 핵심적 사상을 이해하려고 한 것이다. 특히 『열반경』에는 불성을 비롯하여 부처의 지혜와 중생에 대한 교화 등 부처의 본질에 관한 이야기가 많이 언급되고 있으므로 『열반경』에 대한 연구는 곧 불교의 본질에 대한 연구로 생각되었다. 『열반경』은 6세기 중엽까지 최고의 경전으로 인정되어 많은 학자들에 의하여 연구되었는데, 양(梁)나라 때에는 그 성과를 모든 『열반경집해』(71권)를 비롯한 여러 종류의 주석서들이 편찬되기에 이르렀다.

『열반경』과 함께 『성실론』에 대한 연구도 활발히 전개되었다. 부파불교가 주장한 법유(法有)설의 문제점을 지적하면서 공(空)의 사상을 선양한 『성실론』은 구마라집의 만년에 번역된 이후 그의 문하를 중심으로 대승불교의 입문서로서 널리 읽혀졌다. 구마라집의 제자 중 승도(僧導)와 승숭(僧嵩)은 각기 남중국과 북중국에서 『성실론』을 강의하였는데, 구마라집 이후 대승불교에 대한 관심이 고조되면서 『성실론』 연구는 불교학자의 기본으로 정착되어 갔다. 6세기말까지 『성실론』에 대한 연구는 중국 전지역에서 활성화되었고, 5세기말 남조의 제(齊)나라에서는 황실의 후원을 받아 이 책의 핵심 내용을 요약한 『약성실론(略成實論)』이 편찬되기도 하였다. 한편 『성실론』은 대승불교의 입장에서 5세기 이후 활발하게 소개되고 있던 아비다르마 교학을 비판적으로 수용하기 위한 논서로서도 중시되었다. 이 책에서는 부파불교의 이론, 즉 아비다르마 교학을 자세하게 소개한 이후 그 문제점을 지적하여 논파하고 있기 때문에 대승불교와 아비다르마 교학을 종합적으로 이해하려는 사람들 특히 대승의 입장에서 소승의 문제점을 비판적으로 수용하려는 사람들에게 효과적으로 이용될 수 있었다. 『성실론』의 이러한 특징은 이 책을 공부하는 사람들로 하여금 대승불교만이 아니라 아비다르마 교학에 대하여도 충분한 관심을 갖도록 하였는데, 실제로 『성실론』 연구자들은 아비다르마 교학에서 열반사상에 이르는 다양한 교학들을 종합적으로 연구하는 경향을 갖고 있었다. 『성실론』 학자로 가장 명성이 높았던 양나라 때의 지장(智藏, 458~522), 승민(僧旻, 467~527), 법운(法雲, 467~529) 등은 각각 『열반경』과 『승만경』 『법화경』에 대한 연구자로 이름이 높았으며, 동시에 모두 아비다르마 교학에 대하여도 높은 이해를 가지고 있었다.

6세기 후반 이후 중국 남조의 불교학에 영향받고 있던 백제와 신라에서도 열반학과 성실학이 크게 발달하였다. 백제 성왕은 양나라에서 『열반경』의 주석서를 구하였고, 성실학도 전래되어 활발히 연구되었다. 6세기말 진나라에 유학한 신라의 원광(圓光, 550?~640?)은 중국에 있을 때부터 성실학 연구자로서 이름을 날렸고, 귀국 후 성실학에 기초하여 신라 불교학의 기초를 마련하였다. 그는 또한 여래장 사상에 입각한 점찰법(占察法)을 실행하여 일반인들에게 불교의 가르침을 전하였다.

5. 삼론학

성실학이 크게 성행하고 있던 6세기 후반에 『성실론』의 대승불교 이해를 비판하면서 대승의 중관사상을 올바로 이해하여야 한다고 주장하는 학파가 새롭게 등장하였다. 이들은 구마라집이 번역한 중관학파의 논서의 내용에 기초하여 유(有)와 공(空)을 각기 별개로 구분하는 성실학자들의 견해를 비판하였다. 성실학자들이 진제(眞諦)와 속제(俗諦)를 각기 열반의 세계(의 진리)와 세속의 세계(의 진리)로 구분하여 후자를 버리고 전자로 나아갈 것을 주장한 것에 대하여 삼론학자들은 진제(眞諦)와 속제(俗諦)는 단지 설명하는 방식에 불과하며 참된 세계의 모습은 양자를 종합적으로 인식하는 중도(中道)에 있다고 주장하였다. 이들은 또한 어떠한 주장이나 이론에 집착하는 것은 참된 중도가 아니라고 하면서 어디에도 얽매이지 않는 무주(無住)와 무(소)득(無(所)得)의 입장을 강조하였다.

삼론학은 5세기말 고구려 출신으로 중국에 건너가 활동한 승랑(僧朗)에 의해 처음 제시된 이후 승전(僧詮), 법랑(法朗, 507~581), 길장(吉藏, 549~623)으로 계승되면서 점차 체계화되어 갔다. 승랑은 성실학의 공(空)사상이 반야사상의 본래 입장과 다름을 지적하면서 중관사상을 홍포하고자 노력하였고, 법랑은 진(陳) 황실의 존숭을 받으면서 수도의 흥황사(興皇寺)에서 삼론학을 강의하였다. 법랑의 제자인 길장은 본격적으로 삼론사상의 입장을 천명하는 많은 저술을 남겨 삼론종의 이론체계를 완성하였다.

삼론학은 한국과 일본에서도 크게 성행하였다. 승랑의 출신지인 고구려 불교계에서는 삼론학 전공자가 많이 배출되었다. 수나라 초기에 중국에서 활동한 고구려의 인(印) 법사는 촉(蜀) 지방과 장안에서 삼론학을 강의하였고, 비슷한 시기에 같은 고구려 출신의 실(實) 법사는 강남지방에서 삼론학을 강의하였다. 고구려 국내에서도 삼론학이 발전하였음은 일본에 건너간 고구려의 승려들이 대부분 삼론학을 공부하였던 것에서 알 수 있다. 595년에 일본에 간 혜자(慧慈)는 삼론학의 대가로서 성실학에도 밝았으며, 620년대에 일본에 건너간 혜관(慧灌)과 도등(道登)도 모두 삼론학의 대가였다. 특히 일본의 제2대 승정(僧正)이 된 혜관은 일본 삼론종의 시조로 여겨지고 있다. 백제에서 삼론학이 발달하였음은 6세기말 백제에서 삼론학 개론서인 『대승사론현의기(大乘四論玄義記)』가 편찬된 것을 통해 확인된다. 이 책의 저자인 혜균(慧均)은 법랑의 제자로서 법랑이 죽고 진나라가 멸망하자 백제에 귀국하였던 것으로 추정된다. 6세기 중엽 법화경 독송자로서 명성이 높았던 혜현(惠顯)도 삼론학을 연구한 것으로 알려져 있다. 한편 일본에 건너가 활동한 혜총과 관륵 등도 삼론학의 학자로 유명하였다. 6세기말 이후 백제에서는 삼론학이 불교계의 주류적 흐름이었던 것으로 생각된다. 신라 불교계에서 삼론학자로 명성을 날린 인물들은 확인되지 않지만 통일신라 초기에 활동한 원효와 의상의 사상에 삼론학의 영향이 나타나는 것으로 볼 때 삼론학에 대한 이해가 일정하게 이뤄졌던 것으로 생각된다. 일본의 경우 고구려와 백제 출신의 승려들이 대부분 삼론학자로 나타나고 있으므로 그들의 영향하에 삼론학이 불교의 기본적 이해로 받아들여졌다고 볼 수 있다.

6. 유식사상 : 지론학과 섭론학

6세기에 이르러 유식(唯識)사상이 새롭게 소개되어 발전하였다. 유식사상은 우리들의 눈앞에 펼쳐져 있는 현상세계는 실제로 존재하는 것이 아니라 단지 우리들의 인식작용에 의하여 만들어진 것이고, 참된 세계는 그러한 인식작용을 초월하였을 때 비로소 파악할 수 있다는 사상으로 6세기초 인도에서 온 보리류지(菩提流支, ?~527)와 늑나마제(勒那摩提)가 유식사상 문헌들을 번역하면서 소개되었다. 북중국의 낙양에서 적극적인 교화활동을 펼친 보리류지와 늑나마제의 문하에서 다수의 학자들이 배출되면서 유식사상은 북중국 불교계의 주요한 사상 경향으로 자리잡게 되었다. 두 사람의 사상을 계승한 초기 유식학자들은 『십지경론(十地經論)』에 대한 연구를 통하여 유식사상을 전개하였으므로 지론학파(地論學派)로 불리는데, 늑나마제를 계승한 남도(南道)파가 여래장사상을 수용하였던 것과 달리 보리류지를 계승한 지론학 북도(北道)파에서는 여래장사상을 받아들이지 않는 사상적 차이가 있었다.

북도파가 보리류지의 제자인 도총(道寵)과 그 제자인 승휴(僧休)·법계(法繼) 등의 활약 이후 곧바로 쇠퇴한 것과 달리 남도파는 늑나마제 이후 혜광(慧光), 승범(僧範, 476~555), 도빙(道憑, 488~559), 법상(法上, 495~580), 안름(安廩), 영유(靈裕, 518~605), 혜원(慧遠, 523~592) 등으로 계승되며 크게 번성하였다. 특히 혜원은 북조의 불교학을 대표하는 인물인데 그가 편찬한 『대승의장(大乘義章)』은 남북조시기의 불교사상을 종합적으로 정리한 것으로 명성이 높다. 남도파가 번창한 것은 『열반경』의 전래 이후 실유불성사상과 여래장사상을 적극적으로 받아들인 중국 불교계의 사상적 분위기에 영향받은 것이었다.

한편 6세기 후반에는 남중국에도 유식사상이 전래되었다. 인도출신의 진제(眞諦, 499~569)가 바닷길을 통해 남중국으로 들어와 다수의 유식사상 문헌들을 번역하였다. 그는 특히 『섭대승론(攝大乘論)』을 중시하였으므로 그의 문하에서 이 책에 의거하여 불교사상을 체계화하는 섭론학파가 형성되었다. 하지만 중관사상이 중시된 남중국에서는 유식사상인 섭론학이 그다지 성행하지 못하였고 단지 진제의 제자들을 중심으로 학습될 정도였다. 그러다가 남북조 말기 북주(北周)에서 단행된 폐불정책을 피하여 남쪽으로 피신한 지론학 승려들에 의하여 섭론학이 깊이 있게 연구되기 시작하였다. 섭론학의 발전에 크게 기여한 인물은 본래 지론학 남도파에 속하였던 담천(曇遷, 542~607)이었다. 그는 북주의 폐불을 피하여 남쪽으로 이주하여 섭론학을 접한 후 이를 본격적으로 연구하였고, 수나라가 남북조를 통일한 이후에는 북쪽으로 돌아가 이를 적극적으로 홍포하였다. 그의 영향으로 많은 지론학 승려들이 섭론학을 연구하게 되었다.

지론학과 섭론학은 한국과 일본에도 전해진 것으로 보이지만 그 구체적 내용은 명확하지 않다. 고구려의 경우 의연(義淵)이 576년에 북제에 가서 『십지경론』 등의 문헌에 대하여 문의한 사례가 있고, 백제에서는 6세기말에 저술된 『대승사론현의기』에 지론학과 섭론학에 대한 언급이 보이고 있다. 신라의 경우 630년대말 중국에 유학한 자장(慈藏)은 섭론학과 계율학을 수학하고 돌아와 신라에 이를 널리 홍포하였다. 왕실의 후원하에 승려들을 통괄하는 대국통(大國統)에 취임한 그는 보살계를 널리 퍼뜨리는 한편 수나라 문제의 사리탑 건립을 본떠 황룡사를 비롯한 여러 곳에 사리를 봉안하고 사리신앙을 홍포하였다. 자장 이후 신라에는 섭론학의 전통이 강하였던 것으로 생각되는데, 7세기 중엽 일본에 등장한 섭론종은 신라의 섭론학을 수용한 것으로 이해되고 있다.[12]

7. 유교·도교와의 갈등과 조화

불교를 신앙하는 사람들이 많아지고 사회적 위상이 높아지면서 중국 고유의 사상체계인 유교 및 도교 측에서 불교에 대한 비판이 시작되었다. 이들은 불교가 이민족 즉 오랑캐의 사상인 것을 부각시키면서 중국 고유사상의 우월성을 주장하였다. 유교측에서는 결혼과 사회적 활동을 부정하는 불교의 출세간적인 윤리를 주로 비난하였으며, 영혼의 불멸을 주장하는 윤회와 인과응보설 등도 비판의 대상이 되었다. 이러한 비판에 대하여 불교계에

12 일본의 자료에는 7세기 중엽 일본 승려들이 唐나라에 유학하여 당시 중국에 전해진 新唯識을 수용하였다고 기록되어 있지만 당시의 국제적 상황을 고려할 때 일본 승려들은 신라에 유학하여 신라에서 연구되고 있던 攝論學을 수학하고 돌아갔던 것으로 이해되고 있다.

서는 여산의 혜원처럼 출가자들의 정신적 우월성을 주장하면서 불교의 출세간적 윤리를 옹호한 사람도 있었지만 일반적으로는 불교의 가르침이 충·효와 같은 유교의 윤리와 어긋나지 않을 뿐 아니라 오히려 이를 뒷받침하는 것이라며 불교와 유교의 조화를 추구하였다. 또한 윤회와 인과응보설이야말로 도덕적 생활을 권장하여 사회의 안정을 촉진시키는 것이라고 주장하였다. 불교인들만이 아니라 불교의 철학적 논의에 호감을 가지고 있던 유학자들도 유교와 불교의 가치관을 동시에 존중하는 이러한 주장에 동조하였고, '유불조화론'은 일반적인 견해로 확립되어 갔다.

유교와의 관계가 비교적 원만한 방향으로 진행되었던 것과 달리 도교와의 사이에는 대립적인 관계가 강하였다. 후한 대에 교단조직을 갖추기 시작한 도교는 비슷한 시기에 전래된 불교로부터 적지 않은 이론적 영향을 받았지만 동시에 배타적인 입장을 견지하였다. 도교는 본래 황로사상 및 신선사상을 바탕으로 하여 노장사상과 음양오행, 점복술 및 주술 등을 널리 흡수하여 성립되었는데, 도교의 독자적인 이론체계를 만들어 가는 과정에서 불교의 이론과 용어들을 적극적으로 활용하였다. 하지만 도교의 교단체제가 확립된 이후에는 사상적 우월성을 둘러싸고 불교와 잦은 논쟁을 벌였다. 도교측에서는 노자가 만년에 서역으로 떠났다는 전설에 기초하여 불교가 노자의 가르침에서 비롯되었다는 '노자화호설(老子化胡說)'을 주장하며 사상적 우월성을 주장하였고, 불교는 이에 맞서 노자와 공자, 안연 등이 부처의 제자였다는 '삼성화현설(三聖化現說)'을 주장하였다. 도교교단의 세력이 강하였던 남북조시기의 북조에서는 불교와 도교의 대립이 특히 심하였다. 승려와 도사(道士) 사이의 논쟁이 빈번하게 전개되었고 이는 때로 두 교단에 대한 탄압의 이론적 근거로 활용되기도 하였다. 이처럼 교단 차원의 갈등이 지속되었지만 한편으로는 불교와 도교는 서로의 사상과 신앙을 흡수하면서 적지 않은 영향을 주고 받았다.

V. 불교의 사회적 확산과 종합적 학문불교의 발전 (7세기~8세기)

1. 당나라 전기 국가불교의 변형과 민간불교의 성장

7세기 전반 당(唐) 왕조가 수립되면서 불교의 위상은 큰 변화를 겪게 되었다. 당의 건국자들은 유교 정치이념에 입각한 합리적 국가운영을 지향하였고, 그에 따라 불교는 더 이상 국가의 통치이념으로 받아들여지기 어렵게 되었다. 또한 당 황실은 자신들과 성(姓)이 같다는 이유로 노자(老子)를 국가적 차원에서 숭상하면서 노자를 받드는 도교의 위상을 강화시켜 주었는데, 이는 상대적으로 불교의 위상을 약화시키는 결과를 낳았다. 일부 예외는 있지만 황제가 이전과 같이 부처나 보살, 전륜성왕 등으로 자처하지 않았고, 승려들이 황제의 존숭을 받으며 국정에 참여하는 일도 보기 드물었다. 승려들에게도 유교 윤리가 강조되어 군주와 부모에게 예를 표할 것이 강요되었고, 교단이 가지고 있던 승려들에 대한 재판권도 국가가 장악하였다. 승려들을 통괄하는 승통, 승정 등도 과거처럼 국가의 존숭을 받는 고승이 아니라 속인 관료의 지휘를 받는 행정 담당자로 위상이 격하되었다. 이처럼 불교교단의 위상이 약화되고 승려들에 대한 국가의 통제가 강화되면서 종래 황제에 대해 '빈도(貧道)'나 '사문(沙門)'이라고 자처하던 승려들이 8세기 중엽 이후에는 '신(臣)'을 칭하게 되었다.

국가의 불교에 대한 지원이 약화되면서 불교를 배격하는 논의들도 등장하였다. 일부 유교 지식인들은 남북조 및 수나라 시기의 정치, 사회적 혼란 원인을 지나친 불교신앙에서 찾으면서 불교에 대한 국가의 지원을 중단하고 승려들을 환속시킬 것을 주장하였다. 이러한 불교비판에 대응하여 불교계에서는 불교의 정당성을 강조하는 한편 불교인들의 자성과 분발을 촉구하였다. 당나라 초기에 편찬된 『광홍명집(廣弘明集)』에서는 불교 배척 이론들을 반박하면서 불교가 국가에 도움이 되는 점을 강조하였고, 『속고승전(續高僧傳)』에서는 '호법(護法)'편을 만들어 불교를 수호하기 위해 노력한 인물들을 선양하는 동시에 계율의 엄정한 실행을 강조하였다. 한편으로 불교계는 국가의 인정을 받기 위하여 불교의 호국적 성격을 한층 더 강조하였다. 하지만 불교계의 노력에도 불구하고 불교가 다시 국가의 통치이념으로 회복되지는 못하였다.

황실과 정부 내에서의 불교의 위상은 약화되었지만 사회 전체적으로 볼 때 불교의 영향력은 결코 약화되지 않았다. 오히려 시간이 지나면서 더욱 확대되었다. 남북조시대를 거치면서 불교는 사회 상층부의 절대 다수에게 수용되었고, 일반 민중들에게도 널리 신앙되게 되었다. 정부의 사원과 승려 축소 정책에도 불구하고 신자들의 적극적인 후원하에 사원과 승려의 수는 더욱 늘어났다. 귀족들의 원찰은 확대되었고, 일반인들의 신앙모임인 의읍(義邑)과 법사(法社)의 활동도 더욱 활발해져 갔다. 황제를 비롯한 황실 구성원들도 개인적으로는 불교신앙을 가지고 있었고 불교행사에도 적극적으로 참여하였다. 황제의 존숭을 받는 고승들이 궁중의 내도량(內道場)에 초빙되어 설법하는 사례도 빈번하였다.

서역과의 활발한 교류도 불교의 영향력 확대에 기여하였다. 7세기 중엽 당나라가 중앙아시아 지역을 장악하면서 서역과 당나라의 교류는 한층 활발하게 전개되었는데, 불교를 신봉하는 서역 국가들과의 교류 및 이들 국가에 대한 당나라의 영향력을 확대하는데 있어서 불교는 중요한 역할을 담당하였다. 인도 구법여행을 달성하고 왕래한 지역에 대한 자세한 기록을 남긴 현장(玄奘, 602~664)과 의정(義淨, 635~713), 혜초(慧超) 등의 활동은 정부가 불교에 대해 우호적 태도를 취하는데 적지 않은 역할을 하였다.

불교의 영향력이 확대되면서 신앙층도 확대되었다. 특히 7세기에 불교 사상에 대한 연구가 비약적으로 발전하면서 불교에 대해 비판적이었던 유교 지식층 사대부들 중에도 불교 이론과 신앙에 관심을 갖는 사람들이 늘어나게 되었다. 남북조가 통합되고 인도에서 새로운 불교이론이 수용되면서 7세기에는 기존의 여러 불교사상들을 종합하여 체계적으로 이해하려는 다양한 시도들이 나타났다. 그러한 시도들을 통하여 기존의 인도적 사상이 중국화되어 이해되기 시작하였고, 이러한 중국화를 통해 불교사상은 지식인들에게 폭 넓게 수용될 수 있었다. 종래 불교에 무관심하였던 사대부들 중에 새롭게 제시된 불교이론에 관심을 갖고 연구하는 사람들이 늘어났다.

사대부들은 의례나 사원건립 등과 같은 불교의 외형적 측면보다 사상과 수행 등 내면적인 문제에 주된 관심을 가졌고, 이는 불교 신앙의 성격에도 변화를 가져왔다. 사찰을 건립하고 큰 의례을 거행하는 것을 비판하고 내면의 마음을 깨닫는 것이야말로 참된 신앙이라는 인식이 확대되게 되었다. 일찍이 불교신앙의 이상적 모습으로 칭찬되었던 양나라 무제를 비롯한 제왕들의 신앙행위에 대하여 외면적인 것에만 치중하고 실제 자신의 마음을 깨닫는 데에는 이르지 못하였다는 비판적인 인식도 등장하였다. 8세기초의 재상으로 독실한 불교신앙을 가졌던 요숭(姚崇, 650~721)은 올바른 법을 깨닫는 것이 불교의 진짜 가르침이고 외형적 의례는 쓸데없는 것이므로 자신의 명복을 빌기 위해 불상이나 경전을 만들고 법회를 여는 등의 행위를 하지 말라고 유언하였다.

2. 신라 중대 불교와 불교대중화

삼국통일 이후 신라에서도 불교의 성격에 변화가 나타났다. 불교의 정치이념으로서의 역할은 축소되고 신앙과 사상으로서의 측면이 강화되었다. 삼국시대의 불교가 왕실과 귀족을 중심으로 수용되면서 국가체제의 정비와 왕실의 권위를 높이기 위하여 불교사상을 이용한 측면이 많았던 반면 통일신라 사회에서는 불교의 철학적, 종교적 측면에 대한 관심이 증대하면서 세계와 인생의 가치에 대한 반성 및 불교 신앙을 통한 대중들의 삶의 위안 등이 보다 중요한 역할을 담당하게 되었다.

이러한 변화는 삼국통일을 주도한 중대왕실에 의하여 주도되었다. 중대왕실에서는 이전과 같이 불교적 신성성을 이용하여 왕실의 권위를 내세우는 것이 한계에 이르렀음을 깨닫고 불교정치이념 대신 국왕의 실제적 능력과 백성에 대한 덕치(德治)를 강조하는 유교적 정치이념에 관심을 갖게 되었다. 여기에는 당나라의 유교정치이념의 강조도 적지 않은 영향을 미쳤을 것으로 생각된다. 김춘추의 아들로서 통일을 달성하였던 문무왕이 '용은 미물로서 국왕에게는 적합하지 않다'는 승려의 권유에도 불구하고 국가의 안정을 위하여 스스로 동해의 용이 되고자 했던 것은 불교적 신성함보다 국가와 백성에 대한 군주의 책임을 강조하는 중대왕실의 사고방식을 잘 보여주는 것이라고 할 수 있다.

중대왕실이 정치운영에 있어서 불교보다 유교의 원리를 중시하였지만 불교에 대한 신앙을 중시하지 않은 것은 아니었다. 통일을 완성한 문무왕은 사후에 자신의 유해를 불교식으로 장사지내라고 유언하였고, 고승들에 대한 왕실의 귀의도 여전하였다. 또한 선왕들을 위한 원찰 건립도 본격적으로 시작되었다. 무열왕의 원찰인 봉성사(奉聖寺), 문무왕의 원찰인 감은사(感恩寺), 신문왕의 원찰인 봉덕사(奉德寺) 등이 후대 국왕들에 의해 연이어 건립되었다. 그러나 이러한 신앙에도 불구하고 불교를 정치운영에 직접 이용하려는 모습은 두드러지지 않았다.

정치운영에서 불교정치이념 대신 유교적 원리가 강조되면서 불교계에 대한 운영방식도 변화를 보이게 되었다. 통일이전에는 국가가 직접 불교계를 통제하기 보다 불교계의 자율적인 운영을 중시하였지만 통일이후에는 불교계의 자체적 조직 이외에 별도로 중앙에 불교계의 운영을 담당하는 정법전(政法典)을 설치하고 일반 관료들이 불교계의 운영에 관여하도록 하였다. 또한 왕실 원찰을 비롯한 주요 사찰의 건립과 운영을 담당한 사원의 성전(成典)들이 불교계를 운영하는데 있어 중요한 역할을 하였는데, 여기에도 최고 책임자들은 승려가 아닌 속인인 고위 관료들이었다.

정치이념으로서 불교의 영향력은 축소되었지만 불교의 사회적 비중이 줄어든 것은 아니었다. 오히려 통일기에는 일반 대중들의 불교신앙에 대한 참여가 확대되어 불교가 사회전체에서 차지하는 비중은 더욱 높아지게 되었다. 불교대중화라고 불리는 이와 같은 변화를 주도한 사람들은 통일전쟁기를 전후하여 활동하였던 일군의 승려들이었다. 이들은 왕궁이나 사찰이 아닌 시장과 마을을 다니면서 불교의 가르침을 알기 쉽게 설명하고 직접 서민적 신앙생활을 보여주었으며 이로 인하여 일반민들은 불교를 가깝게 접할 기회를 갖고 자신들의 신앙으로 받아들일 수 있었다. 진평왕대에 활동한 혜숙(慧宿)은 시골 마을에 숨어살면서 일반인들과 함께 수행하며 불교의 가르침을 펼쳤고, 혜공(慧空)은 작은 절에 살면서 삼태기를 둘러쓰고 길거리에서 춤과 노래하며 일반인들과 함께 지냈다. 대안(大安) 역시 당시 불교계의 대표적인 학승이었음에도 불구하고 왕궁의 초청이나 호화로운 생활을 거부하고 스스로 미친 행세를 하며 거리에서 일반민들과 어울려 지냈다. 이러한 불교대중화의 흐름을 계승하여 일반인들에게 불교신앙을 폭넓게 전파한 인물이 원효(元曉)였다. 중급관료 집안 출신인 원효는 출가하여 불교학을 깊이 연구한 이후에 세속과 출세간의 걸림이 없음을 직접 실천하기 위하여 환속하였고, 이후에는 광대들이 놀이하는 도구를 가지고 수많은 마을과 거리를 다니면서 노래와 춤으로써 불법의 가르침을 알리려 하였다. 그는 특히 모든 중생들이 염불을 통하여 극락에 왕생할 수 있다는 정토신앙을 강조하였는데, 그의 교화에 의해 미천한 사람들까지 불교를 알게 되었고 곳곳에서 '나무아미타불'을 염송하는 소리가 그치지 않게 되었다고 한다.

3. 율령 체제에서 일본 불교의 동향

645년 타이카[大化] 개신 이후 당나라를 모범으로 한 율령제 국가수립을 추진한 일본정부는 불교계에 대해서도 중앙정부에 의해 일원적으로 통제되는 체제를 구축하고자 하였다. 특히 임신(壬申)의 난으로 정권을 장악한 텐무[天武] 천황(재위 673~686) 이후에 이러한 개혁이 보다 적극적으로 추진되었다. 죠메이 천황이 건립하였던 구다라다이지를 다케치[高市]로 옮겨 지은 후 전국의 사찰을 총괄하는 다이칸다이지[大官大寺]로 명명하였고, 기존 사찰들의 등급을 새로 확정하고 국가에서 관리, 지원할 관사(官寺)의 범위를 규정하였다. 이와 함께 일체경(一切經)을 마련하여 주요 사찰에 갖추게 하였고, 승려들이 계율에 따라 생활할 것을 요구하며 함부로 사원 바깥에 나가 거주하는 것을 금지하였다. 683년에는 기존의 승관제를 보완하고 보다 체계화한 새로운 승강(僧綱)제도를 마련하여 승려들에 대한 국가의 관리를 강화하였다.

이러한 개혁에는 특히 7세기 중엽 이후 당나라에 유학하고 돌아온 학문승(學問僧)들의 역할이 중요하였다. 대당학문승(大唐學問僧)들은 당나라에서 직접 경험한 중국 불교계의 현황을 보고하며 아직 제대로 체제를 갖추지 못한 일본 불교계의 개혁을 제안하였고, 정부는 이들의 제안에 기초하여 개혁을 추진하였다. 하지만 당시의 개혁이 당나라 불교를 그대로 재현하고자 한 것은 아니었다. 오히려 당나라 불교의 요소 중에서 당시 왕실과 정부에서 필요로 하는 측면만을 집중적으로 수용하려한 것이었다. 그것은 왕실과 국가의 안녕, 그리고 국가 체제의 운영에 도움이 되는 불교, 즉 호국불교의 강조였다. 이는 중앙의 대관대사와 지방의 주요 사찰들을 확정한 이후 이들 사찰에서 호국경전으로 알려진 『금광명경(金光明經)』과 『인왕경(仁王經)』 등의 경전을 독송하게 한 것에서 잘 나타나고 있다. 승려들의 계율에 의거한 청정한 생활을 강조한 것도 승려들의 수행공덕을 통해 왕실과 국가의 안녕을 기원하고자 한 것이었다. 이와 함께 왕실이 주도하는 대규모의 호국법회도 빈번하게 개최되었다. 한편으로 이러한 불교체제 개혁은 백제 멸망 이후 대립 관계에 있던 신라 불교에 필적할 수 있는 독자적인 불교체제의 수립을 지향한 것이기도 하였다.

중앙정부가 통괄하는 불교체제 수립은 나라[奈良]로의 천도 이후에도 계속되었다. 716년에는 전국의 유명무실한 사찰들을 병합하여 국가가 관리하였고 720년에는 승려에 대한 자격을 국가가 공식적으로 규정하기 시작하였다. 이와 함께 국가의 승인을 받지 않는 민간의 자유로운 출가를 금지하고 위반자의 처벌을 규정하였다. 쇼무[聖武] 천황(재위 725~749)이 즉위한 이후에는 왕실 주도하에 대규모의 불전(佛典) 사경 작업이 이루어졌는데, 경전 이외에 승려들의 교학연구에 필요한 주요 문헌들이 제작되었다. 특히 740년에는 왕비의 발원으로 중국에서 새로 전래된 일체경 전체가 서사되었다. 741년에는 각 지방의 중심지에 국분사(國分寺)와 국분니사(國分尼寺)를 창건하여 지방의 불교 의례와 불교행정의 거점으로 삼았다. 국분사와 국분니사는 각기 '금광명사천왕호국지사(金光明四天王護國之寺)'와 '법화멸죄지사(法華滅罪之寺)'로 명명하였으며, 거주하는 승려들에게 매월 『금광명경』과 『법화경』을 독송하게 하여 호국의 사찰임을 분명히 하였다. 이어서 수도 나라에 천황가의 원찰인 도다이지[東大寺]를 개창한 후 이곳을 총국분사로 삼아 전국의 국분사를 총괄하게 하였다. 국분사와 국분니사에는 7층탑을 건립하였고, 도다이지에는 『화엄경』의 내용에 기초한 노사나 대불(大佛)을 봉안하였다.

이와 같이 율령체제하에서 불교는 일정한 기준을 갖춘 사원에서 자격을 갖춘 승려들의 청정한 수행 및 이를 통한 진호국가(鎭護國家)를 지향하였다. 이를 위해서 율령의 일부인 〈승니령(僧尼令)〉으로 승려의 자격과 생활방식을 구체적으로 규정하였는데, 여기에서는 승려들을 관료에 준하는 신분으로 인정하는 동시에 승려들의 자유로운 산림수행이나 민간에의 교화 등은 금지하였다. 승려들의 자격과 원칙적인 생활이 강조되면서 불교 본래의 계율에 입각한 수계(授戒)의 필요성이 주목되었다. 이에 따라 중국으로부터 정통 계사(戒師)를 초빙하려는 계획하에 초빙 사절이 733년에 파견되었다. 하지만 계사의 초빙은 쉽지 않았다. 양주(揚州)의 승려 감진(鑑眞)은 일본의 초빙에 응하려 하였지만 감진 문도들의 반대와 고승의 해외 이주를 꺼린 중국 정부의 금지정책으로 여러 차례 실패를 거듭한 후 753년에 비로소 일본에 입국할 수 있었다. 입국 이후 감진은 승려와 왕족들에게 정식 계를 주었고, 왕실 사찰인 도다이지에 계단원(戒壇院)을 건립하였다.

국가의 주도하에 호국을 위한 불교체제가 성립되어 가는 한편으로 민간의 불교도 발전해 갔다. 전국에 사찰이 건립되고 승려들의 활동 범위가 확대되면서 불교에 접하는 사람들이 늘어나고 지방호족과 일반민들에 의한 불교 신앙활동이 활성화되었다. 중앙정부는 국가에 의한 체계적인 불교를 지향하면서 민간의 자발적 신앙을 억제하려 하였지만 뜻대로 되지는 않았다. 국가의 금지에도 불구하고 스스로 출가하여 승려생활을 하는 사도승(私度僧)들이 늘어났고 이들은 정식 사원 밖에서 일반인들을 대상으로 교화를 행하였다. 8세기 전반기에 활동한 교기[行基, 668~749]는 본래 정식 승려였지만 대형사찰에서 나와 산림수행을 거친 후 일반민들 속에서 교화를 전개하였다. 그는 특히 마을의 도로와 다리, 수로 등을 놓아주는 활동을 통해 많은 지지자들을 확보하였다. 그의 교화활동은 국가에 의해 처벌의 대상으로 지목되기도 하였지만 그를 따르는 사람들의 수는 더욱 확대되었다. 마침내 정부도 그의 활동을 인정하고 국가적 차원의 불교조영활동에 그를 따르는 집단의 참여를 요청하였다. 도다이지 및 대불조영에 기여한 교기는 대승정(大僧正)으로 임명되어 불교계의 중심인물로 인정받게 되었다.

4. 종합적 학문불교의 발전

1) 삼계교

남북조시대 말기 북주의 폐불을 거치면서 불교계에는 불교의 가르침이 끝나고 혼란스런 시대가 다가온다는 말법(末法)의식이 유행하게 되었다. 이러한 말법의식과 여래장사상을 결합하여 일반 대중들에 대한 무조건적인 구제를 주장하는 삼계교(三階敎)가 6세기말에서 8세기초에 걸쳐 크게 성행하였다. 삼계교의 창시자인 신행(信行, 540~594)은 말법의식에 기초하여 불교를 일승(一乘)의 시대, 삼승(三乘)의 시대, 보법(普法)의 시대 등 3단계로 구분한 후, 제3단계인 현재에는 특정한 가르침이 아니라 여러 경전에 이야기되는 모든 가르침을 가리지 않고 따라야 한다고 주장하였다. 나아가 그는 여래장 사상에 근거하여 모든 중생들을 부처로 공경할 것을 주장하는 보불(普佛), 보경(普敬)의 사상을 주장하였다. 모든 중생들은 여래장을 가지고 있으며, 따라서 부처와 다르지 않은 존재이므로 이들에 대하여 어떠한 차별도 두지 않고 모두 다 공경해야 한다는 것이다. 한편으로 신행은 사람들이 스스로를 말세의 죄많은 중생이라는 것을 인정하여야 한다고 하였다. 스스로 죄악이 가득한 말세의 범부라는 절실함에서 모든 사람들을 자신보다 나은 부처로 인식하고 공경할 수 있기 때문이었다.

신행은 실제적으로 다수 대중에 대한 구제를 실천하기 위하여 경전에 나오는 비전(悲田)의 사상에 의거하여 신자들의 시주물을 한 곳에 모아 두고 필요한 사람들에게 나누어주는 무진장(無盡藏)을 운영하였다. 신행의 가르침이 호응을 얻으면서 무진장에는 막대한 보시물이 모이게 되었는데, 삼계교도들은 이 재물을 이용하여 어려운 사람들을 위한 사회구호사업을 적극적으로 전개하였다. 삼계교를 지지한 사람들 중에는 고위 관료들도 있었지만 대부분은 도시에 거주하는 하층민들이었던 것으로 알려지고 있다. 이로 인하여 삼계교는 대중들 사이에 폭넓은 지지를 얻었지만 이는 국가에 의한 교단 통제를 강조하는 정부에게는 불온한 움직임으로 받아들여지게 되었다. 수나라 때에 정부에 의해 금지되었던 삼계교는 당나라에 들어와 다시 신앙이 허락되었지만 713년에 칙령으로 무진장이 폐쇄되고, 715년에는 삼계교 자체가 금지되고 말았다.[13]

삼계교는 비교적 짧은 기간 동안 존속하였고 정부의 금지를 받았기 때

13 삼계교는 모든 불교사의 기록에서 지워진 채 잊혀져 있다가 20세기초 돈황 등에서 『대근기행법(對根機行法)』『삼계불법(三階佛法)』과 같은 문헌들이 발견되면서 그 모습이 새롭게 밝혀지게 되었다.

문에 한국이나 일본에는 큰 영향을 미치지 못하였다. 하지만 삼계교가 출현할 때 중국에 유학하였던 신라 원광의 일반민을 대상으로 한 교화활동 중에 삼계교와 상통하는 모습이 보이고 있고, 그 제자 원안이 중국에서 삼계교 신자였던 소우(蕭瑀)의 원찰에서 머물렀다는 점을 고려하면 신라를 비롯한 주변 국가들에 삼계교가 간접적으로나마 영향을 미쳤을 가능성이 있다. 일본의 경우 쇼오토쿠 태자가 빈궁자들을 구제하기 위하여 운영하였다고 전하는 비전원(悲田院) 역시 삼계교의 영향을 받았을 가능성이 있다.

2) 천태종

대승불교의 중관사상과 불성·여래장사상 등이 불교계의 주류적 사상으로 자리잡아 가는 가운데 소승불교적 요소로 배척된 선정수행을 대승의 사상과 결합하려는 천태학이 등장하였다. 천태학을 체계화한 지의(智顗, 538~597)는 대승경전인 『반야경』과 법화경, 중관학파의 이론서인 『대지도론(大智度論)』, 소승의 선정문헌인 『차제선법(次第禪法)』 등에 대한 연구를 통하여 이를 종합할 수 있는 이론을 체계화하였고, 이후에는 중국 남부의 천태산에 들어가 직접 이를 체득하는 수행을 닦았다. 그는 자신의 깨달음과 중관사상에 기초하여 삼제원융[三諦圓融: 일체의 존재는 공·가·중의 삼제(三諦)로 파악되며 다시 이 삼제는 서로 원융하여 상충되지 않음]과 일념삼천(一念三千: 중생의 한 마음에 모든 세계가 갖추어져 있음) 등의 이론을 제시하였고, 이러한 존재의 본래 모습을 체득하기 위한 실천수행으로서 지관(止觀)의 실천을 중시하였다. 대승과 소승을 종합하면서 수행을 체계화한 지의의 주장은 불교계에 큰 영향을 미쳐 곧바로 그의 사상을 따르는 천태종이 등장하였다. 천태종은 강남지방을 지역적 거점으로 발전하면서 당나라 불교계의 주요한 학파로 존재하였다.

지의의 사상은 한국과 일본 불교계에도 영향을 미쳤다. 고구려 출신의 파약(波若, 562~613)은 천태산에서 지의로부터 직접 가르침을 받았고, 통일신라 초기의 원효는 지의의 사상을 대단히 중시하였다. 하지만 종파로서의 천태종은 수용되지 않았다. 한국에 종파로서의 천태종이 등장하는 것은 11세기말 대각국사 의천(義天)이 중국에 유학하여 천태종을 수용하면서부터였다. 일본의 경우 계사로 초청된 감진을 통하여 천태학이 소개되었다. 다른 여러 학파의 사상과 함께 천태학을 수학하였던 감진은 일본에 갈 때에 적지 않은 천태학 문헌을 가져갔고 이를 계기로 일본에서는 천태학에 대한 관심이 높아지게 되었다.

3) 법상종

여래장사상이 불교계에 폭넓게 받아들여지던 7세기 중반에 여래장사상을 비판적으로 보는 법상종이 등장하였다. 법상종은 인도에 유학하여 유식사상을 수학하고 돌아온 현장(玄奘, 602~664)의 가르침에 기초하였다. 현장은 인도의 나란다사에서 수학한 유식사상에 기초하여 중생에게 불성이 본래적으로 내재해 있다는 여래장사상을 부정하였다. 이런 입장에서 그는 모든 중생이 성불할 수 있다는 실유불성(悉有佛性)의 이론을 부정하고 애초부터 성불의 가능성이 없는 무종성(無種姓)의 중생을 상정하는 오성각별설(五姓各別說)을 주장하였다. 현장이 전한 새로운 유식사상은 『성유식론(成唯識論)』으로 정리되었다.

현장에 의하여 새로운 유식사상이 소개되자 지론학과 섭론학이 주장하던 기존의 유식사상은 급격히 쇠퇴하였다. 일부 학자들은 여래장사상 및 실유불성설을 근거로 현장의 신유식학에 저항하였지만 인도에서 가져온 최신의 유식학 문헌을 앞세운 현장의 이론에 맞서기에는 역부족이었다. 결국 중국의 유식사상은 현장 이후 그의 사상을 계승한 법상종으로 단일화되었다.

현장은 유식학자로서만이 아니라 불경의 번역자로서도 뛰어난 성과를 남겼다. 629년부터 645년까지 17년간 유학하였던 그는 인도 현지로부터 다수의 경전 원본을 가지고 들어와 총 75부 1,347권의 경전을 번역하였다. 그는 종래에 번역되지 않은 경전만이 아니라 기존의 번역이 불완전하다고 생각되는 경전들을 새롭게 번역하였다. 그의 번역사업은 분량의 방대함만이 아니라 원본에 대한 충실도에 있어서도 이전의 번역을 능가하는 것이었다. 그가 번역한 경전에는 유식학 문헌만이 아니라 아비다르마 계통의 문헌과 다른 대승불교의 경전 등이 다수 포함되어 있었다. 이는 그가 유식사상은 종래의 모든 불교의 가르침을 포괄하는 것이라고 생각하였기 때문인데, 실제로 그는 불교의 가르침을 소승·대승·일체승(一切乘)으로 구분하고 참된 불교는 소승과 대승을 모두 포괄하는 일체승이라고 주장하였다.

현장은 또한 구법여행 과정에서 견문한 내용을 정리하여 『대당서역기(大唐西域記)』를 저술하였다.[14] 이 책은 7세기초 서역과 인도의 실정을 알려주는 귀중한 자료로서 당대에는 물론 지금까지도 이들 지역에 대한 중요한 정보원으로 활용되고 있다.[15]

법상종은 현장의 제자인 강거국(康居國; 소그드) 이민자 집안 출신의 규

14 후일 삼장법사의 인도 구법여행을 그린 『서유기(西遊記)』는 현장의 활동과 『대당서역기』의 내용에 영향받아 창작된 것이었다.

15 현장보다 약 50년 뒤인 671년부터 695년까지 바닷길을 이용하여 인도에 유학하였던 의정(義淨, 635-713)은 귀국 후 모두 56부 230권의 경전을 번역하였다. 그의 구법여행 과정을 기록한 『남해기귀내법전(南海寄歸內法傳)』은 『대당서역기』와 함께 당시 인도와 동남아시아 지역의 사회상을 알 수 있는 귀중한 자료이다

기(窺基, 632~682)와 신라 출신 유학승 원측(圓測, 613~696)에 의하여 그 이론체계가 확립되었다. 『성유식론』 편찬에 주도적으로 참여하였던 규기는 이 책의 내용을 해설하는 주석서들을 지어 유식학의 이론을 체계화하였고, 원측은 현장이 번역한 주요 유식학 문헌들에 대한 주석서를 지어 현장의 사상을 선양하는데 크게 기여하였다. 법상종은 규기와 원측의 문하에서 크게 발전하여 불교계를 대표하는 사상체계로 자리잡아갔다.

새로운 유식사상인 법상종의 가르침은 곧바로 신라에도 전해졌다. 원측과 비슷한 시기에 현장의 문하에서 수학한 순경(順璟)이 귀국하여 현장의 가르침을 전하였고, 692년에는 원측의 제자 도증(道證)이 신라에 돌아와 원측의 사상을 전하였다. 국내에서 활동한 원효도 현장이 번역한 문헌들을 통하여 신유식사상을 연구하였다. 그는 신유식사상을 기존의 유식학 논서들과 대조하여 종합하려고 노력하였는데, 주로 구유식의 입장에서 신유식을 이해하려는 입장이었다. 본래 섭론학의 전통이 강하였던 신라불교계는 법상종의 신유식사상 연구에도 적극적이었다. 7세기 후반 이후 법상종과 유식학 연구는 신라불교학에서 가장 주요한 흐름이 되었다. 의적(義寂), 경흥(憬興), 태현(太賢) 7세기 중엽에서 8세기 중엽에 활동한 대표적 학자들은 모두 수많은 유식학 관련 저술을 남겼고 이들 이외에도 많은 학자들이 유식학 연구에 전념하였다.

일본에서도 7세기말 이후 법상종에 대한 연구가 활발하게 진행되었다. 일본의 기록에는 이미 7세기 중엽에 일본 승려들이 현장과 규기의 문하에 유학하여 법상종을 전해왔다고 나타나고 있지만 당시의 상황을 고려할 때 이들은 당나라가 아닌 신라에 유학하여 구유식사상인 섭론학을 배운 것으로 생각되고 있다. 7세기말 이후 비로소 법상종의 신유식사상이 전하여지지만 이 역시 신라를 통해 전해진 것으로 보인다. 당시에는 원효, 의적, 도증 등의 문헌을 통하여 신유식사상이 이해되었다. 717년부터 734년까지 당나라에 유학하여 규기의 제자 지주(智周)에게 수학한 겐보[玄昉, 691~746]가 귀국하면서 비로소 당나라의 법상종이 직접 전해지게 되었다. 겐보는 5천여 권의 일체경과 함께 중국 법상종 학자들의 문헌을 다수 가지고 귀국하였고 이를 계기로 신라를 통하지 않은 중국 법상종이론에 대한 연구가 활발하게 전개되었다. 겐보는 귀국 이후 쇼무 천황과 왕비의 존숭을 받아 승정에 임명되었고, 이를 계기로 일본 불교계에서 법상종의 위상은 더욱 강화되었다. 나라시대 내내 법상종은 가장 강력한 흐름으로 자리잡았다.

4) 화엄종

법상종이 대두되는 것과 비슷한 시기에 『화엄경』을 최상의 가르침으로 내세우는 화엄종이 등장하였다. 『화엄경』은 처음 번역된 직후부터 깨달음의 세계를 직접적으로 묘사한 경전으로서 각별히 존중되었지만 화엄종을 전면에 내세우는 종파는 형성되지 못하였었다. 그러던 중 남북조말기의 지론학파 내부에서 『화엄경』을 이 세상의 모든 존재들이 서로 밀접하게 관련되어 있음을 밝힌 최상의 가르침으로 선양하는 사람들이 등장하였고, 그러한 경향의 연장선상에서 『화엄경』에 대한 신앙을 강조하여 독자적인 종파로 발전한 것이 화엄종이었다.

화엄종의 개창자인 지엄(智儼, 602~668)은 지론학파에서 제시한 이론을 더욱 발전시켜 『화엄경』을 일체 사물들이 서로 무궁한 연기관계를 맺고 있으면서 상호 간에 무한히 포용하고 관통하는 법계연기(法界緣起)와 무진원융(無盡圓融)을 이야기한 최상의 가르침으로 파악하고 이를 적극적으로 선양하였다. 지엄의 제자인 법장(法藏, 643~712)은 스승이 제시한 이론들을 더욱 발전시키고, 아울러 당시 현장 문하에 의해 촉발된 신유식사상과 여래장사상의 갈등까지를 포섭할 수 있는 교학체계를 수립함으로서 화엄종의 이론체계를 완성하였다. 그는 유식사상과 여래장사상의 이론들을 세밀히 분석하여 이들에 대한 화엄사상의 우월성을 적극적으로 주장하였다. 법장의 문하에서도 다수의 뛰어난 학자들이 배출되었고, 이를 기초로 화엄종은 불교계의 주류적 흐름으로 자리잡게 되었다.

법상종과 마찬가지로 화엄종도 중국에서 성립됨과 동시에 신라에 전해졌다. 신라 귀족출신의 의상(義相, 625~702)은 661년 중국에 유학하여 지엄 문하에서 화엄학을 배운 뒤 671년에 귀국하여 화엄학을 전파하였다. 처음에는 경주에 머무르던 그는 얼마 후 문도들과 함께 태백산으로 들어가 부석사(浮石寺)를 창건하고 이곳에서 화엄학을 강의하며 지냈다. 의상은 불교의 가르침에 투철하여 발우와 가사 이외에 일체의 재물을 갖지 않았으며 국왕이 부석사에 하사한 토지와 노비도 거절하였다. 신분 구별 없이 제자들을 받아들였으므로 그의 문도 중에는 하층민 출신의 사람들도 적지 않았다.

의상은 스승 지엄의 가르침에 기초한 『일승법계도(一乘法界圖)』를 저술하여 화엄사상의 요체를 간명하게 정리하였으며, 또한 이에 입각한 수행방법을 체계화하는데 힘썼다. 그는 화엄학을 이론적으로 정리하거나 다른 불교이론과 비교하는 데에는 그다지 관심을 기울이지 않았다. 의상의 제자들도 스승의 학풍을 계승하여 다른 불교이론들에는 별다른 관심을 보이지 않고 화엄학이론에만 집중하여 연구하였다. 이는 의상의 동문인 법장과 그의 제자들이 화엄학의 이론을 체계화하기 위하여 방대한 저술을 남기고 다른 교학과 화엄학의 차이를 규명하기 위하여 노력한 것과 대조된다. 신라 화엄종에는 의상 이외에 법장의 사상도 적지 않은 영향을 미쳤다. 법장은 자신에게 배우고 신라로 귀국한 승전(勝詮)을 통해 자신의 저술들을 의상에게 보냈는데, 의상은 이를 검토하고 제자들에게 공부하도록 하였다. 황룡사에 주석하였던 표원(表員)의 저술에는 법장의 사상이 크게 중시한 반면 의상의 견해는 간단히 언급되는데 그치고 있다. 승전과 그 제자 가귀(可歸)의 화엄사상도 법장의 사상에 의거한 것으로 생각된다. 한편 의상과 같은 시대에 활약한 원효도 화엄사상에 많은 관심을 가지고 있었다. 그는 의상을 통하여 지엄의 화엄학에 대하여 접한 후 이를 자신의 사상체계에 적극적으로 도입하였다. 그에게는 『화엄경소』와 『화엄경종요(華嚴經宗要)』 등의 화엄 관련 저술이 있었다.

법상종과 달리 화엄종은 8세기 중엽에야 일본에 전래되었다. 740년 신라에서 수학한 심상(審詳, 신조)이 왕실의 원찰인 도다이지에서 법장의 주석서를 토대로 『화엄경』을 강의하였고, 이것을 계기로 왕실의 후원하에 화엄학에 대한 연구가 촉진되었다. 왕실은 방대한 세계관을 설하는 『화엄경』과 진리 그 자체인 『화엄경』의 주존 노사나불에 주목하여 화엄학을 중시하였다. 도다이지에 건립된 대불도 노사나불을 표현한 것이었다. 심상은 신라에서 공부하였지만 그의 화엄사상은 의상이 아니라 법장과 원효의 사상에 기초한 것이었다. 그가 소지하였던 문헌 중에는 원효를 비롯한 신라 승려의 저술이 가장 많았지만 의상과 그 문도들의 저술은 확인되지 않고 있다. 이에 따라 나라시대 일본 화엄종의 사상은 법장과 원효의 사상에 기초하여 전개되었다. 8세기 후반에 활동한 지케이[智憬]와 쥬레이[壽靈] 등의 저술에서도 법장과 원효의 사상이 기초를 이루고 있다.

5) 원효의 사상

7세기 중엽에 활약한 신라 원효(元曉, 617~686)도 기존의 여러 불교사상을 종합하여 독자적인 사상체계를 수립하였다. 그의 사상은 통일신라 불교학의 주요한 흐름을 이루었을 뿐 아니라 중국과 일본의 불교계에도 수용되어 후대에까지 커다란 영향을 미쳤다.

원효는 처음에 신라에서 연구되고 있던 중관사상[삼론학]과 구유식사상[섭론학] 등을 주로 수학하였지만 현장의 번역 문헌이 신라에 전래된 이후에는 신유식사상도 깊이 공부하였다. 이후 그는 이들 여러 불교사상을 종합화하기 위한 노력을 기울였고, 마침내 『대승기신론(大乘起信論)』과 『금강삼매경(金剛三昧經)』 등의 사상에 의거하여 여러 이론들을 조화시키는 화쟁(和諍)사상을 주창하였다. 그는 서로 다르게 보이는 대승불교의 이론들은 진리를 서로 다른 측면에서 이야기한 것으로서 외면적인 차이와 달리 본질적으로 상호 조화되는 것이며, 불교의 근본 목적은 차별을 초월한 절대적 진리가 곧 중생들의 마음에서 비롯되었음을 깨닫는 것이라고 주장하였다. 원효는 또한 화엄학을 수용하여 현상세계의 차별적인 존재들이 실제는 서로 대립하지 않고 원융무애함을 주장하였다. 즉 화엄학의 이론을 원용하여 크고 작음[大小], 영원과 찰나[促奢], 움직임과 멈춤[動靜], 하나와 여럿[一多] 등이 서로 대립하지 않고 동질적임을 이야기하고, 이러한 원융무애함을 밝힌 『화엄경』이야말로 최고의 가르침이라고 하였다. 그리고 이러한 모든 존재들의 원융무애는 이들이 모두 일심(一心)으로부터 발현된 것이기 때문에 가능하다고 하였다.

원효의 불교대중화 노력은 이처럼 현상의 차별적 모습들을 일심의 발현으로 보면서 모든 존재가 본질적으로 동질적이라고 하는 그의 사상에서 비롯되었다. 모든 중생들이 만물의 근원인 일심 앞에서 평등하므로 계급과 신분을 떠나 모든 중생들을 위한 교화가 요구되었던 것이다. 그는 또한 계율에 있어서도 승려들을 대상으로 하는 비구(니)계가 아니라 출가자와 재가자를 모두 포괄할 수 있는 보살계를 중요시하였는데, 이는 불교계 내에서 출가와 재가라고 하는 차별조차도 초월하려 한 때문이었다. 원효가 스스로 환속하여 재가인으로서 생활한 것은 출가와 재가의 차별을 초월하려는 승속무이(僧俗無二)의 입장을 자신의 인생에서 직접 표현하려 한 것으로 볼 수 있다.

원효의 사상은 신라 불교계에 폭넓게 영향을 미쳤다. 화엄학자인 표원과 명효(明皛)의 저술에 원효의 사상이 큰 영향을 미치고 있으며, 태현을 비롯한 유식학자들의 저술에도 원효의 이론이 중요하게 인용되고 있다. 그의 사상은 또한 중국과 일본의 불교계에도 큰 영향을 미쳤다. 당나라 학자들은 원효의 『대승기신론』과 『화엄경』 해석을 크게 중시하였으며, 특히 8세기말 이후의 화엄학자들은 그의 일심사상을 적극적으로 수용하였다. 돈황에서 발견된 당나라 문헌들 중에도 원효의 저술이 확인되고 있다. 일본의 경우는 나라시대 불교의 주요 학파들 대부분이 초기에 원효의 저술을 토대로 자신들의 이론을 수립하였고, 이후에도 원효의 사상을 중시하였다. 특히 화엄종에서는 원효의 사상이 중국 화엄종 조사들의 이론 못지않게 중시되었다.

VI. 교학연구의 쇠퇴와 실천불교의 발전 (9세기~10세기)

1. 안사의 난 이후 중국 불교계 동향

세계제국으로 번영을 구가하던 당 왕조도 8세기 중엽 이후 쇠퇴의 길에 접어들게 되었다. 이슬람에 의한 중앙아시아 지역의 상실과 티베트의 서북 지역 침공, 안록산·사사명의 난 및 뒤이은 지방 절도사 세력의 대두로 중앙 정부의 정치·경제적 기반은 크게 약화되었다. 이에 따라 중앙정부는 불교에 대한 지원을 축소하였을 뿐 아니라 승려신분을 인정하는 도첩(度牒)을 판매하여 국가 재정을 보충하려 하였다. 또한 외적 퇴치와 왕권안정을 위한 호국적 성격의 신앙을 중시하면서 이를 위한 법회와 의례를 빈번히 개최하였다. 이에 따라 기도와 주술을 강조하는 밀교가 크게 부각되었다.

한편 불교의 주된 후원층이던 황실과 중앙 귀족들의 경제력이 저하되면서 불교계에 대한 후원도 감소하였다. 수도 및 대도시 대형사찰의 운영이 어려워지면서 대형사찰을 기반으로 발전하였던 학문불교는 큰 타격을 받았다. 몇몇 소수의 승려들을 제외하면 교학연구는 침체되었고, 선종과 정토신앙 등의 실천적 불교가 세력을 확대하였다. 방대한 이론적 체계를 자랑하던 법상종은 크게 쇠퇴하였고, 화엄종도 이론의 체계화보다 명상수행을 통해 내면세계를 파악하는 흐름이 중시되었다. 천태종에서도 정토신앙을 적극적으로 받아들이며 민중적 성격을 강화하였다. 이와 달리 선종과 정토종은 8세기 후반 이후 급속히 세력을 확대하였다. 특히 농촌지역을 중심으로 발전하였던 선종은 경제의 중심이 도시에서 농촌으로 옮겨가는 가운데 불교계의 주류적 흐름으로 자리잡아 갔다. 정토종도 불교신자의 주류가 귀족에서 일반 대중으로 전환되는 가운데 불교계에서 영향력을 크게 확대하였다. 장기간에 걸친 사회적 혼란도 내세를 희구하는 정토신앙 발전의 배경이 되었다.

국가재정이 어려워지고 도첩판매로 인해 승려들의 질이 저하되면서 불교를 억압하고 사원의 경제력을 국가 재정에 흡수하자는 주장이 대두되기 시작하였다. 또한 경제적 어려움이 지속되면서 대외교역과 국내상업을 주도하고 있던 외국인 및 그들이 신앙하는 외래 종교를 배척하는 사회적 풍조도 강화되었다. 이러한 흐름을 배경으로 하여 무종(武宗) 때에는 불교에 대한 억압정책이 수립되어 마침내 845년에 대규모의 폐불정책이 단행되었다[회창(會昌)폐불]. 수도 장안과 낙양의 주요 사찰 몇 곳과 지방별로 1개씩의 사찰만을 남기고 전국의 모든 사찰과 암자가 철폐되었고, 극소수를 제외한 대부분의 승려가 국역을 부담하는 일반민으로 환속되었다. 철폐된 사찰과 암자는 각기 4천 6백과 4만여 곳을 헤아렸고, 환속된 승려는 26만 5백 명, 몰수된 사찰 토지와 노비는 천만 경(頃)과 15만 명에 이르렀다.[16]

폐불정책은 무종의 죽음과 함께 5년만에 종료되었지만 불교계가 입은 타격은 쉽게 회복되지 않았다. 궁중과 대도시를 기반으로 하던 기존 불교는 세력을 상실하게 되었고 자급자족적 공동체생활을 영위하던 선종과 일반 대중들을 주된 지지 기반으로 하는 정토종만이 세력을 유지할 수 있었다. 이미 침체되고 있던 교학불교는 완전히 쇠퇴하여 극소수의 승려들에 의해 겨우 명맥을 유지해 갔다.

16 무종(武宗)에 의한 회창(會昌) 폐불 당시에 불교 뿐 아니라 네스토리우스파 기독교[경교(景敎)], 마니교 등의 외국 종교들도 다같이 피해를 입었다. 외국 종교의 사원은 모두 철폐되고 사제들은 피살되었으며, 사원의 재산은 국고로 몰수 되었다.

2. 신라하대 불교계 동향

8세기 후반에 들어 신라사회는 커다란 변동을 겪게 되었다. 혜공왕대(765~779) 이후 왕위를 둘러싼 귀족들의 투쟁이 지속되면서 정치·사회적인 혼란이 계속되었고, 경제적으로도 어려움이 가중되었다. 특히 9세기 중엽 이후에는 중앙정부의 지배력이 경주 일원에 국한되고 지방은 새로이 등장한 세력들에 의해 할거하는 상황이 연출되었다. 이처럼 왕실과 중앙정부의 위상이 저하되는 가운데 국가적 차원의 사찰은 더 이상 건립되지 않았고 왕실의 원찰도 왕실과 가까운 소수의 사람들에 의해 사적으로 건립, 운영되었다. 불교계를 관리하던 정법전(政法典)도 속인 관료가 아닌 승려가 운영을 맡게 되었다.

이러한 변화 속에서 불교계도 새로운 모습을 띠게 되었다. 통일기 이후 경주를 중심으로 발전하였던 기존의 교학불교는 후퇴하고 실천적인 신앙불교들이 지방을 무대로 발전해 갔다. 특히 부석사를 중심으로 실천적 신앙을 중시하고 있던 의상계 문도들과 참회고행과 점찰법을 내세워 지방민들에 대한 교화에 힘쓰던 진표(眞表)계의 활동이 두드러졌다. 의상계는 중대말 왕실에 초빙되어 활동한 표훈(表訓) 이후 경주의 왕실과 귀족들 사이에서 세력을 크게 확장하였고, 전주(全州) 인근 금산사에서 활동하던 진표와 그 제자들은 속리산과 동해안 지역을 거쳐 수도 경주와 인근 지역에까지 교화를 넓혀갔다. 의상계를 후원한 왕실과 귀족들에 의해 불국사와 해인사가 창건되었고, 진표와 그 문도들에 의해 법주사와 동화사 등이 건립되었다.

한편 9세기 이후에는 중앙정부의 영향력이 쇠퇴하는 가운데 새롭게 대두한 지방세력들의 후원을 받는 선종이 불교계의 주류적 흐름으로 등장하였다. 선종의 가르침은 일찍부터 소개되고 있었지만 9세기초까지는 소수의 승려들에 의해서만 실천되고 있었다. 하지만 830년대 이후 중국에서 선종을 수학한 승려들이 잇달아 귀국하면서 선종에 대한 관심이 증대되어 갔다.

특히 당나라 무종의 폐불을 계기로 다수의 유학승들이 귀국하면서 선종의 영향력은 급속히 확대되었다. 8세기 후반 이후 중국 불교계에 선종의 영향력이 확대되면서 신라출신 유학승들도 대부분 선종을 수학하고 있었다. 중국에서 돌아온 선승들은 당시 대두하고 있던 지방세력들의 지원하에 각 지역에 산문을 개창하여 적극적인 교화를 펼쳤다. 지방세력들은 새롭게 소개된 선종을 지원함으로써 중앙정부와 연결되어 있던 기존 불교계의 사상적 영향력에서 벗어남과 동시에 선종 산문을 통하여 지방에 정신적, 문화적 기반을 마련하고자 하였다. 각지의 산문들은 문도들에게 계승되면서 지속적으로 발전해 갔다.

8세기 후반에 발전한 의상계와 진표계, 9세기 이후에 대두한 선종이 10세기 이후 한국 불교계를 주도해 가게 되었다.

3. 헤이안시대 불교계 동향

국분(니)사 체제가 갖춰지고 계사 초청으로 정식수계가 이뤄지는 등 불교계 체제정비가 완료된 이후 일본 불교계는 왕실의 후원하에 교학에 대한 연구가 급속하게 발전되었다. 외형적 체제에 부응하는 사상의 내실화가 추구되었다. 이에 따라 기존에 수용된 여러 학파에 대한 이론적 연구가 심화되었다. 특히 8세기 이후 본격적으로 전래된 법상종과 화엄종에 대한 연구가 활발하였다. 6~7세기에 전래된 삼론학과 성실학, 섭론학 등도 연구되었지만, 중국과 한국 등에서 이미 이들 학파가 침체된 상황에서 연구가 활성화되기는 힘들었다. 하지만 정부는 가능한 한 모든 불교학이 온전하게 연구될 것을 희망하였고, 따라서 각 학파를 고르게 후원하며 각기 교리체계를 완비시키고자 하였다. 이에 따라 8세기말 이후에는 화엄종, 법상종, 삼론종, 성실종, 구사종, 율종 등이 공존하는 체제가 갖추어졌다.

한편 왕실의 불교에 대한 관심이 증대되면서 일부 고승들이 정치에 관여하는 현상이 나타났다. 특히 쇼무천황 때의 겐보와 쇼토쿠[稱德]천황 때의 도쿄[道鏡] 등은 국왕의 특별한 총애를 받으며 국정에도 깊이 관여하였다. 하지만 이들의 정치적 관여에 불만을 가진 세력들이 왕권에 도전하면서 정치적 혼란이 일어났고, 겐보와 도쿄는 정치적 혼란 속에 숙청되었다. 이러한 흐름에 대한 반발로 왕족과 귀족들 사이에서는 불교의 정치적 개입을 비판하는 분위기가 확대되었다. 불교계에 대해 학문연구와 수행에 더욱 매진하고, 그것을 통해 호국 즉 국가와 사회의 안정을 가져올 것이 요구되었다. 정치·사회적 안정을 위해 헤이안[平安, 지금의 교토(京都)]으로 천도할 때 새로운 수도에는 사찰의 건립이 제한되었다. 나라에 있던 기존 사찰들의 새 수도로의 이전은 금지되었고 새 수도의 성문 바깥에 두 개의 사찰이 건립되는데 그쳤다.

헤이안으로 옮긴 왕실은 기존 불교의 영향력을 옛 수도에 묶어두는 한편 호국에 보다 탁월한 역할을 할 수 있는 새로운 불교사상의 도입을 추진하였다. 감진을 통해 소개된 천태종과 밀교를 본격적으로 수용하기 위해 804년 사이쵸[最澄]와 구카이[空海] 등이 중국으로 파견되었다. 사이쵸와 구카이에 의해 도입된 천태밀교[천태종]와 진언밀교[진언종(眞言宗)]는 왕실의 적극적인 후원하에 헤이안을 거점으로 발전하면서 급속히 세력을 확장하였다. 정부는 기존 불교의 호국법회와 신흥종파의 밀교적 관정의례를 함께 거행하면서 불교의 호국적 성격을 강화해 갔다.[17] 천태종과 진언종 등 신흥종파는 기

17 기존의 불교인 현교(顯教)와 신흥종파인 밀교(密教)가 왕실과 귀족세력들의 후원하에 권문으로서의 세력을 유지하고 지배질서의 유지에 기여하였다는 의미에서 헤이안시대의 불교를 '현밀체제(顯密體制)'라고 부르기도 한다.

존의 불교계에 대해 자신들의 우월성을 주장하였고 이는 종파들 사이의 대립과 경쟁을 불러일으켰다. 각 종파는 자신들의 정당성을 주장하기 위해 인도에서 중국을 거쳐 일본으로 이어지는 사상적 정통성을 강조하였고, 이 과정에서 다른 종파에 대해 배타적인 일본적인 종파불교가 형성되어 갔다. 그리고 이처럼 사상적 정통성을 강조하는 과정에서 한반도에서 전래된 불교는 무시되고 잊혀지게 되었다.

10세기 이후 율령체제가 붕괴되고 권문세력이 등장하는 가운데 불교계도 권문세력으로서 영향력을 행사하게 되었다. 왕실과 섭관(攝關)가의 원찰인 도다이지와 고후쿠지[興福寺]를 비롯하여 엔랴쿠지[延曆寺], 도지[東寺] 등 주요 사찰들은 막대한 영지를 소유한 권문으로서 정치·사회적으로 막대한 영향력을 행사하였다. 이 시기에는 정토신앙도 사회 전계층에 폭넓게 수용되었다.

4. 실천 불교의 발전

1) 밀교

중국에서는 8세기 중엽부터 9세기초에 걸쳐 밀교가 크게 융성하였다. 밀교의 초기적 형태라고 할 수 있는 주술이나 주문 등과 관련된 불경은 불교가 전래되던 당시부터 소개되어 있었고 이후에도 질병 치료나 기우(祈雨) 등을 비는 경전이나 주문 즉 다라니를 모은 경전들이 다수 전래되었다. 하지만 체계화된 밀교사상은 8세기초에 중국으로 들어온 인도출신의 선무외(善無畏, 637~735), 금강지(金剛智, 669~741), 불공(不空, 705~774)에 의하여 비로소 전해지게 되었다. 특히 금강지와 그 제자 불공이 밀교의 독특한 의례인 관정(灌頂)을 내세워 밀교의 우월성을 강조하면서 황실의 적극적인 후원을 받게 되었다. 현종 이후의 여러 황제들은 밀교 고승을 스승으로 삼아 관정(灌頂)의례를 받으며 밀교를 적극적으로 후원하였다. 그들은 밀교적 기도와 주술을 통해 정치·사회적 안정을 이룰 수 있으리라는 기대 속에 밀교경전의 번역과 밀교의례의 거행에 힘을 쏟았다. 이를 배경으로 밀교 연구가 급속히 발전하였고 많은 승려들이 밀교연구를 위해 인도로 구법여행을 떠났다. 하지만 밀교는 9세기 중엽 이후 이후 급속히 쇠퇴하였다. 주된 후원자였던 황실의 세력이 약해지고 서역과의 교류가 위축되어 새로운 밀교사상이 전해지지 않았기 때문이다. 무종 때의 폐불 이후 밀교에 대한 연구는 더 이상 계승되지 못하였다. 이후 밀교는 독자적인 종파로서는 존재하지 않았지만 밀교에서 유래한 다양한 의례는 종파에 무관하게 수용되어 중국 불교계 전체에 두루 활용되었다.

한국의 경우에도 주술과 주문의 초기적 밀교는 삼국시대부터 전래되었다. 신라 선덕여왕대에 활동한 밀본(密本)은 『약사경(藥師經)』 등의 경전을 읽어 국왕과 귀족의 병을 낫게 해주었고, 명랑(明朗)은 문무왕 때에 당나라 군대가 신라로 공격해 올 때 사천왕사를 세우고 문두루비법을 행하여 외침을 물리쳤다. 통일신라 초기에 활동한 혜통(惠通)도 밀교적 주문으로 많은 이적을 행한 것으로 유명하다. 8세기 후반에 중국에 유학한 승려들 중에 선무외와 금강지에게 수학하는 승려들이 나타나면서 본격적인 밀교가 연구되기 시작하였다. 선무외에게 배운 불가사의(不可思議)는 『대비로자나경공양차제법소(大毘盧遮那經供養次第法疏)』를 지었고, 금강지에게 수학한 혜초(慧超)는 밀교의 가르침을 구하여 인도에 유학하고 돌아와 『왕오천축국전(往五天竺國傳)』과 함께 『대승유가금강성해만수실리천비천발대교왕경(大乘瑜伽金剛性海曼殊室利千臂千鉢大敎王經)』이라는 밀교경전에 대한 주석서를 지었다. 8세기 말에 중국에 유학하였던 오진(悟眞)은 밀교경전의 원본을 구하려 인도에 들어갔다가 돌아오는 길에 티벳트에서 입적하였다. 적지 않은 밀교승려들이 신라에 귀국하여 법을 전수했다고 하지만 그들의 사상내용과 후대에 계승된 상황은 자세히 알려져 있지 않다.

일본의 밀교는 사이쵸와 구카이에 의해 전해졌다. 처음 천태학을 공부하였던 사이쵸는 천태학과 밀교를 종합하는 천태밀교(천태종)를 개창하였고, 구카이는 불공의 제자인 혜과(慧果)의 법을 계승하여 진언밀교(진언종)를 개창하였다. 10세기 이후 천태밀교와 진언밀교가 불교계의 주류적 흐름으로 등장하면서 기존의 불교들도 밀교적 요소를 수용하였고, 이후 일본불교는 종파에 관계없이 밀교적 성격을 띠게 되었다.

2) 선종

선(禪)수행은 불교의 전래와 함께 수용되었고, 여러 경전과 종파들에서 각기 선정(禪定)수행을 중시하였지만, 선을 중심으로 불교사상을 종합한 독자적인 종파로서의 선종이 형성된 것은 남북조 말기 이후였다. 선종의 개창자로 알려진 보리달마[菩提達磨]는 남인도 출신으로 알려져 있으며 북위 말기에 중원지방에서 독자적인 선법을 선양하였다. 그의 가르침을 정리한 『이입사행론(二入四行論)』에 의하면 그는 나와 남이 다르지 않고 부처와 중생이 평등하다는 불성의 이치를 믿는 이입(理入)과 이러한 믿음에 기초하여 보원행(報怨行: 나쁜 일에 대하여 원망하지 않고 이전의 업에 대한 과보라 여기는 것), 수연행(隨緣行: 삶의 좋고 나쁜 일들을 인연에 의한 것이라 여기며 그대로 받아들이는 것), 무소구행(無所求行 : 좋은 일을 갈망하지 않는 것), 칭법행(稱法行: 진리에 따라서 생활하는 것) 등을 실천하는 행입(行入)을 강조하였다. 그는 또한 마음을 중시하고 말과 생각을 잊는 경지를 강조한 『능가경』을 중시하여 제자들에게 그 가르침을 따르도록 하였다.

보리달마의 가르침을 따르는 사람들은 처음에는 소수에 지나지 않았지만 당나라 초기에 활동한 도신(道信, 580~651)과 홍인(弘忍, 602~675)의 단계에는 수백 명의 집단을 형성할 정도가 되었다. 특히 홍인에게는 뛰어난 제자들이 많았는데 그들은 중국 각 지방으로 흩어져서 선종의 가르침을 홍포하였고 이로 인하여 선종은 중국사회에 널리 퍼지게 되었다. 더욱이 홍인의 제자인 신수(神秀, 606?~706)가 측천무후의 존숭을 받아 궁중으로 초청되면서 선종의 영향력은 급속히 확대되었다. 이후 8세기 중반에는 홍인의 손제자에 해당하는 신회(神會, 668~760)가 등장하여 신수를 비판하고 자신의 스승인 혜능(慧能, 638~713)이야말로 홍인의 정통 제자라고 주장하였다. 그는 형식적인 좌선수행이나 마음을 집중하는 태도 등을 버리고 어디에도 집착하지 않는 마음의 상태를 중시하는 혜능의 선사상이야말로 선종의 참된 모습이라고 하였다. 신회의 적극적인 포교활동을 통하여 혜능계의 선사상이 점차 널리 퍼지게 되었다. 이후 신수와 혜능의 선사상은 각기 북종과 남종으로 일컬어지게 되었는데, 혜능 문하에서 뛰어난 선사들이 계속하여 배출되면서 점차 남종이 선종의 주류적 흐름으로 자리잡게 되었다.

당나라 후기의 사회적 혼란과 폐불정책 등으로 교학불교가 쇠퇴하면서 선종은 중국 불교계의 가장 중심적인 흐름으로 자리잡게 되었다. 특히 8세기말 이후의 도시와 상업경제 쇠퇴에도 불구하고 농촌에서 직접 농사를 지으면서 자급자족적 생활을 하였던 선종은 안정적인 경제적 기반을 유지하면서 불교계의 중심적 위치를 차지하게 되었다. 선종 승려들은 혜능의 어록으로 알려진 『육조단경(六祖壇經)』과 유력한 선승들의 어록(語錄)을 토대로 다양한 선사상을 제시하였고, 나아가 천태사상과 화엄사상과 비롯한 교학불교의 이론들도 주체적으로 수용하면서 교학과 선사상을 통합하는 모습을 보였다.

한국에 선종이 전래된 것은 7세기부터였다고 전해진다. 도신의 문하에서 수학하고 돌아온 법랑(法朗)이 초기의 선사상을 전하였고, 그 제자 신행(神行) 또한 중국에 유학하여 신수의 가르침을 전하였다고 한다. 법랑과 신행의 가르침을 계승한 흐름은 9세기 이후까지도 지속되었지만 불교계에서 선종의 영향력은 극히 미미하였다. 9세기초 남종선을 수학하고 돌아온 도의(道義)는 기존 불교계에 배척되어 경주에 머무르지 못하고 설악산 지역에 은거하였다. 하지만 9세기 중엽 이후 중국에서 선을 수학하고 온 홍척(洪陟), 혜소(慧昭, 774~850), 혜철(慧徹, 785~861), 현욱(玄昱, 787~868), 도윤(道允, 798~868), 무염(無染, 800~888) 등이 전국 각지에 산문을 건립하면서 선종세력은 급속히 확대되었다. 9세기말에 이르러서는 선종은 기존의 교학불교를 압도할 정도의 세력을 갖게 되었다. 각 산문의 조사들은 정부에 의해 국사, 왕사 등으로 책봉되면서 불교계를 주도해 갔다. 9세기 이후 귀국한 승려들은 모두 남종선을 수학하였으므로 남종선이 한국 선종의 정통적 흐름으로 자리잡았다.

일본의 경우에도 선종은 8세기부터 전래되었다. 736년 신수의 문도에게서 수학하였던 도선(道璿)이 일본에 들어와 북종선의 사상을 전하였다. 천태종을 개창한 사이쵸는 국내에서 일찍이 도선이 전한 선사상을 수학하였으며 중국유학 중에도 선종 관련 문헌을 다수 구하여 자신의 사상 형성에 활용하였다. 이후에도 중국에 유학한 승려들을 통하여 선종에 관한 정보가 적지 않게 전래되었다. 하지만 12세기까지는 선종에 대한 본격적인 수용이 이뤄지지 않았다. 일본 불교계가 국가의 후원하에 밀교 및 이전에 전래된 교학불교에 대한 연구에 치중하였기 때문에 선종이 수용될 여지가 많지 않았다. 9세기까지 중국에 유학한 일본승려들 중 선종을 적극적으로 수용한 사람들은 극히 드물었고, 그 이후에는 중국과 일본의 교류가 제한되었다. 12세기 이후 남송과 일본의 교류가 활발해지면서 비로소 선종이 일본에 영향을 미치게 되었다. 에사이[榮西, 1141~1215]를 비롯한 다수의 승려가 중국에 건너가 선종을 수학하고 돌아왔고, 몽골에 의해 남송이 멸망한 이후에는 남송의 선사들 다수가 일본으로 건너와 가르침을 전하였다. 당시 정권을 잡고 있던 무인막부도 왕실 및 중앙귀족들과 결합되어 있던 기존의 불교계를 견제하기 위하여 새로 전래된 선종을 적극적으로 후원하였다.

3) 정토신앙

정토신앙은 다른 학파나 종파에 비하여 잘 정비된 이론체계를 갖추지는 못하였지만 일반 대중들에게 적극적으로 수용되었다. 사후에 우리가 살고 있는 예토(濊土)를 떠나 부처님이 계시는 정토(淨土)에 가서 부처님의 가르침을 원만히 따르고자 하는 정토신앙은 불교수용 초기부터 유포되어 있었다. 이른 시기에 번역된 경전들 중에 이미 미륵정토와 극락정토에 관한 내용들이 들어있었고, 4세기 후반에 활동하였던 도안과 혜원은 각기 미륵신앙과 아미타불에 대한 신앙을 실천하고 있었다. 하지만 정토신앙이 본격화된 것은 6세기 이후였다. 특히 담란(曇鸞, 476~542?)에 의하여 정토신앙에 대한 이론이 정비되면서 크게 유행하게 되었다. 그는 다른 이론적 수행과 달리 정토신앙을 누구나 실천할 수 있는 이행도(易行道)로서 적극적으로 선양하였다. 그는 또한 경전에 나오는 정토왕생을 위한 염불(念佛)을 명상 속에 부처의 모습을 보는 것[관상(觀想)]이 아니라 부처의 이름을 부르는 것[칭명(稱名)]이라고 하여 염불신앙 대중화의 기반을 닦았다.

7세기에는 도작(道綽, 562~645)과 선도(善導, 613~681), 가재(迦才) 등이 말법신앙에 기초하여 스스로 교학을 연마하고 참선을 하는 자력신앙보다 아미타불의 서원력에 의지하는 정토신앙의 타력신앙이야말로 깨달음에 이르는 빠른 길이라고 주장하며 정토신앙과 염불행을 적극적으로 홍포하였다. 이들의 노력으로 정토신앙은 불교신앙의 대표적인 흐름으로 자리잡게 되었고 다른 종파에서도 이를 적극적으로 수용하였다. 8세기 이후에는 염불수행과 교학, 선수행의 조화가 강조되면서 교학과 선, 염불의 병행이 불교계에 널리 추구되었다. 선종과 천태종에서도 정토신앙의 수용에 적극적이었다.

중국의 경우 정토신앙은 무종의 회창폐불 이후 선종과 함께 불교계의 가장 대표적인 흐름이 되었다. 하지만 정토신앙은 독립된 종파가 아니라 선, 교, 율이 혼합된 신앙형태인 염불결사로 발전하였다. 송나라 이후 불교의 영향력이 점차적으로 쇠퇴하는 가운데에도 정토신앙은 대중들과 긴밀하게 연결되어 널리 유포되었다.

한국에서는 불교대중화가 본격화된 7세기 중엽 이후 정토신앙이 크게 유포되었다. 귀족이 아닌 일반인들에 대한 교화를 중시한 불교 대중화의 실천자들은 일반인들에 대한 주요 교화의 수단으로 정토신앙을 활용하였다. 7세기말 이후에는 일반인들 뿐 아니라 왕실과 귀족들까지 정토신앙을 적극적으로 수용하였다. 정토신앙은 이후 신분과 관계없이 모든 불교 신자들의 가장 친숙한 신앙으로 실행되게 되었다.

일본의 경우 정토신앙은 10세기 이후 급속하게 확산되었다. 9세기까지도 국가의 후원을 받는 제도화된 종파불교들이 득세하였지만 사회적 불안이 커지고 말법사상이 유행하면서 내세의 안녕을 추구하는 정토신앙에 대한 관심이 증대되었다. 특히 저자거리에서 나무아미타불을 외우며 교화하였던 구야[空也]의 활동 이후 정토신앙은 대중들 사이에 널리 퍼져갔다. 11세기에는 정토신앙이 지배층들에게도 확산되었다. 집권자 후지와라[藤原] 가문이 극락정토를 묘사한 뵤도인[平等院]을 건립하는 등 왕실과 귀족들은 다투어 아미타불을 봉안하는 사찰을 건립하였다. 카마쿠라막부시기에는 정토신앙만을 수행할 것을 주장하는 정토종이 등장하여 큰 세력을 떨치게 되었다.

VII. 맺음말

고대 동아시아 사상계의 주류적 흐름이었던 불교는 중세 이후 그 성격이 크게 변화되었다. 지배층의 적극적 후원을 받는 종교에서 다수 대중들의 종교로 변화되었다. 8세기 후반 이후 왕실과 귀족의 경제력이 약해지면서 그들이 주도해온 대규모 법회와 설법행사 등이 크게 위축되었고, 왕실과 귀족의 후원이 줄어들면서 불교승단은 일반 신자들의 지원에 더욱 많이 의존하게 되었다. 이로 인해 지배 엘리트들이 관심을 갖던 교학과 의례에 대신하여 일반 신자들이 쉽게 공감할 수 있는 선종과 정토신앙 등이 성행하게 되었다. 교학과 의례가 쇠퇴하면서 지배 엘리트들의 불교에 대한 관심은 더욱 약화되었고, 지배층 내부에서 불교의 영향력은 점차 약화되었다. 중세에는 통치자의 존엄성과 정통성을 수식하는 불교의 기능도 크게 축소되었다. 사회의 새로운 주도층으로 등장한 유교 관료들은 불교에 의한 신비적 존엄성 대신 유교 정치이념의 준수를 통치자의 기본 덕목으로 요구하였다.

불교승단이 일반 신자들과의 접촉을 강화하면서 불교는 다수 대중들의 일반적 신앙으로 자리 잡아 갔지만 동시에 토착신앙과의 습합현상도 강화되었다. 대다수 신자들은 선종 혹은 밀교와 결합한 정토신앙을 신앙하였고, 여기에 다시 토착적 신앙들이 융합되어 있었다. 토착신앙과 융합된 불교는 기층 사회에까지 널리 퍼졌지만 불교의 정체성도 그만큼 약화되었다.

교리와 의례가 쇠퇴하고 토착신앙과의 습합이 심화되면서 승려들의 자질도 저하되었다. 고대의 승려들이 정부나 귀족들의 후원을 받는 대형사찰에서 오랜 기간의 집중적 교육과 수행을 거쳤던 것과 달리 간단한 교육과 수행만을 닦은 후 일반 신자들을 상대하는 승려들이 늘어났다. 승려들의 자질 저하는 지배 엘리트들의 승려에 대한 인식을 크게 변화시켰다. 체계화된 유교 지식으로 무장한 관료들에게 승려들은 더 이상 새로운 지식과 문화의 전달자나 심오한 사상가가 아니라 게으르고 무책임한 무위도식자, 어리석은 백성들을 속이는 유해한 사람들로 간주되었다. 특히 성리학의 등장 이후 불교배척은 지식인의 일반적 풍조로 자리잡았고, 이에 따라 불교의 사회적 위상은 점차 약화되어 갔다.

참고문헌

고익진(1989), 『한국고대불교사상사』, 동국대학교출판부.

국사편찬위원회 편(2007), 『신앙과 사상으로 본 불교 전통의 흐름』, 두산동아.

금강대불교문화연구소 편(2006), 『불교의 이해』, 무우수.

김영태(1997), 『한국불교사』, 경서원.

대한불교조계종교육원 편(2004), 『조계종사 고중세편』, 조계종출판사.

Erich Zürcher(1959), 『The Buddhist Conquest of China-The Sprea and Adaptation of Buddhism in Early Medieval China』 2vols, Leiden [최연식 역(2010), 『불교의 중국정복』, 도서출판 씨아이알].

Kenneth K. S. Ch'en(1964), 『Buddhism in China-A Historical Survey』, Princeton University Press, Princeton [박해당 역(1994), 『중국불교』(상·하), 민족사].

呂澂(1979), 『中國佛學源流略講』, 北京, 中華書局 [각소 역(1992), 『중국불교학강의』, 민족사].

任繼愈(主編)(1980), 『中國佛教史』 全3卷, 北京, 中國社會科學出版社.

鎌田茂雄(2001), 『新 中國佛教史』, 東京, 大東出版社 [정순일 역(1985), 『중국불교사』, 경서원, 1978년판의 번역].

鎌田茂雄(1982-1999), 『中國佛教史』 全6卷, 東京, 東京大學出版會 [장휘옥 역(1992-1996), 『중국불교사』 1·2·3, 장승, 1-3권의 번역].

高崎直道·木村清孝 編(1995-1997), 『シリーズ·東アジア佛教』 全5卷, 東京, 春秋社.

奈良康明·沖本克己·末木文美士 編(2010), 『新アヅア佛教史』 全15卷, 佼成出版社.

末木文美士(1992), 『日本佛教史-思想史としてのアプローチ』, 東京, 新潮社 [이시준 역(2005), 『일본불교사-사상사로서의 접근』, 뿌리와이파리]

速水 侑(1996), 『圖說 日本佛教の歷史 平安時代』, 東京, 佼成出版社.

松尾剛次(2002), 『「お坊さん」の日本史』, 東京, 日本放送出版協會 [김호성 역(2005), 『인물로 보는 일본불교사』, 동국대학교출판부].

伊吹敦(2001), 『禪の歷史』, 京都, 法藏館 [최연식 역(2011), 『새롭게 다시 쓰는 중국선의 역사』, 도서출판 씨아이알(제1부의 번역)].

田村圓澄(1996), 『圖說 日本佛教の歷史 飛鳥、奈良時代』, 東京, 佼成出版社.

율령과 유교에 기반한 통치체제

전덕재 | 단국대학교

I. 위진남북조와 수·당의 통치체제

1. 율령의 수찬과 전개

율령은 전근대 중국의 법률을 통칭하는 용어이며, 한국과 일본, 베트남 등에도 중국의 율령(律令)이 전파되어 국가통치의 기본법으로 기능하였다. 일찍이 춘추전국시대에 읍제국가(邑制國家)의 기초를 이루는 씨족제가 해체되고, 다른 한편으로 국가의 규모가 점차 커짐에 따라 성문법제정의 필요성이 생겨났다. 처음에 상벌법(賞罰法)이 성문화되었고, 선진시대(先秦時代)에 율, 즉 형법 중심의 법전이 체계적으로 정비되었다. 중앙집권국가를 이룬 진·한에서 관료기구가 비대화되면서 자연히 그것을 운영하기 위한 행정법규, 즉 영의 정비가 불가피하였다. 초기에 영은 주로 조칙(詔勅)에 의하여 반포된 단행법령, 즉 교령법(敎令法)의 성격을 지녔고, 그 내용도 형벌법적인 성격이 강하여서 율의 보조적인 부법(副法)의 지위를 크게 벗어나지 못하였다. 그러나 이후 관료제가 더욱 발달함에 따라 보다 더 체계적이고 정교한 행정법규의 제정이 필요하게 되었고, 마침내 진(晉)에서 제정한 율령에서 처음으로 행정법규(령)가 형벌법(율)에서 분리되었다.

진의 율령은 무제(武帝) 태시(泰始) 4년(268)에 반포(頒布)되었기 때문에 흔히 태시율령이라고 부른다. 태시율령은 율 20편(篇)과 영 40편으로 이루어졌으나 그것이 현존하지 않아 전체적인 내용을 알기 힘들다. 태시율령의 편찬에 참여하고, 그에 대한 주석서(註釋書)를 저술한 두예(杜預)는 '무릇 영은 교유(敎喩)로써 근본을 삼고, 율은 징정(懲正)으로써 근본을 삼는다'라고 말하여 영과 율의 성격을 구분하려고 하였다. 구품중정법(九品中正法) 실시 이후 관료제의 발달이 촉진되었고, 진대에 관료기구를 운영하는 기본법인 영의 중요성이 부각되면서 비로소 영이 율에서 분리될 수 있었을 것이다. 율은 춘추전국시대 이래로 정비된 형률을 체계적으로 정리한 것이고, 한과 위에서 반포된 황제의 개별적인 조칙을 집대성한 다음, 그 가운데 기본적인 사항만을 묶어 영으로 편찬하고, 나머지 각 관부의 운영에 필요한 조칙만을 별도로 정리하여 고사(故事)를 편찬하였다고 알려졌다. 고사는 양대(梁代)의 과(科), 당대(唐代)의 격(格)으로 계승되었다.

동진과 남조(南朝)에서 진의 태시율령을 계승하여 사용하였다. 진의 율령을 발전적으로 계승하여 수·당대 율령의 토대를 닦은 것은 북조(北朝)였다. 북위(北魏)에서는 여러 차례에 걸쳐 율령을 제정하였다. 태무제(太武帝) 신가(神䴥) 4년(432)에 한인(漢人) 최호(崔浩)가 중심이 되어 처음으로 율령을 제정하였고, 그 후 또 정평(正平) 원년(451), 태안(太安) 4년(458)에 율령을 개정하였다. 그리고 효문제(孝文帝) 태화(太和) 5년(481)에 고려(高閭) 등이 편찬한 새로운 율령을 반포하였고, 태화 16년(492)에 다시 개정한 율령을 반포하였다. 선무제(宣武帝) 정시(正始) 원년(504) 12월에 율령 개정을 계획하였다고 전하나 완성된 율령법전을 편찬하였는가에 대하여 의문이 제기되고 있다. 여러 차례 개정된 율령 가운데 가장 주목을 끄는 것이 태화 16년에 반포된 율령이다. 효문제는 태화 9년(485)과 10년에 각각 균전제(均田制)와 삼장제(三長制)를 실시하였다. 두 제도와 관련된 제반 사항을 율령에 반영할 필요성이 제기되어 태화 16년에 율령을 다시 개정하였을 것이다. 태화 16년 율령에 이르러 비로소 국가통치의 기본을 이루는 관료제·균전제·조용조제(租庸調制)가 율령에 정합적으로 반영되었고, 수·당대 율령은 바로 이것을 계승한 것으로 이해되고 있다. 이러한 이유 때문에 진의 태시율령의 반포와 대비하여 태화율령의 반포를 중국의 율령법전 편찬상 제2의 획기로 평가한다.

북위는 후에 동위(東魏)와 서위(西魏)로 분열되고, 다시 동위는 북제(北齊),

서위는 북주(北周)로 교체되었다. 북제 문선제(文宣帝)가 북위의 율령을 계승하여 율령을 제정하였으나 마무리하지 못하고 제4대 무성제(武成帝) 하청(河清) 3년(564)에 이르러 비로소 율령을 완성하여 반포하였다. 고예(高叡)가 편찬한 하청율령은 율 20편 12권, 영 28편 50권, 또는 40권이나 30권이라고 전한다. 하청율령은 진 율령이래의 편명(篇名)을 통합하여 정리한 획기적인 것으로 평가되고, 수·당의 율령은 다소의 변경이 있긴 하지만, 기본적으로 북제율령의 구성을 계승하고 있다. 북주에서 무제(武帝) 보정(保定) 3년(563) 무렵에 율령을 제정하여 반포하였는데, 그 내용은 『주례(周禮)』의 영향을 많이 받은 것으로 평가되고 있다.

북조에서 율령의 내용이 체계적으로 정비됨에 따라 율령체제를 원활하게 운영하기 위한 시행세칙인 식(式) 및 시대의 변화에 대응하여 율령을 전면적으로 개정하기 전까지의 사이에 제정된 법령을 집성(集成)한 격의 편찬이 불가피하였다. 서진에서 이미 '호조지식(戶調之式)'을 제정하였다는 기록이 전하나 본격적인 식의 제정으로 보기 어렵다. 대체로 본격적인 율령의 시행세칙으로서의 식은 서위의 '중흥영식(中興永式)'에서 비로소 제정된 것으로 이해한다. 한편 진의 고사, 양의 과는 격의 전신으로 이해되고, 수당대의 격과 직접 관련이 깊은 것은 동위 효정제(孝靜帝) 흥화(興和) 3년(541)에 반포된 인지격(麟趾格)이다. 이것은 동위 건국 후에 새로운 정세를 반영하여 편찬된 것으로서 15편으로 이루어졌으며, 북제에서 북위의 율령과 함께 널리 시행되었다고 한다.

수·당은 북조의 율령격식을 계승하여 율령체제를 완비하였다. 수를 건국한 문제(文帝: 양견(楊堅))는 개황(開皇) 원년(581)에 고영(高穎) 등에게 명령하여 율령격식을 편찬하게 하고, 그것을 곧이어 반포하였다. 양제(煬帝)는 대업(大業) 3년(607)에 다시 율령을 개정하였는데, 이를 흔히 대업율령이라고 부른다. 당 고조(高祖) 이연(李淵)은 초기에 임시법을 여러 차례 반포하였다가 마침내 무덕(武德) 7년(624)에 율령을 전면적으로 개정하였다. 편찬의 방침은 대업율령을 폐기하고 무덕율령을 계승한다는 것이었다. 제2대 태종(太宗)도 정관(貞觀) 11년(637)에 율령격식을 개정하였고, 고종(高宗) 때에도 영휘(永徽) 2년(651)에 율령을 개정하였다. 전자는 정관율령, 후자를 영휘율령이라고 부른다. 이후 현종(玄宗) 때에도 개원(開元) 7년(719)과 25년(737) 두 차례에 걸쳐 율령격식을 개정하였다. 이후에는 조칙을 반포하여 율령의 내용 가운데 현실에 부적당한 부분을 개정하는 형식을 취하였고, 이것들을 집성하여 격을 편찬하였다. 이러한 칙과 격을 합성하여 격칙(格勅)이라는 용어가 새로 만들어졌는데, 당 왕조가 멸망할 때까지 격칙에 의거하여 율령을 부분적으로 여러 번 개정하였고, 이러한 전통은 송(宋)에도 그대로 계승되었다.

진대에 처음으로 율에서 영을 분리하여 율령을 제정한 이래, 북방에서 흥기하여 한족(漢族)을 지배한 북조에서 중국적 법제의 정비에 진력을 기울였고, 북조에서 출자(出自)한 수·당에 이르러 율령격식이 체계적으로 정비되었다. 수와 당은 율령을 기초로 중앙집권적인 주현제, 선거(選擧)에 입각한 관료제, 양천에 기반한 신분제, 토지국유제에 입각한 균전제와 조용조제, 균전농민에 입각한 부병제(府兵制), 그리고 이촌(里村)과 인보(隣保)로 조직된 향촌조직 등을 운영하여 거대한 제국(帝國)을 통치하였고, 이러한 수·당의 율령체제는 주변의 여러 나라들에 전파되어 통치질서의 골간을 이루기도 하였다.

2. 귀족제에서 관료제사회로

한대(漢代)에 수재(秀才)와 효렴(孝廉)이라는 천거제도를 통하여 관리를 선발하였다.[1] 후한 말기에 외척과 환관이 자신의 당파와 빈객을 지방관으로 임용하고 뇌물거래로 천거가 이루어지는 사례가 빈번하게 발생하였다. 관료와 태학의 학생들이 유교적 관리등용법인 향거제도(鄕擧制度)의 부패에 반발하여 청류파(淸流派), 즉 청의지사(淸議之士)를 형성하였다. 환관들은 이들을 파당을 이루는 '당인(黨人)'으로 몰아 탄압하였는데, 이를 '당고(黨固)의 화(禍)'라고 부른다. 환관들의 탄압 이후 청류파는 향리로 돌아가 몰락 소농민을 기반으로 반정부적인 여론을 주도하였다. 청류파는 대체로 수도 낙양을 비롯하여 여남(汝南), 영천(穎川), 북해(北海) 등 하남성(河南省)과 산동성(山東省), 하북성(河北省) 북부에 기반을 둔 호족이자 사대부가 다수를 차지하였다. 황건적의 난이 일어나 후한이 혼란에 빠지고, 곧 이어 삼국으로 분열되자, 청류파는 위(魏)와 촉(蜀), 오(吳)의 주도세력으로 등장하여 중앙의 귀족으로 전화하였다.

청류파의 후예들이 위진남조(魏晉南朝)에서 세습적으로 귀족의 신분을 유지하도록 하는 데에 결정적인 기여를 한 것이 9품중정법(九品中正法)이었다. 이것은 위(魏)에서 능력 위주의 관인선발과 후한 이래 성행하였던 인물품평의 풍조를 결합시켜 제정한 관인등용법이다. 각 군현에 파견된 중정(中正)이 향리의 여론을 들어 군현의 사대부들을 9품으로 등급을 나누고, 그 결과를 이부(吏部)에 올리면, 등급에 따라 차등을 두어 관품을 수여하여 관

1 향리(鄕里)의 여론을 참작하여 효행과 청렴 등 유교적 덕목을 실천하며 현명하고 능력이 있는 자를 대신(大臣)이나 열후(列侯), 자사(刺史) 등이 추천하는 것을 수재라고 부르고, 군(郡)과 국(國)의 장관이 추천하는 것을 효렴이라고 일컫는다. 천거를 받은 사람들은 책문(策問)과 사책(射策) 등의 시험을 치르고 기가관(起家官)인 낭중(郎中) 등에 등용되었다.

리로 채용하는 내용이다. 중정이 매긴 등급을 향품(鄕品)이라고 부르며, 이부에서는 대체로 향품에 비하여 4단계 아래의 관품(官品)을 부과하여 관리로 등용하였다.

9품중정법은 본래 현명하고 능력이 출중한 인재를 관리로 선발하기 위한 취지에서 실시한 관인등용법이었지만, 그러나 위나라 말기에 주(州)에도 중정을 파견하면서부터 본래의 취지가 변질되었다. 주는 광역의 행정단위였으므로 주의 중정은 향론을 참작하기 보다는 중앙의 의견을 반영하는 경향이 짙었다. 여기에다 점차 주의 중정이 군과 현의 중정을 감독하게 되면서 그러한 경향성이 더 강화되었다. 이에 따라 부조(父祖)의 관위에 비례해서 자제의 향품이 주어지게 되는 현상이 일상화되었고, 여기에다 점차 기득권이 고정되어 오직 재위자(在位者)를 존중하는 결과를 낳게 되었다. 이러면서 중정은 문벌을 위주로 향품을 매겼고, 중정보다는 명가(名家)의 경력을 정확히 파악하는 중앙의 상서(尙書)가 인사권을 장악하는 현상이 초래되었다.

향품이 문벌귀족에 의하여 결정되고, 그러한 관행이 고정화되면서 가문의 격차(지위)를 지칭하는 문지(門地)라는 용어가 생겼다. 그리고 최고의 향품인 2품을 으레 받게 되는 가문이 나타났는데, 이를 문지이품가(門地二品家)라고 불렀다. 귀족의 자제들은 대체로 향품 2품을 받고, 관품 6품의 저작랑(著作郞)과 비서랑(秘書郞)으로 기가(起家)하였다. 이들 관직은 청요관(淸要官)으로 인식되어 고관이 되려면 반드시 거치는 것이 상례로 되었다. 이 때문에 저작랑과 비서랑에 취임하기 위하여 귀족자제들이 심하게 경쟁하였으므로 수십 일이 지나면 바꾸지 않으면 안 될 정도였다고 한다. 9품중정제가 중앙 고관들의 정치적 지위를 세습적으로 보장해주는 제도로 변질되면서 소위 문벌귀족 가문이 여럿 형성되었다. 대표적인 가문이 동진대에 남방으로 이주한 왕도(王導)와 사안(謝安) 가문이었다. 두 가문은 남조의 전 시기를 통하여 여러 차례 정국의 변화에도 불구하고 문벌을 계속 유지하며 정치적 영향력을 행사하였다. 이밖에 강남 토착호족인 주(朱), 장(張), 고(顧), 육씨(陸氏) 등이 남조에서 문벌가문으로 명성을 떨쳤다.

송(宋) 이후의 남조에서 낮은 가문 출신의 창업자가 배출됨에 따라 군주와 귀족은 별개로 움직였다. 귀족들은 국가와 군주의 안위에 무관심하고 오직 가문의 안전에만 관심을 기울였다. 나아가 그들이 복잡한 국가행정에 관여하는 것 자체를 등한시 여기자, 황제는 서족(庶族)인 한문(寒門)과 한인(寒人)을 등용하여 귀족을 견제하고 황제권의 강화를 도모하였다. 위진남조에서 법률상의 신분으로 양인과 천민만이 존재하였지만, 그러나 현실에서 사족(士族: 귀족)과 서족(庶族)의 차별이 더 강조되었다. 귀족은 대대로 고관을 역임하고, 그들끼리 신분적 내혼(內婚)을 통하여 사회적 지위를 유지하며 여러 가지 다양한 정치적, 경제적 특권을 향유하는 한편, 서족의 정치적 진출을 제한하고 사회적으로 차별 대우하였다. 이러한 이유 때문에 송대에 '사서(士庶)의 차이는 실로 하늘과 땅 차이이다'라는 말이 생기기도 하였다. 그러나 송과 제, 양 등에서 황제의 신임을 받은 한문과 한인의 실권이 증대되면서 자연히 사서의 차별을 완화시키려는 움직임이 두드러졌고, 그 결과 그들이 위진남조의 귀족제를 몰락으로 이끌고 간 사회세력으로 부상하게 되었다. 양나라 말기에 후경(侯景)이 반란을 일으켰는데, 반란을 진압하는 과정에서 귀족들의 정치적 무능이 적나라하게 드러났고, 이때에 귀족들이 대량 살육됨으로써 남조의 귀족제는 사실상 종언을 고하게 되었다.

북조에서도 9품중정제를 시행하여 관리를 등용하였다. 그러나 귀족의 문벌이 뚜렷하게 정해져 있지 않았기 때문에 9품중정제를 통하여 귀족제가 강고하게 유지되었다고 말하기 어렵다. 이것은 선비족 왕조의 지배 아래에서 한인 귀족이 중앙의 고관을 대대로 역임하기 어려운 특수 사정에서 비롯되었다. 반면에 북위와 북제, 북주에서 수재와 효렴을 통한 관리선발이 장려되었다. 문벌을 제쳐두고 능력이 뛰어난 자를 관리로 등용하여 군주권을 신장시키려는 의향이 반영된 것이다. 특히 북주에서는 위진이래의 타락한 귀족제도를 배척하고 주대(周代)의 옛 제도를 본받아야 한다는 취지에서 『주례』를 모방하여 관제를 개혁하고 관에 청탁(清濁)을 두지 않고 인재를 등용하는 제도를 수립하기도 하였다. 나아가 수(隋) 문제는 개황(開皇) 연간에 아예 9품중정제와 중정을 폐지하고 시험에 의하여 관리를 선발하는 과거제도를 실시하였다.

과거제도는 당나라에서 체계적으로 정비되어 과거에 등제(登第)하는 것이 관리로 나아가는 핵심통로가 되었다. 수재과와 명경과(明經科)·진사과(進士科)를 설행하고 국자감의 학생, 즉 생도(生徒)와 각 주·현에서 추천된 향공(鄕貢)이 거기에 응시하는 형식으로 과거제도를 운영하였다. 이 가운데 수재과는 고종 초에 폐지되고 이후 명경과와 진사과를 중심으로 과거를 운영하였다. 초기에 두 시험과목에 차별을 두지 않았으나 점차 경학을 경시하고 문장을 숭상하는 풍조가 만연하면서 후자를 더 중시하는 경향을 띠었다. 과거제도의 실시로 관리선발에서 귀족의 기득권은 인정되지 않았다. 비록 귀족들이 경제적으로 부유한 관계로 그들의 후예가 과거에 합격하는 비율이 높았다고 하더라도 특정 문벌가문이 세습적으로 고관을 역임하는 것이 제도적으로 어려웠다. 결국 과거제도의 시행으로 말미암아 귀족제는 몰락하고 능력 위주로 관리를 선발하는 관료제사회로 진입하게 되었다. 수당대에서 귀족과 서족이 아니라 양인(良人)과 천민(賤民)의 신분 차별이 사회적으로 크게 강조되었고, 양천으로 구성된 신분구조는 율령에 의하여 뒷받침되었다.

3. 통치체제의 변화

율령체제가 체계적으로 정비된 수·당대 중앙관제의 핵심은 3성(省) 6부(部)였다. 위진남북조를 거치면서 진한(秦漢)의 3공(三公) 9경제(九卿制)에서[2] 3성 6부제로의 전환이 이루어졌다. 3성 가운데 하나인 상서성(尙書省)은 한대에 황실과 관계된 업무를 관장하던 소부(少府)의 속관에서 기원하였다. 한 무제가 소부의 속관으로 상서 4인을 두어 상서주사(尙書奏事: 국사의 결재를 주청(奏請)하는 업무)를 관장하게 하고, 성제(成帝) 때에 상서를 5인으로 증원하였다. 후한 광무제가 상서랑(尙書郞)을 34인으로 증원하면서 상서대(尙書臺)가 국가행정과 군사업무를 총괄하는 중추관부로 전화되었고, 이로 말미암아 본래 황제를 보좌하여 국가정책결정에 참여하던 삼공은 실권을 상실하게 되었다. 상서대는 위대(魏代)에 소부경에서 독립하였고, 그 관제는 위진남조에서 커다란 변화가 없었다.

후한 말기에서 위나라 초기까지 상서성이 국가의 대사(大事)나 기밀(機密) 등에 관여하여 커다란 권한을 행사하였으나 위나라에서 별도로 중서(中書)를 설치하면서 그것은 일반 행정업무를 총괄하는 중앙관부로서의 위상만을 지니게 되었다. 후한 말 헌제(獻帝) 때에 조조가 위왕(魏王)에 봉해지자 그는 위왕부에 비서관부를 증설(增設)하고, 도적(圖籍)과 비기(秘記)를 관장하게 하였다. 그의 아들 조비는 위나라를 건국한 후에 비서를 둘로 나누어 원래 관부는 이름을 그대로 비서라고 하여 옛 직무를 관장하게 하고, 신관부

2 최초로 중국통일을 이룬 진시황(秦始皇)은 중앙에서 군사를 주관하는 태위(太尉), 백관을 총괄하는 승상(丞相), 승상을 보필하는 어사대부(御史大夫)를 두고, 승상 아래에 9경을 두어 각각 국가정무를 분담하게 하였다. 여기서 9경은 중요 정무를 관장하는 기관 혹은 그 기관의 통칭이며, 그 수도 9개에 한정하지 않았다. 전한대에 이르러 태위를 사마(司馬), 승상을 사도(司徒), 어사대부를 사공(司空)으로 개칭하였을 뿐이고, 그 운영상에 특별한 변동은 없었다.

는 중서(中書)라고 하여 명령의 출납과 상서주사를 관장하게 함으로써 상서대의 역할을 대신하게 하였던 것이다. 중서의 구성은 시대에 따라 약간의 변화가 있었지만, 대체로 중서감(中書監)·중서령·중서사인(中書舍人)·중서시랑(中書侍郞)·중서통사사인(中書通事舍人) 및 그 이하의 관리로 구성되었다. 남조에서 황제가 중서의 하관(下官)에 주로 한문과 한인들을 임명하여 귀족들을 견제하고 황제권을 강화하려고 노력하였다.

문하성(門下省)도 상서성과 마찬가지로 한대의 소부경 속관에서 기원하였다. 한대에 문하의 시중을 두어 황제의 고문에 대비하였는데, 정원과 일정한 직무도 정해진 것이 없었다. 후한 말 소제(少帝) 초기에 환관을 탄압한 후 시중의 정원을 6인으로 하고 상서에 관한 일을 맡아보게 하면서 비로소 정원과 일정한 직무를 갖게 되었다. 위에서 문하성이 독립관부로 분리되었고, 남북조에서 주로 황제의 칙령(勅令)이나 주요 법령을 심사하고 봉박(封駁)하는 임무를 수행하였다. 위진남북조시기에 3성 이외에 태상(太常)·광록훈(光祿勳)·위부(衛府)·장작대장(將作大匠)·대사농(大司農)·태복(太僕) 등의 관청이 있었고, 또 내외관리를 감찰하는 어사대(御史臺)도 존재하였다.

그런데 위진남북조시기에 국가의 정무를 삼성이 분담하여 관장하였다고 하더라도 3성 6부 중심의 중앙관제가 완전히 정착되었다고 말하기 어렵다. 이때에 삼공은 여전히 후한의 옛 제도에 따라 관부를 개설하고 속료(屬僚)를 스스로 임명하였으며, 아울러 녹상서사(錄尙書事)의 직함을 가지고 상서에 관한 일에 관여할 수 있었으므로 당시까지는 삼공이 비록 실권은 크게 약화되었다라고 하더라도 나름대로 일정한 권한을 행사하였다고 볼 수 있다. 이와 더불어 삼공의 지휘를 받아 정무를 처리하던 9경도 이때까지 여전히 존속하고 있었다. 이처럼 위진남북조시대에 국가의 정책결정과 관료를 지휘하는 관서로서 3성과 3공이, 국가업무를 실행하는 관부로서 상서와 9경이 병존하였기 때문에 당시 중앙관부를 정합적·계통적으로 파악하기 어렵다. 문란하고 복잡한 위진남북조의 중앙관부가 깔끔하게 3성 6부를 중심으로 정비된 것은 수나라에서였다. 당은 수나라의 3성 6부제를 그대로 계승하였다.

『당육전』에 등재된 당나라의 중앙관부는 삼사(三師: 태사(太師)·태부(太傅)·태보(太保))·삼공(三公: 태위, 사도, 사공)·6성·9시·1대·5감·12위였다. 이 가운데 삼사와 삼공은 증관(贈官)이거나 친왕이 배수되는 예가 많아 단지 이름뿐이고 관부도 설치되지 않았다. 6성 가운데 상서성과 문하성, 중서성은 국가정무를 관장하는 관부이고, 나머지 비서성과 내시성, 전중성(殿中省)은 황제의 일상생활, 의례, 호위를 담당하는 시봉(侍奉) 관서이다. 상서성은 정무에 관한 명령을 하달하고, 정무를 관장하는 관부, 중서성은 정책을 기초(起草)하는 관부, 문하성은 정책을 심의하는 관부였고, 상서성 예하에 정무를 분담하여 관장하는 6부(이·호·예·병·형·공부)를 두었다. 한편 9시 가운데 형사사건을 심리하는 대리시(大理寺)를 제외한 나머지 8시(태상시·광록시·위위시·종정시·태복시·홍려시·사농시·태부시)는 주로 황제의 시봉이나 의례에 필요한 물자를 공급하는 것을 주 임무로 하던 관부였다. 5감은 국자감·소부감·군기감·주전감·장작감·도수감을 말하며, 12위는 각각 해당하는 절충부(折衝府)로부터 위사(衛士)를 공급받아 궁성·황성·경성·경도를 호위하는 부서를 말한다. 이밖에 중앙관부에 짝하여 태자관부도 설치되었다.

국가의 모든 정령은 원칙상 중서성이 기초하고 문하성에서 심의하도록 되어 있지만, 현종 개원 이후에는 중서문하가 정령을 결정하는 관부로 정착되었다. 일단 정령이 결정되면 상서도성으로 이첩되어 중앙의 관부와 지방의 부·주·현에 하달되었다. 한편 중앙관부 및 지방관청에서 올리는 문서들은 상서도성에서 수합한 후에 상서 6부의 24사가 검토한 다음, 중서문하에 올려 심의하게 하였다. 각 관부의 관직은 장관·통판관(通判官: 차관)·판관(정무의 가부를 판정)·주전(主典: 사무를 직접 처리하는 직책)으로 구성되었고,

이와는 별도로 구검관(句檢官)이 있었다. 이것은 문서의 수발을 관장하는 직위로서 문서 행정조직을 위하여 설치한 기구였다.[3]

위진남북조의 지방통치조직은 주와 군, 현을 기본으로 하였다. 한대에 주(州)를 설치하고, 자사(刺史)를 파견하였지만, 자사는 주를 감찰하는 역할만을 수행하였고 주의 행정을 총괄하는 지방장관은 아니었다. 후한대부터 점차 자사가 주의 행정을 총괄하는 지방장관으로서의 위상을 지니기 시작하였다. 위진남북조에서 자사는 관내의 군현을 감독하고 주의 행정을 총괄하였을 뿐만 아니라 지방의 상황을 천자에게 보고하고, 천자의 명령을 관내에 전달하는 임무를 수행하였다.

처음에 자사에게 군사권이 주어지지 않았으나 왕조의 잦은 교체로 정국이 불안해지면서 장군호를 수여하는 것이 관례화되었고, 이에 따라 자사는 민정을 관할하는 주관(州官)과 아울러 장군부를 개설하여 수많은 부관(府官)을 둘 수 있었는데, 시간이 지날수록 부관이 주관의 직권을 침해하는 경우가 빈번하게 발생하면서 부관의 권한이 확대되는 경향을 띠었다. 대체로 중앙에서 지방의 호족을 주관에 임명하였고, 부관의 상급관리 역시 중앙에서 임명하는 것이 원칙이었지만, 그러나 자사가 추천하는 인물을 중앙에서 추인하는 관행이 보편화되었다. 이로 말미암아 남조에서 자사의 세력기반이 크게 확대되는 결과가 초래되어 정국불안의 요인으로 작용하기도 하였다. 한편 북조의 자사 역시 남조의 그것과 비슷한 성격을 지녔지만, 주의 수가 현저하게 많았기 때문에 자연히 그 영역이 좁아 남조의 자사에 비하여 실권은 그리 크지 않았다.

3 각 관부와 지방관청에서 구검관을 두고 문서의 접수, 목록작성, 해당관에의 문서 배분, 시행점검 등 문서행정 전반을 전담하게 하였다. 통상 거대한 인구와 광범위한 영토를 가진 당제국은 구검관이라는 문서 행정조직을 이용하여 지배권을 행사하였다고 이해되고 있다.

수대에 이르러 지방제도상에 커다란 변화가 나타났다. 북조에서 주의 숫자가 늘어나는 추세를 보였고, 특히 북주에서는 1주가 2군 남짓, 1군이 2현 정도를 관할하는 형세가 되었다. 수 문제는 지방을 효율적으로 통치하기 위하여 군을 폐지하고 주로 하여금 직접 현을 관할하게 하는 지방제도의 개혁을 단행하였다. 그리고 주관을 폐지하고 종래의 부관(府官)으로 하여금 주의 행정을 담당케 하고, 주의 속료 가운데 9품 이상의 관은 모두 중앙에서 임명하여 자사의 인사권을 크게 제약하였다. 나아가 궁극적으로 군제(軍制)를 전면적으로 개편하면서 자사의 군사권을 부정하기도 하였다. 한편 위진남북조에서 군현의 관리는 지방출신자 가운데 가문이 좋은 자를 선발하여 임명하였는데, 수에서 군을 폐지하고 9품 이상 현의 관리 역시 모두 중앙에서 임명하여 파견하는 조치를 취하였다.

당나라는 수나라의 지방제도를 계승하여 발전시켰다. 수 양제가 주를 군으로 개칭하였으나 당에서 이를 다시 주로 환원하였다. 당나라는 전국을 10도(개원 연간에 15도로 확대)로 나누고, 그 밑에 300개 정도의 주를 두었지만, 그러나 당대 초기에 도(道)는 뚜렷하게 지방통치조직으로서의 위상을 지니지 않았다가 안사(安史)의 난 이후에 새로운 광역의 지방행정단위로서 자리매김하게 된다. 개원 연간에 수도의 소재지인 옹주(雍州)를 경조부(京兆府)로, 낙양의 소재지인 낙주(洛州)를 하남부(河南府)로, 북방의 중진(重鎭)인 병주(幷州)를 태원부(太原府)로 고치면서 주와 더불어 부(府)를 추가로 설치하였다. 그리고 초기에 도독부(都督府)를 다수 설치하였는데, 그것이 소재한 주의 경우 별도로 주청(州廳)을 두지 않고 도독부로 하여금 민정을 관할하게 하였다. 부와 주, 도독부의 주청(州廳)은 천자의 위임을 받아서 주내의 민정을 총괄하고 관내의 영현(領縣)을 통할하였으며, 주청과 현청의 관리 가운데 9품 이상은 중앙에서 임명한 반면에 서리(胥吏)들은 주의 장관이 임명하였다. 이밖에 주는 하급관청으로 현청 이외에 진(鎭)·수(戍)·악(嶽)·빈(濱)·

관(關)·진(津)이라는 특수한 행정관청을 관할하기도 하였다. 그리고 북위의 삼장제를 계승하여 현 아래에 향(鄕: 5리)·리(里: 100호)·보(保: 5린)·인(隣: 4가)을 설치하여 인민을 조직적으로 통제하고 지배하였다.

수·당대의 율령체제는 이와 같은 중앙 및 지방 행정체계와 더불어 토지국유제에 입각한 균전제(均田制), 이것과 유기적으로 연관된 조용조제(租庸調制)와 부병제(府兵制) 등을 기반으로 하여 치밀하게 조직적으로 짜여진 지배구조에 기초하였다. 한대에는 인두세(人頭稅)를 기반으로 수취체계를 운영하였다. 그러나 후한 말에 호족들의 토지겸병 증대와 전란으로 말미암아 유랑하는 농민들이 크게 늘어나면서 인두세에 기초한 수취체계가 붕괴되었다. 위와 진에서는 토지면적에 따라 일정량의 곡물을 거두고, 호의 품급(品級 : 호등(戶等))에 따라 직물(織物)을 수취하였는데, 전자를 조(租), 후자를 조(調)라고 불렀다. 그리고 위진에서는 농민들에 대한 생산에 직접 관여하여 농민경제를 안정시키기 위한 정책을 강구하였는데, 위의 둔전책(屯田策)과 진의 점전(占田)·과전(課田)제가 바로 그것이다.

전자는 정부가 유랑하는 농민들을 모집하여 그들을 군대편제로 조직하고, 그들에게 생산도구를 지급하여 황무지를 개간하고 농사를 짓도록 한 다음, 정부에 수확물의 절반 혹은 그 이상을 납부하게 한 정책을 이른다. 점전·과전제는 16세에서 60세까지의 정남(丁男)과 정녀는 70무(畝)와 30무를 점(占)하게 하고, 이 가운데 정남은 50무, 정녀는 20무, 차정남(13~16세, 60~65세)은 25무에 대하여 (수취를) 부과한다는 내용이다. 일반적으로 점전은 농민이 소유할 수 있는 토지면적의 상한을 가리키고, 과전은 그 가운데 의무적으로 경작하여 국가에 조(租)를 납부하는 토지면적을 가리킨다고 이해한다. 물론 점전과 과전의 관계, 토지지목의 성격과 조세수취 방식 등에 대하여 이견이 많긴 하지만, 여하튼 점전·과전제의 시행은 사적 토지소유와 농민들의 경작에 대하여 국가권력이 개입하여 조정하려는 의도를 반영한 것으로서 그 이면에는 토지국유사상과 토지균분사상이 전제되어 있다고 말할 수 있다.

북위에서는 점전·과전제에 반영된 국유와 균분 이념을 계승하여 균전제를 실시하였다. 5호16국시대의 혼란기를 거치면서 토지 소유의 불균형이 심화되었고, 소농민의 몰락으로 인하여 안정적인 수취가 곤란해졌다. 북위의 효문제는 수도를 낙양으로 옮겨 한화정책(漢化政策)을 추진하는 한편, 농민 경제를 안정시켜 국가재정을 튼튼히 하기 위하여 균전제를 실시하였다. 이것은 양인의 정남과 정녀, 노비와 경우(耕牛)에게 일정 규모의 노전(露田)과 상전(桑田), 마전(麻田)을 지급하여 경작케 하고, 이 가운데 노전은 이를 지급받은 자가 사망하거나 혹은 늙어서 경작하기 어렵게 되면 국가에 반환하게 한 제도를 말한다. 노전과 상전의 성격에 대하여 학자들 사이에 이견이 많지만, 대체로 전자는 황전(荒田), 후자는 숙전(熟田: 가경지(可耕地))으로 이해한다. 뽕나무를 심기가 곤란한 경우, 상전 대신 마전을 지급하고, 노비와 경우에게 지급한 토지는 실질적으로 그 주인을 대상으로 하여 지급한 것이었으며, 휴경지를 전제로 배전(陪田)을 별도로 지급하기도 하였다.

노비와 경우에게도 토지를 지급한 사실은 북위정부에서 호족의 대토지 소유를 합법적으로 인정해주었다는 의미로 해석할 수 있고, 다른 한편으로 노비와 경우 등을 소유한 호족들에게 위진과 5호16국의 혼란기를 거치면서 황폐해진 농토의 개간을 적극 독려하려는 국가의 정책적 의도도 읽을 수 있다. 국가는 농민에게 토지를 지급하고, 반대급부로 가호를 이룬 부부를 대상으로 조(租)로서 속(粟) 2석, 조(調)의 명목으로 백(帛) 1필(또는 포(布) 1필), 면(綿) 8량(兩)을 부과하였다. 이밖에 가호를 이루지 못한 정남에게는 부부의 4분 1, 노비에게는 8분의 1, 경우에게는 20분의 1을 조조(租調)로 부과하였다. 북위 효문제는 균전제의 시행을 뒷받침하기 위하여 삼장제(三長制)를 정비하였는데, 이것은 5가(家)마다 1명의 인장(隣長)을 두고, 5인마다 1명의 이장(里長), 5리마다 1명의 당장(黨長)을 두는 향촌조직을 일컫는다. 북위에서 삼장이 서게 됨에 따라 향촌사회가 안정되어 고향을 떠났던 유민들이 귀향하였다고 전하며, 삼장은 호구조사에서 누락된 것이 없는가를 살피고, 정부가 조세와 요역을 징수할 때에 적극 협조하였다.

삼장제에 의하여 뒷받침된 균전제는 북조의 여러 왕조 및 수와 당에 내용을 약간 달리하며 계승되었다. 북조의 여러 왕조를 거치면서 북위의 노전과 상전이란 토지지목이 폐지되고, 그에 대응한 구분전(口分田)과 영업전(營業田)이란 토지지목이 새로 생겼다. 또한 수전대상도 점차 변화되었는데, 북주에 이르러 노비와 경우(耕牛)를 수전대상에서 제외하였고, 부인의 수전액은 남부(男夫)의 그것에 포함시켰다. 율령체제가 확립된 당에서는 정남과 중남(中男)에게 영업전 20무, 구분전 80무를 지급하고, 사망하거나 늙으면 구분전은 국가에서 환수하였다. 이밖에 도사(道士)·여관(女官)·승니(僧尼)·상공인과 관호(官戶)·잡호(雜戶) 등의 관천민에게도 토지를 지급하였다. 당은 균전 농민에게 조용조를 부과하였는데, 그 내용은 정남을 대상으로 1인마다 조(租)로서 속(粟) 2석, 조(調)로서 견(絹) 2장(丈) 또는 포(布) 1필 및 면 3량 또는 마(麻) 3근(斤)을 부과하고, 별도로 노동력을 징발하는 것이었다.

한때 균전제를 규정대로 실시하였는가에 대하여 논란이 분분하였다. 비록 균전령의 규정대로 반드시 지켜진 것은 아니지만, 그러나 북조의 여러 왕조와 당에서 토지를 지급하고 환수(還收)한 사실이 돈황과 투르판 등에서 발견된 고문서들에 의하여 입증되었다. 7세기 후반 안사(安史)의 난 이후에 농민들의 유망이 급증하고, 토지를 임대하여 경작케 하는 조전제(租田制)가 성행하면서 균전제가 와해되었고, 이와 동시에 균전제에 기초한 조용조제가 폐지되고 새로운 부세체계인 양세법(兩稅法)이 시행되었다. 이럼으로써 북위 이래 균전 소농민을 통치하기 위하여 조직적으로 짜여진 지배구조와 그것을 뒷받침하던 율령체제 역시 와해되기에 이르렀다.

위진남조에서 대체로 호족들이 사병을 보유하고, 자사가 민정권과 군정권을 행사하였다. 북위에서는 선비족을 병사로 충당한 중앙군과 군진군(軍鎭軍)을 중심으로 군제(軍制)를 운영하였다. 서위(西魏)에서 관중(關中) 지역에 24군(軍)을 설치하고,[4] 지방의 균전 농민을 징발하여 병사로 충당하는 군제의 개혁을 단행하였다. 병사의 복무기간은 30여 년에 달하였지만, 중앙에 번상(番上)하는 기간을 제외하고는 대체로 향병(鄕兵)으로 편제되어 각자의 생업에 종사하는 것이 상례였다. 이때 각지에 설치한 의동부의 경우 그 장관을 중앙에서 직접 임명하여 중앙 직속 군단으로 편제하였는데, 이것은 군제상으로 자사에게서 군사권을 박탈하는 획기적인 조치로 평가된다. 물론 관중 이외의 지역에서는 자사가 지휘하는 주군(州軍)이 여전히 존속하였기 때문에 서위에서 국가차원에서 군제를 전면적으로 개편한 것은 아니었다. 균전 농민을 징발하여 군단을 편성하는 형식은 북주와 수를 거치면서 전국에 걸쳐 확대 실시되었고, 이것은 당대 부병제(府兵制)의 실시로 귀결되었다.

당은 중앙의 수도에 12위(衛)를 두어 황제의 신변을 경호함과 동시에 수도를 경비하게 하였다. 그리고 지방에 500~600개의 절충부(折衝府)를 설치하고 지방의 균전 농민을 징발하여 병사로 충당하였으며, 이를 부병(府兵)이라고 불렀다. 부병의 복무기간은 대략 30여 년이었는데, 이 사이에 부병은 교대로 절충부의 병사로 근무하거나 중앙의 여러 위부에 번상(番上)하였고, 나아가 3년간 변방의 진(鎭)이나 수(戍)에 나아가 복무하기도 하였다. 그리고 나머지 기간에는 향병으로 편성되어 생업에 종사하면서 매년 농한기에 1회의 군사훈련, 즉 도시(都試)를 받았고, 필요한 경우의 소집(召集)에 대비하였다. 부병은 자신이 사용하는 무기와 군복 일체를 스스로 부담하고, 말과 식

4 서위에서는 관중(關中)의 여러 주에 96개의 의동부(儀同府)를 설치하고, 필요한 경우 2의동부를 1단(團), 2단을 1군(軍)으로 편성하여 운영하였다.

량 등은 정부와 농민이 분담하여 부담하였다. 그리고 현역으로 복무하는 기간에는 일체의 부역(賦役)이 면제되었다. 부병제는 균전제 및 조용조제와 유기적인 연관성을 지녔으며, 당의 율령체제를 작동시키는 골간으로 기능하였다. 안사의 난 이후 절도사(節度使)가 번진(藩鎭)을 근거로 지방을 할거하게 되면서 절충부 중심의 군제가 붕괴되었고, 이와 동시에 부병제 역시 무너지게 되었다.

4. 유교 정치이념의 전개

진시황의 분서갱유(焚書坑儒)로 유학이 한 때 큰 위기를 맞이하기도 하였지만, 한 무제는 동중서(董仲舒)의 건의로 백가(百家)를 배척하고 유학을 국가의 유일한 지도이념으로 채택하였다.[5] 그런데 후한 이후부터 유학은 신비화 경향을 보였고, 참위설의 미신이 성행하였다. 조조는 비록 유교적 덕목을 제대로 갖추고 있지 않더라도 능력이 뛰어나면 관리로 등용하겠다고 주장하였지만, 그렇다고 통치이념으로서 유학을 완전히 배척한 것은 아니었다.

5 무제는 장안(長安)에 태학(太學)을 세우고, 5경박사를 두어 학생들을 가르치도록 하였다. 이와 동시에 군국에 학교와 학궁(學宮)을 설립하여 지방에 유학을 보급하는 데에도 힘썼다. 한대에 유학을 수학한 학생들이 관리로 나아갔기 때문에 유학을 공부하는 것이 하나의 사회적 분위기로 자리 잡았다. 동중서는 천인감응설(天人感應說)을 제기하여 군주에게 하늘의 뜻에 따라 왕도정치를 하도록 권유하는 한편, 『공양춘추(公羊春秋)』를 근거로 사상의 통일을 제창하고, 중앙집권에 기반한 천하통일을 강조하였다. 후한대에 금문경학(今文經學) 중심의 관학(官學)에 고문경학(古文經學)을 중시하는 유학자가 문제를 제기하면서 두 학파 사이에 논쟁이 활발하게 전개되었다. 정현(鄭玄)은 고문을 근본으로 삼고 금문을 융합하여 수 백 년 동안 내려오던 금문과 고문의 논쟁을 일소하고 경학(經學)을 집대성하였다. 정현의 경학은 위진남북조시대의 유학에 커다란 영향을 끼쳤다.

그는 군국(郡國)마다 경서(經書)를 배우게 하고, 현마다 학관을 두어 우수한 학생을 뽑아 교육하도록 지시하였다. 위의 건국 이후에 9품중정법을 실시하였는데, 향품의 등급을 정할 때에 유교적 덕목에 대한 평가가 크게 참조되었다. 이후 진과 남조에 이르러 귀족제가 고착화된 이래 노장사상에 기초한 이른바 죽림현학(竹林玄學)이 유행하고 귀족들의 비도덕적인 생활이 일상화되면서 유학은 크게 침체되었다. 양 무제가 한 때 수도의 국자학을 새로 건립하고, 전국 각지에 5관(館)을 설치한 다음, 각기 5경박사를 두어 학생들을 가르치게 하면서 유학의 진흥을 꾀하였지만, 크게 성공을 거두지 못하였다.

위진남조에 비하면 5호16국과 북조의 지배자들은 통치이념으로써 유학을 강조하고 그것의 보급에도 꽤나 관심을 기울인 편이었다. 서진의 멸망 이후 북중국은 5호에 의한 16국이 난립하였다. 이민족의 지배자들은 유교적 교양을 가진 한인들을 통치하기 위하여 의도적으로 유학을 강조하였다. 전조(前趙)의 지배자들은 한인들의 경적(經籍)을 탐독하고, 태학과 소학 등을 세워 유학의 교육과 보급에 힘썼다. 후조의 석륵(石勒)은 유학자들을 등용하여 경학을 가르치게 하고 태학과 소학에 나아가 경의(經義)를 시험보게 하여 성적이 좋은 학생에게 비단을 상으로 주었다. 또한 전진(前秦)의 부견(符堅)과 후진의 요흥(姚興) 역시 유학의 진흥에 힘쓰고 성적이 우수한 태학의 학생들을 관리로 등용하였다고 한다.

5호16국에서 유학을 중시한 전통은 북조의 여러 왕조에 계승되었다. 북위의 도무제(道武帝)는 중원을 안정시킨 뒤에 태학을 세우고 5경박사와 제자 천여 명을 모집하였을 뿐만 아니라 후에 국자 태학을 증설하고 제자를 3천 명으로 증원하였다. 그 후 북위의 역대 황제 역시 유학의 교육과 보급에 관심을 기울였다. 헌문제(獻文帝)는 태화(太和) 연간에 중서학(中書學)을 국자학

(國子學)으로 고치고,[6] 명당(明堂)·벽옹(辟雍)을 세운 다음, 3덕(三德: 정직·강(剛)·유(柔))과 5사(五事: 모(貌)·언(言)·시(視)·청(聽)·사(思))를 아는 노인을 존중하고, 공경대부의 자제들에게 유교경전을 가르치게 하였다. 효문제(孝文帝)는 낙양으로 수도를 옮기고, 호한(胡漢) 사이의 통혼의 장려, 호성(胡姓)의 한성(漢姓)으로의 개정, 호속과 북어(北語)의 금지와 한어의 강제사용, 성족상정(姓族詳定) 등을 단행하여 선비족의 한화(漢化)를 적극 추진하였다. 효문제의 한화정책은 이민족의 지도층을 유교적 교양을 지닌 지식인으로 개조하는 데에 목적을 두었다. 효문제의 뒤를 이은 선무제(宣武帝)는 국학을 운영하고, 4문(門)에 소학(小學)을 세우게 하였으며, 유학자를 선발하여 박사로 임명하였는데, 소위 박사가 40명이나 되었다고 한다. 북위에서 유학을 널리 장려한 결과, 『북사』 유림전에서 주·한나라와 비길 수 있을 정도로 북위에서 유학이 성황을 이루었다고 평하였다.

북주의 무제는 불교와 도교를 탄압하고, 항상 유가의 예악에 따라 행사를 진행하였다. 또한 『주례』를 모방하여 6관(官) 및 6군(軍)을 설정하였으며, 백관과 승려, 도사 등을 모아놓고 『예기』를 강의하기도 하였다. 수의 건국 이후 한 때 문제는 왕조를 찬탈하였다는 오명을 불식시키기 위한 정치적 방편으로 유학에 관심을 기울이기도 하였지만, 그러나 곧바로 유학을 탄압하고 불교와 도교의 진흥에 더 힘썼다. 예를 들어 수 문제는 601년에 수도와 지방의 여러 학교를 폐쇄하고, 국자학 한 곳만 남겨 두면서 동시에 사리를 각지에 보내 5,000여 개의 불탑을 세우도록 지시하였다. 『구당서』 소덕언전(蘇德言傳)에 '수 왕조 시기에는 사회가 혼란하고 학교가 자취를 감추어 유도(儒道)는 진흙탕에 떨어지고 시서(詩書)는 구렁텅이에 쳐 박아 넣었다'는 기록이 보이는데, 수에서 유학을 경시한 사실을 적절하게 표현한 것이다.

6 명원제(明元帝) 때에 국자학을 중서학으로 고쳤다.

당의 건국 이후 고조 이연과 태종 이세민이 유학의 진흥에 크게 힘썼다. 고조는 학교를 다시 재건하고, 국자학에 주공과 공자의 묘를 각각 하나씩 세우고 사시(四時)마다 절제(節祭)를 올리게 하였으며, 그 후손을 찾아서 상세히 고증한 후에 작위를 내리라고 지시하였다. 태종은 국학에 공자 묘당(廟堂)을 세우고, 중니(仲尼: 공자)를 선성(先聖)으로, 안자(顔子: 안회)를 선사(先師)로 추봉하였다. 또한 국학의 학사(學舍)를 4백여 칸으로 증축(增築)하고, 국자와 태학, 사문(四門) 등의 학생 수를 증원하였으며, 서학(書學)과 산학(算學)에도 각기 박사와 학생을 두어 여러 기능을 갖추도록 하였다. 태종은 자주 국학에 나아가 좨주(祭主), 사업(司業), 박사들에게 강론케 하였는데, 끝나면 각자에게 비단을 사여하였다. 그리고 토번(吐蕃)·고창(高昌)·고려(高麗: 고구려)·신라(新羅) 등 주변국의 왕들이 자제를 파견하여 배울 것을 청하자, 이를 흔쾌하게 허락하였다. 이리하여 태종대에 국학에서 강의를 듣는 자가 1만 명에 달할 정도로 유학은 전대미문(前代未聞)의 성황을 이루었다고 한다.

태종은 공영달(孔穎達) 등에게 명령하여 5경을 주석한 『5경정의(五經正義)』를 편찬하게 하였다. 이것은 남북조시대를 거치면서 통일되어 있지 않은 5경의 주소(註疏)를 집대성하여 정리한 것이다. 태종은 이것을 기준으로 매년 과거 시험을 치르도록 지시하였다. 당대에 유학과 과거제도가 밀접하게 결합되면서 유학이 당나라의 통치이념으로서 확고하게 자리매김하였다고 말할 수 있다. 이것은 후대의 중국 왕조뿐만 아니라 고대 한국과 일본, 베트남에도 전래되어 영향을 끼쳤다. 또한 이것은 한나라와 마찬가지로 제가(諸家) 가운데 유학의 정통적 지위를 공고하게 다지게 만드는 계기가 되기도 하였다. 당 중·후기에 한유(韓愈)는 불교를 배척하고 유가의 도통(道統)을 강조하였고, 이고(李翱)와 유종원(柳宗元)은 불교와 도교, 유학 등 3교를 통합하는 사상체계를 제시하여 송명(宋明) 이학(理學)의 기초를 닦았다.

II. 삼국과 통일신라의 통치체제

1. 율령수용과 그 배경

고구려는 373년(소수림왕 3)에 율령을 반포하였고, 신라는 520년(법흥왕 7)에 율령을 반포하였다. 백제는 언제 율령을 반포하였는가를 알려주는 자료가 전하지 않는다. 율령의 반포는 형률(刑律)에 대한 체계적인 정리와 더불어 관료기구의 운영에 필요한 행정법규의 정비를 전제로 한다.

3세기 중반 고구려에서 범죄자가 있으면, 제가(諸家)들이 모여서 평의(評議)하여 사형에 처하고, 처자(妻子)는 몰수하여 노비로 삼았다.[7] 당시까지 사형을 선고할 정도의 중죄(重罪)에 대한 형률규정이 정비되지 않았으므로 제가들이 평의하여 처결하였을 것이다. 반면에 『주서』 고려전에 모반한 사람과 반란을 일으킨 사람은 먼저 불로 지진 다음 목을 베고, 재산을 관에서 몰수하였다고 전하는 것에서 6세기 중·후반 고구려에서 중죄에 대한 처벌규정이 정비되었음을 살필 수 있다. 광개토왕릉비에 '약취(略取)해온 한(韓)과 예인(穢人)들이 수묘(守墓)의 법칙(法則)을 알지 못할까 염려되어, 다시 구민(舊民) 110가를 더 데려왔다'라거나 '왕께서 법제를 정하기를 "수묘인을 이제부터 다시 서로 팔아넘기지 못하며, 비록 부유한 자가 있을지라도 또한 함부로 사들이지 말라. 만약에 법령을 위반하는 자가 있으면, 판 자는 형벌을 받을 것이고, 산 자는 자신이 수묘하도록 하라"고 하였다'는 내용이 보인다. 능비를 건립한 5세기 전반에 왕릉을 수묘하는 법칙을 규정한 법령이

7 有罪諸加評議 便殺之 沒入妻子爲奴婢(『삼국지』 위서 동이전 고구려).

존재하였고, 아울러 교령(敎令)으로 새로운 법령을 공포하였음을 알려준다. 3세기 중반에서 5세기 전반 사이에 형율을 규정한 성문법전을 편찬하였음이 확실시되는데, 구체적으로 율령을 반포한 373년 무렵일 가능성이 높다고 보인다.

524년(법흥왕)에 건립된 울진봉평신라비에 '노인법(奴人法)'이 보인다. 이것은 신라의 영토로 편입된 지역의 주민들을 노인으로 편제하고, 그들에 관한 여러 가지 사항을 규정한 법령이었다. 단양적성신라비에 '국법(國法)' '적성전사법(赤城佃舍法)'이 전하고, 남산신성비에 성을 쌓고 3년 이내에 무너지면, 처벌한다는 내용의 법령이 존재하였음을 말해주는 표현이 나온다. 520년 율령을 반포한 이후에 다양한 법령이 존재하였음을 알려주는 사례들이다. 특히 울진봉평신라비에서 죄를 지은 거벌모라(居伐牟羅) 남미지촌(男弥只村)에 대하여 여러 노인법에 따라 처결하라고 교시한 내용이 전하여서 524년 무렵에 범죄자를 법령에 의거하여 처벌하였음을 알려주어 주목을 끈다. 더구나 여기에 구체적으로 죄를 범한 사람들에게 장형(杖刑)을 부과하였다는 내용까지 나오고 있다.

503년(지증왕 4) 무렵에 신라정부가 진이마촌(珍而麻村)에서 발생한 어떤 재물(財物)을 둘러싼 분쟁을 전세 2왕(사부지왕(실성왕)과 내지왕(눌지왕))의 교시를 판례처럼 인용하여 조정한 사례를 영일냉수리신라비에서 찾을 수 있다. 그러나 여기에서 분쟁에서 패한 사람들에게 분쟁대상에 대하여 더 이상 트집을 잡지 말도록 경고하였을 뿐이고 그들에게 어떤 처벌을 내렸다는 내용은 찾을 수 없다. 비슷한 모습은 501년(지증왕 2)에 건립된 포항중성리신라비에서도 발견할 수 있다. 여기에 누군가가 또는 어떤 세력집단이 어떤 대상을 빼앗아 사단이 발생하자,[8] 여러 부(部)에 소속된 사람들이 모여 그것

8 포항중성리신라비 가운데 '干居伐 壹斯利 蘇豆古利村 仇鄒列支干支 沸竹休壹金知 那

을 본 주인에게 다시 돌려주라고 분쟁을 조정하고, 최종적으로 지절로갈문왕(只折盧葛文王: 지증왕) 등 3인이 교시를 내려 그 조정안을 추인하고 있는 모습이 전한다. 그런데 흥미로운 사실은 여기서도 어떤 대상을 빼앗은 존재에 대한 처벌 규정이 보이지 않는다는 점이다. 중성리비와 냉수리비의 내용은 지증왕대 초반에 형률에 대한 내용이 체계적으로 갖추어져 있지 않았음을 추론케 한다. 이것은 524년 무렵에 죄를 범한 존재에 대하여 특정 법령을 적용하거나 교령에 의거하여 처벌한 것과 분명하게 대비된다. 이러한 측면에서 율령을 반포한 520년 무렵에 신라에서 형법에 관계된 제반 사항을 성문법전의 형식으로 정비하였다고 보아도 크게 문제가 되지 않을 것이다.

『삼국사기』에 고이왕 29년(262)에 관리로서 재물을 받거나 도둑질한 자는 장물(贓物)의 3배를 징수하고, 종신토록 금고(禁錮)하게 하라고 명령하였다고 전한다. 그런데 『구당서』와 『신당서』 백제전에 동일한 법률규정이 보인다. 이러한 이유로 『삼국사기』의 기록은 후대의 사실을 고이왕대에 소급하여 기술한 것으로 이해하는 경향이 지배적이다. 『주서』 백제전에서 모반하거나 전쟁에서 퇴각한 자 및 살인을 한 자, 물건을 훔친 자, 부인으로서 간음한 자 등에 대한 형벌의 내용을 제시하였다. 여기에서 5방성(方城)의 하나로서 웅진성(熊津城)을 소개하였다. 따라서 여기에 소개된 형법조항은 사비시기의 것으로 보아야 한다. 늦어도 사비시대에 형률을 체계적으로 정비하였음을 확인할 수 있으나 언제 처음 그렇게 했을 지에 대해서는 담로제의 실시 시기 및 16관등의 정비시기 등과 연관시켜서 살펴볼 수밖에 없다.

그런데 단지 형률체계의 정비에 기초해서 율령을 반포하였다고 보기 어

音支村 卜步干支 朱斤壹金知 珍伐壹昔(?)云 豆智沙干支宮 日夫智宮 奪介 今更還 牟旦伐喙作民沙干支' 부분을 어떻게 끊어 읽고, 또 '奪'의 주어를 어느 것으로 보느냐에 따라 분쟁 대상과 원고 및 피고의 해석이 달라진다. 종래에 이에 대하여 다양한 견해가 제기되었지만, 여기서 그것에 대하여 더 이상 자세하게 논급하지 않을 것이다.

렵다. 이것과 더불어 나름대로 관료기구를 운영하기 위한 행정법규를 제정하여 율령이 모두 갖추어진 상황에서 율령의 반포가 이루어졌을 것이기 때문이다. 고구려에서 4세기 전후한 시기에 형류와 사자류의 관등을 중심으로 일원적인 관등체계를 정비하였다.[9] 한편 4세기를 전후한 시기에 고구려에서 지방에 대한 직접 지배를 실현하고, 수사(守事) 또는 태수(太守), 수(守) 및 재(宰)라는 지방관을 파견하였다.[10] 이러한 사실을 감안하건대, 고구려는 4세기 전후에 일차적으로 관료기구를 운영하기 위한 행정법규를 정비하였고,

---

9 초기에 고구려는 다원적이고 중층적인 관등체계를 운영하였다.『주서』고려전에 고구려에 대대로(大對盧), 태대형(太大兄), 대형(大兄), 소형(小兄), 의사사(意俟奢), 오졸(烏拙), 태대사자(太大使者), 대사자(大使者), 소사자(小使者), 욕사(褥奢), 예속(翳屬), 선인(仙人), 욕살(褥薩) 등의 관등이 있었다고 전한다. 이것은 고구려에서 어느 시기엔가 사자류와 형류의 관등을 중심으로 새로이 관등체계를 정비하였음을 반영한 것이다.『삼국사기』고구려본기에 2세기 후반부터 대사자나 소형의 관등을 수여받은 관리가 등장한다. 반면에『주서』에 패자나 우태 등의 관등명이 보이지 않는다. 중천왕 7년(254)에 비류(沸流) 패자 음우(陰友)가 국상(國相)에 임명되었는데, 이것이 패자에 관한 마지막 사례에 해당한다. 음우는 서천왕 2년(271)에 사망하였다. 이때까지 음우의 관등은 패자일 가능성이 높다. 그 후에 그의 아들 상루(尙婁)가 국상에 임명되었다가 봉상왕 3년(294)에 사망하였다. 뒤를 이어 남부(南部) 대주부(大主簿) 창조리(倉助利)가 국상에 임명되었다. 상루의 관등이나 소속 부에 관한 기록이 없지만, 아버지 음우의 관직을 그대로 물려받은 것으로 보아서 비류부 소속이면서 패자의 관등을 수여받았다고 추정된다. 패자란 관등이 3세기 후반까지 존재하였으므로『주서』에 전하는 관등체계는 4세기를 전후한 시기에 체계적으로 정비되었다고 볼 수 있다.

10 광개토왕릉비에 동옥저지역인 비리성(碑利城: 함남 안변)과 동해고(東海賈)의 주민을 수묘인으로 차출하였다고 전하는데, 여기서 이들을 광개토왕대에 새로 약취하여 온 주민, 즉 신민(新民)에 대비하여 구민(舊民)이라고 불렀다. 신민과 구민은 고구려가 개별인신적으로 지배하는 백성을 가리킨다. 3세기 중반의 사정을 전하는『삼국지』위서 동이전에 고구려는 동옥저의 자치적인 지배권을 인정하고 공납을 수취하였다고 전한다. 이후부터 5세기 전반 사이에 고구려가 동옥저의 자치력을 부정하고 직접 지배를 실현하였다고 볼 수 있다. 모두루묘지에 광개토왕대에 모두루를 북부여수사(北夫餘守事)로 임명하였다. 중원고구려비에 고모루성수사(古牟婁城守事)가 나오고,『삼국사기』에서 봉상왕 5년(296)에 고노자(高奴子)를 요동에 있는 신성(新城)의 태수(太守)로 삼았다고 하였다. 그리고 4세기를 전후한 시기에 압록재(鴨淥宰)가 존재하였고, 봉상왕 2년(293)에 북부 소형 고노자의 관직이 신성재(新城宰)였다.

율령이 반포되기 이전에 여러 차례에 걸쳐 그것을 개정하였다고 추정해 볼 수 있다. 여러 차례 개정된 행정법규를 체계적으로 다시금 정비하고, 중국의 율령을 참조하여 형벌에 관한 규정을 성문법전의 형식으로 정리한 것을 기초로 373년에 율령을 공식 반포하였다고 봄이 합리적일 듯싶다.

『삼국사기』 신라본기에서 유리이사금 9년(32)에 17관등을 모두 설치하였다고 전하나 그대로 믿기 어렵다. 현재 율령을 반포하고 관리의 공복(公服) 색깔을 제정한 520년에 17관등을 정비하였다고 이해하는 것이 통설이다. 그런데 봉평비에 하간지(下干支), 일벌(一伐), 일척(一尺), 피단(彼旦) 등의 외위 관등과 아울러 일금지(一今智)가 나온다. 일금지는 중성리비와 냉수리비에도 보이는 것인데, 『삼국사기』 직관지에 언급된 외위에 포함되지 않은 것이다. 한편 중성리비에서 모단벌훼(牟旦伐喙, 모량부)와 본파훼(本波喙, 본피부) 소속의 인물로서 일벌(壹伐)이란 관등을 수여받은 사례를 발견할 수 있다. 중성리비와 냉수리비에 일금지 외의 다른 외위 관등은 보이지 않는다. 501년에서 524년 사이에 지방의 지배세력에게 『삼국사기』 직관지에 전하는 외위관등을 수여하는 시스템을 정비하였음을 말해주는 것이다. 일벌이란 관등을 지방의 지배세력에게 수여하기 시작한 것은 524년 이전 어느 시기이다. 17관등에 일벌이 포함되지 않았으므로 일벌을 포함한 이른바 외위 관등을 수여하기 시작한 시기 역시 520년으로 봄이 옳을 것이다.

중성리비와 냉수리비에 지방에 파견된 도사(道使)가 보인다. 한편 521년 양나라에 파견된 신라 사신에게서 획득한 정보를 기초로 기술한 『양서』 신라전에 신라의 왕도에 6탁평(啄評), 즉 6부가 있고, 지방에 52읍륵(邑勒)이 존재하였다고 전한다. 52읍륵의 실체는 도사와 나두 등이 파견된 행정촌(성)으로 이해되고 있다. 『삼국사기』 신라본기에서 지증왕 6년(505)에 왕이 몸소 나라 안의 주(州)·군(郡)·현(縣)을 정하였다고 전한다. 이때에 주나 군, 현을 설치하였다고 보기 어렵다. 이 때문에 이것은 당시 행정촌(성)의 영역을 획정하고 거기에 도사 등의 지방관을 파견하였음을 알려주는 자료로 이해하는 것이 지배적이다. 물론 냉수리비에서 보듯이 이전 시기에 이미 '간지'를 칭하던 촌의 지배세력에게 촌주라는 직책을 수여하기도 하였다. 이처럼 520년 무렵에 17관등과 외위관등, 그리고 지방통치조직과 지방관리, 촌주 및 관리의 공복제운영 등에 관하여 체계적으로 정리한 행정법규 등을 정비하고, 여기에다 고구려와 중국의 형률 등을 참조하여 신라의 현실에 맞게 성문화된 형식으로 형법체계를 정리한 바탕 위에서 율령을 반포한 것으로 이해할 수 있다.

『삼국사기』 백제본기에 고이왕 27년(260)에 6좌평과 16관등을 설치하였다고 전하나 그대로 믿기 어렵다. 『주서』 백제전에 5좌평제, 16관등, 22부 등에 관한 정보가 전한다. 사비시기에 좌평제와 16관등제, 22부제가 정비되었음을 알려준다. 6세기 중반 이전 『일본서기』 기록에 솔(率)과 덕(德)류의 관등이 여럿 보인다. 그 이전에 16관등이 정비되었음이 분명하다. 5세기 후반 무렵에 좌군(佐軍), 진무(振武), 극우(克虞) 등의 하위관등을 설치한 것으로 추정되기 때문에[11] 16관등을 완비한 것도 그 무렵으로 봄이 옳을 듯싶다. 한편 『양서』 백제전에 백제에 22담로(檐魯)가 있고, 거기에 왕의 자제(子弟)와 종족(宗族)을 나누어 웅거(雄據)하게 하였다고 전한다. 담로는 백제에서 지방에 파견한 지방관인데, 왕(王)·후(侯)제의 실시와 밀접한 관계를 가졌

11 16관등 가운데 좌군(佐軍), 진무(振武), 극우(克虞) 등의 하위 관등은 명칭이 지극히 한화(漢化)된 표현이며, 무(武)적인 성격을 띠고 있다. 동성왕대에 남제(南齊)에 파견된 백제 사신 장새(張塞)가 진무장군조선태수(振武將軍朝鮮太守)로 책봉되었다. 진무란 관등과 진무장군이란 명칭은 관계가 깊었을 것이다. 진무장군이란 호칭은 한대에 처음 생겨 서진과 동진 및 송 등 남조에서 사여한 장군 칭호 가운데 하나이다. 백제는 동진 및 송과 밀접하게 교류하였다. 여러 가지 정황을 근거로 추정하건대, 백제에서 진무장군이란 장군 명칭을 정확하게 이해하고, 그것을 백제의 관등으로 수용한 것은 송대 이전으로 소급하기 곤란할 듯싶다. 특히 개로왕대에 장군호(將軍號)의 책봉을 송나라에 요청한 점을 감안할 때, 구체적으로 5세기 후반에 진무란 관등을 설치하였을 가능성이 높다.

을 것이다. 5세기 후반 개로왕대에 왕후제를 실시하였다는 증거가 발견되므로[12] 백제에서 담로를 지방에 파견하여 직접 지배를 실현하기 시작한 시점도 그 무렵으로 추정해볼 수 있다. 이처럼 백제에서 5세기 후반에 16관등제를 완비하고, 담로제를 실시하였으니, 당시에 분명하게 관료기구를 운영하기 위한 행정법규를 체계적으로 정비하였다고 봄이 자연스럽다. 고구려와 신라의 사례를 참조하건대, 5세기 후반 개로왕대에 율령을 공식반포하였을 가능성이 높다.

고구려에서 율령을 반포한 이후에 관등제를 새로 개편하였다. 백제는 사비시기에 6좌평제와 아울러 22부제를 정비하였다. 그리고 신라의 경우는 중고기에 중앙 행정관서를 단계적으로 정비하였다. 또한 신라에서 7세기 중반 진덕여왕대에 당의 공복제도를 수용하면서 관료제 운영상에 변화가 있었을 것이다. 삼국 모두 관료기구의 개편에 따라 자주 행정법규, 즉 영(令)을 개정하였을 것이다. 한편 고구려와 백제의 경우 『주서』와 『구당서』 및 『신당서』 고려전에 전하는 형법의 내용에 약간의 차이를 발견할 수 있다. 예를 들어 백제의 경우 『주서』에서 살인자를 참수하였다고 하였으나 『구당서』와 『신당서』에서는 노비 3명으로써 속죄(贖罪)하게 한다고 기술하였다. 고구려의 경우 『구당서』와 『신당서』에서 우마(牛馬)를 죽인 자는 노비로 삼는다는 형벌 규정을 소개하였으나 『주서』에는 이것이 보이지 않는다. 삼국에서 시기에

12 『위서』나 『송서』 『남제서』 백제전에 백제의 왕족과 고위관리로서 불사후(弗斯侯), 면중왕(面中王), 도한왕(都漢王), 팔중후(八中侯), 아착왕(阿錯王), 매로왕(邁盧王) 등을 책봉받은 인물들이 전한다. 『위서』 백제전에 개로왕이 장사(長史) 여례(餘禮)를 관군장군(冠軍將軍) 부마도위(駙馬都尉) 불사후로 책봉하였다고 전하므로 적어도 개로왕대부터 왕족을 '~왕' 및 '~후'로 책봉하였다고 추정해 볼 수 있다. 왕과 후로 책봉받은 자와 담로에 파견된 사람의 공통점은 왕족이 대부분이었던 것에서 찾을 수 있다. 왕·후제와 담로제가 서로 연관되었음을 추론케 해주는 측면이다. 따라서 여례가 불사후로 책봉된 5세기 후반 개로왕대에 담로제를 실시하였다고 보아도 좋을 것이다.

따라 형벌에 관한 규정을 새로 추가하거나 개정하였음을 알려주는 사례들이다.

고구려와 백제에서 언제 율령을 개정하였음을 알려주는 구체적인 자료는 전하지 않는다. 반면에 신라에서는 태종무열왕 원년(654) 5월에 이방부령(理方府令) 양수(良首)에게 율령을 상세하게 살펴 이방부격(理方府格) 60여조를 수정하게 하였다고 한다. 신라는 진덕여왕 3년(649)에 중국의 의관을 착용하였고, 그 다음 해에 진골로서 관직에 있는 사람은 아홀(牙笏)을 갖게 하였다. 그리고 『삼국사기』 색복지에 전하는 "이찬·잡찬은 금관(錦冠), 파진찬·대아찬·금하(衿荷)는 비관(緋冠), 상당(上堂)·대나마·적위(赤位)와 대사는 조영(組纓)을 착용한다"는 내용의 관제규정(冠制規程)은 진덕여왕대에 제정한 것으로 보인다. 이처럼 진덕여왕대에 관료제 운영상에 커다란 변동이 생겼기 때문에 율령의 개정이 불가피하였고, 이방부격의 수정은 이와 관련이 깊었을 것이다. 이밖에 문무왕은 681년 임종 직전에 내린 유조(遺詔)에서 "율령격식에 불편한 것이 있으면, 즉 수정하도록 하라"고 지시하였다. 신문왕 즉위 이후에 율령격식에 대한 대대적인 개정이 이루어졌음을 짐작케 한다. 이러한 사례 이외에도 신라에서 여러 차례에 걸쳐 율령격식의 개정이 이루어졌을 것이지만, 그에 대한 구체적인 내용은 자료가 전하지 않아서 알기 힘들다. 고구려나 백제도 신라의 사정과 크게 다르지 않았을 것이다.

2. 중앙집권적 국가체제 성립과 전개

삼국초기에 삼국은 5부나 6부의 연합체였다. 고구려에는 계루부, 비류나부(소노부), 연나부(절노부), 관나부(관노부), 환나부(순노부) 등 5부가 있었고, 신라에는 양부(梁部 또는 훼부(喙部)), 사량부(沙梁部 : 사훼부(沙喙部)), 모량부(牟梁部: 잠훼부(岑喙部)), 본피부(本彼部), 습비부(習比部: 사피부(斯彼部)), 한기부(漢祇部: 한지벌부(漢只伐部)) 등 6부가 있었다. 『삼국사기』 백제본기에 백제에 처음부터 동·서·남·북·중부 등 방위명 부가 있었다고 전한다. 백제에는 본래 고유명 부가 있었다가 방위명 부로 바뀌었다고 추정된다. 당시에 각 부는 내부의 통치에 대하여 자치력을 행사하였다. 이러한 성격을 지닌 부를 단위정치체라고 정의한다. 그리고 다시 각 부의 내부에는 부내부(部內部)라고 불리는 소규모 지역집단들이 여러 개 존재하였고, 내부의 계층구성도 비교적 복잡한 편이었다. 당시 삼국 모두 가장 강력한 부집단의 대표가 국가 전체를 대표하는 국왕이 되었다. 고구려는 처음에 소노부에서 왕위를 계승하다가 후에 계루부로 왕권이 바뀌었다. 신라에서는 니사금시기에 양부 소속의 박씨와 석씨, 김씨가 왕위를 계승하다가 마립간기에 김씨가 왕위를 독점하였다. 통상 국왕은 대외적인 교섭권이나 군사권을 독점하였고, 필요한 경우에 각 부의 내부 통치에 대하여 간섭할 수도 있었다. 한편 각 부의 내부에 존재한 부내부의 대표도 역시 내부의 통치에 대하여 자치권을 행사하였으므로 각 부의 대표도 국왕과 마찬가지로 부내부의 대표이면서 동시에 부를 대표하는 중층적이고 다원적인 위상을 지녔다고 볼 수 있다.

삼국초기에 건국 주체세력인 5부나 6부집단에게 공납을 바치던 종속집단(복속 소국이나 읍락집단)이 삼국의 외곽에 광범하게 분포하고 있었다. 고구려의 경우 동옥저나 동예가 대표적인데, 그들은 5부집단에게 예속되어 무거운 공납을 바쳐야만 했다. 신라의 경우, 진한의 소국들이 바로 종속집단에 해당하며, 마한의 여러 소국들이 백제의 종속집단이었다. 다만 백제의 경우는 건국 초기에 목지국(目支國)에 복속되었다가 3세기 후반에 그것을 누르고 마한의 대표세력으로 부상하면서 여러 소국들이 종속집단으로 편제되었다. 이와 같은 측면은 삼국의 부집단이 국가 전체의 지배구조상에서 종속집단을 지배하는 지배자공동체의 성격을 지녔음을 반영하는 것이다. 당시에 삼국은 각 부집단을 적극 활용하여 지방의 여러 소국이나 읍락집단을 정복하고, 나아가 그것을 매개로 지방에 대한 지배를 실현하였다. 고구려가 동옥저에서 공납을 수취할 때, 그것을 왕의 종족이나 부의 대표를 지칭하는 대가(大加)로 하여금 통괄하도록 하였던 사례에서 후자의 일면을 발견할 수 있다.

삼국초기에 삼국의 국왕이 5부나 6부를 모두 직접 통치하지 못하였기 때문에 전쟁이나 또는 여러 가지 대내외의 사안이 발생하였을 경우에 국왕은 여러 부의 협조가 필요할 수밖에 없었다. 여기다가 각 부 간의 이해관계가 얽혀서 갈등이 빚어질 경우에도 역시 특정 부만을 직접 통치한 국왕이 해결할 수 있는 범위는 매우 제한적이었을 것이다. 결국 부가 단위정치체적인 성격을 지녔던 삼국초기에 나라마다 대내적, 대외적 사안에 대하여 부 간의 의견을 조정하는 회의가 관례적으로 열렸다. 신라의 6부대표자회의(후에 화백회의로 명명), 고구려의 제가회의(諸加會議)가 바로 그러한 회의체에 해당한다. 구체적인 기록이 전하지 않지만, 백제에서도 합의제에 기초하여 국정을 운영하였을 것이다. 삼국 모두 초기에 각 부의 대표들이 국왕과 동등한 발언권과 의결권을 가지고 국정현안을 논의하는 회의에 참여하는 모습이다가 왕권의 강화와 더불어 왕이 속한 부의 사람들이 회의구성원으로 다수 참여하거나 또는 세력이 위축된 일부 부의 대표가 거기에서 배제되는 경향성을 보였다. 삼국 초기에 국왕이 5부나 6부집단, 그리고 지방의 종속집단에 대한 통치권을 실현할 때, 부라는 통치단위가 중요한 매개체로서 기능하였으므로 당시의 정치체제와 지배체제는 유기적인 연관성을 지녔다고 볼 수 있다. 이러한 이유에서 삼국초기의 정치체제와 지배체제를 모두 포괄하여 부체제라고 정의한다.

고구려에서 2세기 후반부터 고유명 부와 더불어 방위명 부가 사서에 등장하기 시작한다. 여기서 방위명 부는 수도(왕경)의 행정구역단위였다. 고구려는 고유명 부에 거주하던 부의 지배세력을 국도의 방위명 부에 이주시켰다. 한동안 고유명 부와 방위명 부가 병존하다가 3세기 후반에 전자가 완전히 소멸되었다. 이는 고유명 부에 거주하던 지배세력들이 국도의 행정구역단위인 방위명 부로 이주하여 중앙귀족으로 전화하였음을 말해주는 것이다. 결국 3세기 후반에 단위정치체적 성격의 부가 사라지고 국도의 행정구역단위인 방위명 부만이 남게 되면서 5부체제는 해체되고 중앙집권적인 국가체제가 성립된 것이다.

6세기 전반까지 신라에서 본피부 등의 지배자들이 여전히 간지(干支)를 칭하고 있었다. 예를 들어 냉수리비에 본피부인 두복지간지와 사피부인 모사지간지가 보이고, 봉평비에 본피부인 □부지간지, 잠훼부인 미흔지간지가 보인다. 최근에 발견된 중성리비에도 그러한 존재가 확인된다. 그런데 봉평비가 건립된 524년 이후의 금석문에서 6부인 가운데 단지 간지만을 칭한 존재는 더 이상 발견되지 않는다. 530년대에 6부체제가 해체되면서 종래에 간지를 칭하던 존재들이 17관등체계에 편제되었음을 반영한다. 이와 더불어 왕권의 위상에도 변화가 나타나면서 530년대부터 매금왕(寐錦王)이란 왕호 대신에 대왕(大王) 또는 태왕(太王)이란 왕호를 사용하기 시작하였다. 백제는 5세기 후반 개로왕대에 지방에 담로를 설치하고 거기에 왕의 자제와 종족들을 파견하였다. 그런데 고구려나 신라의 경우, 부를 왕경의 행정구역단위로 재편함과 동시에 지방을 영역화하고, 거기에 지방관을 파견하여 직접 지배를 실현하였다. 따라서 담로제의 실시, 다시 말하면 지방통치조직의 정비는 바로 5부의 성격 변화에 따른 5부체제의 해체와 직결되었다고 말할 수 있다.

삼국 중반기 정치체제의 변동, 다시 말하면 부체제의 해체과정은 각 부의 지배세력을 국왕 중심의 일원적인 관등체계에 편제시키는 것과 궤를 같이하여 진행되었다. 다원적이고 중층적인 성격을 지닌 고구려의 관등체계는 4세기 전후에 사자(使者)와 형(兄)류의 관등을 중심으로 하는 일원적인 관등체계로 전환되었다. 백제의 일원적인 관등체계는 16관등으로 이루어져 있는데, 5세기 후반 개로왕대에 완비되었다. 신라에서 국왕 중심의 일원적인 관등체계인 17관등과 외위체계는 520년 율령을 반포한 때에 정비되었다. 그런데 이때 17관등체계에 편제된 사람들은 훼부와 사훼부인에 한정되었다. 6부 지배층 모두가 17관등체계에 편제된 시기는 6부체제가 해체된 530년대였다. 이러면서 6부와 지방의 모든 지배층이 국왕 중심의 일원적인 관등체계에 편제되었던 것이다.

중앙집권적인 국가체제의 성립 이후에도 합의제에 기초한 국정운영의 전통이 강하게 유지되었지만, 그러나 그 방식은 그 이전 단계와 차이가 있었다. 신라의 경우, 530년대 부체제 해체 후에 6부의 대표 대신 국왕으로부터 관등을 수여받은 대등(大等)들이 화백회의의 주요 멤버였다. 화백회의는 통상 상대등(上大等)이 주재하였고, 거기에서 결정된 사항을 국왕에게 상주(上奏)하면 그는 교시의 형태로 그것을 공표하였다. 물론 필요한 경우에 국왕이 화백회의를 주재하기도 하였으며, 거기에서 결정된 사항은 국왕 단독명의의 하교(下敎)로 공표되는 것이 일반적이었다. 중고기에 화백회의에서 합의된 사항을 실무적으로 집행하는 중앙의 행정관서가 체계적으로 정비되지 않아서 대등들이 직무를 분담하여 결정사항을 실행에 옮겼다. 품주의 차관인 전대등(典大等), 소경의 장관인 사대등(仕大等), 군주(軍主)를 보좌하여 주

(州)의 행정을 총괄하였다고 추정되는 주행사대등(州行使大等) 등이 바로 직무를 분담하여 처리한 대등에 해당한다. 이때에 상대등이 국정을 총괄하는 집정자로서 국왕의 통치를 보좌하였다.

고구려의 경우도 5부체제의 해체와 더불어 국정현안을 논의하는 회의의 구성원 역시 5부의 대표 대신 국왕의 신료들로 대체되었을 것이다. 대대로가 그것을 주재하였을 것으로 추정되며, 구체적인 국정운영 방식은 530년대 이후 신라의 그것과 크게 차이가 없었을 것이다. 한편 부체제 해체 후 백제의 국정운영 방식 역시 크게 다르지 않았을 것이다. 백제에서 국정을 논의하던 장소로서 남당과 정사암이 전한다. 남당에서 개최된 회의는 국왕이 주재하였으며, 사비시대에 정사암회의의 회원은 상좌평, 중좌평, 하좌평을 비롯한 국왕의 신료였고, 상좌평(上佐平)이 그것을 주재하였다. 사비시대에 남당이나 정사암회의에서 결정한 사항을 구체적으로 집행하는 기구가 바로 내·외관으로 이루어진 22부(部)였다.[13]

부체제 해체 이후 국정운영 방식의 변화와 더불어 5부나 6부집단이 공납을 수취하면서 종속집단을 지배하는 통치구조에도 변동이 발생하였다. 그 내용은 지방을 영역화하고, 거기에 지방관을 파견하여 직접 지배를 실현하는 것으로 구체화되었다. 고구려는 3세기 후반에 종속집단을 해체하고, 그들 지역을 지방통치구역인 성(城)이나 곡(谷)으로 편제하여 직접 지배를 실현하였다. 이때 중앙정부는 성이나 곡으로 편제한 지역을 직접 통치하기 위하여 수(守 또는 守使)나 재(宰)를 파견하였다. 수(수사)와 재 중심

13 22부 가운데 내관은 전내부(前內部), 곡부(穀部), 육부(肉部), 내경부(內椋部), 외경부(外椋部), 마부(馬部), 도부(刀部), 공덕부(功德部), 약부(藥部), 목부(木部), 법부(法部), 후궁부(後宮部)이고, 외관은 사군부(司軍部), 사도부(司徒部), 사공부(司空部), 사구부(司寇部), 점구부(點口部), 객부(客部), 외사부(外舍部), 조부(綢部), 일관부(日官部), 도시부(都市部)이다. 내관은 궁중업무를, 외관은 일반서정을 담당하였던 것으로 보인다.

의 2단계 지방통치조직은 6세기 이후에 욕살(褥薩)–처려근지(處閭近之)–루초(婁肖)를 기본으로 하는 3단계의 지방통치조직으로 확대 개편되었다. 욕살은 대성(大城)에 파견된 지방관을 가리키며, 민정권뿐만 아니라 군사를 지휘할 수 있는 권한을 지니고 있었고, 루초가 파견된 몇 개의 성을 거느렸다. 처려근지는 욕살이 파견된 성보다 규모가 작은 성에 파견된 지방관으로서 역시 민정권과 군정권을 아울러 지니고 있었다. 처려근지는 욕살에 영속(領屬)되지 않았으며 그 예하에 역시 루초가 존재하였다. 루초(婁肖)는 욕살이나 처려근지의 예하에 있는 작은 성에 파견된 지방관으로서 그들과 영속관계에 있었다.

백제는 사비시기에 담로제(檐魯制)에서 방군성체제로 지방통치조직을 개편하였다. 이때 백제는 전국을 5방으로 나누고 그것의 중심인 5방성(方城), 즉 고사성(古沙城), 득안성(得安城), 구지하성(久知下城), 도선성(刀先城), 웅진성(熊津城)에 방령(方領)을 파견하였다. 방령은 통상 달솔 이상을 임명하였으며, 군사 1,200~700인을 통솔하였다. 방 예하에는 6~7개에서 10개군이 영속되어 있는데, 각 군마다 군장(郡將) 3인을 파견하여 다스리게 하였다. 군은 보다 효율적인 지방통치를 위하여 담로를 개편한 것이며, 군장은 덕솔 이상을 임명하였다. 군 밑에는 성이 있었고, 거기에 성주(城主)나 도사(道使)를 파견하였다.

신라는 6세기 전반에 지방의 복속소국이나 읍락집단을 해체하고 그곳을 군이나 촌(성)으로 편제하였다. 왕경을 중심으로 전국을 상주(上州)와 하주(下州)로 나누었고, 한강유역을 새로 확보한 다음, 그곳을 신주(新州)라고 명명하였다. 중고기에 주의 중심성, 즉 주치(州治)에 군주(軍主)를 파견하였는데, 주의 행정과 군정을 모두 관할하였다. 주 밑에는 군을 여러 개 두었고, 군 밑에는 행정촌(성)이 있었다. 군에는 원칙적으로 지방관을 파견하지 않았고, 행정촌(성)에는 그 성격에 따라 당주(幢主), 나두(邏頭), 도사(道使) 등을 파견하였다. 당주나 나두는 주로 군의 중심 행정촌에 파견되었고, 도사는 행정촌에 파견되어 주로 수취업무를 담당하였다. 그리고 당주 또는 나두가 도사와 촌주 등과 협의하여 군의 행정을 처리하였다고 이해되고 있다.

중앙집권적인 국가체제를 정비하기 이전에 즉, 부체제 단계에 대민지배는 공납의 수취를 매개로 이루어졌다. 4~6세기 철제농기구와 우경의 보급으로 읍락 내에서 공동체적인 생산관계가 와해되면서 공납적 수취구조가 부정되었다. 중앙집권적인 국가체제를 정비한 이후에 삼국은 영역 내의 공민(公民)들에게 부세를 부과하거나 역역, 군역의 의무를 부담케 하고, 나아가 촌락 내지 각 행정구역별로 따로 일정한 공물을 부과하였다. 이때 공민에게 개별인신적으로 부과한 부세제도의 특징은 『수서』 고려전의 부세규정을 통하여 확인할 수 있다.

> 인세(人稅)는 베(布) 5필에 곡식 5석이다. 유인(遊人)은 3년에 한번을 내되 열사람이 어울러서 세포(細布) 1필을 낸다. 조(租)는 (상: 필자)호는 1석, 다음은 7두, 그 다음은 5두를 낸다.

여기에 나오는 인세(人稅)를 종래에 인두세(人頭稅)로 이해하기도 했으나 그대로 수용하기 어렵다. 대체로 인세는 정남(丁男)을 중심으로 하여 구성된 가호를 단위로 부과한 세액으로 추정되고, 호조는 진대법의 재원을 마련하기 위하여 거둔 부가세로 이해된다. 유인(遊人)은 비농업가호 일반을 가리키는 표현으로 추정된다. 따라서 위의 규정은 고구려에서 가호 단위로 동액의 인세를 수취하고, 가호를 경제적 자산에 근거하여 3등호로 구분한 다음, 호등에 따라 1석, 7두, 5두를 부가적으로 수취한 사실을 전해주는 자료라고 정리할 수 있다.

중고기 신라의 경우도 고구려와 거의 비슷한 세제를 실시하였던 것으로 보인다. 최근 경남 함안의 성산산성에서 발견된 190여 점의 묵서가 있는 목간은 이를 입증해주는 유력한 자료이다. 이들 목간 가운데 지명+인명+패(稗) 1석(石)의 형식으로 표기된 것들이 여럿 있는데, 이들은 바로 곡물의 일종인 패(稗;피)를 담은 자루에 부찰(付札)된 것이었다. 내용은 인명에 피 1석을 징수하였다는 것으로 정리되고 있다. 통일신라시대에 공연(孔烟)을 단위로 과세하였던 점을 염두에 둘 때,[14] 목간에 보이는 인명은 가호를 대표하는 호주(戶主)를 가리킨다고 보인다. 따라서 이들 목간은 신라가 중고기에 가호단위로 균액의 곡물을 조세의 명목으로 징수하였음을 알려주는 자료, 즉 신라에서도 고구려의 인세와 같은 내용의 세제를 실시하였음을 시사해주는 유력한 증거가 된다.

한편 백제의 부세제도와 관련하여 『주서』 백제전에 '부세로서 포(布)와 견(絹), 사(絲)와 마(麻), 그리고 쌀 등을 거두었는데, 양은 해의 풍흉에 따라 차등을 두어 수취하였다'고 전하는 사실이 주목된다. 이에 따르면 백제에서는 부세로 비단·베와 비단실·베실, 그리고 쌀을 부과했고, 그 양은 풍흉에 따라 차등을 두었다고 볼 수 있다. 백제에 곡부(穀部)와 조부(綢部), 내·외경부, 점구부(點口部) 등의 중앙 행정관서가 존재하였다. 곡부는 곡물의 수취업무, 조부는 비단 및 베의 수취업무, 그리고 내·외경부는 창고업무를 관장한 기관으로 보인다. 한편 점구부는 호구조사를 담당한 기관으로 추정된다. 백제는 호구조사에 근거하여 호적을 작성하여 백성들을 지배통제하였을 것인데, 실제로 『일본서기』에 6세기 초반 단계에 백제에서 호적을 작성했음을 시사해주는 기록이 발견된다.[15] 백제는 호적이나 그것을 기초로 작성된 계장

14 신라 촌락문서에서 등급연(等級烟〈孔烟〉)을 기초로 계연(計烟)을 산출하였음을 확인할 수 있다. 이때 계연이 각 촌의 조조(租調)의 부과를 위한 기초자료로서 활용되었던 바, 통일신라시기에 공연을 대상으로 부세를 부과하였다고 봄이 자연스럽다.

15 遣使于百濟 括出在任那日本縣邑 百濟百姓 浮逃絶貫 三四世者 並遷百濟附貫也(『日本

(計帳)에 의거하여 가호단위로 부세를 부과했을 것이다. 과세량과 관련하여 『주서』 백제전에서 풍흉에 따라 그 양에 차등을 두고 징수했다고 언급한 점이 주목된다. 이는 숙처(熟處: 풍년이 든 지역)와 불숙지지(不熟之地: 흉년이 든 지역)를 구분하여 그 과세량을 달리 적용했음을 의미하는 것으로 이해되기 때문이다.[16] 그러나 당시의 사서에 가호의 빈부차이를 고려하여 과세했다는 언급이 없으므로 원칙적으로 고구려와 마찬가지로 가호마다 균액의 부세를 부과하였을 가능성이 높다고 보인다.

한편 신라에서 농민들의 생산기반에 대한 지배층이나 부호층의 무단적인 침탈을 예방하기 위하여 5세기 후반부터 국가차원에서 전국의 토지를 조사하여 그 소유주체를 분명하게 설정하는 작업을 추진하였다. 이것은 결과적으로 6세기 전반 결부제(結負制)의 시행으로 귀결되었는데, 국가에서 부호층이나 귀족들의 지나친 토지집적을 효과적으로 억제하고, 농민들의 토지 소유를 보장해주기 위해서는 토지마다 그 소유주체를 정밀하게 파악하고, 토지소유관계의 변동상황을 세밀하게 체크하는 것이 필요했기 때문이다. 이를 위하여 신라국가는 모든 토지를 결부속(結負束) 단위로 파악하여 관리한 것이다. 고구려에서도 이와 같은 의도에서 결부제를 실시하였을 것으로 추정된다. 백제에서 결부제를 실시하였다는 증거는 찾을 수 없고, 토지면적을 형(形)으로 계량하였음이 확인되는데, 구체적인 내용은 추후에 검토가 더 필요할 듯 싶다.

書紀』 권17 繼體天皇 3년 봄 2월).
위의 기록에 보이는 임나의 일본 현읍(縣邑)이란 표현은 사료 자체의 신빙성을 의심케 해주는 측면이다. 따라서 여기서는 그 기년이나 전체적인 내용은 그대로 믿을 수 없다는 입장을 취하고자 한다. 다만 위의 사료에서 주목되는 사항은 백제가 호적을 작성했음을 시사해주는 측면이라 하겠다.

16 이와 관련하여 신라가 문무왕 9년(669)에 고리대의 원곡과 이자곡을 탕감해주는 조치를 취할 때, 숙처(熟處)와 불숙지지(不熟之地)를 구별하여 탕감의 정도를 달리 했다는 점이 참조된다.

3. 통일신라의 통치체제

삼국통일 이후 신라는 고구려와 백제 주민을 신라 국가체제 내로 통합하여 효과적으로 통치하기 위해서 중앙 행정관서와 지방 통치조직을 한층 더 공고하게 조직하고 체계적으로 정비하였다. 법흥왕대에 병부를 설치한 이래, 진평왕대에 조부(調府), 예부, 승부(乘部), 위화부(位和府)를 설치하였다. 진덕여왕 5년(651)에 품주(稟主)를 집사부(執事府)로 고쳤고, 이때에 별도로 창부를 설치하여 재정업무를 담당케 하였다. 집사부는 주로 국가의 기밀사무를 관장하였는데, 특히 집사부의 장관 중시(시중)는 국왕의 명령을 전달받고, 그것을 행정관서에 분담하여 집행하게 하는 역할을 수행하였다. 7세기 후반 문무왕과 신문왕대에 선부(船府), 좌우이방부, 공장부, 예작부가 새로이 설치되면서 중앙 행정관서가 체계적으로 갖추어졌다. 진덕여왕대에 행정관서의 관원은 영(令)-경(卿)-대사-사(史)로 구성되었다가 신문왕대에 관원을 늘려 영-경-대사-사지-사의 관직체계가 완비되었다.

문무왕과 신문왕대에 국정운영에서 국왕권의 영향력을 강화하려는 정치개혁의 일환으로서 재상제도를 도입하였다. 상대등, 병부령, 시중, 내성사신(전중령) 등을 상재상(1인), 차재상(2인), 제3재상으로 임명하고, 그들이 모여서 국가의 중대사를 논의하게 하였다. 상재상(上宰相 : 대재상)이 국정을 책임지는 집정자(執政者)로서 재상회의를 주재하고, 거기에서 합의된 내용을 국왕이 재가하면, 집사부가 그것을 중앙 행정관서에 분담하여 집행하게 하였으므로 당시에 의결기능과 집행기능이 분명하게 분리되었다고 말할 수 있다. 한편 재상 가운데 행정관서의 장관을 겸임한 경우가 적지 않았는데, 이것은 효율적인 국정운영을 위한 배려로서 이해된다.

신라는 삼국통일 후에 전국을 9주로 나누고, 그 밑에 군과 현을 두었다. 선덕여왕대에 신주(新州)를 한산주와 우수주(수약주)로 나누고, 중고기 말·

중대 초에 동해안지역에 하서주(河西州)를 설치하였다. 문무왕 5년에 상·하주를 일선주(후에 사벌주로 개칭), 삽량주(歃良州), 거열주(후에 청주로 개칭)로 분할하면서 6주가 성립되었다. 백제고지에 671년에 소부리주(所夫里州 : 충남 부여), 678년에 발라주(發羅州 : 전남 나주), 685년에 완산주(完山州 : 전북 전주)를 설치하면서 9주를 완비하였다. 소부리주는 685년에 웅천주(충남 공주)로, 발라주는 686년에 무진주(광주광역시)로 개칭하였다. 경덕왕 16년(757) 한화정책을 추진하면서 9주의 명칭을 상주(尙州), 강주(康州), 무주(武州), 전주(全州), 한주(漢州), 삭주(朔州), 명주(溟州), 웅주(熊州)로 개정하였다. 통일기에 주의 장관으로 총관(摠管 : 후에 도독(都督)으로 개칭)을 파견하였는데, 군주와 달리 민정관적(民政官的)인 성격을 강하게 지녔고, 주조(州助)·장사(長史)와 같은 속료(屬僚)들을 거느리고, 군이나 현에 파견된 태수(太守)와 현령(縣令)·소수(少守)들을 지휘 감독하며 주의 행정을 총괄하였다.

중고기에 군에는 특별하게 지방관을 파견하지 않았다. 당시에 지방행정이나 수취체계상에서 행정촌이 중심적인 역할을 수행하였고, 여기에 파견된 도사와 나두, 당주 등을 아울러서 주(州)의 지방행정을 총괄한 관리가 바로 주행사대등(州行使大等)이었다. 중고기에 신라정부는 법당군단(法幢軍團)을 효율적으로 운용하기 위한, 즉 군사적인 목적에서 군을 적극 활용하였을 뿐이다. 중고기 말부터 신라가 군(郡)에 태수(太守)라는 지방관을 본격적으로 파견하기 시작하였고, 종래의 행정촌을 현(縣)으로 개편함과 동시에 거기에 현령이나 소수를 파견하여 지방민을 다스리게 하였다. 이때에 지역이 상대적으로 좁고 호구가 적어서 현이 되기 어려운 경우는 향(鄕)이나 부곡(部曲)으로 삼았다. 아울러 문무왕대에 외사정(外司正)을 주에 2인, 군에 1인씩 파견하여 지방관리들의 동향과 직권남용, 탐오행위 등을 감찰하게 하였다. 이렇게 통일신라에서 지방통치조직을 한층 더 체계적으로 재정비한 결과, 지방 사회에 대한 국가의 행정력이 보다 더 강화되었음은 물론이다.

통일 이전에 수도가 국토의 동남쪽에 치우친 약점을 보완하기 위하여 지방에 소경을 두었고, 통일 이후에 국원소경(國原小京)을 중원소경(中原小京)으로 개칭하고, 북원소경(北原小京 : 강원 원주), 서원소경(西原小京 : 충북 청주), 남원소경(南原小京 : 전북 남원), 금관소경(金官小京 : 경남 김해)을 더 설치하여 5소경체제를 갖추었다. 일반적으로 신라가 옛 가야와 고구려, 백제지역을 효과적으로 통치할 수 있는 지역에 소경을 설치하였다고 이해한다. 신라 정부는 소경에 진골귀족을 비롯한 왕경의 주민들뿐만 아니라 가야와 고구려, 백제의 귀족 일부를 거기에 거주하게 하였다. 한편 신라는 통일전쟁 과정에서 지방민의 사기 진작을 위해 외위를 수여받던 지방의 지배자들에게도 경위(17관등)를 개방하였고, 통일 이전과 마찬가지로 그들을 촌주로 임명하여 지방통치에 협조하게 하였다.

통일신라기 대민지배체제의 구체적인 모습은 촌락문서를 통하여 살필 수 있다. 이것은 통일신라시대 서원경(충북 청주) 근처 4개 촌락의 여러 가지 경제상황을 기록한 문서로서 일본의 나라시 동대사(東大寺)의 정창원(正倉院)에서 발견되었다. 문서에는 3년에 한 번씩 조사한 촌락의 인구수, 소와 말, 뽕나무와 잣나무, 호두나무의 수, 그리고 논과 밭의 면적 등이 상세하게 적혀 있다. 촌락문서에서 통일신라에서 9등호제를 실시하였음을 살필 수 있다. 고구려와 마찬가지로 통일 이전 신라에서 3등호제를 실시하였던 것으로 보인다. 통일전쟁과정에서 농민들의 계층분화가 심화되었다. 통일 후에 신라 정부가 여러 가지 농민안정책을 적극 추진하였다.[17] 3등호제에서 9등호제로의 개편도 그러한 정책의 하나였을 것이다. 9등호의 산정 기준에 대하여 현

17 문무왕 9년(669)에 대사면령을 내렸을 뿐만 아니라 고리대 원곡 및 이자곡의 일부를 탕감해주는 조치를 취하였다. 또한 전쟁이 끝난 뒤 신라정부는 피폐해진 농토와 농업생산 기반을 다시 개간하거나 복구시키고, 농민들의 부세와 요역의 부담을 줄여주기도 하였다.

재 논란이 분분하지만, 총체적 자산에 근거하여 호등을 산정하였을 가능성이 높다. 당나라에서 자산을 평가할 때 수확한 곡물량과 인정(人丁)이 중요한 항목이었다고 알려지고 있어 참조된다.

통일신라에서 총체적 자산에 의거하여 호등을 산정했을 가능성이 높으므로 중고기처럼 경제형편을 고려하지 않고 가호마다 균액의 조(租)·조(調)를 부과하기가 그리 쉽지 않았을 것이다. 더구나 통일신라기에 조(租)를 전결(田結) 수에 입각하여 부과했음을 입증할 만한 구체적인 사료도 없다. 게다가 당시에 균전제를 실시했을 가능성도 희박하였다. 통일신라에서는 공연(孔烟), 즉 가호 단위로 조(租)와 조(調)를 부과하였다고 보이는데, 가호 단위로 조(調)를 부과한 중국 여러 왕조에서 조(租)와 조(調)를 호등에 따라 차등을 두고 징수하였음을 참조하건대, 균전제를 실시하지 않은 통일신라에서도 호등에 따라 차등을 두어 조(租)와 조(調)를 부과하였다고 봄이 합리적일 것이다.[18] 다만 포(布)나 견(絹) 외에 여러 가지 잡물(雜物)은 촌이나 군현 단위 공동납의 형태로 부과한 구체적인 실례를 좌파리가반부속문서(佐波里加盤附屬文書)를 통하여 살필 수 있다. 이때 촌이나 각 군현이 할당받은 조액(調額)을 다시 호등에 따라 차등을 두어 가호 별로 분담시켰는지는 알 수 없다. 이밖에 16세에서 60세까지의 남자(정남)를 대상으로 용(庸)에 해당하는 요역을 부과하였고, 또한 3년을 기한으로 하는 군역의 의무를 지게 하였다.

18 통일기에 조(租)·조(調)의 수취 외에 진대(賑貸)의 재원을 마련하기 위하여 토지면적 단위로 토지세를 부가세로 거두었다. 실제로 촌주의 직역에 대한 반대급부로 그의 소유지를 위답(位畓)으로 설정하여 부가세인 토지세를 면제시켜 주었음이 확인된다. 인세나 호등에 따라 조(租)와 조(調)를 부과한 시기에는 원칙적으로 관리들은 이들 부세의 부과대상이 아니었고, 단지 부가세에 해당하는 토지세의 납부의무가 있을 뿐이었다. 고구려에서 호등에 따라 부가세를 차등을 두어 징수한 것에 비하여 통일기에 결부 수에 따라 부가세를 징수했다는 점에서 일단 세제상에서 나름대로의 진전이 있었던 것이다.

통일신라에서 호등에 따라 차등을 두어 조와 조를 수취하는 방식은 고구려와 마찬가지로 과세의 대상이 토지가 아니라 가호였음을 전제하는 것이다. 이때 국가는 재정수입을 안정적으로 확보하기 위해서 주요 담세원인 가호(家戶)를 철저하게 파악하고 관리하였다. 이러한 필요에서 통일신라에서 호적과 계장, 그리고 촌락문서를 비롯한 여러 가지 대민지배에 필요한 다양한 문서들을 작성하였을 뿐만 아니라 주군현을 기본으로 하는 지방통치 조직을 보다 조직적이고 체계적으로 정비하였다고 볼 수 있다.

4. 유교적 통치이념 수용과 전개

삼국에서 일찍부터 한자를 바탕으로 한학이 발달하였고, 이를 기초로 유교의 정치이념을 수용하였다. 4세기 무렵에 고구려의 국상(國相) 창조리가 봉상왕에게 재난이 거듭되어 백성들이 곤란한 처지에 놓여 있으므로 삼가 하늘을 두려워하고 수양(修養)하며 반성할 때라고 충고하였는데도 불구하고 근신하지 않고 폭정을 계속 행하자, 결국 '임금이 백성을 돌보지 않은 것은 인(仁)한 것이 아니며, 신하가 간하지 않는 것은 충(忠)이 아니다'라고 언급하면서 봉상왕을 살해하고 서천왕의 아들 을불(乙弗 : 미천왕)을 추대하여 왕위를 계승하게 하였다.

자연현상과 정치를 긴밀하게 대응시켜 설명한 유교의 학설인 천인감응설(天人感應說)에 따르면,[19] 재이현상은 군주의 실정(失政)에서 비롯되는데, 항

19 맹자의 왕도사상과 상서(祥瑞)·재이(災異)로 표현되는 자연현상을 연결시켜 천인감응설을 체계적으로 정립한 사람이 한대의 유학자 동중서(董仲舒)였다.

상 '이(異)'가 먼저 나타나고, '재(災)'는 '이(異)'에 대한 군주의 반응에 따라 결정된다고 한다. 즉 경고의 의미인 괴이한 현상에 대해서 군주가 자각하여 행동을 고치지 않으면, 피해를 동반한 재해가 뒤따른다는 구조이다. 만약에 괴이한 현상이 나타나면, 군주는 일단 안으로는 스스로 책임을 통감하고 마음을 닦으며, 밖으로는 나라의 상황을 잘 살펴 교화를 베풀어 왕도(王道)를 실현하기 위하여 노력하여야만 하는데, 그렇지 못하면 재해가 발생하여 나라가 크게 위태로워진다는 것이다. 결국 창조리가 봉상왕에게 하늘의 견책(譴責)에 대하여 마음을 닦고 반성하며 덕치(德治)를 행해야 한다는 유교적 천인감응설에 의거하여 봉상왕에게 충고한 것이다. 그러나 봉상왕이 하늘의 견책에도 불구하고 스스로 반성하지 않았으므로 천명을 받들어 그를 폐위시켰다고 볼 수 있다. 더욱이 그는 자신의 행동을 유교의 2대강령(二大綱領)인 인과 충을 앞세워 정당화시키기까지 하였다. 4세기 무렵에 고구려에서 유교의 정치이념을 수용하였음을 알려주는 좋은 예이다.

나아가 고구려는 372년(소수림왕 2)에 태학(太學)을 설치하여 귀족 자제들에게 유학을 가르쳤고, 지방에는 경당(扃堂)을 두어서 평민 자제들이 독서와 활쏘기를 익히도록 하였다. 고구려에서 유학의 교육과 보급에 노력한 결과 고구려인이 『사기』 등의 역사서와 유교경전, 『옥편』 등의 사전, 『문선』과 같은 문학 서적을 즐겨 읽었다고 한다. 백제는 일찍이 한학에 밝은 5경박사가 존재하였고, 6세기 중엽에 남조의 양나라에 사신을 보내 『시경』과 『예기』에 밝은 사람을 구하는 등 유학의 수용에 적극적이었다.

신라의 진흥왕순수비 마운령비와 황초령비에 『서경』과 『논어』를 인용한 구절이 나온다. 특히 마운령비에서 진흥왕이 『논어』의 구절을 인용하며 "제왕이 연호(年號)를 세움에 스스로 몸을 닦아 백성들을 편안하게 하지 않으면 안 된다"라고 언급하였는데, 이것은 안민(安民)의 조건이 국왕의 '수기(修己)'임을 강조하며 유학을 통치이념으로 활용하고자 하는 의도를 드러낸 것이다. 이밖에 원광법사는 세속오계에서 충과 효를 강조하였고, 임신서기석에는 두 청년이 유교경전과 도덕을 공부하고, 그것을 몸소 실천하겠다고 맹세한 내용이 보여서 진흥왕대 이후에 유학이 널리 보급되는 추세였음을 알 수 있다.

신라가 유학의 교육에 본격적인 관심을 기울인 것은 중고기 말부터였다. 640년(선덕여왕 2) 5월에 왕이 귀족의 자제들을 보내 국학에 입학시켜 주기를 요청하였다. 648년(진덕여왕 2)에 김춘추는 당에 가서 국학을 참관하고, 그의 아들 문왕(文王)에게 당에 숙위하며 거기에서 수학하도록 하였다. 그리고 651년(진덕여왕 5)에 국학 설립을 준비하는 관리를 두었고, 673년(문무왕 13) 무렵에 유학을 가르치는 교수로서 설인선(薛因宣)을 국학박사로 임명하기도 하였다. 마침내 682년(신문왕 2)에 유학을 가르치는 국학을 설치하고, 학생들을 교육하는 박사와 조교를 두었을 뿐만 아니라 졸업생을 현령과 소수와 같은 지방관으로 채용한다는 규정도 정비하였다. 국학교육과 관리등용을 연계시킨 것에서 통일신라에서 유학을 통치이념으로 삼았음을 살필 수 있다. 나아가 원성왕은 국학을 진흥시킬 목적으로 독서삼품과를 두기까지 하였다. 이것은 국학에서 공부한 학생들의 학문 능력을 평가해 그 성적에 따라 세 등급으로 나누고 관리로 채용하는 제도였다. 비록 진골귀족들이 천거제를 더 선호하면서 독서삼품과를 통한 관리의 등용은 매우 제한되었지만, 독서삼품과의 설치는 유학을 널리 보급시키는 계기가 되었을 것이다.

유학의 보급과 더불어 덕치(德治)를 행하면 나라가 안정된다는 인식도 널리 퍼졌다. 신문왕은 687년에 이르러 여러 가지 괴변이 나타나자, 대신을 종묘에 보내어 치제(致祭)하게 하였는데, 그 제문에서 '요즈음 임금으로서 할 바 도(道)를 잃고 의리가 하늘의 뜻에 어그러졌음인지, 별의 형상에 괴변(怪變)이 나타나고 해는 빛을 잃고 침침해지니 몸이 벌벌 떨려 마치 깊은 못과 골짜기에 떨어지는 것만 같습니다'라고 언급하였다.[20] 신문왕이 여러 가지 괴변이 발생하자, 그것을 천견(天譴)이라고 생각하여 두려워하였음을 반영한 것이다. 통일 직후인 신문왕대에 유교적 천인감응설에 입각하여 왕도정치를 실현하려고 노력하였음을 알려준다. 통일기에 유교적 천인감응설을 강조한 전통은 선덕왕(宣德王)의 유언에서도 찾을 수 있다.

> 이 달에 왕이 병으로 자리에 누워 오랫동안 낫지 않았으므로 조서를 내려 말하기를, '과인은 본래 재주와 덕이 없어 왕위에 마음이 없었으나 추대함을 피하기 어려워 왕위에 오르게 되었다. 왕위에 있는 동안 농사가 잘 되지 않고 백성들의 살림이 곤궁하여졌으니, 이는 모두 나의 덕이 백성들의 소망에 맞지 아니하고 정치가 하늘의 뜻에 합치되지 못하였기 때문이다'라고 하였다(『삼국사기』 신라본기 제9 선덕왕 6년 봄 정월).

선덕왕은 자신의 덕이 부족하여 농사가 제대로 되지 않았고, 이로 말미암아 백성들의 살림이 곤궁해졌다고 자책하면서, 스스로 민심과 천심에 부합하는 정치를 펼치지 못하였음을 한탄하였다. 선덕왕은 제왕(帝王)이 덕치(德治)를 하지 않으면 민심(民心), 천심(天心)이 배반하여 국가가 위태로워질 수 있음을 인지하였을 것이다. 이와는 달리 헌강왕대에는 왕이 덕치로서 백성들을 다스린 결과, 음양(陰陽)이 조화롭고 비와 바람이 순조로와 해마다 풍년이 들어, 백성들은 먹을 것이 넉넉하고 변경은 평온하여 민간에서 즐거워하고 있다고 전한다.[21] 이것은 앞의 사례와 달리 제왕이 덕치를 행하여서

20 夏四月 遣大臣於祖廟. 致祭曰 王某稽首再拜 謹言太祖大王·眞智大王·文興大王·太宗大王·文武大王之靈. -- 比者 道喪君臨 義乖天鑒 怪成星象 火宿沉輝 戰戰慄慄 若墜淵谷. 謹遣使某官某 奉陳不腆之物 以虔如在之靈(『三國史記』 新羅本紀第8 神文王 7년 여름 4월).

21 九月九日 王與左右登月上樓四望 京都民屋相屬 歌吹連聲. 王顧謂侍中敏恭曰 孤聞今之

백성들이 편안하고 국가체제가 안정되었음을 전해준다.

통일신라에서 국왕이 덕치를 행하면 백성들이 편안해진다는 인식이 널리 퍼졌음을 알려주는 자료가 바로 경덕왕의 요청으로 충담사(忠談師)가 지은 안민가(安民歌)이다. 여기서 충담사는 임금은 부(父)로, 관료는 모(母)로, 백성들은 자(子)로 설정하고, 그들 각자가 처한 본분에 따라 임금은 임금답게, 관료는 관료답게, 백성은 백성답게 행동하면, 나라가 태평해진다고 주장하였다.[22] 안민가는 비록 승려가 지은 것이긴 하지만, 거기에는 유교적인 충효 이념 및 본분에 따른 사회분업의 논리를 바탕으로 하여 안민과 태평을 희구하는 내용이 담겨있다. 충담사는 경덕왕에게 군주와 관료가 백성들을 자식처럼 대우하여 덕(德)으로 다스린다면, 백성들이 편안하고 넉넉하게 살 수 있을 뿐만 아니라 나라도 자연히 태평해질 것이라고 충고하였던 것이다.

民間 覆屋以瓦不以茅 炊飯以炭不以薪 有是耶. 敏恭對曰 臣亦嘗聞之如此. 因奏曰 上卽位以來 陰陽和 風雨順 歲有年 民足食 邊境謐靜 市井歡娛 此聖德之所致也. 王欣然曰 此卿等輔佐之力也 朕何德焉(『삼국사기』 신라본기 제11 헌강왕 6년 9월 9일).

22 『삼국유사』 권제2 기이제2 경덕왕 충담사 표훈대덕조에 나오는 안민가를 번역하면 다음과 같다.
"임금은 아버지요, 신하(관료)는 사랑하실 어머니요, 백성은 어리석은 아이라 하실지면, 백성이 그 사랑을 알리라. 꾸물거리며 사는 物生에게, 이를 먹여 다스린다. 이 땅을 버리고 어디 가려 할지면, 나라 안이 유지됨을 알리이다. 아아! 임금답게 신하답게 백성답게 할지면, 나라 안이 태평하리이다."

III. 고대 일본 율령국가의 통치체제

1. 율령체제 확립과정

『일본서기』에 대화(大化) 2년(646) 정월 갑자(甲子) 삭(朔)에 대화개신(大化改新)의 조(詔)를 내려 각 씨(氏)가 소유하고 있는 사유민(私有民)을 폐지하고 경(京)과 군(郡)을 두며, 호적과 계장(戶籍計帳)을 만들고 반전수수법(班田授受法)을 시행한다고 전한다. 이 개신의 조가 과연 당시에 정말로 반포된 것인지에 대해서 학계에서 논쟁이 되고 있다. 다만 새로운 수도로 설정한 난파(難波)에 궁(宮)을 건설하고, 지방에는 군에 연결되는 평(評)이라고 부르는 지방통치조직이 설치되었음이 확인되므로 개신의 조에 중앙집권국가를 목표로 하는 개혁의 내용이 담겨 있었음은 확실시된다. 그러나 이때에 호적이나 계장이 만들어졌을 가능성은 낮다. 왜냐하면 전국적인 최초의 호적은 670년 경오연적(庚午年籍)으로 알려졌기 때문이다. 비록 『일본서기』 찬자가 마치 율령체제의 출발점을 대화개신인 것처럼 서술하였지만, 그렇게 보기 어렵고, 율령체제는 7세기 후반 천무천황(天武天皇) 때에 비로소 성립되었다고 봄이 옳다.

일본에서 처음으로 편찬된 율령으로 알려진 것은 천지천황 때에 성립된 근강령(近江令)으로 668년 또는 671년에 제정한 것이라고 한다. 그러나 근강령은 평안시대(平安時代)에 황통(皇統)이 천무계에서 천지계로 바뀐 다음, 마치 천지천황의 시대에 율령을 처음 제정한 것처럼 윤색하였을 가능성이 높다고 이해하는 것이 지배적이다. 본격적으로 율령 편찬에 착수한 것은 천무천황 때이다. 천무천황이 681년(천무 10) 2월에 '지금 다시 율령을 정하고 법식(法式)을 개정하고자 한다'라고 천명하였으나 실제로 율령이 완성된 것은 그가 사망한 뒤인 689년(지통천황 3) 6월이었다. 이때 영 1부 22권을 제사(諸司)에 반사(頒賜)하였다고 한다. 이것을 비조정어원령(飛鳥淨御原令)이라고 부르는데, 현재 그것이 남아 있지 않아 상세한 내용은 알 수 없지만, 후에 편찬된 대보령(大寶令)의 토대가 되었음이 분명하다. 비조정어원령의 호령(戶令)에 근거하여 다음 해, 즉 690년에 완성한 경오연적이 전국적으로 호적을 작성한 최초의 일로 평가되고 있다. 또한 이 영에 근거하여 692년에 반전(班田)이 행해졌는데, 일본에서 최초로 이루어진 것이었다. 그리고 이때에 율령을 정하였다고 하였지만, 실제로는 영만을 편찬하고, 율은 당률을 그대로 수용하여 준용한 것으로 이해되고 있다. 이후에 율령을 개정할 때에도 율의 경우는 당률의 일부분을 개정하는 정도에 불과하였다고 한다.

비조정어원령에 이어 701년(대보(大寶)1)부터 702년에 걸쳐 대보령(大寶令)이 시행되었다. 형부친왕(刑部親王), 등원불비등(藤原不比等) 및 당 문화에 조예가 깊은 중하급 관인에 의하여 편찬되었으며, 특히 귀화인이 많이 관여하였다고 알려졌다. 대보율령의 제정과 시행은 7세기 중반 이래 진행된 율령체제의 완성을 의미한다. 경운(慶雲) 4년(707)에 사망한 위나대촌(威奈大村)의 묘지에 '대보 원년에 비로소 처음으로 율령을 정하였다'고 기술되어 있다. 또한 『유취삼대격(類聚三代格)』 승화(承和) 7년(840) 4월 23일 관부(官符)에 '율령의 흥성(興盛)은 대개 대보에서 시작되었다'라고 언급하였다. 모두 대보율령이 지니는 역사적 의의를 적절하게 표현한 것이다. 『속일본기』 대보 원년(701) 정월의 원일조하(元日朝賀)의 의식을 기록한 후에 찬자가 '문물의 의식(儀式)이 이에 이르러 갖추어졌다'라고 평하였는데, 대보율령의 제정으로 명실공히 율령국가체제가 정비되었음을 강하게 드러낸 자부심의 표현이었다.

대보율령은 율 6권, 영 11권으로 구성되었다고 전해진다. 율 6권은 당 영휘율령 12권을 반으로 나누어 압축한 것으로, 영은 비조정어원령 22권을 반으로 나누어 정리한 것으로 추정되고 있다. 대보령 시행 후 얼마 안 있어 계속해서 영을 수정·보완하는 법령이 반포되었다. 양로(養老) 연간(717~723)에 양로율령을 편찬(개정)하였는데, 이때 격·식에 상당하는 부속법전의 편집이 동시에 이루어졌다고 이해되고 있다. 이것은 천평승보(天平勝寶) 9년(757)에 등원불비등의 손자인 등원중마려(藤原仲麻呂)에 의하여 비로소 시행되었다. 이후 연력(延曆) 연간(782~805)에 영 가운데 일부 부적절한 조항을 개정한 산정율령(刪定律令)·산정령격(刪定令格)이 시행되었다. 9세기에 이르러 율령은 편찬되지 않고 격식(格式)만이 새로 제정되었다. 율령의 시대에서 격식의 시대로 넘어간 것이다.

양로율은 명례율(名例律)·위금율(衛禁律)·직제율(職制律) 등 158조가 현재 전하고 있고, 『영의해(令義解)』나 『영집해(令集解)』라고 불리는 주석서를 통하여 창고령(倉庫令)과 의질령(醫疾令)을 제외한 양로령의 전문을 알 수 있다. 그리고 창고령·양로령조차도 강호시대(江戶時代) 이래 일문수집(逸文蒐集)이 이루어졌기 때문에 현재 양로령의 전체 내용을 판명할 수 있다. 대보령에 관해서는 일문(逸文)을 알 수 있을 뿐이지만, 대체로 양로령에서의 수정은 문구나 명칭의 변경 정도로 그치고, 크게 수정한 것은 없다고 보는 것이 통설이다. 현재 『영집해』에 인용되어 있는 대보령의 주석서 『고기(古記)』를 근거로 복원연구가 활발하게 진행되고 있다. 한편 1999년에 중국에서 북송(北宋) 천성령(天聖令)의 일부가 발견되었는데, 여기에 당 율령의 내용이 포함되어 있었다. 근래에 천성령을 분석하여 추출한 당령과 대보령·양로령의 조문을 상호 비교 검토한 결과, 일본에서 당령을 비교적 충실하게 그대로 계승하였다는 사실이 밝혀졌다.

2. 율령국가의 통치체제

5세기에 이르러 나라분지에 기반을 둔 호족연합정권의 성격을 지닌 대화정권(大和政權)의 왕권이 신장되어 '대왕(大王)'이라고 불렀다. 이것은 왕이 나라분지의 호족과 지방 수장(首長)에 비하여 우월한 지위를 확립한 것을 전제하는 것이다. 대화정권을 구성하고, 조정을 지탱해주는 것은 나라분지 및 그 주변에 위치한 대소수장층이었다. 5세기 초·중반에 이들에게 원초적인 성(姓、カバネ)에 해당하는 신(臣)·연(連)·군(君)·직(直)을 수여하여 그들을 조정 아래에 편제하고, 물자의 공상(貢上)이나 노역봉사의 형태로 조정의 직무를 분담하여 처리하게 하였다. 이때 길비(吉備)·축자(筑紫)·모야(毛野) 등의 지방에는 상대적으로 독립적인 성격을 지닌 수장(호족)들이 존재하였다.

5세기 중반에서 6세기 중반에 걸쳐 대화정권은 지방에 대한 지배를 강화하였는데, 이때에 지방을 직접 지배할 수 있는 거점으로서 둔창(屯倉) 및 명대(名代)의 부(部)를 각지의 수장이 지배하는 영역 내에 설치하였다. 둔창은 5세기에 왕권에 의하여 수전개발이 이루어진 대판평야(大阪平野)로부터 설정되었고, 6세기에 들어 전국으로 확대되었다. 이것은 대체로 유력한 지방 수장이 지배하는 영역의 주변부나 군사·교통상의 요충지에 위치하였는데, 대화정권의 지방 지배의 거점으로서 기능함과 동시에 도곡(稻穀)이나 해산물, 철 등을 제공하는 역할을 수행하였다. 둔창은 지방 수장의 전통적인 지배기반을 활용하여 경영되는 것이 일반적이었지만, 이럼에도 불구하고 그것의 설정은 대화정권이 지방 수장(호족)의 농업생산에 깊이 개입하는 계기로 작용하였다고 평가되고 있다. 명대의 부는 조정에 출사(出仕)하는 관인(トモ)에게 생활 물자를 공납하는 품부(品部)로서의 농민이며, 집락 또는 그 이상의 집단을 단위로 하여 지방수장에 의하여 관

리되었다. 이러한 농민집단을 명대의 부라고 부른 것은 그것이 설치될 때에 천황이나 황후, 황자녀의 이름 또는 궁호(宮號)를 그 집단의 명칭으로 삼았기 때문이었다. 5세기에 명대의 부가 처음 설치되었고, 대규모 부민을 설정한 것은 5세기 후반이었다.

둔창과 명대의 부를 설정한 이후에 지방 수장들이 대화정권의 대왕을 중심으로 하는 정치질서에 편입되어 국조(國造)로 임명되었다. 국조제가 전국적으로 실시된 것은 7세기 초반이고, 국조의 대부분은 직(直)이라는 성(姓)을 수여받았지만, 신(臣)·연(連)·군(君) 등의 성을 수여받은 경우도 있었다. 국조는 국(國) 내의 행정권, 재판권, 형벌권, 징세권 등을 행사하였으며, 대화조정에 대하여 일족(一族)의 남녀를 사인(舍人)·인부(靭負)·채녀(采女)·선부(膳夫) 등으로 출사(出仕)시키고, 필요에 따라 군역과 기타 역역을 부담하였을 뿐만 아니라 특산물을 공납하였으며, 중앙에서 파견된 사자(使者)를 접대하였다. 국조제는 7세기 중반에 평제(評制)를 실시하면서 폐지되었다.

국조제와 더불어 대화정권의 지방지배에서 커다란 역할을 수행한 것이 부민제(部民制)이다. 본래 대화정권의 대왕 아래에 5세기부터 대왕에 봉사하고, 조정의 직무를 분담하여 관장하는 관인으로서 반(伴, トモ)이 성장하였다. 그들은 대왕에 예속하는 기내 및 주변 소수장(小首長)으로서 각기 농민집단을 지배하고, 그들에게서 생활물자를 공납으로 징발하였다. 이들 반이 증가됨에 따라 그것을 통솔, 관리하는 반조(伴造)가 생겨났다. 반조는 직무와 지위를 세습하고, 연(連)·조(造) 등의 성을 부여받았으며, 반과 그 예하의 농민집단을 지배하였다. 5세기 말 이후에 백제와 가야 등지로부터 많은 도래인이 왜로 건너왔다. 다양한 기술을 가진 도래인들이 백제의 22부제(部制)를 모방하여 다양한 품부(品部)를 형성하였다. 마사부(馬飼部)·한단야부(韓鍛冶部)·금직부(錦織部) 등이 바로 그것이다. 품부의 유력자가 마사조(馬飼

造) 등과 같이 조성(造姓)의 반조가 되어서 품부를 통솔하고, 중앙의 관사(官司)에 출사(出仕)하였다.

도래인 기술자를 기초로 반조-품부제가 형성되면서 옛날의 반 조직도 이에 대응하여 새로운 품부제로 개편되었다. 관인집단인 반은 그 예하에 있으면서 그들에게 생활물자를 공급하는 농민집단과 함께 전부(殿部)·수부(水部)·소부(掃部)·문부(門部) 등이라고 칭하고, 연성(連姓)의 반조 예하에서 직무를 분담하였다. 왕권의 성장에 따라 복속지방 수장 지배 아래에는 왕명(王名) 등을 관칭한 조정 복속의 민으로서의 명대를 부로 설정하고, 또한 지방 수장의 지배하에 있는 옥작(玉作)·단야·토사(土師) 등의 기술자나 어업, 염업에 종사하는 해부(海部)·제사부(鵜飼部) 등도 품부제에 편입되어 중앙의 반조 지배 아래에 배속되었다. 중앙 호족의 지배 아래에 있는 부곡(部曲)도 그 호족이 조정의 직무를 분담하여 관장함에 따라 곧 왕권의 통제를 받는 왕민(王民)으로 편제되어 부라고 불렸다. 이리하여 도래인 기술자의 조직으로 출발한 부민제는 6세기를 거쳐 대화정권의 기본적 사회구조로서, 왕권에 복속하는 관인·인민의 신분을 표시하는 것으로 되었지만, 지배층에 속하는 중소 수장(호족)으로부터 일반 농민, 천민신분까지 동일하게 부(部)로 파악되는 등 부민제는 매우 복잡한 양상을 띄고 있다고 말할 수 있다.

부민제의 성립에 따라 대화정권을 구성하는 호족의 신분표식으로서 씨(氏, ウジ)·성(姓, カバネ)제도가 정비되었다. 씨는 대화정권을 구성하는 제호족의 근거지를 구별하기 위하여 붙인 칭호인데, 조정의 직무에 근거하여 부른 대반(大伴)·물부(物部)·선(膳)·중신(中臣) 등 내정의 반조에게 먼저 씨가 붙여지고, 후에 갈성(葛城)·평군(平群)·거세(巨勢) 등의 지명을 붙여 씨로 삼았던 것으로 보인다. 한편 성은 대왕으로부터 씨의 수장에 대하여 직무나 가문 등의 공적인 지위를 표시하는 것으로써 부여되어 세습되었는데, 5세기

후반 경에 신·연·군 등의 성이 우선 부여되고, 다음에 도래씨족 품부의 반조에게 조를, 국조에게 직을 성으로 수여하였다.

6세기 이래 대화정권의 지배체제가 나름대로 체계를 갖추게 되었다. 특히 6세기 후반에 대신(大臣) 아래에 상급의 중앙호족으로 구성된 대부(大夫) 조직이 만들어져 조정에 참여하고 주선(奏宣)하는 임무를 수행하였다. 조정의 직무는 품부를 통솔하는 반조에 의하여 분담되었지만, 이 반조-품부제도 이 시기에는 일단 관사제적(官司制的)으로 정비되어 '180부'라고 불리는 체계를 형성하게 되었다. 정치체제의 정비에 따라 새로운 관료기구의 정비가 요구됨에 따라 603년(추고천황 11)에 관위(冠位) 12계(階)를 제정하였다. 이것은 수나라와 국교를 맺음에 따라 국내의 예적 질서를 바로 잡고, 개인의 능력에 따른 관인의 지위를 표시하기 위한 목적에서 실시하였다. 관(冠)의 종류에 따라 개인의 조정 내에서의 지위를 표시하는 최초의 관위제(冠位制)로서 대왕을 중심으로 하는 신분질서를 가시적으로 복식에 의하여 표시하는 것이 가능해졌다. 이어 그 다음 해에 성덕태자(聖德太子)에 의하여 17조헌법(憲法)이 반포하였다. 일본 최초의 성문법으로 이해된 17조헌법은 호족(수장), 관리가 지켜야 할 도덕적 훈계를 17조의 한문으로 제시한 것이다. 명령에의 절대복종, 중의(衆議) 존중, 불교숭배 등을 주요 내용으로 한다.

645년 6월에 소아씨(蘇我氏)가 몰락하고 중대형황자(中大兄皇子) 등이 권력을 장악하였다. 그들은 황극천황(皇極天皇)의 동생인 경황자(輕皇子)를 천황(孝德)으로 세우고, 신정부를 수립하였다. 신정부는 전대와 마찬가지로 대부합의제를 그대로 유지하고, 대부층의 대표로서 좌우의 대신(大臣)을 두었다. 그리고 정책을 입안하는 기관으로서 내신(內臣)·국박사(國博士)를 설치하였다. 그리고 이 해에 대화(大化)라는 연호를 정하고, 난파(難波)로 천도하였다. 중대형황자 등은 이렇게 내정개혁을 위한 준비를 마친 이후 646년 정월에 이른바 개신(改新)의 조(詔)를 반포하였다. 『일본서기』에 대화개신 조의 내용은 다음의 4개 조항으로 이루어졌다고 전한다. 첫째, 구래(舊來)의 자대(子代)·둔창·부곡·전장(田莊) 등을 폐지하고, 대신에 대부(大夫) 이상에게 식봉(食封)을, 이하의 관인·백성에게 포백(布帛)을 사여한다. 둘째, 경사(京師)·기내(畿內)·국사(國司)·군사(郡司) 등 중앙집권적인 지방행정기구와 그것을 지원하는 역마, 전마(傳馬) 등의 제도를 정비한다. 셋째, 호적·계장·반전수수의 법을 제정한다. 넷째, 구래의 부역제도를 폐지하고, 전(田)의 조(調)를 비롯한 새로운 세제를 실시한다. 대화개신의 조는 정어원령이나 대보령에 의하여 상당히 수식(修飾)되었기 때문에 엄밀한 사료비판이 필요하다. 그리고 여기서 반포한 일부 제도는 후대에 비로소 시행된 것이 적지 않기 때문에 대화개신의 조를 그대로 믿기는 어렵다. 다만 목간 등에서 효덕천황 때에 국조제를 폐지하고, 평제(評制)를 실시한 사실, 50호를 단위로 백성을 관리한 사실 등이 확인되어 나름대로 중앙집권적인 지방지배체제, 통일적인 세제를 형성하기 위한 정치개혁의 방침이 정해졌고, 그 가운데 일부는 실제로 시행되기도 하였음을 살필 수 있다.

중국의 율령을 수용하여 율령체제를 갖춘 시기는 7세기 후반 천무천황 때였다. 그는 672년에 일어난 임신의 난에서 승리를 거둔 후에 강력한 황권을 수립하고, 중앙집권적인 국가체제를 기본으로 하는 율령체제를 구축하였다. 천무천황은 관인의 출신(出身)·고과(考課)·선서(選敍 : 매년 고과에 기초하여 상급의 관위로 승진시키고 그것에 대응한 관직에 임명하는 제도)의 법을 제정하고, 685년(천무 14)에 48계의 신관위제를 시행하였다. 그리고 그 전해에는 8색(色)의 성(姓)을 제정하고, 황친을 중심으로 하는 중앙호족층의 새로운 신분질서를 규정하였다. 더욱이 675년(천무 4)에는 664년에 제씨(諸氏)에게 지급한 부곡을 폐지하고 인민에 대한 제호족의 사적인 영유(領有)를 금지시켰다. 이러한 조치들은 모두 중앙호족층의 관인으로의 전화를 목적으로 취해진 것으로 평가되고 있다.

천무조에 지방지배와 농민지배에서도 커다란 개혁이 이루어졌다. 천무조에 제국(諸國)의 경역 획정이 진전되어 국-평제가 확립되었고, 옛 국조는 지방행정관인 평독(評督)에 임명되면서 자연히 국조제는 평제에 흡수되어 소멸되었다. 대화개신 당시의 농민지배는 자연적인 촌락을 기반으로 하고, 전통적인 재지수장인 국조를 매개로 하여 호별(戶別)로 조(調)나 노역(勞役) 등을 징수하는 체제였다. 690년(지통 4) 비조정어원령의 시행에 수반하여 작성된 경인연적(庚寅年籍)을 통하여 인위적인 조용(調庸)·요역징발의 단위로서 호(戶)와 50호를 기초로 편성된 행정단위로서 리(里)가 설정되어 성별(性別)·연령별에 따라 개별인신별로 조용·요역을 부과하는 체제가 형성되었음을 살필 수 있다. 한편 종래의 대제(代制)에 기초를 둔 조제(租制 : 100대에 조 3속(束)을 납부하는 것)를 대신하여 정(町)·단(段)·보(步)제에 기초를 둔 조제가 정어원령에서 채용되었고, 남녀 성별, 양천(良賤) 신분에 따라 구분전(口分田)을 지급하는 반전수수제가 정비되었다. 그리고 반전의 편리를 위하여 전지를 일정 면적을 기준으로 하여 동서·남북으로 정연하게 구획하는 조리제(條里制)가 널리 시행되었다. 이처럼 천무조에 지방행정제도, 지역에 따른 인민의 편성, 통일적인 인신부과(人身賦課)의 세제가 갖추어짐으로써 율령국가체제가 완비되기에 이르렀다.

율령국가의 중앙관제는 태정관(太政官)과 신기관(神祇官)의 2관, 중무(中務), 식부(式部), 치부(治部), 민부(民部), 병부, 형부, 대장(大藏), 궁내(宮內)의 8성(省), 탄정대(彈正台), 위문(衛門)·좌우위사·좌우병위의 5위부(衛府), 좌우마료(左右馬寮), 좌우·내병고(內兵庫)로 구성되었다. 이 가운데 8성은 2직(職)·16료(寮)·30사(司)가 분속(分屬)되어 있고, 위문부는 1사(司)가 분속되어 있었다. 태정관은 국정의 최고심의기관임과 동시에 모든 관사를 통할하는 최고의 행정부였다. 그 아래에 위치한 신기관은 국가차원의 제사와 전국의 신사(神社)에 대한 통제를 관장하였다. 중무성 등은 정무를 분담하여 집행하는 관서였고, 탄정대는 감찰기관, 5위부는 궁성 및 경사를 호위하는 기관, 마료는 말을, 병고는 병기를 관리하는 기관이었다. 중앙관사에는 원칙적으로 장관, 차관, 판관(判官), 주전(主典)으로 이루어진 4등관과 잡임(雜任)이라고 불리는 하급관원이 두어졌다. 한편 지방에는 서해도(九州)에 특별행정부로서 대재부(大宰府)를 설치하였고, 다른 지방에는 국사(國司)가 배치되었다. 국사 아래에는 국(國)-군(郡)-리(향)의 행정상의 편제에 따라 군사(郡司), 리장(里長)이 두어졌다. 국사는 수(守)·개(介)·연(掾)·목(目)의 4등과 사생(史生)·박사·의사 등의 잡임으로 구성되었는데, 이 가운데 4등관과 사생은 중앙에서 파견하여 내관(內官)으로 대우하였다. 한편 박사와 의사, 군사, 리장은 현지인을 임명하였고, 특히 군사에는 옛 재지 수장층을 임명하는 것이 관례였다.

율령국가의 농민을 지배하는 기본단위는 호(향호)였고, 50호로 1리(향)를 구성하고, 유력한 호의 호주를 리장으로 임명하였다. 715년에 구래의 리를 향으로 개정하고, 그 아래에 2~3개의 리를 설정하는 향리제를 실시하였으며, 동시에 향호 예하에 소규모로 이루어진 방호(房戶)를 설정하였다. 향리제와 방호제는 740년에 폐지되었다. 이들 향·리는 현실의 자연촌락과 관계가 없는 인위적인 행정단위였다. 향호와 방호 역시 현실에서 가족을 이루고 있는 가족구성원을 그대로 반영한 것이 아니라 인위적·의제적(擬制的)인 성격이 강하였다. 율령국가의 토지제도는 당의 균전제를 모델로 한 반전수수제가 골간이었다.

전국의 모든 토지를 국가의 소유지로 만들고, 6세 이상 남자에게 토지 2단(段), 여자에게 남자의 3분의 2, 가인(家人)과 노비는 양인의 3분의 1을 구분전으로 지급하였다. 반전은 6년에 한번씩, 호적에 기초하여 행해졌고, 사망자의 몫은 다시 환수하여 새롭게 규정 연령에 달한 사람에게 반급(班

給)하였다. 이때 공전[잉전(剩田)]은 농민에게 대여하여 경작시키고 지자(地子)를 거두었다. 이러한 토지에는 대화개신 이전의 둔전이나 현(縣)의 계보를 잇는 천황직속령으로서의 관전(둔전), 중앙·지방관아의 상급관인에게 직무의 반대급부로 지급한 직분전(職分田), 5위 이상 관리에게 위계에 따라 지급된 위전(位田) 및 공전(功田), 신전(神田), 사전(寺田) 등이 있었다.

국가는 농민에게 구분전을 지급한 대신에 조(租)로서 1단마다 도(稻) 2속(束) 2파(把)를 부과하고, 조(調)로서 견(絹)·시(絁)·사(糸)·면(綿)·포(布)와 더불어 기타 해산물, 가공품 등을 부과하였다. 그리고 용(庸)으로 역역을 징발하였고, 연간 60일에 한해서 잡요(雜徭)를 징발하였으며, 고역(雇役)·사정(仕丁)·병역 등의 노역을 추가로 부과하였다. 이밖에 봄에 곡식을 꾸어주었다가 가을에 이식을 더하여 거두어 들이는 출거(出擧) 역시 율령국가의 중요한 재원으로 활용되었다.

3. 유교 통치이념 수용과 전개

고대 일본은 백제를 통하여 유학을 수용하였다. 『고사기(古事記)』에 응신천황(應神天皇) 때에 백제의 화이길사(和邇吉師)가 『논어』 10권과 『천자문』 1권을 일본에 전달하였다고 전한다. 한편 『일본서기』에는 응신천황 때에 백제의 아직기(阿直伎)가 경전(經典)을 잘 읽었으므로 태자인 토도치랑자(菟道稚郎子)의 스승으로 삼았고, 다음 해에 아직기의 추천으로 왕인(王仁)이 오자, 그 역시 태자의 스승으로 삼았는데, 태자는 여러 경적들을 두루 익혀서 통달하지 않음이 없었다고 한다. 대체로 화이길사와 왕인은 동일인으로 이해한다. 백제는 계체천황(繼體天皇) 7년(513)에 오경박사(五經博士) 단양이(段

楊爾)를 일본에 파견하였고, 이후 한동안 3년마다 오경박사를 일본에 교대로 파견하는 것이 관례로 굳어졌다. 일본에 파견된 오경박사는 일본인들에게 유교경전을 체계적으로 가르쳐 한자와 유학의 보급에 크게 기여하였을 것이다.

고대 일본에서 유학을 통치이념으로 수용하기 시작한 것은 7세기 초반이었다. 관(冠)의 종류에 따라 개인의 조정내에서의 지위를 표시한 최초의 관위제도(冠位制度)를 603년(추고천황 11)에 제정하였는데, 덕(德)과 인(仁)·의(義)·예(禮)·지(智)·신(信)이라는 유교 5상(常)의 덕목(德目)에 기초한 6종류의 관(冠)을 대소(大小)로 구분하여 위계화하고, 각 관(冠)마다 5행(行)인 목화토금수(木火土金水)에 해당하는 색깔을 배치한 것이 특징적이다.[23] 유교적 덕목을 관위의 명칭을 삼은 것에서 유학을 통치이념으로 수용하려는 성덕태자(聖德太子)를 중심으로 하는 당시 집권층의 의지를 읽을 수 있다. 이러한 일본 집권층의 태도는 그 다음해에 17조헌법을 반포한 사실을 통해서도 살필 수 있다.

17조헌법은 일본 최초의 성문법으로 알려졌는데, 그 내용은 호족(수장), 관리가 지켜야 할 도덕적 훈계로 이루어졌다. 여기서 옛날의 양전(良典)으로 『논어』 『효경』 『상서』 『관자』 『한비자』 등의 유교경전과 『법화경』 등을 거론하였고, 군경백료(群卿百寮)는 예(禮)를 근본으로 삼고, 신(信)은 의(義)의 근본이며, 일마다 신의(信義)가 있어야 한다는 내용이 포함되었다. 물론 17조헌법에서 전적으로 유학을 강조한 것만은 아니지만, 당시 고대 일본의 집권층이 유학을 통치이념으로 수용하려고 노력하였음을 살피기에 부

23 관위(冠位) 12계(階)는 대덕(大德)과 소덕(小德), 대인(大仁)과 소인(小仁), 대예(大禮)와 소예(小禮), 대신(大信)과 소신(小信), 대의(大義)와 소의(小義), 대지(大智)와 소지(小智)이다. 그리고 각 관에는 오행(五行)인 목화토금수의 색 청적황백흑색(青赤黃白黑色)을, 덕관에 紫色을 배치하였고, 대소의 경우는 농담(濃淡) 또는 심천(深淺)으로 구분하였다.

족함이 없다. 645년에 반포된 대화개신(大化改新)의 조(詔)는 바로 유학을 통치이념으로 삼아 율령체제를 확립하고자 하는 당시 집권층의 의지가 반영된 것으로 평가할 수 있다.

대화개신의 조가 반포된 이래, 율령체제를 확립하고자 하는 노력은 천무천황(天武天皇) 때에 이르러 결실을 거두었다. 율령국가의 성립 이후 역대 천황들은 유교경전을 연구하고 학습하였을 뿐만 아니라 유학의 보급에 커다란 관심을 기울였다. 문무천황(文武天皇)은 경사(經史)에 정통하였고, 효겸천황(孝謙天皇)은 가호마다 『효경』 1책을 갖추도록 지시하였으며, 효성이 뛰어난 자를 표창하였다. 순인천황(淳仁天皇)은 중국의 고전(古典)과 본국의 사적(史籍)을 두루 열람하고, 선정(善政)을 실현하기 위하여 집에서 효행(孝行)을 행하지 않고, 국가에 불충(不忠)하며, 이익을 위해서 염치를 잊고, 시정(施政)에 인(仁)을 베풀지 않는 관리 등을 면직하고 귀향시키도록 조치하였다. 나아가 천황은 재위 기간 중에 태정관(太政官)을 건정관(乾政官)으로, 태정대신을 태사(太師)로, 좌대신을 태부(太傅)로, 우대신을 태보(太保)로, 대납언(大納言)을 어사대부(御史大夫)로, 자미중대(紫微中臺)를 곤궁관(坤宮官)으로, 중무성(中務省)을 신부성(信部省), 형부성(刑部省)을 의부성(義部省), 치부성(治部省)을 예부성(禮部省), 민부성(民部省)을 인부성(仁部省), 궁내성(宮內省)을 지부성(智部省) 등으로 개정하는 한화정책을 추진하였다. 순인천황과 당시 실질적인 집권자인 등원중마려(藤原仲麻呂 또는 藤原恵美押勝)가 유학의 통치이념으로 나라를 다스리고자 관제(官制)를 한식(漢式)으로 개정하였다고 이해되고 있다. 그러나 한화정책은 764년 등원중마려가 실각함으로써 흐지부지되고 말았다.

한편 율령국가는 유학에 의거하여 나라를 통치하려는 목적으로 교육과 선거제도를 정비하고, 그것을 율령에 반영하였다. 671년(천지천황 10)에 학식두(學識頭)를 설치하였는데, 이것에서 대학료(大學寮)가 유래되었다고 이해하며, 대보율령(학령)의 제정과 동시에 구체적인 제도가 확립된 것으로 보인다. 일본에서 경도(京都)에 대학(大學)을, 국(國)마다 국학(國學)을 설치하여 주로 유교경전을 가르쳤고, 학생들은 시험을 거쳐서 관리로 등용되었다. 유교교육과 선거제도가 밀접하게 결합되면서 유학은 율령국가의 통치이념으로서 확고하게 자리매김하게 되었다고 평가할 수 있다.

시험과 음위(蔭位) 등으로 관리로 진출하면, 매년 근무성적을 심사받았는데, 이것을 고(考)라고 부른다. 이것의 심사기준은 근무일수와 근무성적이다. 일정한 근무일수를 채운 관리의 경우, 근무성적을 평가하는데, 그 심사기준은 선(善)과 최(最)였다. 선은 덕의유문(德義有聞), 청신현저(淸愼顯著), 공평가칭(公平可稱), 각근비해(恪勤匪解) 등을 평가하는 것이며, 최는 관직별로 규정된 직무내용을 평가하는 것이다. 이 가운데 이른바 4선(善)은 율령국가가 이상으로 여기는 덕치(德治)를 실현하기 위하여 모든 관리에게 요구된 유교적 덕목과 관련이 깊다. 관리가 일정한 연한을 근무하면, 그 기한내의 성적을 종합하여 서위(敍位) 여부를 결정하였는데, 이것을 성선(成選)이라고 부른다. 고대 일본 율령국가가 유교를 통치이념으로 삼으려고 하였음을 고선법(考選法)의 내용을 통해서도 살필 수 있다. 더구나 대학과 국학에서는 당나라의 제도를 받아들여 매년 봄과 가을에 공자를 제사하는 석전제(釋奠祭)를 치렀으며, 국고(國庫)에서 거기에 필요한 제수용품을 충당하기도 하였다.

그러나 시간이 지나면서 지배층이 유교보다 불교와 신도(神道)를 더 숭봉(崇奉)하고, 교양으로서 한문(漢文)지식을 중시하게 되면서 대학에서 유교경전을 교육하는 명경도(明經道)에 비하여 한문학을 가르치는 기전도(紀傳道)가 우위를 차지하게 되었다.[24] 여기다가 음위(蔭位)로 관리로 진출할 수 있

24 고대 일본의 대학에는 처음에 경(經 : 유학)과 산(算), 서(書)와 음(音) 등 4교과(教

는 상류귀족이 대학에서 수학하기 꺼려하는 풍조가 만연하면서 대학에서의 교육은 중하류귀족이 관리로 진출하는 핵심통로서의 역할만을 수행하는 것으로 변질되었다.

科)를 두었다가 후에 기전도(紀傳道 : 중국사), 문장도(문학), 명경도(明經道), 명법도(明法道), 산도(算道)로 학과를 나누고, 다시 기전도와 문장도를 통합하여 기전도라고 불렀다.

참고문헌

한국사

강봉룡(1992), 「삼국시기의 율령과 민의 존재형태」『한국사연구』 78.

고경석(1997), 「신라 관인선발제도의 변화」『역사와 현실』 23.

김영심(1997a), 「백제의 지방통치체제 연구」 서울대학교 박사학위논문.

______(1997b), 「한성시대 백제 좌평제의 전개」『서울학연구』 8.

______(1998), 「百濟 官等制의 成立과 運營」『國史館論叢』 82, 국사편찬위원회.

노용필(2002), 「신라시대 율령의 확충과 수찬」『홍경만교수정년기념 한국사학논총』, 한국사학논총간행위원회.

노중국(1979), 「고구려율령에 관한 일시론」『동방학지』 21.

______(1986), 「백제율령에 대하여」『백제연구』 7.

______(1988), 『백제정치사연구』, 일조각.

노태돈(1989), 「울진봉평신라비와 신라의 관등제」『한국고대사연구』 2.

______(1999), 『고구려사연구』, 사계절.

______(2000), 「초기 고대국가의 국가구조와 정치운영-부체제론을 중심으로-」『한국고대사연구』 17.

木村誠(1982), 「統一新羅の官僚制」『東アジア世界における日本古代史講座』 6(日本律令國家と東アジア), 學生社.

武田幸男(1978), 「高句麗官位制とその展開」『朝鮮學報』 86.

문동석(1996), 「4~5세기 백제 정치체제의 변동」『한국고대사연구』 9.

여호규(1997), 「1~4세기 고구려 정치체제 연구」, 서울대학교 박사학위논문.

이희덕(1986), 「한국고대의 자연과 유교정치사상」『동방학지』 50.

임기환(2000), 「4-7세기 고구려 관등제의 전개와 운영」『한국 고대의 신분제와 관등제』, 아카넷.

______(2004), 『고구려정치사연구』, 한나래.

전덕재(1996), 『신라육부체제연구』, 일조각.

______(2002), 『한국고대사회의 왕경인과 지방민』, 태학사.

______(2006), 『한국고대사회경제사』, 태학사.

______(2007), 「삼국 및 통일신라의 경제정책과 경제사상」『한국유학사상대계』 Ⅶ(경제사상편), 한국국학진흥원.

______(2009), 『신라 왕경의 역사』, 새문사.

______(2010a), 「신라의 독서삼품과: 한국 과거제도의 전사」『한국사 시민강좌』 46, 일조각.

______(2010b), 「6세기 금석문을 통해 본 신라 관등제의 정비과정」『목간과 문자』 5.

전봉덕(1956), 「신라율령고」『서울대논문집(인문사회과학편)』 4.

______(1968), 『한국법제사연구』, 서울대출판부.

정호섭(2004), 「신라의 국학과 학생녹읍」『사총』 58.

주보돈(1998), 『신라 지방통치조직의 정비과정과 촌락』, 신서원.

한정수(2004), 「고려전기 중농이념과 농경의례」, 건국대학교 박사학위논문.

홍승우(2011), 「한국 고대 律令의 성격」, 서울대학교 박사학위논문.

중국사

堀敏一(1975), 『均田制の研究』, 岩波書店.

______(1982), 「中國における律令制の成立」『東アジア世界における日本古代史講座』 6, 學生社.

김유철(1989), 「균전제와 균전체제」『강좌 중국사』Ⅱ, 지식산업사.

金鐸民主編(2003), 『譯註 唐六典』上, 신서원.

미야자키 이치사다지음·임대희 등 옮김(2002), 『구품관인법의 연구』, 소나무.

박한제(1989a), 「위진남조 귀족제의 전개와 그 성격」『강좌 중국사』Ⅱ, 지식산업사.

______(1989b), 「호한체제의 전개와 그 구조」『강좌 중국사』Ⅱ, 지식산업사.

濱口重國(1966), 『秦漢隋唐史の研究』上·下, 東京大學出版會.

山本隆義(1968), 『中國政治制度の研究–內閣制度の起源と發展–』, 東洋史研究會.

유원적(1989), 「당 전기의 지배층」『강좌 중국사』Ⅱ, 지식산업사.

趙吉惠 等著·김동휘 옮김(1997), 『중국유학사』1·2권, 신원문화사.

曾我部靜雄(1973), 『中國律令史の研究』, 吉川弘文館.

曾資生(1945), 『中國政治制度史』 第三冊, 啓業書局.

첸파핑 지음·최성흠 옮김(2005), 『한권으로 읽는 유교』, 산책자.

하원수(1992), 「당대 명경과의 성격」『동양사학연구』 42.

______(1998), 「당 전반기 진사과의 성격」『역사학보』 158.

하원수(2005), 「『당육전』 '국자감' 역주」『중국고대사연구』 14.

일본사

久木幸男(1968), 『日本古代學校の研究』, 玉川大學出版部.

吉田孝(1994), 「八世紀の日本」『日本通史』 第四卷(古代3), 岩波書店.

吉村武言編(2008), 『大化改新と古代國家誕生』, 新人物往來社.

大津透(2007),「고대 일본에서 율령의 수용」『민족문화논총』37.

大津透編(2008),『日唐律令比較研究の新段階』, 山川出版社.

渡辺晃宏(2001),『平城京と木簡の世紀』, 講談社.

武光誠(1983),『日本古代國家と律令制』, 吉川弘文館.

彌永貞三(1972),「古代の釋奠について」『續日本古代史論集』下卷(坂本太郎博士古稀記念論叢), 吉川弘文館.

배정렬(2003),「헤이안시대의 학제와 교육-겐지모노가타리를 중심으로-」『일본문화연구』8.

笹山晴生(1977),『日本古代史講義』, 東京大學出版會.

岸俊男(1969),『藤原仲麻呂』, 吉川弘文館.

野村忠夫(1967),『律令官人制の研究』, 吉川弘文館.

王金林(1988),『奈良文化と唐文化』, 六興出版.

이정희(1991),「6~7세기 일본에서 율령수용의 과정과 의미」『한국고대사연구』4.

______(2006),「奈良朝 藤原仲麻呂의 亂에 대하여」『대구사학』82.

井上光貞(1962),「律令體制の成立」『岩波講座 日本歷史』古代 3, 岩波書店.

井上光井等 編(1984),『日本歷史大系』1(原始·古代), 山川出版社.

青木和夫(1982),「日本律令國家」『東アジア世界における日本古代史講座』6, 學生社.

고대 동아시아 국제관계와 조공·책봉

임기환 | 서울교육대학교

I. 머리말

새 교육과정에서 처음 편제된 「동아시아사」 과목은 역사교육에서 매우 중요한 전기를 제공할 것으로 본다. 특히 한·중·일 간의 역사분쟁이 이어지고 있는 근자의 상황이 「동아시아사」 교과가 등장하는 배경이 되었다는 점에서 볼 때, 한·중·일 일국사(一國史)가 갖는 의미와는 별도로 동아시아로 역사인식의 범주를 확장하는 것 자체가 현실적인 의미가 매우 크다. 그러한 점에서 「동아시아사」는 민족과 국가사 중심의 역사인식과는 차별성을 가져야함은 두말할 필요가 없을 것이다. 따라서 이 글에서는 일국사의 관점에서 벗어나는 하나의 인식 틀로서 고대 동아시아의 국제질서 속에서 나타나는 국가간의 외교관계 방식으로서 책봉(冊封)·조공(朝貢)체제 및 국제관계에 대해 살펴보고자 한다.

고대 동아시아는 다른 어느 시대보다도 다수의 국가와 종족들이 흥망을 거듭하고 세력의 부침이 교차되는 다원화된 역사가 전개되었다는 점에서, 「동아시아사」의 관점을 마련하는 데 상당히 의미있는 시사점을 얻을 수 있는 시기라고 생각한다.

고대의 동아시아사를 한국사의 시점(주로 한-중관계라는 측면)에서 살펴보면, 국가의 성장과정 및 국제질서의 변동과정을 종합적으로 고려할 때 다음 3시기로 나누어 볼 수 있다. 제 1기는 고조선에서 삼국의 국가형성기로서, 당시의 국제적 환경은 한(漢)~위(魏)·진(晉)시기이다. 제 2기는 삼국정립기로서 당시 중국이 남북조(南北朝)로 나뉘어 대립하는 국제질서를 배경으로, 삼국과 남북조 제국가 사이에 충돌과 교섭관계가 역동적으로 이루어진 시기이다. 제 3기는 중국의 통일제국인 수(隋)·당(唐)의 등장 이후 동아시아의 국제질서가 중국을 중심으로 개편된 시기이다.

제 2기 이후 동아시아 국제관계를 운영하는 주체는 만주·한반도의 고구려·백제·신라·가야, 그리고 말갈(靺鞨)·거란[契丹] 등 다수의 종족집단, 일본열도의 왜(倭), 중국 대륙의 중원 왕조, 북방 초원지대의 유목국가 등으로 구분될 수 있다. 그 중에서도 중원지역의 정치적 상황에 따라 동아시아 국제정세도 큰 영향을 받았다. 즉 한(漢)·진(晉)·수(隋)·당(唐)이라는 통일 왕조 시기의 국제정세 및 삼국과 남북조라는 분열시기의 국제정세는 크게 달라질 수 밖에 없었다.

고대 동아시아에서 본격적인 국제관계가 전개된 시기는 4세기 이후 즉 제 2기이다. 4세기는 5호16국시대라는 북중국의 정세를 배경으로 동북아시아의 여러 국가와 종족이 정치적으로 크게 성장하면서 국제질서의 변동 가능성이 매우 높았던 시기였기 때문이다. 5~6세기에는 보다 안정된 국제질서로 바뀌는데, 이는 중국의 남북조와 유연(柔然), 고구려 등 가장 강력한 국가들 사이에 세력균형이 이루어진 결과였다. 이를 배경으로 고구려·백제·신라·가야·왜 및 말갈·거란 등 동북아의 여러 국가 및 종족 세력은 적어도 북방 유목세력과 중원세력의 영향과 세력 침투를 받지 않고 독자적인 국제질서를 형성하고 있었다. 그리고 한반도 내에서는 삼국 간에 항쟁이 계속되었지만 삼국간 세력 균형이 깨지는 수준으로는 진전되지 않았다.

그런데 6세기 말 이후에는 중원의 통일제국으로 수와 당이 차례로 등장하면서 동아시아 전체 국제질서가 재편되는 커다란 파동이 일어났으며, 삼국간의 항쟁도 이와 깊이 연관되면서 전개되었다. 그 결과 고구려와 백제가 멸망하였고, 신라가 한반도의 통일국가로 성장하였으며 만주에서는 발해가 성립하였다. 제 3기에 해당하는 이 시기는 이후 9세기까지 당을 중심으로 하는 국제질서가 구축되었으며, 문화적으로 율령이나 유교, 불교 문화 등 제반 영역에서 동아시아의 문화적 통합성이 그 어느 시기보다 높아졌던 시기이기도 하다.

그런데 제 3기에서는 소위 중국사의 영역을 논외로 한다면, 한국사나 일본사의 역사적 범주가 확정되는 시기이기도 하다. 소위 한국사의 구성 요소가 통일신라와 발해로 단순화되고, 더욱 양자의 충돌, 교섭이 거의 없는 상태에서 이후 통일신라에서 고려로 이어지는 왕조교체가 일어나면서 실질적으로는 통일신라 중심의 역사적 맥락이 마련되었다. 일본사는 7세기 이후 한반도와의 주민 이동이나 문화교류가 제한되면서, 7세기까지 진행되었던 한반도와 일본열도의 연관적 구조가 해체되는 결과를 낳았다. 따라서 이후 한반도와 일본열도는 각각 국가사의 범주가 확정되었다고 할 수 있다.

그렇다면 소위 '동아시아사'다운 기술이 가능한 시기는 바로 4~7세기라고 볼 수 있다. 이시기에 다원적인 국제질서를 배경으로 다수의 국가와 종족 등의 주체들이 전개하는 역사상은 한·중·일이라는 국가사의 기술 범위에 갇혀 있지 않게 되며, 이점에서 '동아시아사의 형성'이라는 이 시기가 갖는 의미를 충분히 드러낼 필요가 있다.

II. 고대 동아시아 조공·책봉관계의 성격

고대 동북아시아의 국제질서를 구성하는 다수의 국가 간에 이루어지는 다양한 형태의 교섭과 충돌은 구체적으로 외교와 전쟁이라는 두 국면이 빈번하게 교차되면서 전개되었다. 특히 중원세력과 주변 국가 사이에 맺어진 외교관계는 책봉(冊封)과 조공(朝貢)이라는 형식으로 이루어졌다.

책봉·조공 문제는 그동안 정치적 차원에서 동아시아를 묶는 연결고리로 주목되어온 주제이다. 「교육과정」에서도 "동아시아 외교형식인 조공·책봉 관계를 각국의 상호 필요라는 관점에서 파악한다."라고 밝히고 있다. 하지만 각국의 상호 필요라는 관점이라면 굳이 조공·책봉이라는 주제를 설정할 이유도 없으며, 국제적 역관계론(力關係論)으로 설명하면 충분하다고 생각한다. 따라서 책봉·조공을 통하여 고대 동아시아 국제질서 혹은 국제관계를 파악하려고 할 때에는 단순히 국가간의 문제만이 아니라, 중국 중심의 책봉·조공체제가 갖는 보편적 질서의 존재 여부나 그 성격, 그리고 실제적으로 전개되는 동아시아의 국제질서와 책봉·조공 체제상에 표현된 국제질서의 연관 관계를 파악할 필요가 있을 것이다.

현재 고대 동아시아의 국제관계를 책봉과 조공이라는 틀로 설명하는 연구가 주류를 이루고 있지만, 물론 여기에도 다양한 관점이 놓여있다.[1]

먼저 중국과 주변 국가 사이에서 지속적으로 전개되었던 조공의 내용과 성격에 대한 이해이다. 즉 조공을 종주국과 종속국의 정치적 신속(臣屬) 관계로 파악하기도 하고, 또는 조공외교의 이면에 담겨있는 실리외교를 강조하기도 하며, 조공을 통한 선진문화의 수용과 경제적 의미에 초점을 두기도 한다. 그러나 이러한 연구는 조공이 갖는 차등적 대외 관계를 전제로 하는 중국적 천하질서(天下秩序)를 인정한 연구로서, 이 시기 국제관계의 동태적

1 1970년대 이후 고대 동아시아 국가간의 국제관계를 구조적으로 파악하려는 연구가 본격적으로 진행되었다. 처음에는 일본학계에서 책봉체제론을 중심으로 연구가 시작되었으며, 이후 한국과 중국의 학자들에 의해서 다양한 비판과 문제제기가 이루어졌다. 이러한 책봉·조공을 중심으로 파악한 국제관계를 '조공관계(朝貢關係)' '책봉체제(冊封體制)' '봉조체제(封朝體制)' '책봉조공체제' 등으로 규정하였다. 이러한 고대 동아시아 국제관계 연구 동향을 서영수는 조공관계론, 책봉체제론, 국제적 계기론, 역학관계론으로 정리하고 있어 좋은 참고가 된다.

면모나 각 국가가 갖는 주체적 성격을 간과하는 한계를 갖고 있다.

다음 동아시아를 하나의 세계로 설정하고 그것을 책봉·조공관계를 통하여 구조적으로 파악하려는 시각이 있다. 즉 중국 중심의 책봉체제에 의해 규제되는 동아시아 국제질서의 존재를 인정하는 견해이다.[2] 그러나 자체 규정력을 갖는 동아시아 세계가 과연 존재하는가 하는 의문이 제기되고 있으며, 또 책봉이 형식 이상의 실질적 규정력을 갖는다고 보기도 곤란하다는 점이 지적되기도 한다. 책봉체제론(冊封體制論)은 국제관계를 구조적으로 파악하려는 점은 높이 평가할 만하나, 주변 여러 국가의 주체적 역할이 간과되었다는 점에서 비판을 받고 있다.

한편 동아시아 국제질서 속에서 각 국가의 주체성을 강조하여, 당시 동아시아의 외교 정책은 이들 여러 국가가 갖는 힘의 우열 및 이 힘의 우열을 조정하는 세력균형에 의해 가변적으로 전개되는 것으로 파악하는 입장이 있다. 이러한 시각은 국제질서의 역관계에 의해, 또는 대외교섭을 수행하는 국가의 내부적 요인에 의해 다수 국가 간의 대외교섭의 내용도 질적인 차이가 나타나게 마련이기 때문에, 상대적으로 책봉과 조공관계의 의미에는 그리 주목하지 않는다. 이러한 역관계론이나 국제적계기론(國際的契機論)은 동아시아에서 빈번하게 전개된 충돌과 교섭의 역사상을 통일적으로 설명하는 시각이 부족하다는 비판을 받는다.[3]

책봉과 조공이라는 구체적으로 존재하는 국제관계를 어떻게 투시할 것인지에 대해서는 현재로서는 그리 묘안을 찾기 어렵다. 물론 책봉과 조공이

2 일본학계의 책봉체제론은 중국의 선진적인 정치체제와 문화의 우월성을 인정하고 동아시아 각국은 이를 수용하기 위한 방편으로 조공체제에 자발적으로 참여함으로써 고대국가의 성립과 발전에 도움을 얻었다고 설명한다.

3 역관계론이나 국제적계기론은 기본적으로 책봉체제론을 수정 보완한 것으로, 국제관계가 동아시아 각 지역에서의 국가성립에 중요한 역할을 하였다는 점을 인정하되, 각 국가의 역할과 입장을 중시하는 관점이다.

라는 외교형식은 중화적(中華的) 세계관의 산물이지만, 그것이 그대로 중국적 세계 질서를 규정하는 양식은 아니었다는 점에서는 대부분 동의하고 있다. 책봉과 조공은 그것이 갖는 보편적인 형식에도 불구하고 각 국가별로 맺고 있는 내용성이 너무 차별적이기 때문에 책봉·조공 체제를 당시 동아시아 국제질서의 기본체제로 파악하기 곤란하다는 측면은 특히 4~6세기의 책봉·조공 체제 운영상에서 두드러지게 나타난다.

그러나 고대 동아시아 국제질서의 역관계를 구조적으로 파악할 필요는 여전히 제기된다. 시기별 추이를 단계적으로 이해하는 것은 당시의 국제관계를 동태적으로 파악한다는 점에서 중요한 성과를 이루었지만, 이를 보다 체계적으로 이해하기 위해서는 고대시기 국가간의 국제질서를 규정하는 요소를 더욱 넓게 살펴야 할 것으로 본다.

또한 7세기에 들어서 신라가 수·당과의 외교를 적극화하여 결국 나당 군사동맹이 성립하고, 이 과정에서 대등한 외교관계의 한 표현에 불과하던 책봉·조공외교가 정치적 신속을 전제로 하는 차등적 외교관계로 변모하게 된 점도 부인하기 힘들다. 더욱 통일 이후 신라 중대(中代) 왕권이 추진한 한화(漢化)정책은 중국 중심의 명분론적 천하관을 보편화시킴으로써, 이후에 전개되는 한중간의 조공관계는 비록 의례적인 형식에 불과하더라도 관념적·실질적으로 정치적 차등질서를 전제로 나타나고 있다는 점이 유의된다. 이점에서 같은 책봉·조공관계라고 하더라도 7세기 이전과 이후 사이에는 일정한 성격 차이가 나타난다. 따라서 책봉·조공관계를 외교관계의 형식 속에 파악하더라도, 그것이 갖는 시기적 차별성을 주목할 필요가 있을 것이다.

이러한 기왕의 연구를 바탕으로 고대 동아시아에서 조공과 책봉이 갖는 성격과 그 변화상에 대해 살펴보자.

조공은 주변 민족의 군장이 중국의 황제에게 신속하여 내조(來朝)하는 일종의 정치적 의례적 형식이며, 책봉은 조공에 대응하여 중국의 황제가 주변 민족의 군장에게 특정의 관작과 이에 상응하는 물품을 사여함으로서 그의 자격과 지위를 공인하여 신속시키는 양식이다. 따라서 조공과 책봉은 동전의 양면과 같은 동질의 양식이다. 이러한 조공과 책봉은 고대 중국과 주변 민족의 관계를 규정짓는 독특한 제도적 양식으로 전개되었다.

본래 조공은 중국 서주(西周)의 종법적 봉건제도 아래에서 제후가 정기적으로 천자(天子)에게 조관(朝觀)하고 공물을 바침으로써 군신간의 의리를 밝히고 천자와 제후국 사이의 결속을 공고히하기 위하여 고안된 정치의례이다.[4] 그 후 통일 왕조인 한(漢)왕조가 등장하면서 국내에서 이루어지던 조공 의례는 중국과 주변 국가들 사이의 국제관계로까지 그 외연이 확장되었다.[5] 한 왕조는 황제 지배체제의 외양을 갖추고자 주변의 여러 민족과 관작(官爵)수여를 통한 책봉관계를 맺음으로써, 책봉·조공관계는 중국을 중심으로하는 특수한 외교적 질서로 성립되었다.[6] 하지만 한(漢)시기의 책봉·조공관계도 정치적 성격보다는 한왕조 중심의 천하에 형식적으로 귀부한다는 의미가 강조되면서 의례적 행위를 중시하는 모습으로 나타났다. 그러나

4 서주시기의 조공은 '조(朝)'와 '공(貢)'의 의미가 달랐는데 '조'는 주의 봉건제도 내에서 제후가 일정기간을 두고 직접 주(周)의 천자를 배알하는 일, '공'은 천자에게 입조(入朝) 시에 수반하는 공물의 공여를 뜻한다.

5 진(秦)의 중원 통일과 군현제(郡縣制)의 실시는 선진(先秦)시대 제후 국가간의 관계를 설정하였던 책봉조제(冊封朝制) 자체를 불필요하게 만들었지만, 한 왕조 초기에는 봉건제도의 부활에 의해 책봉·조공제도가 다시 실시되었다. 이와 같이 국내에서 제후왕(諸侯王)을 책봉함으로서 황제 이외의 분권적 권력을 인정하였던 것이 주변국가와의 사이에 국제관계를 맺는 과정에 영향을 주어 책봉·조공제도를 적용하게 되었다.

6 한(漢) 나라 초기 책봉·조공은 흉노(匈奴)라는 강대국을 상대로 한 화친조약에서 비롯하였다. 이후 한은 흉노의 선례를 통하여 이민족 군주에 대한 책봉을 통해 변경의 안정을 도모하려는 목적에서 책봉·조공을 확대하였고, 점차 외교적인 제도로 정착되었다.

한(漢)이 소위 조공국에 보내야했던 회사(回賜)의 양이 적지 않아 국가재정에 부담스러운 정도에까지 이르렀음을 보면, 책봉·조공제도가 형식적으로는 천자의 지배 영역을 확대한 것으로 간주될 수 있지만, 실질적으로는 명분상의 표현일 뿐이라는 점을 알 수 있다.

그런데 하나의 제도로서 성립된 책봉·조공관계는 당대의 국제관계의 변동에 따라 그 성격을 달리하며 전개되었다. 즉 책봉·조공관계로 나타나는 중국왕조와 주변 제국가간의 주종관계는 중국 왕조의 이상에 지나지 않으며, 실제의 현실적 외교관계는 이와는 다른 양상을 드러낸다. 당시 책봉·조공제도에 대한 책봉국가인 중국과 피책봉국가 간의 이해는 동질적이지 않았다. 즉 한 제국의 입장과 책봉·조공체제 속에 편입된 타국간의 입장은 서로 달랐다고 볼 수 있다. 한 제국의 입장에서는 형식적이나마 신속 관계를 관철하는 것이 국가적 이익에 부합하는 것이었다고 해도, 주변 국가들의 입장에서는 형식적인 신속 관계의 성립 그 자체가 의미를 갖는 것이 아니라, 이를 통해서 얻을 수 있는 정치·군사상 권위의 획득이나 경제적·문화적 혜택이라는 실리가 더욱 중요하였다고 볼 수 있다.

그러한 점에서 책봉·조공체제는 중원의 국가들을 중심으로 편성된 것이 아니라, 동아시아의 여러 국가 간의 유대를 확립하기 위한 형식으로 활용되었던 측면이 두드러졌다고 볼 수 있다.

특히 위진남북조시대는 책봉·조공관계에 본질적인 변화가 시작된 시기였다. 우선 가장 큰 변화는 책봉의 주체가 다원화되었다는 점이다. 피책봉국도 하나의 황제로부터 책봉을 받지 않았다. 예를 들어 고구려는 북위(北魏) 및 남조의 여러 왕조로부터 동시에 책봉을 받는 일이 빈번하였다. 천하를 분점하였던 다수의 황제의 등장으로 인해, 위진남북조 시기의 황제는 진·한과 같이 실제적으로도 이념적으로도 유일한 권력자가 될 수 없었고, 이 때문에 황제 지배체제와 종주권(宗主權)을 인정하는 형식이었던 책봉·조공제도도 원형대로 이루어질 수 없었다.

사실 책봉·조공관계로 구성된 국제관계란 일방적인 관계가 아니고 양자 관계라는 측면이 오히려 더 강하다. 조공의 경우에도 책봉국이 강제한 납부 형식이라기보다, 오히려 조공국이 경제적 이익을 더 얻을 수 있는 자발적인 측면이 있었다.

더욱 책봉·조공관계는 여러 층위를 갖고 있었다. 어느 정도 구속력을 갖는 전형적인 조공관계뿐만 아니라 교류를 위한 형식적인 관계도 있다. 조공하는 왕조로서는 국내 지배의 정통성을 보증받는 한편, 경제적 이익과 선진 문화를 흡수하는 창구로 활용할 수 있고, 때로는 외교관계의 안정과 평화를 보장받을 수 있다. 책봉하는 왕조에서는 이적(夷狄)도 귀의하다는 것을 내세움으로써 수명천자(受命天子)의 정통성이라는 명분을 얻어 대국(大國)으로서의 위신을 세울 수 있고, 또 변경의 평화를 얻을 수 있었을 것이다.

중원왕조가 책봉호(冊封號)를 통하여 피책봉국의 국제적 지위를 규정하거나, 피책봉국의 경우에도 책봉호를 통하여 자신의 국제적 위상을 확보한 것으로 보는 견해도 있다. 그러나 현재까지의 자료로 볼 때 피책봉국의 군주가 이 책봉호를 국제관계에 활용하거나 실제로 책봉호가 그러한 규정력을 갖고 있지는 않다는 지적이 타당하다. 결국 책봉·조공은 중국 왕조와 당사국 간의 문제이지, 동아시아의 여러 국가가 하나의 체제 안에 연관되어 있는 하나의 외교 질서로 보기는 어렵다.

조공이나 책봉이 효능을 발휘하려면 상대국이 그것을 인정하고 사용해야 하는 것이 필수 전제이다. 책봉을 행하는 중원왕조는 관작책봉이 동아시아 주변 국가에 '내신(內臣)' 지역과 다름없이 통용되기를 기대할 것이다. 아울러 책봉된 관작의 고하(高下)가 피책봉국의 현실적인 국제적 위상으로 작용하기를 기대할 것이다. 그러나 이러한 책봉관작 자체가 피책봉국의 국내에서도 거의 통용되지 않았을 뿐만 아니라, 중원왕조의 황제를 수장으로 하는 국제관계에서도 그 효능이 의심스러우며, 더욱 책봉국 스스로가 그러한 책봉 질서에 크게 구애되지 않았다는 지적이 있다. 이런 지적을 받아들인다면 책봉이란 피책봉국의 위상이나 실제 기능의 문제라기보다 책봉국의 희망과 이념에 불과할 뿐이라는 결론에 이르게 된다.

위진남북조시기는 대외적으로 책봉·조공관계가 제도화되는 시기로 평가된다. 중국적 질서가 붕괴되어 다원화된 외교 관계가 조성 유지되어야할 필요가 절실하던 위진남북조시기에 조공·책봉제도가 정립되었다는 점으로 볼 때, 다원적 외교 질서 자체가 책봉·조공의 진정한 의미가 아닐까 생각한다.

그럼에도 불구하고 책봉의 주체는 여전히 중원 왕조였으므로, 책봉 칭호는 중국식의 관작이 적용되었다. 이러한 책봉호의 의미에 대해서는 많은 연구가 있었지만 아직도 그리 선명하게 설명되지는 못하고 있다. 그 이유는 우선 책봉 관작이 시대에 따라 조금씩 변화되고 있기 때문인데, 그 변화의 원인은 중국 내에서의 관료제도의 변화와 연계되어 있다. 또한 상대 국가에 따라 칭호도 달랐기 때문이다. 특히 위진남북조처럼 중국의 여러 왕조가 각기 책봉을 행하였던 시기에는 더욱 복잡한 양상을 드러낸다.

한(漢)대의 책봉호는 주로 작위(爵位)를 위주로 하는 것으로서 왕(王)·후(侯)·선우(單于) 등을 사용하였으며, 간혹 한의 관직을 함께 책봉하는 경우도 있었다. 그러나 한 제국이 해체된 후 위진남북조라는 분열의 시기에는 책봉호에 많은 변화가 나타나면서 점차 제도화하였는데, 그 기본적인 형태는 '지절(持節)·도독(都督)·장군(將軍)·자사(刺史) / 태수(太守)·공(公)·왕(王)' 등으로 구성된 칭호였다. 각각의 관작은 모두 특정한 권리와 의미를 갖는데, 그 중 장군호가 피책봉자의 위계를 표시하는 성격을 갖고 있었다. 책봉 관작의 또 하나의 특징은 제군사(諸軍事)나 사지절(使持節) 등 본래 임시적·특권적 직무가 관직화된 것들이 많다는 점이다. 또한 '도독○제군사(都督某地諸

軍事)'에는 특정한 행정지역을 언급하고 있는데, 그 중에는 책봉국의 통제력이 미칠 수 없는 지역의 이미 존재하지 않는 주군명(州郡名)인 경우가 많았다.

그리고 주변 민족의 군장들에게도 내신과 다름없는 관작이나 지방관직을 수여하는 관례가 확립되었다. 즉 이 시기의 책봉호에는 '산기상시(散騎常侍)' '시중(侍中)' '개부의동삼사(開府儀同三司)' 등의 내신 관직이 제수되었는데, 이 역시 특별한 직사가 없는 가관(加官)이나 산계(散階)에 불과하며 명예직에 가까운 관직들이 많았다. 이러한 예들은 책봉호의 허구성을 잘 보여준다. 따라서 이들 책봉호가 갖는 특징은 본래 국내의 관리들에게 부여한 칭호를 외국의 군장들에게도 책봉호로 부여하였다는 점에 있다.

이와 같이 책봉호가 허구성을 갖고 있다고 하더라도, 한편으로 책봉호에는 다양한 국제관계의 성격이 반영되기도 하였다. 예컨데 삼국에게 주어진 칭호에서도 책봉국과 피책봉국과의 긴밀도를 살펴볼 수가 있다. 예를들어 남조의 양무제(梁武帝)는 고구려 및 백제의 왕에게 동시에 책봉을 하였는데, 백제왕에게는 '使持節 都督百濟諸軍事 寧東大將軍 百濟王'으로 책봉하고, 고구려왕에게는 '持節 督營平二州諸軍事 寧東將軍 高句麗王'을 제수하였다. 즉 고구려왕을 백제왕보다 한 등급씩 낮은 관직을 줌으로서 백제와의 우위를 표시하고자 하였다. 여기에는 남조 양(梁)과 백제는 지리적으로도 가까울 뿐만 아니라, 고구려가 이미 북위와 책봉·조공관계를 맺고 있는 상태였다는 점이 고려되었을 것이다. 책봉 관작은 양국간의 긴밀도나 중요도에 따라 승강(昇降)이 있었던 것이었다. 이것은 책봉·조공관계가 어디까지나 한쪽의 일방적인 권리나 의무를 기반으로 한 것이 아니라, 양자간의 협력을 전제로 해서 성립되는 것임을 드러내는 사례라고 생각한다.

책봉이 동아시아 국제관계에서 어느 정도 의미를 갖는 것은 분명하다. 우선 중국 왕조의 관작이 피책봉 국왕의 권위를 높여주어 국내 권력의 유지에 어느 정도 도움이 되었을 것으로 짐작된다. 또 장군호(將軍號)의 높고 낮음, 품작(品爵)의 상하는 당시 중원왕조를 중심으로 형성된 국제 사회에서 비교 우열의 기준이 되었고, 특정 지역의 패권을 두고 경쟁하는 나라들 사이에는 중요한 관심사가 되기도 하였다.

예를 들어 책봉의 품작은 삼국 가운데 경우 고구려가 제일 높았고, 이 점은 진(晉) 이래 중원왕조의 책봉 원칙이었던 같다. 수·당의 건국 초기에는 백제와 신라는 동등으로 하고, 고구려 다음에 병렬하였다. 즉 책봉 시에 품작의 고저가 나름으로 의미가 있었으니, 이것은 바로 당 조정 내의 조례 시에 각국 사신 간의 서열과도 관련이 있었다. 각국 사신 사이에 일어난 소위 '쟁장(爭長)'의 문제가 바로 그것이다.

그리고 역대로 고구려가 받은 책봉호가 가장 최고위인 예가 많았던 면이나, 아울러 동방 사회에 대한 대외업무를 관장하던 관직인 동이교위(東夷校尉)나 동이중랑장(東夷中郎將)을 수여받은 사실은, 북중국 왕조가 책봉호를 통해 고구려의 독자적 세력권을 인정한 결과이다. 특히 북위가 동방의 여러 나라로부터 조공을 받았으면서도 고구려 외에는 일체의 책봉이 없었다는 점을 고려하면, 북위와 고구려 사이에 이루어지는 책봉·조공관계가 오히려 고구려의 독자적인 세력권을 공인하는 성격임을 알 수 있다.

III. 1~4세기 동아시아 국제관계

1. 1~3세기 국제관계

4세기 이전 즉 한반도의 제종족과 국가들이 일련의 통합 과정을 거쳐 삼국과 가야로 정립되기 이전에는 중국 군현과 제국가간의 교섭과 충돌이 주류를 이루었다.

당시 한(漢)은 중국 군현을 매개로 하여 소국에 대한 기미외교정책을 관철시키고자 하였으며, 이에 대해 삼국은 중국 군현과의 항쟁을 통해 각각 소국의 통합을 달성하여 집권적 국가체제를 형성해 갔다. 그리고 그 결과는 중국 군현의 퇴출과 삼국의 정립으로 나타났다. 물론 삼국은 국가형성기의 여러 조건에 의하여 발전 단계를 달리하였으며, 이에 따라 고구려가 가장 일찍부터 중국 군현과 빈번한 충돌·교섭 관계를 가졌으며, 신라의 경우에는 4세기 말에 이르러 비로소 중원 왕조와의 교섭이 이루어졌다.

중국 군현을 매개로 한 중국의 동방 정책은 한반도·만주의 다수 소국에 대한 개별적인 의책(衣幘)·인수(印綬)의 사여를 통한 분리정책이었다. 그러나 고구려의 경우 기원 전후 시기부터 이러한 군현의 분열 정책을 극복하고 중앙권력을 강화시켜, 태조왕 대에는 중국 군현 및 요동지역에 대한 공세를 강화하였다. 태조왕대의 대중 교섭이 문헌사료에는 '조공'으로 표현되어 있으나, 이는 조공관계라기 보다는 요동진출에 따른 실리 확보를 위한 군사 외교적 성격을 갖는 것이다. 이후 공손씨 정권의 요동 장악으로 중단되었던 고구려의 대중 외교는 동천왕대에 들어 중국의 삼국분립기라는 국제정세의 변동을 배경으로 그 활동 폭이 확대되었다.

즉 위(魏)와의 교섭을 통해 공손씨 세력을 제거하고, 한편으로는 오(吳)와의 통교로 위의 요동 진출에 따른 위협을 완화시키고자 노력하였다. 그 뒤 동천왕대에 중국 군현에 대한 고구려의 공세는 관구검의 역공을 받아 실패하지만, 미천왕대에는 북방 유목족의 남하 및 진(晉) 세력의 후퇴라는 국제 정세를 배경으로 마침내 한반도에서 중국 군현을 퇴출 시키는데 성공하게 된다.

삼한(三韓)의 경우는 3세기까지도 중원왕조의 분열 정책이 일정한 효과를 거두었다. 그러나 마한의 주변 소국을 통합해 간 백제는 3세기 중엽에 이르러 비로소 중국 군현에 대해 적극적인 공세로 들어가게 되었으며, 이후 백제는 요동의 모용씨 세력 및 동진과 통교하는 등 동북아시아의 국제정세에 민감한 반응을 보이고 있다.

한편 신라는 중국 군현과 지리적으로 멀리 떨어져 있었기 때문에 교섭의 양상도 정치적 성격을 띠었다기 보다는 조공 무역의 형태로 전개된 것으로 보인다. 그러나 3세기 말 진한(辰韓) 제소국의 통합에 성공한 이후에는 서진(西晋)과 통교하는 등 국제무대에 등장하였다.

2. 4세기 국제관계

4세기는 동아시아 국제질서가 새로이 변동하는 시기였다. 중국 대륙에서 서진이 몰락하고 5호 16국시대가 전개되면서 중원왕조 중심의 국제질서가 무너지게 되었으며, 이러한 국제정세를 배경으로 동북아시아의 여러 국가 및 종족집단의 정치적 운동력이 확대되어 갔다. 이 과정에서 고구려가 만주와 한반도 북부를 통합하며 대표자로 성장하였고, 한반도에서는 백제와 신라, 가야 등이 국제질서의 주체로서 전면에 등장하였다. 일본열도에서도 독자적인 정치적 성장이 이루어지고 아울러 일본열도와 한반도와의 정치적 변동의 관련성이 깊어지게 되었다. 그리고 중원왕조가 추진해온 동방정책의 전진기지로서 낙랑군 등의 변군이 소멸되면서, 중국세력과 동북아의 여러 세력간에 직접적인 교섭이 이루어지면서, 이제는 국가 대 국가의 새로운 외교 교섭 단계로 접어 들어가게 되었다.

이 시기 동북아의 국제관계를 주도하는 존재는 고구려와 백제 및 전연(前燕)·후연(後燕)이었다. 요동지역을 놓고 쟁패를 벌이던 고구려와 전연, 후연 사이에는 외교와 전쟁의 국면이 반복 교차되었다. 342년에 전연의 대대적인 공세에 고구려는 수도 국내성이 함락되는 패배를 당하였다. 이후 전연이 멸망하는 370년까지 고구려와 전연 사이에는 별다른 충돌이 없었다. 이 기간 동안 고구려는 평양 일대의 경영에 주력하면서 한반도 내에서 남진의 기반을 구축하고 있었다.

뒤이어 고구려와 백제의 치열한 공방전이 지속되면서, 한반도 및 일본열도를 포괄하는 동북아시아에서 새로운 국제질서의 재편이 이루어지게 된 점이 주목된다.

먼저 고구려는 신라와의 연결을 적극 모색하였다. 377년과 381년에 고구려가 주선하여 신라가 전진(前秦)에 사신을 파견한 것이 좋은 예이다. 이후에 신라에 대한 고구려의 정치적 영향력이 강화되어 갔다. 광개토왕비에서 보듯이 가야와 왜의 공격을 받은 신라의 구원 요청으로 고구려의 5만 대군이 출병하면서 신라는 고구려의 세력권 아래에 들어갔고, 고구려는 신라의 실성왕과 눌지왕을 인질로 받아들이거나 귀국 후 이들의 즉위 과정에 개입하였다. 그리고 고구려군이 신라 왕경에 주군할 정도로 양국의 관계는 거의 신속의 수준으로까지 바뀌었다. 이와같은 고구려와 신라의 관계는 나제동맹이 맺어지는 430년대까지 지속되었다. 고구려가 신라에 대해 적극적인 영향력을 행사한 것은 당시 국제정세에서 백제·가야·왜의 연합세력을 견제하기 위한 전략이었다.

고구려는 광개토왕 즉위 전반기에 백제전에서 거듭된 승리를 거두면서 남방 전선을 안정시킨 뒤에 요동에서 후연의 공략에 나섰다. 그 결과 대체로 402년 이후에는 요동의 주요 거점을 고구려가 거의 장악한 것으로 보인다. 양국의 공방전은 407년 풍발(馮跋)의 구데타로 모용씨 왕실이 무너지고 북연(北燕)이 성립하면서 그치게 된다. 이후 요하 일대의 전선이 안정되면서 고구려는 요동 지역에 대한 완전한 장악과 지배를 이루게 되었다.

한편 백제는 360년대에 들어 외교활동을 활발하게 전개하였다. 근초고왕대의 대외교섭에서 가장 중요한 부분이 바로 가야 및 왜(倭)와의 교섭이었다. 3세기 후반에서 4세기 전반에 백제는 금강하구까지의 해상교역망을 개설하였고, 4세기 중반 근초고왕대에 들어 한반도 서남해안–남해안–일본열도로 이어지는 교역망을 다시 복구하였다.

이를 배경으로 근초고왕대 이후의 비약적인 성장이 가능했다. 4세기 중엽에 백제가 구축한 이러한 교역망 내지 정치·군사적 동맹관계는 5세기 전반까지 작동하였다. 물론 백제는 372년에 동진(東晋)과 외교관계를 맺고 근초고왕이 동진으로부터 책봉을 받았지만, 이후 백제와 동진이 맺은 공식적인 외교관계는 의례적인 수준에서 그리 벗어나지 않았다.

이와 같이 고구려와 백제는 각각 동북아시아에서 자신의 정치적 세력권과 대외 교섭망을 구축해갔으며, 이를 기반으로 양국은 한반도 내에서의 주도권을 둘러싸고 대결하였다. 이 양대 교섭망 내지 동맹축의 역사적 기원은 후한·위진대에 구축되었던 낙랑군에서 진한으로 이어지는 내륙교역망 및 대방군에서 마한·변한을 거쳐 왜로 이어지는 해상교역망으로 소급해 볼 수 있다. 물론 과거 후한·위진대에는 중국을 기점으로 낙랑·대방군을 중계지로 편성된 교역망이었지만, 4세기를 전후하여 고구려와 백제에 의해 복구된 교역망은 고구려·백제가 각각 자신을 기점 혹은 중심축으로 하여 새롭게 구성한 교역망인 동시에 정치적·군사적 동맹의 축이었다.

그런데 과거 4세기 초까지 낙랑·대방군을 중심축으로 하여 개설된 동질적인 두 개의 교역 루트가 그대로 유지되면서도, 이제는 서로 적대적인 대립의 축으로 변화한 것은 고구려와 백제의 국가적 성장 및 교역망의 장악에서 비롯한 결과이다. 여기에 4세기 중후반에 백제·고구려의 국가적 성장이 초래한 새로운 동북아시아의 국제질서의 재편이 갖는 역사적 의미가 있다.

IV. 5~6세기 동아시아 국제관계

1. 5세기 국제관계

420년 송(宋)의 건국, 427년 고구려의 평양 천도, 433·434년 백제와 신라의 동맹, 439년 북위의 화북지역 통일 등은 동북아시아에서 새로운 국제 환경의 변화를 상징하는 사건들이다. 130여 년이나 계속된 중국의 5호 16국시대는 막을 내리고, 북위가 가장 강력한 세력으로 등장하면서 새로운 국제질서가 성립하였다. 즉 가장 강력한 세력인 북위를 가운데 두고 중국의 남조 송(宋)와 북방의 유연(柔然) 및 서의 토욕혼(吐谷渾), 그리고 동의 고구려는 서로 연결을 꾀하며 북위를 포위 견제하는 한편, 각자 북위와 우호 관계 혹은 적대적 관계를 맺게 되었다. 그리고 이러한 제국가의 역관계에 의해 당시 동아시아 국제관계의 성격이 규정되었다. 한반도 내 삼국의 대외관계도 기본적으로는 이러한 당시 동아시아 국제관계로부터 일면 규정을 받으며 전개되고 있었다.

당시 동아시아 여러 국가 간에 맺어진 적대 관계의 중심축은 북위 대 남조국가, 북위 대 유연이었다. 특히 최강대국인 북위를 사이에 두고 남조 국가와 유연은 상호 연결하여 북위를 남북 양쪽에서 위협하였다. 북위와 남조 국가는 스스로 중화의 정통을 자처하며 중국의 통일을 지향하였기 때문에 치열한 상쟁이 그치지 않았다. 그러나 우월한 국력을 갖는 북위가 끝내 남조를 정복하지 못하였던 국제적 배경은 북쪽 유연의 위협 때문이었다. 이는 "유연을 꺾지 못하면 남적[南賊 : 남조]을 방어할 수 없다"는 북위의 인식에서 잘 엿볼 수 있다.

유연은 그 흥기 과정이 북위의 예속에서 벗어나기 위한 대결의 연속이었기 때문에 양국의 충돌은 끊임없이 일어났다. 특히 북위는 대남조 전략의 전제로서 유연의 정벌을 빈번히 수행하였으며, 때로는 상당한 성과를 거두기도 하였다. 그러나 남조 국가의 위협 때문에 결국 소기의 목적을 달성할 수는 없었다. 이처럼 이들 삼국 간에는 역관계의 연동성(連動性)을 바탕으로 세력 균형이 이루어졌다. 그리고 이러한 세력균형을 기본 축으로 5세기 동아시아의 국제질서가 안정적으로 유지될 수 있었던 것이다.

이와 같은 국제정세 속에서 동북아 방면에서 독자적인 세력권을 구축한 고구려는 이들 3국과 등거리 외교관계를 맺으며, 동아시아의 세력균형에 일조를 하고 있었다. 물론 고구려 대외정책의 기본 방향은 일차적으로 국경을 접하고 있는 강대국 북위에 대한 교섭과 견제였다. 그러면 고구려와 북위(北魏)의 관계를 살펴보자.

430년대에 들어서 북중국을 제압한 북위가 그 여세를 몰아 요서 지역의 북연(北燕)을 압박하기 시작하였다. 고구려는 북위의 동진(東進)에 대응하여 일단 435년에 북위에 사신을 파견하고 책봉을 받음으로써 외교관계를 열었다. 그러나 비교적 우호적인 관계에 있었던 북연이 북위에 밀리기 시작하자 큰 위협을 느끼고, 북연을 지원하며 북위의 동진에 적극적으로 대처해 갔다. 436년에 북위군이 북연의 수도 화룡성(和龍城)에 진군하자, 고구려 역시 수만의 군대를 보내어 북위군과 대치하면서, 북연왕 풍홍(馮弘)과 다수의 주민을 이끌고 회군하였다. 북위는 곧 풍홍의 송환을 요구하였으나 고구려가 이를 거절함으로써 양국 관계는 일촉즉발의 위기 상황에 이르렀다. 그러나 유연의 침입을 경계한 북위가 소극적인 자세를 취함으로써 군사적 대결은 피할 수 있었다.

그렇지만 고구려도 인접한 강국인 북위와 언제까지나 대립관계를 유지할 수는 없었다. 특히 427년의 평양천도 이후 고구려는 본격적인 남진 정책을 추진하고 있었기 때문에, 무엇보다 서변의 안정이 시급한 문제였다. 이에 고구려는 남조 송 및 유연과 연결하여 북위를 견제하는 한편, 직접적으로 북위와의 외교관계를 개선하는 데에도 힘을 기울였다. 462년에 고구려는 20여 년만에 다시 북위에 사신을 파견하였으며, 이후 양국의 관계는 급속도로 개선되었다.

그러나 양국 관계가 시종 우호적이고 순탄한 것 만은 아니었다. 466년에는 북위의 청혼을 고구려가 거절함으로써 양국 관계가 잠시 냉각되기도 하였다. 또 472년에 고구려의 남진에 위협을 느낀 백제가 북위에 청병을 요청하면서 양국간에 분쟁의 소지가 마련되기도 하였다. 물론 당시 북위는 고구려와 백제 사이의 분쟁에 개입할 의사는 없었으나, 백제에 사신을 파견하는 과정에서 고구려를 자극하였던 것이다. 또 고구려와 여러 차례 분쟁을 일으켰던 물길(勿吉)이 북위에 접근하자, 고구려는 이에 대해서도 예민하게 반응하였다.

북위의 입장에서도 마찬가지였다. 고구려가 송과 외교관계를 맺자 이에 노골적으로 불만을 터뜨리기도 하였으며, 479년에는 고구려가 유연과 합세하여 동북 내몽고 지역에 있던 지두우(地豆于)를 분할 점령하려고 하자, 이를 경계하기도 하였다. 이처럼 양국은 서로를 잠재적인 위협세력으로 여기고 있었으며, 상호 이해관계의 충돌의 계기도 적지 않았다.

그러나 양국이 모두 현실적으로 군사적인 대결 상대를 눈 앞에 둔 상황에서, 양국 간의 분쟁을 확대해 갈 수는 없는 노릇이었다. 특히 아래에서 살펴 보는 바와 같이 고구려가 북위의 주된 적대 세력인 남조국가 및 유연과의 연결을 도모하는 견제책을 구사하자, 적대세력으로 포위된 북위 역시 가급적 고구려와의 충돌을 피하려고 하였다. 따라서 양국은 서로의 세력권을 인정하며[7] 빈번한 사신 교환과 문물교류를 통해 당시 동아시아의 여러 국가 중 가장 우호적인 관계를 유지할 수 있었던 것이다.

한편 고구려는 북위에 대한 견제책으로 남조 국가와도 통교하였다. 송과는 북연왕 풍홍에 대한 지원 문제를 둘러싸고 한차례 군사적 충돌도 있었지만, 서로 북위의 위협 때문에 곧 관계를 개선하였다. 그 후 송은 북벌을 준비하면서 고구려에 전마를 요구하고, 이에 고구려도 439년에 말 800필을 보내기도 하였다. 고구려는 북위와의 관계가 개선된 뒤에도 북위에 대한 외교적 견제책으로 남조와의 교섭을 계속하였다.

고구려와 유연의 교섭은 언제부터 시작되었는지 구체적으로는 알 수 없으나, 아마도 고구려와 북위의 관계가 냉각 상태에 있었던 430년대 말에는 어떤 형태로든지 서로 간에 접촉이 있었을 것으로 짐작된다. 그 후 479년에 고구려와 유연이 연합하여 지두우(地豆于)의 분할을 시도한 것을 보면 이 시

7 북위 세종(世宗)이 고구려 사신에게 한 다음과 같은 말은 북위가 고구려 세력권을 인정하고 있음을 보여 준다. "고구려가 대대로 해외(海外)를 제압하고 구이(九夷)를 정벌해 왔다.… 그대의 군주에게 짐의 뜻을 전하여 위엄과 회유로 못된 무리를 멸하고 동방의 백성들을 편안케 하라."(『魏書』 권100, 高句麗傳)

기 양국은 우호적인 관계를 맺고 있음을 알 수 있다. 이러한 관계가 물론 북위에 대한 견제책이었음은 말할 것도 없다.

이와같은 고구려의 대외정책 속에서 당시 고구려와 동아시아의 제국가 사이에는 평화로운 관계가 유지되고 있었다. 즉 북중국의 국가와는 5세기 초에 후연과의 전쟁을 치룬 이후 598년 수와의 전쟁을 치루기까지 한차례의 전쟁도 없었고, 북방 유목국가와도 6세기 후반 돌궐과의 충돌이 일어나기까지 우호적인 관계를 지속하고 있었다.

이와 같은 동아시아의 국제 정세를 배경으로 동북아시아에서 중국세력이나 북방 유목세력의 영향력을 배제한 가운데 고구려는 남진정책과 독자적 세력권의 구축을 추구하였다. 즉 세력권의 외곽에 거란족와 말갈족의 일부를 거느리고, 지두우의 분할을 시도하며, 남실위(南室韋)에 철을 공급하면서 내몽고 동북부 지역에도 세력을 뻗쳤다. 또 한반도 내에서는 남진정책을 추진하여 백제를 압박하면서 한반도 중북부 일대를 차지하였고, 신라에도 정치적·군사적으로 커다란 영향력을 행사하고 있었던 것이다.

백제는 송 이래 남조국가들과 외교 교섭이 잦았지만, 이는 고구려를 견제하기 위한 외교전략은 아니다. 왜냐하면 북위를 견제하려는 남조의 입장에서는 백제보다는 고구려가 훨씬 유용한 외교적 파트너이기 때문이다. 그러한 점에서 중국 내의 세력관계가 동북아시아와 한반도의 삼국 관계에 개입될 여지는 거의 없었다.

한반도 내에서는 백제와 신라의 동맹이 국제정세의 주요 변수였다. 고구려의 남하에 의해 금관가야가 붕괴되면서 가야지역 내의 정세가 변화하고, 421년 이후 왜가 송과 직접 교섭함에 따라, 이제 4세기 이후에 구축된 백제 중심의 교역망과 동맹체제는 균열되었다. 이에 백제는 신라와의 동맹에 주력하였다. 신라 역시 고구려의 세력권으로부터 벗어나려는 노력을 기울이던 상황이었기에, 나제동맹은 쉽사리 이루어질 수 있었다. 특히 고구려의 군사적 남하 위협이 커져가면서, 나제동맹도 군사동맹으로 이어졌다.

434년의 나제동맹은 그 이전의 고구려와 백제를 양축으로 형성되었던 동맹 구도를 해체시키고 새롭게 국제질서를 재편한 계기가 되었다. 이 나제동맹은 교역망의 문제가 아니라 순전히 정치적·군사적 요인에 의하여 이루어진 결과로서, 이제는 국제질서를 규정하는 요인이 달라지고 있음을 보여준다. 이렇게 과거 고구려·백제 중심의 교역망과 동맹체계가 해체된 데에는 신라나 왜의 국가적 성장이 주된 요인이 되었다.

한편 백제-가야-왜, 고구려-신라라는 양대 교역망이 무너지면서, 가야·왜·신라는 새로운 교역망 내지는 교섭의 루트를 찾아야만 하였다. 이에 교역망의 중간 지대를 점하고 있던 가야지역을 둘러싸고, 백제는 물론 신라와 왜의 세력까지 집중되면서 5세기 가야 지역의 정치적 변동이 격렬해지게 되었다.

이렇게 5~6세기에는 만주·한반도·일본 지역의 국제관계가 중국의 남북조나 북방 유목세력의 국제관계와는 일정한 거리를 두고 전개되어 왔다. 물론 양 권역이 무관하다는 뜻은 아니고 상대적으로 세력변동의 연관성이 미약하였다.

한편 양 권역의 여러 국가 간의 교섭을 매개하는 외교형식은 주로 책봉·조공관계였다. 고구려는 북중국을 통일한 북위와 교섭관계를 맺는 한편으로 북위를 견제하기 위한 외교 전략으로 남조와의 교섭을 적극 모색하였다. 북위 역시 배후의 안정이라는 면에서 고구려와 우호관계를 유지하고 있고, 중국 남조의 입장도 북위를 견제한다는 측면에서 고구려와 외교적 이해가 일치하고 있었다. 백제도 남조와 교섭하고 있으나 그 성격은 고구려와 전혀 다르며, 오히려 백제는 대고구려전략을 위해 왜나 신라와의 교섭에 힘을 기울였다. 그리고 왜 역시 5세기에 들어서는 백제 외에 남조와 직접 교섭관계를 맺기 시작하였다. 5세기 중반 이후 고구려와 백제 이외에 신라·가야·왜

등의 국가적 성장으로 동북아의 국제질서는 더욱 다원화되었으며, 이에 따라 동북아에서 중국의 책봉·조공체제가 갖는 국제질서 상의 의미가 상대적으로 높아지게 되었던 것이다.

고구려·백제 등 동북아의 제국가가 중국의 제왕조와 맺고 있는 책봉·조공관계는 외교 관계의 한 형식으로서 일정한 보편성을 갖고 있다고 하더라도, 그 구체적인 면에서는 다양한 층위와 내용으로 구성되어 있다. 책봉이나 조공이 갖는 현실적인 기능도 서로 다르고, 이에 따라 책봉·조공관계에 대한 서로의 인식도 차별적이었다. 그리고 그러한 차별적 인식을 전제로 남북조시기의 책봉·조공이란 외교형식이 전개되고 있었으며, 그 내용은 피책봉국의 자립성과 독자성에 대한 남북조 왕조의 용인이었다. 남북조시기는 중원 왕조가 분열됨으로써 주변의 제국가, 즉 피책봉국이자 조공국의 주체적 입장이 책봉·조공관계에서 보다 강하게 드러나는 시기였다.

2. 6세기 국제정세 변동

5세기 이래의 안정적인 동아시아의 국제질서는 6세기 이후 서서히 변동하기 시작하였다. 그 변화는 먼저 북위의 분열로 시작되었다. 494년에 낙양 천도 이후 북위 조정은 급속한 한화정책을 추진해 갔고, 이에 따라 북쪽 변경의 선비족 출신의 무인 귀족들은 그 지위가 상대적으로 떨어지게 되면서 조정에 대해 큰 불만을 품고 있었다. 그러다가 523년 옥야진(沃野鎭)에서의 반란을 시작으로 하여 북위의 지배를 받던 변방의 이민족과 연결되어 서북의 6개 군진에서 모두 반란을 일으켰다. 이 반란은 곧 진압되었으나, 뒤이어 528년 이후에는 궁정 내부의 권력투쟁이 지방 장군들의 무력과 연결되어 광범위한 내란으로 확대되었고, 그 결과 북위는 동위(東魏)와 서위(西魏)로 분열되었다. 즉 534년에 고환(高歡)은 스스로 효정제를 세워 정권을 장악하고 업성으로 천도하여 동위를 세웠고, 535년에는 우문태(宇文泰)가 장안(長安)으로 피신하고 있었던 효문제를 독살하고 문제를 즉위시켜 장안에서 서위를 세웠던 것이다. 따라서 비록 북위의 왕조는 2개의 정권으로 나뉘어 근근히 유지되고 있었지만, 정치적 실권은 고씨와 우문씨 양대 군사 집단이 차지하게 되었다.

이 시기 가장 강대한 세력인 북위의 내분은 곧 동아시아의 국제질서에 큰 영향을 주었다. 먼저 남조의 양(梁)은 북위의 내분을 이용하여 524년과 526년에 북벌을 감행하였다. 그리하여 526년의 정벌에서는 요충지인 수양(壽陽)을 회복하여 회하일대를 차지하는 성과를 거두었다. 이어 529년에 다시 북벌을 시도하여 낙양을 점령하는 등 한때 남북조의 세력균형을 깨뜨리는 형세를 조성하기도 하였으나, 곧 패퇴하고 말았다. 또 547년에는 동위로부터 투항해 온 후경(侯景)의 세력을 이용하여 북진을 도모하려다가, 거꾸로 후경의 역공을 받아 수도 건강(建康)이 함락되는 등 수년간 혼란에 빠졌다. 오히려 양은 후경의 난을 틈탄 동위와 서위의 공격을 받아 익주와 양양지역을 서위에게 빼앗기고, 회남의 땅을 동위에게 점령당하여 그 세력이 크게 약화되고 말았다.

그런데 550년에 고환의 아들 고양(高洋)은 동위의 효정제를 폐하고 북제(北齊)를 세웠고, 서위에서도 557년에 우문태의 아들 우문각(宇文覺)이 자립하여 북주(北周)를 세웠다. 이후 북제와 북주는 남북으로 흐르는 황하를 경계로 동서로 나뉘어 상쟁하였다. 그리고 양에서도 북제의 침공을 격파한 진패선(陳霸先)이 556년에 양의 경제를 폐위하고 자립하여 진(陳)을 건국하였다. 그러나 후경의 난 이후 북주나 북제에게 양자강 이북의 땅을 대부분 빼앗긴 상태였기 때문에 진의 영역은 양자강 이남의 일부지역에 국한되었고, 또 각

지의 무장세력이 항상 내전을 일으켜 정국이 매우 불안정하였기 때문에 북조의 공격에 저항할 힘을 잃고 있었다. 이리하여 북위의 분열에도 불구하고 중국 대륙은 다시금 북제·북주·진의 3국 간의 세력균형이 이루어졌다.

한편 북방의 유연은 북위의 내분을 틈타 점차 강성해져 갔다. 동위와 서위 및 이를 계승한 북주와 북제는 상대를 제압하기 위하여 서로 유연의 힘을 빌리려고 경쟁하는 형편이 되었고, 유연은 이러한 역관계를 이용하면서 자기 세력을 키워 갔다.

그런데 6세기 중반에 들어서면서 몽고 고원에도 세력 교체가 일어나고 있었다. 552년에 신흥 돌궐(突厥)이 유연을 격파하고 몽고고원의 새로운 주인으로 등장한 것이다. 돌궐은 본래 흉노족의 일부로 알타이산 남쪽에서 유목하면서 유연의 지배를 받고 있었는데, 6세기 중엽 이후 점차 강성해져서 아사나토문(阿史那土門)이 유연을 대파하고 돌궐국을 건설하였다. 이후로 돌궐은 끊임없이 세력을 확장하여 점차 동쪽으로 밀려왔다.

일찍부터 몽고고원의 세력과 관계를 맺으면서 북위를 견제하였던 고구려로서는 이러한 세력 교체를 예의 주시하였다. 특히 돌궐에 의해 격파된 유연의 남은 무리들이 남쪽으로 이동해 오면서 요하 상류의 거란족 지역과 북제의 북경에 연쇄적인 파동이 일어나게 되고, 이에 따른 무력 충돌과 군사적 동원이 빈번해지면서, 이 지역 일대에 깊은 이해관계를 갖고 있던 고구려는 돌궐의 동향을 주목하지 않을 수 없었던 것이다. 더욱 돌궐의 동진이 계속되어 흥안령을 넘어 거란족과 말갈족에 그 세력이 미치고, 심지어 고구려 국경을 침범하는 사태에 이르자, 이후 고구려는 돌궐과 치열하게 대립하게 되었다.

한편 북제와 북주의 등장으로 북중국과 북방지역에서 정세변화가 일어났다. 552년에 북제는 고막해(庫莫奚)의 정벌끝에 문선제(文宣帝)가 영주(營州)에 머물며 고구려에 사신을 보내어 북위 말기의 혼란기에 고구려로 이주하였던 유민 5천호를 쇄환해 갔다. 이듬해에도 북제의 문선제는 거란족에 대한 대규모 친정을 감행하면서 요서의 창려성까지 직접 순행하였다.

이러한 북제와의 긴장도 남조인 진과의 연결을 적극적으로 꾀함으로서 어느 정도 세력 균형을 되찾을 수 있었다. 552년 이후 북제가 망할 때까지 25년 동안 고구려는 북제에 4차례 입공한 데 비하여, 진에는 5차례나 사신을 파견하였다. 특히 565년 북제와 신라가 외교관계를 맺은 후부터는 북제와의 관계를 끊고 진과의 관계에 주력하였다. 이러한 고구려의 대외 정책과 근본적으로는 북제를 포함한 대륙정세의 변화 속에서 고구려와 북제 간에도 평온이 유지될 수 있었다.

그리고 한반도 내에서도 급격한 국제정세의 변동이 일어났다. 즉 551년에는 고구려의 내분을 포착한 백제와 신라의 연합군에게 한강 유역을 빼앗기게 되어 한반도에서의 고구려의 주도권이 크게 위협을 받게 되었다. 그러나 553년에 신라가 백제가 되찾은 한강 하류지역을 기습공격하여 이를 독차지하고, 이듬해에는 관산성 전투에서 백제군을 대파하고 성왕을 전사시킴으로써, 백제와 신라의 동맹관계가 깨졌다. 이후 백제와 신라 사이의 상쟁이 치열해졌다.

그러면 6세기 중반의 국제 정세의 변동 속에서 백제와 신라는 어떻게 대응하고 있었을까? 백제는 전통적으로 남조와 밀접한 외교관계를 맺고 있었다. 그런데 이례적으로 570년에는 북제와, 577년에는 북주와 각각 외교관계를 맺었다. 이는 고구려와 우호적인 관계를 유지하였던 북위가 무너지고 북제·북주가 등장하면서 고구려와 대립하게 되자, 이들 북조 국가와의 연결을 모색하여 고구려를 견제하려는 외교 전략으로 보인다. 또 544년의 관산성(管山城) 패전 이후 적대관계로 돌아선 신라가 564년에 북제와 외교관계를 맺자, 이를 외교적으로 견제하려는 측면도 있었을 것이다.

한편 신라도 한강유역을 차지한 후 적극적으로 중국의 제국가와 외교 활동을 전개하고 있었다. 이 무렵 신라는 북제와도 외교관계를 맺고 있었으나, 그 보다는 남조인 진과 활발한 교섭을 맺고 있었다. 이 역시 백제를 견제하려는 외교 정책이었을 것이다. 당시 신라는 고구려와는 별다른 충돌이 없었기 때문에, 대고구려 견제책으로서 북제 등의 북조 국가와의 교섭에는 소극적이었다.

V. 7세기 동아시아 국제관계

7세기는 5세기 이래의 동아시아 국제질서가 새로이 재편되는 시기였다. 그 재편의 과정에서 한반도와 만주에서는 고구려와 백제가 멸망하였고, 신라가 한반도의 통일국가로 성장하였으며, 만주에서는 발해(渤海)가 성립하였다. 이러한 변화는 중국을 중심으로하는 동아시아 국제질서의 재편과정에서 나타난 것이었다. 당시 동북아시아에서 변동의 중심축은 중국왕조와 고구려였는데, 국제질서 변동의 결과 중심축의 하나인 고구려가 소멸되었다는 것은 곧 그 변동과 재편의 진폭이 얼마나 큰 것이었는지를 짐작케 한다.

1. 수나라의 등장과 국제정세의 변동

7세기에 본격화된 동아시아 국제질서의 변동은 수의 등장으로 시작되었다. 534년에 북위가 동위와 서위로 분열된 후 북중국에서의 상쟁은 북제와 북주의 다툼으로 이어지다가 575년에 북주가 북제를 정복함으로써 종식되었다. 북주에 의한 북중국의 통일로 다시금 동아시아의 정세는 변동이 예상되었다. 그런데 북주 내부에서 정권의 교체가 일어났다. 581년에 양견(楊堅)이 한족 관료들의 지지 위에서 북주 정권을 탈취하여 수(隋)를 건국하였다.

문제(文帝)는 즉위한 후 인심을 수습하고 통치기반을 다지기 위하여 부역을 경감하고 법령을 간소화하였으며 여러 제도를 정비하였다. 이러한 체제 정비에 따라 수의 국력은 급속히 강해졌으며, 이는 곧 대외적인 팽창으로 이어졌다. 588년에 수문제는 강남을 통일하기 위하여 50여 만명의 대군을 출동시켜 이듬해 진을 정복하였다. 수에 의한 진의 병합은 당시의 국제질서에 커다란 파장을 불러 일으켰다. 중국 세력이 통일되어 그 강력한 힘이 외부로 뻗쳐나갈 경우, 이제까지의 다원적인 국제질서는 급속히 변동될 수 밖에 없기 때문이다.

588년 수에 의한 중국의 통일은 주변 여러 나라를 긴장시켰다. 수 건국 초기에 한때 수와 충돌하던 토욕혼은 진의 멸망 소식을 접하자, 먼 지역으로 중심지를 옮기고 조공을 바치면서 수와 우호적인 관계를 유지하기 위해 노력하였다. 그러나 토욕혼은 실크로드를 장악하고 있는 서방의 요충이기 때문에, 이 지역에 대한 수의 관심에서 벗어날 수 없었고, 609년 수양제의 정벌로 토욕혼은 수에 복속되고 말았다.

또 중국의 최대 적대세력인 북아시아 초원세력인 돌궐도 수의 위협을 받게 되었다. 돌궐은 등장 이후 북주와 북제의 대립·상쟁을 이용하여 급속히 세력을 키워갔다. 그 후 북주가 북중국을 통일한 후에도 돌궐은 북주에 대한 군사적 압력을 늦추지 않았으며, 이에 북주는 579년에 천금공주(千金公主)를 타발가한(他鉢可汗)에게 시집보내는 등 돌궐과 우호관계를 맺기에 급급한 실정이었다.

그러나 수는 건국 후부터 돌궐에 대하여 강경책을 구사하였다. 수는 581년에 북방에 장성을 축조하여 돌궐의 침입에 대비하는 한편 돌궐의 사발략가한(沙鉢略可汗)을 무시하는 태도를 보였다. 수의 예우에 분노한 사발략가한은 영주자사 고보녕(高寶寧)과 통모하여 582년과 583년에 거듭 수를 침공하였으나 격퇴되고 말았다. 그런데 당시 돌궐 내부에서는 소가한(小可汗)들의 분열과 권력 투쟁이 전개되고 있었다. 이러한 돌궐의 내분을 이용한 수의 이간책이 주효하여 결국 583년에는 동돌궐과 서돌궐로 분열되었고, 수는 동돌궐을 공격하였다. 세력이 급격히 위축된 동돌궐은 결국 수에 칭신하며 조공을 바치게 되었다.

이후에도 돌궐에 대한 수의 이간책은 계속되어, 수는 사발략가한의 아들인 도람가한(都藍可汗)에 대항하는 계민가한(啓民可汗)을 적극 지원하였으며 결국 도람가한 세력은 자멸하고 말았으며, 599년에는 서돌궐에 쫓긴 계민가한이 수에 내항하였다. 이에 다시 동돌궐에 대한 대규모 정벌을 시도하여 내몽고 사막으로 내쫓았으며, 내항한 동돌궐 잔여세력을 복속시켰다.

이렇게 수는 건국 이후 서역의 토욕혼과 북방의 돌궐에 대한 적절한 대응책으로 그리 대외적인 어려움을 겪지는 않았다. 599년에 동돌궐을 복속시킨 이후에는 현실적으로 대외적인 두통거리는 거의 사라진 셈이다.

그리고 한반도의 경우 백제와 신라의 존재는 처음부터 수의 관심 밖이었다. 백제는 581년 수의 건국 직후에 사신을 파견하였으며, 수가 진을 병합한 후에는 적극적으로 수와의 교섭을 모색하고자 노력하였다. 예컨데 수가 중국을 통일한 해에 수의 군선이 백제의 탐모라국(耽牟羅國)에 표류하자, 백제는 이를 정중히 수에 송환하고 이와 함께 진의 병합을 축하하는 사절을 파견하였던 것이다. 이에 수는 백제에 대해 매년의 입공을 면제해 주겠다는 등 유연한 자세를 보였는데, 이는 후술하듯이 고구려에 대해 수 문제의 국서를 보내어 번신(蕃臣)의 절차를 지키지 않는다고 비난하였던 강경한 자세와 비교된다. 한편 신라는 594년에야 처음으로 수와 외교관계를 맺었으나, 고구려의 대신라 공세가 강화되면서 611년에 걸사표를 보내는 등 수와의 교섭에 적극적으로 나섰다.

이와같이 수왕조에 의해 중국과 북방세력이 통합되고, 또한 한반도의 백제와 신라도 수왕조의 구심력을 좇아 수와 연결됨으로써 삼국 간의 상쟁에 중국세력이 침투할 가능성도 높아졌다. 물론 수대에는 이러한 현상이 표면화되지는 않았다. 백제와 신라가 수왕조와의 교섭에 적극적이었던 것과는 달리, 수는 백제나 신라를 대고구려정책에 이용하려는 외교 전략을 구사하지는 않았기 때문이다. 이는 무엇보다 백제와 신라가 지리적으로 수와 국경을 접하고 있지 않아 현실적인 위협이 되지 않은 점이 주된 이유겠지만, 북조의 전통을 계승한 수왕조로서는 과거 북조와 교섭이 적었던 백제나 신라에 대해 기본적인 인식이 마련되지 않았던 점도 작용하였을 것이다.

수에 의한 중원의 통일로 이제까지 남북조의 분열구조 위에서 전개하여 온 고구려의 외교 전략은 깨지게 되었다. 고구려는 곧바로 수의 침입에 대한 군사적 대비를 갖추는 한편 전통적인 외교 방식인 조공·책봉제에 의한 외교 교섭도 재개하였다. 그러나 590년에 고구려에 보낸 수 문제(文帝)의 국서는 고구려에 대한 수의 변화된 인식을 잘 보여준다. 즉 피책봉국으로서의 고구려의 태도에 대한 수의 불만을 거론하고 있는데,[8] 이는 남북조시기의 책

8 "왕은 해마다 사신을 보내와 조공을 바치며 번부(藩附)라고 일컫기는 하지만 성의를 다하지 않고 있소. (중략) 번신의 예절을 지키고 조정의 정전(正典)을 받들어 스스로 그대 나라를 교화시키고 남의 나라를 거스리지 않는다면, 길이 부귀를 누릴 것이며, 진실로 짐의 마음에 드는 일이오(하략)."(『隋書』 권81, 高麗傳)

봉·조공관계와는 다른 새로운 책봉·조공관계를 설정하려는 수의 입장을 드러내는 것이다.

사실 남북조와 고구려·백제가 맺고 있는 책봉·조공관계는 외교형식상 일정한 보편성을 갖고 있다고 하더라도, 그 구체적인 내용에서는 다양한 층위와 내용을 갖고 있었다. 그것은 책봉국과 피책봉국의 상호관계만이 아니라 책봉국과 피책봉국 각각이 갖는 서로 다른 전략과 인식에 의해 규정된 결과였다. 고구려의 경우 남북조 양국과 모두 책봉·조공관계를 맺게 되지만, 그 내용에는 상당한 차이가 있다. 특히 고구려는 북위에 대해 당시 유례를 찾기 어려울 정도로 지속적인 조공관계를 유지하지만, 조공을 국가간 신속관계로 인정하지는 않았다. 북위에서도 이러한 고구려의 태도를 받아들이지 않을 수 없었으며, 특히 동북방에서 고구려에게만 책봉호를 주었는데, 이는 곧 고구려 세력권을 보장하는 의미를 갖는 것이었다.

그러나 중원의 통일세력으로서의 수왕조는 지금까지와는 다른 국제질서를 요구하였다. 특히 수왕조가 삼국의 왕에게 부여한 책봉호의 구성을 보면 남북조 시대에 주변 제국가의 현실적 지배력을 상호 인정하던 책봉·조공관계의 성격이 변모하였을 가능성을 시사한다.[9] 그것은 바로 중국중심의 일원적 국제질서의 수립이었다.

따라서 수왕조가 책봉·조공이라는 형식을 통하여 관철하려는 세계질서는 기존에 고구려나 백제가 갖고 있던 책봉·조공관과는 현저히 달라진 셈

9 수가 건국 직후 주변국에 수여한 책봉호의 구성을 보면, 고구려 평원왕은 '大將軍·遼東郡公', 백제 위덕왕은 '上開府儀同三司·帶方郡公' 이라는 책봉호를 각각 수여 받았다. 隋가 백제나 고구려에 수여한 책봉호는 훈관과 작호로 구성되어 있을 뿐, 남북조시대 내내 책봉호의 구성요소였던, 군사권의 위상과 범위를 나타내는 持節號·將軍號·都督諸軍事號 등은 보이지 않으며, 특히 고구려의 경우 독자 세력권을 상징하는 東夷校尉를 수여받지 못하였다. 이러한 현상에 보듯이 조공·책봉제를 둘러싸고 고구려와 수의 입장의 차이가 나타나고 있다.

이다. 여기서 이념적으로 고구려와 수의 정면충돌이 예상된다. 하지만 남북조 시기의 책봉·조공질서에 본격적으로 참여하지 못하였던 신라의 경우에는 이 당시에 형성된 기왕의 조공·책봉 관계에 대한 독자의 전략이나 인식이 결여되어 있었을 것이다. 이러한 점이 신라가 수나 당이 요구하는 중국 중심의 일원적 책봉·조공관이나 국제질서를 손쉽게 받아들이는 배경이 되었을 것이다.

한편 고구려는 다시금 동북아시아 지역에서의 패권과 세력권의 재건을 도모하고 있었다. 수의 공격을 받은 돌궐 세력이 약화되자, 요해(遼海) 지역의 거란·말갈에 대해 세력 침투를 꾀하였으며, 한반도 내에서는 한강유역을 되찾기 위해 신라에 대한 공세를 강화하였다. 그중에서도 요해 지역을 둘러싸고 수와 고구려의 갈등이 증폭될 가능성이 높아졌다.

요해지역이 동북아시아의 화약고와 같은 상황으로 바뀐 것도 6세기 중반 국제정세 변동의 결과였다. 552년 돌궐에 의해 격파된 유연의 잔여세력이 동진 남하하여 요하상류의 거란족을 압박하게 되면서 이 일대와 북제(北齊)의 북쪽 국경에 연쇄적인 파동이 일어나게 되었다. 이에 553년 북제의 문선제는 거란족에 대한 대규모 친정을 감행하여 거란을 대파하여 10만여 명의 포로를 잡고, 이어서 요하 가까이 창려성(昌黎城)까지 순수하며 요해일대를 진동시켰다. 물론 북제의 이 지역 진출은 북주 및 돌궐과의 대결 때문에 단기간에 그쳤지만, 이로 인해 한때 고구려와 북제의 긴장감이 높아지기도 하였다.

그 뒤를 이어 요해일대에 세력을 뻗쳐온 것이 돌궐이었다. 돌궐의 요해지역 진출은 6세기 중엽에서 말엽까지 광범위하고 지속적으로 전개되었다. 북제의 공격으로 큰 타격을 받은 거란은 이어 돌궐의 세력이 거듭 요해 지역으로 미쳐오자 그 세력이 크게 위축되면서, 돌궐의 압력을 피하려는 그 일부 세력이 고구려로 귀부해 왔다. 이를 계기로 고구려는 한때 주춤하였던 요해 일대의 경영에 적극적으로 나서면서, 580년을 전후한 무렵에는 돌궐의 이계찰(利稽察) 병단을 격파하는 등 돌궐과 충돌하게 되었다.[10] 돌궐 역시 지방관인 토둔(吐屯)을 거란에 설치하는 등 이 지역에 대한 세력확대를 늦추지 않았다.

고구려와 돌궐의 충돌은 말갈에 대한 지배권을 둘러싸고도 전개되었다. 6세기 중엽 이후 물길 세력이 약화되면서, 북송화강 유역에 거주하던 속말말갈(粟末靺鞨)이 두각을 나타냈다. 이 때 돌궐은 속말말갈을 지원하여 고구려 변경을 침입케 하는 한편 중국에 대한 조공 루트도 제공하였다. 또 돌궐은 속말말갈 북쪽의 실위(室韋)에도 세력을 뻗쳐 그 지역에 토둔을 설치하면서 고구려의 서북지역에 압력을 가하였다. 실위는 일찌기 고구려가 철을 수출하면서 영향력을 행사하던 지역이었다.

이에 고구려도 돌궐이 수에 격파되어 세력이 약화된 583년 이후에는 부여성 일대를 거점으로 송화강 유역으로 세력 부식을 꾀하면서 속말말갈 지역으로 진출하였다. 그 결과 고구려에 대항하던 돌지계(突地稽)가 속말말갈의 일부 세력을 이끌고 유성(柳城 : 요녕성 조양)일대까지 내려와 수에 투항하게 되었다.

이와 같이 거란과 말갈에 대한 지배권을 놓고 고구려와 돌궐이 각축을 벌이고 있을 때, 수왕조도 서서히 이 지역으로 세력을 확대해 왔다. 수는

10 고구려와 돌궐의 충돌을 처음 전하는 기사는 『삼국사기』 고구려본기 양원왕 7년(551) 추9월조의 "돌궐이 쳐들어와 신성(新城)을 포위하였으나 이기지 못하고, 군대를 옮겨 백암성(白巖城)을 공격하였다, 왕이 장군 고흘(高紇)에게 1만 군대를 보내어 이를 막게 하였다."라는 기사이다. 요동일대에서 고구려와 돌궐세력의 충돌을 전하는 이 기사는 다른 문헌에는 전혀 전하지 않는 고구려 독자의 전승자료에 의거한 것이다. 다만 충돌사건이 일어난 시기가 양원왕 7년(551년)인지는 의문이다. 왜냐하면 돌궐이 유연으로부터 독립한 것은 552년 이후이며, 돌궐이 동몽골지역 일대에 있던 거란을 지배하기 시작한 때가 555~557년 경이기 때문에, 요동일대에서 돌궐과 고구려의 군사적인 충돌은 빨라야 555년 무렵이라고 볼 수 있을 것이다.

582년에 요서 지역에서 반독립적인 세력을 형성하고 있던 고보령(高寶寧) 세력을 복속시키면서 요해 일대에 점차 세력을 부식시키기 시작하였다. 특히 583년에 돌궐이 동돌궐과 서돌궐로 분열되어 세력이 약화되자, 이듬해인 584년에 그때까지 돌궐의 지배하에 있던 거란의 일부 세력이 586년에 고구려를 등지고 수에 귀부하는 사태가 벌어졌으며, 수 문제 말기에도 4천여 가의 거란 세력이 돌궐의 세력권을 이탈하여 수에 귀속하였다. 이처럼 고구려와 돌궐을 뒤이어 수의 세력이 거란 지역에 미치게 됨에 따라 거란 내부에는 이들 세 세력과 연결되어 서로 상쟁이 일어나기까지 하였다.

이처럼 584~586년경에 고구려의 지배를 받고 있던 속말말갈의 돌지계 집단 등이 수로 귀부하고 584년에는 거란의 중심세력이 돌궐의 지배를 이탈하여 수로 귀부해 간 배경은 요해지역에서 수의 영향력이 증대되어 간 결과였다. 수왕조 초기에 이 지역에서 수의 세력확대에 힘을 쓴 자는 위예(韋藝)·위충(韋忠) 형제였다. 특히 위예는 영주총관으로 있으면서 북방민족과의 교역을 통해 경제적 부를 축적하기까지 하였다. 이는 요해지역을 둘러싼 쟁탈이 정치·군사적인 요인만이 아닌 경제적인 이득과 연관되었음을 보여주는 증거이다. 595년에 위예가 죽자 그 뒤를 이어 동생인 위충이 영주총관이 되었는데, 그도 역시 말갈·거란을 회유 위무하여 이를 복속하고, 보다 적극적으로 요해 일대에 세력을 확대해 갔다. 더욱 593년에는 거란[契丹]·해(奚)·실위(室韋) 등 북방민족이 수에 사신을 보내는 등 수의 영향력이 날로 증대되어 갔다.

이 과정에서 고구려와 수 사이에 충돌이 잦아진 듯하다. 590년에 고구려에 보낸 수 문제의 국서에서도 잘 나타나듯이 수는 이 지역의 거란·말갈족에 대한 고구려의 세력 침투를 경계하고 있었다. 반대로 고구려로서도 당시 위충 등의 활동으로 인한 이 지역에서의 수의 세력 확대에 상당한 위협을 느꼈을 것이다.

이처럼 거란·말갈에 대한 지배권 다툼이 계속되면서 고구려와 수 사이에는 소규모 군사 충돌이 거듭되었다. 영양왕의 요서 출격이 있던 전 해에도 이미 양국 사이에는 군사적 충돌이 있었다. 598년의 고구려의 요서 공격은 이러한 충돌 과정에서 나타난 것이었다. 특히 영양왕은 요서 공격시에 말갈군을 동원하였는데, 이때의 말갈은 돌지계의 이탈 이후 고구려에 복속한 속말말갈임에 틀림없다. 이 전투는 그동안 말갈과 거란을 둘러싸고 전개되었던 양국 간의 쟁탈전을 상징적으로 보여주는 사건이다.

이에 대응한 수의 1차 침공 이후에도 고구려는 요해지역으로의 세력 확대를 늦추지 않고 있었다. 605년에는 거란이 요서의 영주(營州)를 침공하였는데, 이는 거란에 대한 고구려의 영향력 강화와 무관하지 않으리라고 생각된다. 이때 수는 돌궐군을 동원하여 거란을 제압하였는데, 이 사건 역시 돌궐, 거란 등과 연결된 요해 지역 주도권 다툼의 결과였다.

한편 고구려는 수의 위협에 대한 대응책으로서 5세기 이래의 세력권을 회복, 재구축하려고 시도하면서 다양한 외교 전략을 구사하였다. 하나는 한반도의 백제와 신라에 대한 군사적인 공세이며, 다른 하나는 수를 견제하기 위한 왜와 돌궐에 대한 동맹을 위한 교섭이었다.

우선 한반도 내의 정세를 보면, 고구려의 군사적인 압박으로 백제와 신라는 다시금 대수 교섭에 나서게 되었다. 백제는 607년과 611년에 수에 사신을 보내어 고구려 정벌을 요청하였으며, 신라 역시 611년에 수에 청병 사절을 보냈다. 이에 수는 백제에 사신을 보내어 고구려 정벌을 알리고, 613년에는 신라에도 사신을 보낸 바 있다. 이러한 수의 대응이 고구려 정벌에 백제나 신라를 동원하려는 외교전략으로 보이지는 않지만, 삼국간의 충돌에 중원 세력이 개입할 가능성을 보여 주었다는 점에서 주목된다.

다음 고구려의 대돌궐과 대왜 교섭 전략을 살펴보자. 특히 고구려는 왜와의 외교관계에 적극적이었는데, 570년(영양왕 원년)부터 여러 차례 왜에 사신을 파견하였으나, 당시 왜정권이 고구려와의 관계개선에 신중한 태도를 취하고 있어 교섭의 지속에 실패하였다. 당시 고구려가 왜와의 교섭에 관심을 기울인 배경은 한반도 내에서 신라의 세력이 팽창하고 있던 정세 변화 때문이었다. 즉 신라를 견제하기 위해 그 배후에서 신라를 견제할 수 있는 왜와의 관계를 개선하고자 한 것으로 짐작된다.

고구려와 왜가 본격적인 교섭을 재개하는 시점은 595년이다. 이후 영양왕대에는 왜와의 인적·물적 교류가 현저하였다. 이렇게 고구려와 수 사이에 긴장 관계가 계속되는 601~615년 기간에 고구려와 왜의 교섭이 증대하고 있음은 고구려의 대왜 교섭이 대수 전략과 밀접히 연관되어 있음을 시사한다. 특히 성덕태자의 스승이었던 고구려 승려 혜자(慧慈)는 595년부터 20년간 왜에서 활동하면서 고구려의 대왜 외교에서 중요한 역할을 하였다. 그 결과 수의 고구려 정벌의 의중을 탐색하려는 목적에서 4차례에 걸쳐 왜의 사신이 수에 파견되었는데, 특히 607년에는 "해뜨는 곳의 천자가 해지는 곳의 천자에게 보낸다(日出處天子致書日沒處天子)"라는 왜왕의 국서가 수에 보내지게 되었다. 이 국서 사건은 왜를 통하여 수의 동향을 떠보려고 하였던 고구려의 외교 전략의 하나였다. 수양제도 왜의 국서 내용에 몹시 불쾌함을 감추지 못했으면서도, 왜에 사신을 파견하여 고구려를 견제하려고 하였다. 이후 수와의 전쟁에서 고구려가 승리함으로써 왜는 고구려의 군사력을 높이 평가하게 되었을 것이고, 이후 고구려의 대왜 교섭에도 영향을 주었을 것이다.

또한 고구려는 북방의 돌궐과도 제휴하기 위해 노력하였는데, 607년 8월에 유림(楡林)으로 순행하고 돌궐의 계민가한에게 찾아온 수양제에게 그만 발각되고 말았다. 복속을 맹세한 돌궐의 땅에서 적대적 관계에 있던 고구려의 사신과 마주친 수양제와 군신들은 상당한 충격을 받았다. 더욱 이 해에 다시 왜의 국서가 수에 보내짐으로써, 고구려에 대한 수의 의구심은 더욱 깊어지게 되었을 것이다. 요해지역의 말갈과 거란을 압박하고, 왜를 배후 조정하고 있으며, 게다가 무엇보다 두려운 적인 돌궐과의 연결을 도모하고 있는 고구려를 수의 입장에서는 더 이상 남겨놓을 수 없는 최후의 적으로 인식하였을 것이다.

609년에 토욕혼을 복속시켜 서쪽의 후환을 덜은 수양제에게는 더이상 기다릴 이유가 없었다. 612년 1월에 장문의 조서를 내리고 군사를 일으켜 고구려 정벌을 개시하였다. 이후 614년까지 매년 고구려 정벌에 나섰으나 모두 실패하였고, 오히려 무리한 정벌이 수의 멸망을 재촉하게 되었다.

2. 당 초기 국제정세 변동

618년 수의 뒤를 이어 새로 건국된 당 왕조 앞에 놓여져 있던 대외적 과제는 수의 멸망으로 해체된 중국 중심의 국제질서를 다시 구축하는 것이었다. 당 초기의 대외적 과제 중에서도 중국의 내란을 틈타 다시 강성해진 돌궐을 견제하는 것이 무엇보다 시급하였다. 당시 화북의 많은 지방세력은 돌궐과 연결되어 칭신하고 돌궐의 봉호를 받들고 있었다. 사실 당 고조도 예외는 아니었다. 당을 건국하는 과정에서 당의 고조도 돌궐에 대해 신하를 칭하고, "만일 장안에 입성하게 되면 토지와 백성은 당에게 돌리고, 금·옥·비단은 돌궐에게 돌리겠다"고 공언하는 실정이었다. 실제로 당의 건국 초기에 돌궐은 사신을 장안에 파견해 재물을 거두어 갔고, 한편으로는 다른 지방할거세력으로 하여금 당을 견제하도록 조정하고 있었다.

따라서 당은 지방세력을 진압하여 중국을 통일하는 과정에서 돌궐과의 대결을 피할 수 없었다. 예컨데 620년부터 626년까지 돌궐은 거의 매년 당을 침공하였으며, 626년 당 태종의 즉위 초에는 돌궐의 10만 대군이 장안 부근의 위수까지 진입하여 당에게 심각한 위협을 주기도 하였다. 하지만 당은 돌궐과의 본격적인 투쟁을 중원의 통일을 완성한 628년 이후로 미룰 수 밖에 없었다.

이와 같이 수왕조 말기부터 당에 의해 중국이 다시 통일될 때까지는 수왕조 때에 구축되었던 중국 중심의 국제질서가 해체된 시기였다. 이러한 면은 삼국과 당과의 외교관계에서도 살펴볼 수 있다. 625년·626년에 백제·신라가 고구려를 견제해 달라고 요청하였음에도 불구하고, 당은 겨우 사신을 파견하여 삼국간의 강화를 중재하는 데 그쳤으며, 그나마 사실상 실패하고 말았다. 당시 돌궐과의 대결이 급박하였던 당으로서는 고구려와의 관계를 악화시키지 않기 위해 고구려의 독자적 세력권을 인정할 수 밖에 없었던 것이다.[11]

628년에 당이 중국을 재통일하자, 동아시아의 국제질서는 새로운 국면으로 접어들게 되었다. 당시 돌궐에서는 내분이 계속되고 있었고, 더욱 627년에는 돌궐에 예속되어 있던 철륵(鐵勒)·설연타(薛延陀)·회흘(回紇) 등이 모두 돌궐에 반기를 들었다. 기회를 잡은 당은 629년에 설연타와 동맹하여 동돌궐에 대한 대규모 정벌에 나섰다. 동돌궐은 여러 해 동안 내분이 계속되었고, 또 대설의 재해를 입어 수많은 말과 양을 잃는 타격을 입은 터라, 제대로 힘 한번 쓰지 못하고 대패하였다. 이듬 해에는 힐리가한(詰利可汗)이 당군에 사로잡힘으로써 사실상 동돌궐은 와해되었다(630). 이 때 돌궐을 비롯한 제

11 당시 당이 고구려의 독자적 세력권을 인정한 것은 당 고조(高祖)의 다음과 같은 말이 잘 보여 주고 있다. "명분과 실제 사이에는 모름지기 이치가 서로 부응하여야 되는 법이다. 고구려가 수(隋)에 칭신하였으나 결국 양제(煬帝)에게 거역하였으니 그것이 무슨 신하이겠는가. 내가 만물의 공경을 받고 있느나 교만하지는 않겠다. 다만 모든 사람이 편안히 살 수 있도록 힘쓸 뿐이지, 어찌 신하를 칭하도록 하여 스스로 존대함을 자처하겠는가?"(『舊唐書』 권199, 高麗傳)

번의 군장들은 당 태종에게 돌궐의 최고 군주인 '천가한(天可汗)'의 칭호를 올림으로써 당에 순종할 것을 맹세하였다. 그러나 당 태종은 이에 만족하지 않고 스스로 '황제천가한(皇帝天可汗)'이라 칭하여 명실공히 중원과 막북의 최고 군주임을 자처하고, 당은 남북 몽고일대의 북방민족들을 도독부와 자사부로 편입시켜 소위 '기미체제(羈縻體制)'를 건설하였다.

돌궐이 당에 복속되자, 당과 고구려와의 관계에도 변화가 나타났다. 고구려는 당 건국 직후인 591년에 당에 입공한 것을 시작으로 거의 매년 당에 사신을 파견하였으며, 당도 고구려와의 관계 개선에 적극적이었다. 622년에는 수의 고구려 정벌시 피차간에 사로 잡은 포로들을 교환하는 등 우호적인 관계를 맺었고, 624년에 고구려는 당에 책력(冊曆)의 반포를 청하였고, 당도 영류왕을 책봉하는 한편 도사(道士)를 보내어 고구려에 도교(道敎)를 전하고 노자(老子)의 도덕경(道德經)을 강론케 하였다. 630년에 당이 돌궐을 격파하자, 고구려는 이를 축하하는 사절을 보내고 봉역도(封域圖)를 당에 바쳤다.

그러나 화평 관계도 잠시 고구려와 당 사이에는 점차 긴장이 감돌기 시작하였다. 631년에 당은 고구려가 수와의 전쟁에서 승리한 것을 기념하기 위하여 수 군사들의 유골을 모아 세운 경관(京觀)을 헐어버렸으며, 고구려도 즉각 이에 대응하여 부여성에서 요하를 따라 발해만까지 이어지는 천리장성을 16년간에 걸쳐 축조하였다. 그리고 이후 고구려와 당 사이의 외교관계가 단절되었다.

그런데 이때 천리장성의 축조는 거란과 말갈을 둘러싼 고구려와 당의 주도권 다툼과 연관지어 볼 수 있다. 즉 고구려와 당의 전쟁 과정에서 당은 주로 거란을 동원하였고, 고구려는 말갈을 동원하였다. 따라서 고구려는 요하 중상류와 송화강 일대에 천리장성을 축조하여, 거란의 침공을 방어하는 한편 말갈의 이탈을 방지하였던 것으로 짐작된다. 이후 고구려와 말갈의 군사동맹은 상당히 강고하였는데, 이러한 면에서 645년 안시성 전투에서 고구려의 지원군이 당 태종의 군대에게 패배한 뒤 고구려군과 말갈군에 대한 당의 차별적인 조치는 주목된다. 즉 고구려인 포로는 내지로 끌고 가거나 방환한 것과는 달리 말갈군은 모두 생매장하였던 것이다. 이는 당과의 전쟁에서 고구려의 중요 군사력으로 활동한 말갈에 대한 경고라고 볼 수 있을 것이다.

물론 고구려가 당에 대해 시종 강경한 입장만을 취하였던 것은 아니다. 640년에 고구려는 그 동안의 소원한 관계를 청산하고 태자 환권(桓權)을 당에 사절로 파견하였으며, 아울러 귀족들의 자제를 보내어 당의 국학(國學)에 입학할 것을 청하는 유화적인 자세를 보이기도 하였다. 이 무렵 당도 고구려에 대해 특별한 반응을 보이지는 않았다. 그러나 그 이유는 아직 서역지방에 대한 통제력을 확보하지 못하였기 때문이었다.

당시 당의 관심은 서역(西域)에 쏠려 있었다. 634년에 토욕혼에 대한 대규모 정벌로 이를 멸하고, 640년에는 고창국을 정복하여 서역에 대한 지배력을 완전하게 확보하게 되었다. 나아가 641년에는 돌궐을 대신하여 서북방의 위협세력으로 떠오른 설연타마저 정벌하여 서방과 북방을 안정시켰다. 그리고 동시에 직방낭중(職方郎中)인 진대덕(陳大德)을 고구려에 파견하여 고구려의 내정을 탐지하며, 고구려 정벌의 기회를 엿보았다.

한편 왜를 둘러싸고 삼국 및 당의 외교전도 전개되었다. 630년에 고구려·백제는 공동으로 왜에 사신을 파견하였으며, 왜도 630년 8월에 최초로 사신을 당에 파견하였다. 이에 당도 왜를 반(反)고구려 진영으로 끌어들이려고 노력하였지만, 631년에 백제는 왕자 풍장(豊璋)을 왜에 파견하여 다시 동맹관계를 돈독히 하였으며, 왜의 서명천황(舒明天皇)은 친백제적 외교노선을 유지하였다.

이러한 대외 정세의 변동 과정에서 고구려 내부에서도 정치적 변화가 일어났다. 642년에 연개소문이 정변을 일으켜 영류왕을 살해하고 보장왕을 세워 정권을 장악한 것이다. 연개소문은 집권 직후 당에 대해서는 유화책을 구사하였으나, 신라에 대해서는 강경한 입장을 보였다. 642년에 신라 김춘추의 강화요구를 거절한 것도 그러하며, 이후에도 신라에 대한 군사적 압박을 늦추지 않았다. 644년에 신라의 요청으로 당이 사신을 보내어 중재에 나섰을 때에도 신라가 고구려의 옛땅을 돌려줄 것을 조건으로 내세워 중재를 거부하였다. 당과의 전쟁을 앞두고 배후의 신라를 적대세력으로 돌린 것은 이후 고구려 멸망의 대외적 요인이 되었다.

북방과 서방을 안정시킨 당으로서는 고구려 정벌의 명분을 찾는 일만 남았으며, 연개소문의 정변은 좋은 구실이 되었다. 당은 645년 당 태종의 친정으로 고구려와의 전쟁을 시작하였으나, 결국 요동에서 더 진격하지 못하고 후퇴하고 말았다. 이 때 신라는 군사 3만을 파견하여 고구려 남변를 공격하는 등 적극적으로 당을 지원하였으나, 이 틈을 타 백제가 신라를 공격함으로써 신라군은 곧 후퇴할 수 밖에 없었다. 백제가 고구려를 간접적으로 지원한 결과가 되었다. 이를 보면 645년 전쟁 때에 고구려와 백제, 당과 신라라는 양대 동맹구도를 형성하게 되었음을 알 수 있다.

한편 고구려는 당 태종의 정벌이 있자 말갈을 통하여 설연타와 제휴하려고 하였지만, 설연타는 당의 위협 때문에 호응하지 않았다고 한다. 그런데 당의 패배로 전쟁이 끝나자 그해 12월에 설연타는 당을 공격하였다. 이는 곧 고구려 정벌에 나선 당의 배후를 공격한다는 의미에서 고구려와 설연타가 동맹하였을 가능성을 시사한다. 그러자 당은 이듬해 설연타를 공격하였으니, 곧 고구려와 설연타의 연결을 차단하여 고구려를 대외적으로 봉쇄하기 위한 전략이었다.

1차 정벌에 실패하고 당 태종이 돌아간 후에도 당의 조정에서는 고구려 정벌에 대한 논의가 계속되었다. 이 때 고구려에 대한 공격 전략이 바뀌었다. 즉 대규모 정벌을 지양하고, 소규모 군대를 끊임없이 파견하여 고구려를 피로케 한 뒤에 공격한다는 지구전략이 채택된 것이다. 이 전략에 따라 주로 요동지역에 대한 당의 산발적인 공격이 이어졌으며, 649년에 당 태종이 죽은 이후에도 이러한 대고구려 전략은 변함이 없었다.

그런데 또다른 국제정세의 변화가 나타나고 있었다. 우선 한반도에서 삼국간 역관계가 변화하였다. 백제가 친고구려 입장으로 돌아서고, 신라에 대한 대대적인 공세를 취하였다. 고구려와 백제의 양면 공세에 시달리던 신라가 당과의 동맹에 힘을 기울였다. 신라의 김춘추는 648년에 당으로 건너가서 백제 정벌을 위한 당의 군사적 지원을 요청하였다. 그리고 이를 성사시키기 위해서 당의 관복을 요청하고 자신의 아들을 당 조정에서 숙위케 하였으며, 독자적인 연호를 버리고 당의 연호를 사용하는 등 적극적인 중화(中華) 정책을 추진하였다. 한편 당도 이미 여러 차례의 단독 작전에 의한 고구려 정벌이 실패한 후였기 때문에, 신라와의 연합 작전의 필요성을 절실히 느끼고 있었기에 나당 군사동맹이 체결되었다.

그러나 나당 군사동맹이 결성되었음에도 실제로 당의 군사력이 백제 정벌에 동원되기에는 당시 대외정세가 그리 순탄치 않았다. 645년 이후 설연타의 공세가 거듭되자, 646년에 당은 회흘과 손을 잡고 이를 멸하였다. 650년에는 서돌궐이 당에 반기를 들었다. 당은 658년에야 철륵을 이용하여 서돌궐의 반란을 진압하였다.

나당 군사동맹이 맺어진 이후에도 당의 고구려 공격은 계속해서 단독으로 수행되었다. 그러나 655년부터 659년까지 계속된 고구려 공격에서 별다른 성과를 거두지 못하자 마침내 당도 전략을 바꾸었다. 백제 공략을 우선순위로 결정한 나당연합군은 660년에 백제를 공략하여 멸망시켰다. 그리고 668년에는 고구려를 멸망시켰다. 사실 당은 돌궐이나 설연타, 서돌궐 등을 제압할 때, 이들과 적대적인 다른 세력을 이용하였다. 일종의 이이제이(以夷制夷)정책이라 할 수 있다. 당이 동방의 최종 목표인 고구려를 제압하기 위해서 신라와 손을 잡은 것은 당의 대외정책상 당연하다고 볼 수 있다.

이러한 과정에서 대등한 외교 관계의 한 표현에 불과하던 조공외교가 정치적 신속을 전제로 하는 차등적 외교관계로 변모하게 되었다. 그것은 신라가 당의 연호(年號)와 역(曆)을 채용하고 또 일종의 인질이라 할 수 있는 숙위(宿衛)를 받아들인 점에서 엿볼 수 있다. 물론 이러한 변화는 당의 현실적인 물리적 힘이 배경이 된 것이지만, 통일과정에서 당의 힘을 빌릴 수 밖에 없었던 신라로서도 당의 요구를 적극적으로 받아들이지 않으면 않되었던 것이다. 더욱 통일 이후 중대 왕권을 안정시키려는 신라왕실의 중화(中華) 정책은 중국 중심의 명분론적 천하관을 보편화시킴으로써 이후 한중관계에 있어서 조공관계는 비록 의례적인 관계에 불과하더라도 관념적·실질적으로 정치적 차등질서를 전제로 나타나게 되었다.

3. 나·당 전쟁기 국제정세

고구려의 멸망은 신라와 당의 대립을 본격화시켰다. 사실 나당연합군은 처음부터 내부 균열의 가능성을 갖고 있었다. 당은 백제 멸망 후 노골적인 점령 의도를 드러냈다. 백제고지에 웅진도독부(熊津都督府)를 설치하고, 나아가 663년에는 신라를 계림대독부(鷄林大都督府)로 하고 신라왕을 계림대도독(鷄林州大都督)에 임명하여 형식적으로나마 신라마저 복속시킨 모양을 취하기까지 하였다. 게다가 664년과 665년에 신라 문무왕(文武王)으로 하여금 웅진도독 부여융(扶餘隆)과 동맹을 맺고 상호 침략하지 못하도록 강요하였고, 이후 노골적으로 백제 유민을 지원하며 백제지역에서 신라의 세력 확대를 견제하였다.

그러나 668년에 당과 신라가 고구려를 공격하여 멸망시킨 뒤에는 상황이 달라졌다. 670년 7월경부터 신라와 당은 백제부흥군에 대한 입장 차이로 인해 서로 불신이 극도로 높아지면서 마침내 본격적인 나당전쟁이 시작되었다. 특히 고구려 중앙정권이 붕괴된 후에도 고구려 전영역에서 유민들의 대당 전쟁이 그치지 않았는데, 이때 신라는 은근히 고구려 유민들을 지원함으로써 당의 세력 확대를 견제하는 한편, 백제지역에 대한 공세를 강화하였던 것이다. 670년 4월에는 고구려 유민 검모잠의 거병과 한성(漢城)에서의 고구려국 재건이 전개되고 있었는데, 신라는 8월에 안승을 고구려왕으로 책봉하고 한성의 고구려 유민세력을 지원하면서 당군의 남하를 견제하고자 하였다. 신라가 당과의 전쟁을 개시한 것도 670년 7월에 등장한 한성의 고구려국을 의식한 신라의 대당 전략일 가능성이 높다.

한편 670년을 전기로 하는 신라의 당에 대한 공세는 서역의 정세 변화와 밀접히 연관되는 것으로 보인다. 사실 660년부터 당의 군사력이 한반도로 집중되면서, 빈틈이 생긴 서역에서는 660년에 천산지역의 서돌궐이 반기를 들었으며, 661년에는 철륵도 서역에서 당에 도전하였다. 다급해진 당은 662년에 한반도에서 군대를 돌려 설인귀(薛仁貴) 등을 서역에 파견하여 이를 진압하였다.

그러나 서역은 당의 통제력에서 서서히 벗어나고 있었는데, 그 중심은 토번(吐蕃)이었다. 토번은 663년 이후 토욕혼에 대한 공세에 나섰다. 그러나 토욕혼의 연이은 군사요청에도 당은 미처 한반도에서 군대를 쉽사리 돌리지 못하였다. 게다가 665년에는 서돌궐도 내분을 청산하고 당으로부터 독립하였다. 요동과 한반도에서 당의 군사작전이 장기화되자, 토번은 669년 9월부터 실크로드 지역에 대한 공세를 전개하여, 670년 7월에는 설인귀의 10만 대군을 청해(青海) 지역에서 괴멸시키고, 안서(安西) 4진(鎭)을 장악하였다. 이렇게 서역의 전황이 급박해지면서 당의 주력이 서역으로 돌려지게 되자, 신라와 고구려 유민들은 대당전쟁을 본격적으로 전개할 공간을 마련할 수 있게 된 것이다.

신라는 백제지역에서 당군와 대결하여 671년에 소부리주(所夫里州)를 설치함으로써, 백제지역을 완전히 장악하게 되었다. 이러한 승리의 한쪽에는 한반도 북부지역에서 전개된 고구려 유민세력의 활동으로 육로에서 당군의 군사행동이 불가능해진 점도 중요한 배경이 되었다. 이에 당은 671년에 안시성에서 고구려의 유민세력을 격파하고 요동일대의 통제력을 확보한 후, 한반도로의 진공을 시도하였다. 672~673년에 당군은 계속 남하하여 황해도 일대의 전선에서 연이어 고구려 유민세력과 신라군을 격파하였다. 그러나 신라와 당의 전쟁의 저울추는 675년 이후 신라쪽으로 기울었다. 신라군은 675년에 이근행이 거느린 말갈군 20만 대군를 매초성(買肖城)전투에서 대패시키고, 676년 11월에 설인귀가 거느린 수군마저 기벌포(伎伐浦)전투에서 격파함으로써, 당의 침공을 좌절시켰다. 당은 더이상 신라에 대한 공격을 중지하였고, 안동도호부는 676년에 다시 요동으로 옮겨졌다. 그런데 이러한 나당전쟁의 종식에도 676년 이후 급박해지는 토번과의 전쟁, 토번의 동맹세력인 서돌궐의 재흥 등이 중요한 국제적 배경을 이루고 있었다.

이와 같이 7세기에는 중원세력의 움직임이 동북아정세에 깊이 개입함으로써 동북아 국제관계의 독자적 운동력이 해체되고, 동아시아 전체에 걸친 세력 변동의 흐름 속으로 편입되어 갔다. 그 결과 7세기에는 고구려 및 동북아의 여러 세력과 중원세력 간의 충돌이 빈번해지고 그 강도도 격화되었다는 점이 그 이전과 크게 달라진 면이었다.

7세기 국제질서의 변동 과정에서 동북아 일대와 중원 및 북방세력간의 연관성이 밀접해졌다고 하더라도, 고구려와 수의 전쟁 단계만 하여도 전쟁 당사자는 수와 고구려에 한정되었고 더이상 확대되지 않았다. 그런데 수가 주변의 강국인 돌궐과 토욕혼을 복속시키고, 고구려에 대한 지속적인 공벌을 추진한 결과가 다른 주변 제국에 미친 영향을 고려할 필요가 있다. 즉

5세기 이래 독자적 세력권을 구축하고 있었던 고구려 및 돌궐·토욕혼의 영향력이 약화되어 이들 이외의 주변세력이 성장하게 되는 계기가 마련되었고, 그만큼 동아시아의 국제질서 변동의 요인이 다기화되었던 것이다.

한반도의 경우 고구려의 주도권 약화와 신라의 성장은 삼국간의 항쟁을 더욱 격렬하게 촉진하고, 나아가 이러한 삼국의 항쟁에 중원세력이 개입될 개연성이 높아지게 된 것이다. 즉 중원세력의 입장에서는 적대세력과 동맹세력을 구분하고, 이를 통해 중국 중심의 국제질서로 재편할 수 있는 가능성이 높아졌는데, 이는 당(唐)대에 현실화되었다. 돌궐의 경우는 내부 분열과 수의 공벌로 일찍이 그 세력이 약화되었으며, 비록 수 멸망 직후 일시 세력을 회복하기는 했으나, 과거 유연 등 북방세력이 가졌던 위협성을 중원세력에게 보여주지 못하였다.

돌궐과 고구려의 세력 약화는 요해지역에서 거란·말갈 등을 비롯한 여러 민족이 서서히 성장할 수 있는 공간을 열어주게 되었고, 그 과정에서 요해지역을 둘러싸고 중원세력과 고구려의 갈등이 증폭될 가능성이 높아졌다. 요해 지역이 동북아시아의 화약고와 같은 상황으로 바뀐 것도 6세기 중반 국제 정세 변동의 결과였다. 후일 고구려 국가의 해체는 거란과 말갈의 성장을 촉진하여 이들 여러 종족의 역사적 활동이 향후 크게 달라지게 되었다.

왜는 지리적으로 동북아의 정세 변동에서 한 발자욱 떨어져 있는 상황이었으며, 전통적으로 백제와의 교섭이 주류를 이루었다. 그러나 수의 등장 이후 새로이 고구려와 왜의 외교관계도 밀접해졌으며, 왜 역시 한반도 내의 정세 변동에 연관될 개연성이 높아졌다. 백제 멸망 직후 이 전쟁으로부터 거리를 둘 수 있었던 왜마저도 663년에 대규모 군대를 보내어 백촌강 전투에 참여하였던 것이 좋은 예이다.

이처럼 신라·백제·왜 등 주변 제국은 물론 거란·말갈 등이 성장하여 이들이 갖는 국제적 위상이 달라지게 되면서 고구려와 당의 전쟁 과정에서는 수대와는 다른 양상이 나타났다. 전쟁의 당사자나 참여자가 대거 늘어났다는 점이다. 본래 이 전쟁의 기본 축은 당과 고구려이지만, 당이 돌궐·거란을 동원함으로써 다수의 세력집단이 이 전쟁에 직접 참여하기 시작했다. 더욱 660년 백제 정벌전부터는 신라가 이 전쟁의 또다른 중심축을 맡음으로써 전쟁 수행의 주체가 확대되었음은 물론 이제 전쟁의 기본 성격도 달라지게 되었다.

한편 이와같은 정세 변화 속에서 당을 중심으로 주변 여러 국가의 역관계가 이전보다 깊은 연관을 갖고 전개되고 있었음도 주목된다. 즉 동아시아 전체의 국가간에 전개된 외교전략과 전쟁에서 상호 연동성이 훨씬 깊어진 것이다. 예컨대 고구려는 수·당을 견제하고 대항하기 위한 적극적인 국가간 동맹 전략을 구사하지 않았지만, 북방 유목국가나 내륙아시아 국가와 동맹을 시도한 것이 좋은 예이다.

당과 고구려의 전쟁이나 당과 신라의 전쟁의 경우에도 대체로 북방과 서역의 정세로부터 직간접의 영향을 받고 있었다. 특히 고구려·백제 멸망 이후 670년에 신라의 당에 대한 공세는 서역의 정세 변화와 밀접히 연관되었다. 당이 660~670년 초반까지 한반도에 군사력을 집중한 결과 서역과 북방 지역에 대한 통제력이 약화되면서 토번의 성장, 돌궐의 재등장을 초래하게 되었고, 서역의 전황이 급박해지면서 당의 주력이 서역으로 돌려지게 되자 신라는 나당전쟁을 전개할 수 있게 된 것이다. 그리고 676년 나당전쟁이 종식된 배경에도 토번과 서돌궐의 재흥 북방과 서역의 동요 등이 중요한 요소였다. 696년 동북방에서 거란 이진충의 반란을 계기로 말갈과 고구려 유민이 독립하여 698년에 발해가 건국된 것도 그러한 동향과 연관된다.

VI. 8~9세기 동아시아 국제관계

8세기 이후 나당관계사 연구동향을 보면 전반적인 정치교섭사는 물론이고 구법승과 유학생을 통한 문화교류사, 공무역과 사무역에 의한 경제교역사, 나당간의 무력충돌 같은 민족항쟁사 등등 다양한 각도에서 신라와 당의 관계를 조명하였다.

그럼에도 정작 전근대 동아시아 국제관계의 기본적인 문제라 할 수 있는 조공과 책봉의 관점에서 나당관계사를 본격적으로 다룬 연구는 찾아보기 힘들다. 앞서도 언급한 바와 같이 근대 이전 동아시아의 국제관계는 조공과 책봉을 매개로 한 중국 중심의 일원적인 세계질서로 이해되고 있다. 물론 조공과 책봉만으로 동아시아 국제관계를 모두 설명하는 것은 일정한 한계가 없지 않다. 그러나 조공과 책봉이 전근대 동아시아 국제관계 이해하는데 핵심적이고 유용한 개념인 것은 부인할 수 없는 사실이다. 이런 점에서 나당관계사를 책봉과 조공이라는 거시적 관점에서 새롭게 조명해 볼 필요가 있다.

680년대의 화해무드 속에서 신라와 당은 각각 한 차례씩의 사절교환을 통하여 그동안 단절되다시피 하였던 나당관계에 새로운 변화를 모색하였다. 692년에 신문왕이 죽고 효소왕이 즉위하자 측천무후가 사신을 보내 신문왕의 죽음을 조문하고 효소왕을 '보국대장군행좌표도위대장군 계림주도독 신라왕(輔國大將軍行左豹韜衛大將軍 鷄林州都督 新羅王)'으로 책봉하였다.

신라의 불응에도 불구하고 측천무후는 재차 신라에 국교 재개를 시도하였는데, 효소왕 8년에 당에 사신을 파견한 것은 나당관계 복원에 중요한 의미를 가지고 있다. 이때의 견당사 파견은 30여 년간 단절되었던 나당관계를 실질적으로 복구하는 계기가 되었다고 하겠다. 신라 전시기를 통하여 선덕왕대만큼 대당교섭이 활발한 때가 없었다. 이런 점에서 성덕왕대는 나당교섭사에서 중흥의 기틀이 다져진 시기였다고 할 수 있다.

이후 나당관계는 성덕왕이 닦아놓은 기반 위에서 순조롭게 이어져 나갔다. 이 시기 신라는 정기적으로 하정사를 보내 신라의 사정을 알렸고, 수시로 사은사(謝恩使)와 고주사(告奏使) 그리고 경조사(慶弔使) 등을 보내 당과의 외교관계를 돈독히 하였다. 신라의 적극적인 대당외교에 대하여 당 역시 신라의 왕위 교체시에 빠짐없이 책봉사(冊封使)를 파견하여 신라왕과 왕비 등을 책봉하였다.

8세기 이후 안정적인 나당관계 속에서 신라는 당의 문물을 적극적으로 수입하고 이른바 조공무역을 통하여 활발한 경제활동을 벌였다. 그러면서 이 시기 나당관계에는 또 다른 중요한 특징이 나타났다. 그것은 종전에 비해 양국간 인적 왕래가 다양해졌다는 점이다. 사실 종래 신라의 대당관계는 견당사절단을 통한 조공과 책봉 시스템 속에서 이루어진 공적인 교류와 교섭이 거의 전부였다. 그러나 하대에는 이들 외에 구법승과 유학생 그리고 민간 상인들의 왕래가 활발해짐으로써 이른바 준(準)조공관계와 비(非)조공관계의 비중이 높아졌다.

물론 나당관계의 저변을 관통하고 있는 것은 조공과 책봉이다. 신라가 당에 접촉한 것은 조공으로 시작하였고, 당은 책봉으로 화답하였다. 이런 점에서 신라와 당은 조공과 책봉이라는 메커니즘 속에서 290년간의 교류와 교섭이 이루어졌다고 볼 수 있다.

신라와 당은 유교적 명분론과 의리론을 이념적 매개로 하여 종주국과 번국 관계 곧 종번관계(宗藩關係)를 형성하였다. 당과 신라의 종번관계는 시간이 흐를수록 더욱 공고해졌다. 중고기보다는 중대의 조공·책봉이 더욱 규범화되었고, 중대보다는 하대의 그것이 훨씬 체계적이었다.

비록 조공·책봉제도가 종주국과 번국이라는 상하 위계질서로 규정되어 있으나, 그것은 추상적이고 관념적인 이념에 불과하고 실제로는 서로의 독자성을 인정하는 나름대로의 합리적 국제관계였다. 따라서 나당간의 조공과 책봉은 오늘날 인식하는 정치적 지배·종속관계와는 거리가 멀다고 하겠다. 오히려 신라는 그러한 제도 속에서 자주성을 보장받을 수 있었고, 당 중심의 동아시아 경제공동체와 문화공동체의 일원으로 참여할 수 있었다.

한편 발해는 당·일본과 활발히 교섭하였다. 발해가 중국에 사신을 보낸 것은 145회에 이르고, 중국에서 발해에 사신을 파견한 것은 16회 이상이 된다. 이러한 사신 파견 횟수는 같은 시기 통일신라와 비교해도 별로 차이가 없을 정도였다. 발해는 주로 조공, 하정(賀正), 교역, 학생 입학 등을 위해 사신을 파견하였고, 이에 비해서 당은 왕의 책봉을 위해서 파견하였다.

발해는 8세기에 들어 일본과의 교섭에 주력하였다. 일본에는 사신을 34회 파견하였는데, 처음에는 군사적 목적을 위해서 무관을 보내다가 사회가 안정되는 8세기 중반부터 문관으로 바꾸었다. 특히 9세기에 들어 발해가 적극적으로 사신을 파견하여 경제적 이득을 취하려 하였지만, 일본은 소극적 태도로 일관하였다.

발해와 신라와의 교류 기록은 거의 남아 있지 않다. 그러나 신라 국경도시인 천정군(泉井郡)에서 발해 책성부(柵城府)까지 39개 역이 운영되고 있었고, 신라가 교류의 창구인 탄항관문(炭項關門)을 쌓은 것을 보면 발해와 신라의 교역도 나름 활발하였을 것으로 추정된다.

VII. 맺음말

책봉과 조공이라는 외교형식은 중화적 세계관의 산물로서, 중국 내부의 정치 질서였지만, 중국의 황제가 주변국가의 군장(君長)에게 특정한 관작(官爵)과 물품을 사여함으로써 그의 지위를 공인하여 신속시키는 외교형식으로 발전한 것이다. 그러므로 책봉과 조공은 중외(中外) 관계의 한 유형이며, 중국적 세계질서를 규정하는 양식의 하나로 이해되고 있다.

그렇지만 책봉·조공관계의 성격은 각 시기마다 상이한 모습을 띠었으며, 책봉·조공관계의 실상이 본래 그것이 내포하였던 이상적 관념과 일치하는 것도 아니었다. 특히 남북조시대에 중국세력이 분열되어 주변 국가에 대한 규제력이 약화된 상황에서는 책봉·조공이 실질적인 종속관계를 전제로 한 것이 아니라, 주변 국가와 중국의 왕조가 맺는 외교관계의 한 형식에 지나지 않았다.

그렇다고 책봉·조공관계가 단순히 형식적 의미만 지닌다는 뜻은 아니다. 기존의 연구에서 밝혀졌듯이 주변 국가의 군왕이 조공·책봉관계를 자국 내에서 권위를 높이는 장치로 활용하거나, 혹은 책봉 관계가 국제무대에서 각 국가의 위상을 드러내는 측면도 지적되고 있다. 책봉국인 중국의 제왕조의 입장에서는 책봉·조공을 통하여 특정 국가와의 교섭 관계뿐만 아니라, 국제관계 전반에서 중국을 중심으로 일정한 질서를 부여하는 의미도 간과할 수 없다.

그러나 삼국이 중국의 제왕조와 맺고 있는 책봉·조공관계가 당시에 하나의 외교형식으로 기능하고 있다고 하더라도, 그것이 책봉·조공에 대한 책봉국과 피책봉국의 인식이 동일함을 뜻하는 것은 아니다. 책봉·조공관계가 단지 외교형식으로 그치고 그것이 실질적인 신속관계를 보장하지 않는 데에는 물론 현실에서 각 국가간의 역관계에 기인한다. 나아가 책봉·조공이란 형식에 대해서 각 국가마다 서로 다른 내용 규정과 차별성이 있을 경우에도 결과는 마찬가지이다. 이러한 인식의 차이에 의해 책봉·조공관계를 유지하는 양국 사이에 갈등이 일어나기도 한다. 나아가서는 남북조시기에는 이러한 인식의 차이를 서로 조정하는 과정에서 이 시기의 독특한 책봉·조공관계가 만들어지기도 하였다.

여기서 남북조 시대에 책봉체제와 조공체제를 당시 동아시아 국제질서의 기본 체제로 파악하기 곤란함을 알 수 있다. 즉 책봉·조공은 그것이 갖는 보편적인 형식에도 불구하고 각 국가별로 맺고 있는 내용성이 너무 차별적이기 때문이다. 따라서 각 국가별 책봉·조공관계의 특징을 파악한 뒤에야, 남북조기에 책봉·조공이 갖는 보편적 성격이 이해될 수 있으리라 본다.

책봉과 조공은 관념상으로는 하나의 체계이며, 동전의 양면 같은 것임은 물론이다. 따라서 기존에 '책봉'이나 '조공'의 어느 한 개념을 중심으로 이 시기 국가간 교섭을 이해하는 설명틀을 비판하고 '책봉·조공체제'로 인식하자는 주장은 일견 타당하다. 그러나 실제적으로 남북조시기에 책봉이 현실적인 규제력이나 신속관계를 보장하지 않는 상태에서 책봉 이후 전개되는 지속적인 조공관계는 비록 이념적 배경에서는 책봉과 표리를 이룬다고 하더라도 '조공' 그 자체의 독자의 모습을 파악하는 것도 매우 중요하다고 생각한다.

전근대 동아시아 사회는 유교가 국가와 사회의 기본이념이었다. 그러한 상황에서 유교적 세계질서를 규정하는 천자와 제후(諸侯), 종주국(宗主國)과 번국(蕃國), 중화(中華)와 이적(夷狄), 책봉과 조공 등은 오늘날 말하는 민족의 자주의식이랄까 주체사상보다 상위 개념이었을 것이다. 따라서 대당관계에 관한 한, 신라인들은 주체의식으로 무장한 투쟁보다 당을 중심으로 한 중국적 세계질서에 충실히 순응하였다. 다시 말하면 전근대 동아시아 국제관계에서 유교적 예는 오늘날 말하는 자주와 주체의 개념보다 가치 있는 이념으로 받아들여졌기 때문에, 신라와 당은 조공과 책봉을 자연스럽게 행하였던 것이다.

참고문헌

가락국사적개발연구원 편(2003), 『강좌 한국고대사 4권-고대국가의 대외관계』.

권덕영(1997), 『고대한중외교사-견당사연구』, 일조각.

金鍾完(1997), 『중국 남북조사연구-조공·교빙관계를 중심으로-』, 일조각.

金翰奎(1982), 『고대 중국적 세계질서 연구』, 일조각.

盧重國(1981), 「고구려·백제·신라사이의 역관계변화에 대한 일고찰」 『동방학지』 28집.

______(1985), 「고구려 대외관계사 연구의 현황과 과제」 『동방학지』 49.

盧泰敦(1984), 「5~6세기 동아시아의 국제정세와 고구려의 대외관계」 『동방학지』 44집.

______(1988), 「5세기 금석문에 보이는 고구려인의 天下觀」 『한국사론』 19.

______(1989), 「高句麗·渤海人과 內陸아시아 住民과의 交涉에 관한 一考察」 『東文化研究』 23.

______(1997), 「對唐戰爭期(669~676) 新羅의 對外關係와 軍事活動」 『軍史』 34.

______(1999), 『고구려사연구』, 사계절.

______(2009), 『삼국통일전쟁사』, 서울대 출판부.

방향숙(2005), 「고대 동아시아 책봉조공체제의 원형과 변용」 『한중 외교 관계와 조공책봉』, 고구려연구재단.

徐榮洙(1981), 「삼국과 남북조 교섭의 성격」 『동양학』 11.

______(1987), 「三國時代 韓中外交의 전개와 성격」 『古代韓中關係史의 研究』, 한국사연구회.

서영교(2006), 『나당전쟁사 연구』, 아세아문화사.

신라문화선양회 편(1994), 『신라의 대외관계사연구』.

여호규(2000), 「4세기 동아시아 국제질서와 고구려 대외정책의 변화」 『역사와 현실』 36, 한국역사연구회.

______(2002), 「6세기말-7세기초 동아시아 국제질서와 고구려의 대외정책의 변화」 『역사와 현실』 46, 한국역사연구회.

______(2006), 「冊封號 수수를 통해 본 수, 당의 동방정책과 삼국의 대응」 『역사와 현실』 61, 한국역사연구회.

여호규 외(2006), 『한국고대국가와 중국왕조의 조공·책봉관계』, 고구려연구재단.

李成珪(1996), 「중국의 분렬체제모식과 동아시아 제국」, 『한국고대사논총』 8.

이성제(2005), 『고구려의 西方政策 연구』, 국학자료원.

임기환(2003), 「남북조기 한중 책봉·조공관계의 성격」 『한국고대사연구』 32, 한국고대사학회.

______(2006), 「7세기 동북아시아 국제질서의 변동과 전쟁」 『전쟁과 동북아의 국제질서』,

일조각.
______(2008), 「국제관계」『한국사 길잡이』上(한국사연구회편), 지식산업사.
충남대학교 백제연구소 편(2003), 『고대 동아세아와 백제』, 서경문화사.

찾아보기

| ㄱ |

| ㄴ |

| ㄷ |

| ㄹ |

| ㅁ |

| ㅂ |

| ㅅ |

| ㅇ |

| ㅈ |

| ㅊ |

동아시아의 역사 I

(자연환경 - 국제관계)

초판 1쇄 발행 2011년 12월 15일
초판 2쇄 발행 2012년 12월 15일

엮은이 동북아역사재단
펴낸이 김학준
펴낸곳 동북아역사재단

등 록 제312-2004-050호(2004년 10월 18일)
주 소 서울시 서대문구 통일로 81(미근동 267) 임광빌딩
전 화 02-2012-6065
팩 스 02-2012-6189
홈페이지 www.nahf.or.kr

ISBN 978-89-6187-255-3 94910